Hiltrud Schröter

Mohammeds deutsche Töchter

Hiltrud Schröter

Mohammeds deutsche Töchter

Bildungsprozesse,
Hindernisse, Hintergründe

Ulrike Helmer Verlag

Die Deutsche Bibliothek – CIP-Einheitsaufnahme

Ein Titelsatz für diese Publikation ist bei der
Deutschen Bibliothek erhältlich.

Die Deutsche Bibliothek – CIP Cataloguing-in-Publication-Data
A catalogue record for this publication is available
from Die Deutsche Bibliothek

2. korrigierte und aktualisierte Auflage 2003
Gesamtherstellung: Wilfried Niederland Verlagsservice,
Königstein/Taunus
Printed in Germany
ISBN 3-89741-103-2

Gesamtverzeichnis sendet gern: Ulrike Helmer Verlag,
Altkönigstraße 6a, D-61462 Königstein/Ts.
E-mail: ulrike.helmer.verlag@t-online.de
Fax: 06174 / 93 60 65
Besuchen Sie uns im Internet: www.ulrike-helmer-verlag.de

»Sie verschleiert sich also nicht, deine Tochter?«
fragt die eine oder andere Matrone mit kholgeschminkten
Augen und misstrauischem Blick meine Mutter auf
irgendeiner der Hochzeiten im Sommer.
Ich bin dreizehn, vielleicht schon vierzehn.
»Sie liest!« antwortet meine Mutter schroff.

Assia Djebar: Fantasia

Inhalt

Dank

Der biographische Teil der vorliegenden Studie wäre ohne die Mitarbeit vieler Studentinnen und Studenten bei der Datenerhebung und -auswertung nicht zustande gekommen. Besonders Studentinnen aus Familien mit ausländischer Herkunft haben durch ihre Erfahrungen und ihr Wissen wesentlich zum Verstehen der Interviews beigetragen.

Für ihr Engagement danke ich besonders herzlich:

Soria Aria, Nadia Bannour, Baljeet Bhuller, Gilda Boulour, Melanie Braun, Daniela Brom, Miriam Brönner, Yvonne Byron, Sandra Deutsch, Pathena Diamitriadou, Ingeborg Diel, Andrea Engelhardt, Ulrike Etzel, Michaela Foegen, Beate Geßner, Shima Ghanbarizadeh, Andrea Gorny, Christine Groß, Arzu Havutcu, Heike Heilmann, Ghodsi Hejazi, Ulf Henning, Juliane Hogrefe, Andrea Kalmar, Katalin Kamarell, Fatma Karakas, Waleria Kleinscheg, Theodora Kotsari, Daniela Krämer, Belgin Kuzu, Maria Lee, Martina Lidl, Jutta Lorenz, Monika Mang, Christelle Mayence, Susi Mayer, Marijana Mihalijevic, Aynur Nazlikul, Sandra Ott, Işil Özen, Henriette Pfeffer, Jana Pospišilova, Dijana Radulovic, Ursula Resch, Nizar Romdhane, Christoph Arne Röder, Lucia Roska, Denisa Schäfer, Melanie Schlicht, Isabelle Segert, Annette Steenek, Tziara Stamatia, Iris Stolte, Maria Triantafillidou, Stephanie Ullmann, Georgiadou Vassiiki, Melina Weber, Ina Wimmer, Maren Wetzlich, Bettina Wuttig und Nebahat Yildirim.

Außerdem danke ich den muslimischen Frauen und Mädchen, die uns in den biographischen Interviews ausführlich und aufschlussreich aus ihrem Leben berichtet haben. Wir haben viel von ihnen gelernt.

Einleitung

Entstehungsgeschichte der Studie

Im Rahmen meiner Lehrtätigkeit an der Johann Wolfgang Goethe-Universität in Frankfurt am Main habe ich von 1990 bis 1999 Seminare zu den Themen *Frauen im Islam* und *Bildungsprozesse bei Kulturwechsel* durchgeführt. Es war mein Interesse, nicht nur über die bereits vorhandene Literatur einen Zugang zu bei uns lebenden Frauen und Familien aus islamischen Ländern zu finden, sondern sie selbst zu Wort kommen zu lassen. Aus diesem Grund ließ ich Studentinnen und Studenten unstrukturierte biographische Interviews mit muslimischen Frauen führen, möglichst in Form eines lebendigen Gesprächs. Die Interviews wurden auf Tonband aufgezeichnet, wörtlich transkribiert und teilweise in den Seminaren interpretiert.

Bis zum Jahr 2000 hatten sich bei mir etwa 250 Interviews angesammelt und ich stand vor der Frage, was damit zu tun sei. Ich las einen Text nach dem anderen, eine ganze Woche lang, und war von diesen Frauengeschichten wieder tief beeindruckt. Sie bezeugen den Mut, den starken Willen, die Kraft, die hohe Bildungsmotivation, den enormen Arbeitseinsatz und die konstruktive Intelligenz dieser Frauen, ganz gleich ob sie Analphabetinnen oder Akademikerinnen sind. Ihr Beitrag zur Bewältigung der Migration, der Integration und der Komplexität des alltäglichen Lebens ist in jedem einzelnen Fall groß, ich finde sogar, bewundernswert. Aber die alltägliche Arbeit dieser Frauen ist auch in den meisten Fällen – wie die Arbeit von Frauen oft – eine Leistung, die weder Aufmerksamkeit noch Anerkennung findet. Mit dieser Studie versuche ich, sie vor dem schnellen Vergessen zu bewahren und ihnen zumindest meine Aufmerksamkeit und Anerkennung zu schenken.

Auswahl der »Fälle«

Aus dem Datenmaterial habe ich 24 Fälle, basierend auf Interviews aus den Jahren 1997 bis 1999, ausgewählt. Sie werden *im ersten und zweiten Teil* der Studie analysiert. Es sind Interviews mit Frauen aus Afghanistan (Nadeeka), Pakistan (Kynat, Mumtaz, Maryam, Eveline, Sarah, Huma), dem Iran (Fatima, Nayere, Simin), aus Marokko (Aischa, Frau Hadscha, Selima, Louiza, Kerima, Fousia), Tunesien (Sahbia, Maria) und aus der Türkei (Alev Berg, Saliha, Nina, Rosi, Nilgün, Şengül). Die meisten kommen aus dem sunnitischen Islam, zwei aus dem schiitischen Islam (Fatima und Nayere), eine aus dem türkischen Alevitentum (Saliha), eine aus dem kurdischen Alevitentum (Şengül), zwei gehören der *Ahmadiyya-Bewegung des Islam* an (Maryam und Eveline), zwei kommen aus bireligiösen Familien (Maria: sunnitisch/katholisch. Simin: schiitisch/christlich). Ich habe vergleichsweise viele Fälle aus Pakistan ausgewählt, weil das Leben pakistanischer Frauen in Deutschland relativ wenig bekannt ist, und ich auf diese Weise auf ihre besonders großen Probleme aufmerksam machen möchte. Die Entscheidung für sechs türkische Frauen fiel deshalb, weil ich an diesen kontrastierenden Fällen zeigen will, dass es nicht *die* türkische Frau gibt. Nicht berücksichtigt habe ich Interviews mit muslimischen Frauen aus Bosnien und aus dem Kosovo. Außerdem fehlen die furchtbaren Leidensgeschichten von Frauen aus dem Iran, die in Gefängnissen des islamistischen Mullah-Regimes gesessen und Vergewaltigung und Körperstrafen erlitten haben – ich kann sie nicht vergessen aber auch nicht wissenschaftlich bearbeiten, weil sie mich zutiefst erschüttern. Dazu gehört besonders die Geschichte einer Iranerin, die als Kind von ihrem Vater vergewaltigt, dann von ihm zur Kinderprostitution gezwungen wurde, im Gefängnis der Gewalt der Staats- und Gottesdiener ausgesetzt war, auf der Flucht nach Afghanistan ihre kleine Tochter, die sich beim Spielen mit einem Gewehr selbst erschoss, verlor und die nun innerlich zerbrochen unter uns lebt und versucht, ein neues Leben zu beginnen. Ich erwähne sie hier in der Einleitung, weil es mir ein Bedürfnis ist, zumindest auf diese Weise zu zeigen, dass die Frauenschicksale mit massiver Gewalterfahrung nicht vergessen wurden, wenn sie auch hier nicht bearbeitet werden.

Nicht berücksichtigt wurden auch deutsche Frauen, die zum Islam konvertiert sind. Auch sie zählen zu *Mohammeds deutschen Töchtern*, teilen jedoch nicht die Erfahrung der Migration.

Die ausgewählten biographischen Fälle sind sowohl je einmalig als auch exemplarisch, da sich in ihnen außer dem unverwechselbar Persönlichen auch allgemeine Strukturen zeigen.

Im dritten Teil der Studie wende ich mich zwei andersgearteten Fällen zu, deren Analysen zum Verständnis der biographischen Interviews beitragen. Zum einen eine Interpretation des für die islamischen Bekleidungsvorschriften für Frauen grundlegenden Koranverses 33:59. Dieser Vers ist der einzige, der eine Begründung für die Vorschrift enthält. Diese Begründung ist hoch interessant, geht aber bisher nicht in die Debatte ein. Analysiert und verglichen werden Übersetzungen ins Deutsche, Englische und Persische in zehn verschiedenen Koranausgaben sowie der arabische Originaltext. Außer Vers 33:59 enthält auch Vers 24:31 eine Bekleidungsvorschrift, allerdings ohne Begründung. Der Vers ist daher weniger aufschlussreich und wird nicht analysiert, sondern nur zum Vergleich zweier kontrastierender Übersetzungen herangezogen.

Für die Einfügung dieser Analyse in die Studie habe ich mich aus folgendem Grund entschieden: Bis 1996 wurde das Kopftuch in den Interviews nicht spontan erwähnt, es wurde auch nicht danach gefragt und keine der Interviewten trug es, ausgenommen die Frauen der Ahmadiyya. Ab 1996 änderte sich das: In jedem Interview wurde das Kopftuch – meist spontan – thematisiert und drei der Interviewten trugen es – Frau Hadscha und die Ahmadis Eveline und Maryam –, außerdem die Mütter von Eveline und Maryam und von Fousia, Nayere und Sarah. Alle diese Frauen, ausgenommen die Ahmadis, hatten das Kopftuch bis dahin weder in Deutschland noch im Herkunftsland getragen.

Zum anderen enthält der dritte Teil eine Abhandlung über die *Ahmadiyya-Bewegung des Islam*, zu der zwei der Interviewten (Maryam und Eveline) gehören. Der Text ist eine Zusammenfassung von Materialanalysen und ihren Ergebnissen, die als Monographie veröffentlicht werden.[1] Die Ahmadiyya ist eine auch bei uns verbreitete millenarische Glaubensgemeinschaft, die 1889 in Indien gegründet wurde. Ihr Ziel ist der »Sieg des Islam« weltweit über alle anderen Religionen. Ihr Oberhaupt ist der in London residierende Kalif, seit dem 22.4.2003 der fünfte Nachfolger des Gründers der Bewegung.

Erläuterung des Titels

Der Name *Mohammed* bezeichnet nicht nur den für Muslime größten und letzten Propheten, sondern er ist auch der wohl meist verbreitete männliche Eigenname in der islamischen Gemeinschaft, der *Umma*. In meiner Studie steht dieser Name als Pseudonym für alle Väter der interviewten Frauen und Mädchen. Nach islamischer Auffassung sind alle Kinder eines muslimischen Vaters Muslime, unabhängig von der Religionszugehörigkeit der Mutter. Der Islam vererbt sich über die männliche Linie. Austreten aus der islamischen Gemeinschaft können Muslime nicht bzw. nur unter Androhung der Todesstrafe. Im Koran heißt es an drei Stellen, dass Muslimen das Töten von Menschen verboten ist, es sei denn die »Berechtigung« ist gegeben (Koran 6:151, 17:33 und 25:68). Dazu heißt es in den Hadithsammlungen von Buchari und Muslim: »Das Blut eines Muslims darf nur in drei Fällen legitimerweise vergossen werden: wenn es um einen älteren Ehebrecher geht, als Strafe für einen Mord und bei demjenigen, der von seiner Religion abfällt und seine Gemeinschaft verlässt.«[2] Die Hadithsammlungen von Muslim und Buchari gehören zu den *sahih*, den echten Hadith, die nach dem Koran an zweiter Stelle verbindliche Gültigkeit in allen Glaubens- und Rechtsfragen besitzen und für das praktische Handeln orientierend sind. *Mohammeds deutsche Töchter* können also nach islamischem Recht die Religionsgemeinschaft nicht verlassen. Das gilt für die Männer in gleicher Weise. Kein Muslim darf seinen Glauben widerrufen oder wechseln. Tut er dies, so begeht er *Riddah* (Apostasie), das schwerste Vergehen im Islam. Für einen *Murtad* (Apostat) gibt es eine *Hadd*-Strafe, er kann, wie wir bei Salman Rushdie gesehen haben, zur Tötung freigegeben werden. Bei der Strafverfolgung gibt es in solch einem Fall keine territorialen Grenzen. Der viel zitierte Koranvers *La ikraha fi al-din,* es gibt keinen Zwang in der Religion (2:256), hatte in der Geschichte des Islam immer nur Geltung für den Eintritt und nicht für den Austritt aus dem Islam.

Im Unterschied zu den muslimischen Männern ist den Frauen die Heirat nur mit einem Muslim erlaubt. (Koran 60:10). Die Männer dürfen nicht nur muslimische Frauen, sondern auch Frauen von den *Leuten des Buches*, wie im Koran Christen, Juden und Anhänger Zoroasters (Zarathustras) genannt werden, heiraten.

Sowohl das Verbot des Austritts aus der Umma, der Weltgemeinschaft der Muslime, als auch die Einschränkung der Wahl des Ehepartners kollidieren mit den Menschenrechten des Individuums und mit unserem Grundgesetz. Muslimische Mädchen, die bei uns im Sinne dieses Grundgesetzes in Kindergarten, Schule und Gesellschaft zu Eigenständigkeit, Freiheit und Gleichberechtigung erzogen werden, erfahren die Einschränkung ihrer Rechte durch die ererbte Religion, wenn sie orthodox und nicht liberal ausgelegt wird. Das kann zu inneren und äußeren Konflikten führen.

Auf dieses Konfliktpotenzial weist der Titel der Studie hin. Es stellt sich die Frage, wie *Mohammeds deutsche Töchter* konkret damit umgehen.

Erkenntnisinteresse

Ziel des Forschungsvorhabens ist sowohl die Rekonstruktion von Bildungs- und Transformationsprozessen in konkreten Einzelfällen als auch von allgemeinen Strukturen derartiger Veränderungsprozesse, von Hindernissen und Formen der Ausgrenzung.

Forschungsmethode

Zur Auswertung der Daten wurde die von Ulrich Oevermann entwickelte *Methode der objektiven Hermeneutik* angewandt, da sie sowohl die Rekonstruktion individueller Fallstrukturen als auch der darin enthaltenen allgemeinen Gesetzlichkeiten möglich macht. Zum Verständnis der Methode gehört die Kenntnis von Termini, Fachbegriffen, von denen ich hier kurz die erkläre, die in dieser Studie vorkommen bzw. von Bedeutung sind. Das Wesentliche der Methode lässt sich kurz zusammenfassen:

Die objektive Hermeneutik *rekonstruiert* die *Bedeutung* des *Textes* und die *Struktur* von *Fällen* aus *natürlichen Protokollen*. Ergebnisse des Verfahrens werden als *Hypothesen* vorgelegt.

Rekonstruieren bedeutet: Der Vorgang der Erschließung ist ein Argumentationsgang, der Schritt für Schritt durchgeführt und durchsichtig gemacht wird. Er ist wiederholbar, intersubjektiv überprüfbar, korrigierbar und falsifizierbar. Er ist ein regelgeleitetes Vorgehen, dem die Regeln der Grammatik, der Logik und der Sozialität zu Grunde liegen.

Das Wort *Bedeutung* ist der Umgangssprache entnommen und wird auch im Sinn des allgemeinen Sprachgebrauchs verwendet. Zum Beispiel fragen wir, wenn wir auf einer Wanderung eine uns unbekannte Pflanze entdecken: Was ist das? Sehen wir ein Wanderzeichen, eine Wegmarkierung, dann fragen wir: Was bedeutet das? Beim Zeichen unterscheiden wir also zwischen Materialität und Bedeutung, Charles Sanders Peirce nannte sie die *Drittheit*. Auf der Ebene der Bedeutung können wir uns miteinander verständigen, auch wenn wir nicht dieselbe Sprache sprechen. *Bedeutung* ist nicht an eine bestimmte Sprache gebunden. So wurde zum Beispiel die alte chinesische Bilderschrift im Vielvölkerstaat China von Menschen mit verschiedenen Sprachen geschrieben und gelesen, also die Bedeutung der Zeichen unabhängig von der jeweils gesprochenen Sprache verstanden. Die objektive Hermeneutik geht davon aus, dass eine Sprechhandlung objektive Bedeutung hat. Sie bezeichnet dies als das *objektiv Latente.* Es ist nicht identisch mit dem subjektiv Latenten, nach dem die Tiefenhermeneutik forscht. Latente Strukturen sind den Subjekten, die sie produzieren und reproduzieren, in der Regel nicht bewusst.

Text ist alles, was Bedeutung enthält. Das Wort *Ausdrucksgestalt* aus der Sprache der Romantik ist synonym und wird anstelle von *Text* bevorzugt verwendet.

Der einzelne *Fall* kann auf unterschiedlichen Aggregierungsebenen liegen. Zudem sind meist mehrere Fälle ineinander verschränkt. So ist beispielsweise ein Mitglied einer Gemeinschaft ein Fall, aber auch die Gemeinschaft selbst.

Der Begriff *Struktur* bezeichnet die Strukturiertheit des Handelns, auch des Sprechhandelns, meint somit also nichts Statisches, sondern einen Prozess, der immer gleichzeitig Reproduktion und Transformation ist. Dieser Auffassung liegt die Erkenntnis zu Grunde, dass unser Handeln wie ein ununterbrochener Fluss verläuft. Dieser Handlungsfluss ist *sequenziert.* An jedem *Sequenzknotenpunkt* werden Entscheidungen getroffen. Jede Entscheidung ist motiviert und hat Bedeutung. In der getroffenen Auswahl kommt die Eigenart des Falles, also seine Identität zum Ausdruck. Lebenspraxis wird demnach verstanden als eine Folge von Selektionen aus regelgenerierten Optionen.

Das *natürliche Protokoll* ist ein Text in der Sprache des jeweiligen Falles. Das kann ein vom Fall verfasster schriftlicher Text sein oder die wörtliche Transkription der Tonbandaufzeichnung einer mündlichen Interaktion. Es können Publikationen eines islamischen Vereins sein, aber auch Verse aus dem Koran. Das künstliche Protokoll ist ein Text in der Sprache des Protokollanten, der durch Intelligenzleistung den natürlichen Text umformt. Bei Analysen von künstlichen Protokollen stellt man oft fest, dass diese mehr Indikatoren über den Protokollanten enthalten, z.B. über seine Einstellung zum Fall, als über den Fall selbst. Man hat dann keine Möglichkeit zur Überprüfung der Aussagen und zur Rekonstruktion der Eigenart des beschriebenen Falles. Damit hängt zusammen, dass es für den objektiven Hermeneuten im Grunde kein Beschreibungsproblem gibt, denn der Fall beschreibt sich selbst.

Das Ergebnis der Rekonstruktionsprozesse sind *Hypothesen*, die immer ein Angebot zur Falsifikation sind. Falsifizieren lassen sich die Hypothesen durch den Nachweis von Argumentationsfehlern im Analyseprozess beziehungsweise durch Vorlage von Ausdrucksgestalten des selben Falles mit anderer Struktur. Verifizieren lassen sich die Hypothesen nicht, da nicht ausgeschlossen werden kann, dass ein Fehler später erkannt wird.

Innerhalb der Forschungslogik nach Charles Sanders Peirce, der sich auf Aristoteles bezieht, ist die objektive Hermeneutik im Bereich der *Abduktion* zu verorten, also weder bei den induktiven noch bei den deduktiven Verfahren.[3] Durchgeführt werden regelgeleitete Analysen von Einzelfällen zur Aufstellung von Strukturhypothesen. Diese können dann von anderen als Ausgangspunkt induktiver Forschungsvorhaben eingesetzt werden. Es werden keine empirischen Generalisierungen vorgenommen sondern Strukturgeneralisierungen, die auch als *Fallstrukturgesetzlichkeit* bezeichnet werden.[4]

Vorgehensweise

Bei der Ordnung der Fälle in Teil I und Teil II habe ich eine in allen modernen Kulturen vorkommende Gruppierung in *Mütter und Berufstätige, Studentinnen* und *Schülerinnen* gewählt. Ich habe eine Einteilung nach Herkunft, Kultur, Nation oder Ethnie vermieden, da mit derartigen Kategorien auch Zu- und Festschreibungen von Merkmalen sowie die Entstehung und Verfestigung von Vorurteilen verbunden sein können. Besonders ethnische Klassifizierungen suggerieren, dass die ethnische Zugehörigkeit konstant das Denken und Handeln von Menschen bestimmt. Außerdem werden bei derartigen Kategorisierungen die Transformationsprozesse der Menschen besonders infolge von Migration nicht angemessen berücksichtigt. Ethnizität und Religion können als Instrument der Interessendurchsetzung eingesetzt werden. Im Extremfall kann sich aus dem wohl meinenden Ideal, das Andere anders sein zu lassen, kultureller Rassismus entwickeln. Meines Erachtens kommt es indes hauptsächlich auf die Transformationsprozesse an, zu deren besserem Verständnis ich mit meiner Studie einen Beitrag leisten will.

Mit dem Datenmaterial – biographische Interviews und objektive

Daten zu den Familiengeschichten – wird auf unterschiedliche Weise verfahren. Die Interviews werden meist streng methodisch gemäß den Regeln der objektiven Hermeneutik für die Sequenzanalyse interpretiert, und zwar teilweise in Form von Feinanalysen der Sprache zur Rekonstruktion individueller Fallstrukturen, teilweise werden größere Abschnitte auf ihre inhaltliche Aussage hinterfragt. Mehrmals habe ich das methodische Vorgehen zurückgestellt, um die interviewten Frauen selbst länger zu Wort kommen zu lassen. In zwei Fällen, bei Alev Berg und Şengül, habe ich gar keine Analyse durchgeführt. Beide Frauen – mit ganz unterschiedlicher Vergangenheit und völlig verschiedenen Lebensläufen, Problemen und Problemlösungen – beschreiben die Dramatik ihres Lebens fast ohne Zwischenfragen der Interviewerin. Ihre Ausdrucksgestalten sind so reflektiert, dass ich sie nicht durch meine Interpretation unterbrechen oder ergänzen wollte. Außerdem habe ich Salihas Rede an alle Frauen nicht interpretiert, sondern nur einen einleitenden Text dazu geschrieben.

Der Wechsel zwischen der sachlichen und distanzierten Sprache der analytischen und argumentierenden Vorgehensweise einerseits und der lebendigen Sprache aus der Praxis des Interviewgesprächs andererseits trägt, so meine Hoffnung, zur Lesbarkeit der Studie auch für nicht methodisch aber an der Sache interessierte Leser und Leserinnen bei.

Zeichenerklärung

I	Interviewerin
A, B, C	Interviewte
Unterstreichung	Betonung
...	kurze Pause
......	längere Pause
....	lange Pause

Bildungsprozesse

1. Mütter und Berufstätige

Sahbia

Datenbasis sind ein Interview mit Sahbia, das im Rahmen meines Seminars *Frauen im Islam* im Sommersemester 1997 geführt wurde, und objektive Daten der Familie.

Sahbia ist Tunesierin und 1972 im Alter von 18 Jahren zusammen mit ihrem Mann Mohammed nach Deutschland gekommen. Sie lebt hier seit 25 Jahren und hat sechs Kinder: Zwei Söhne – 24 und 23 Jahre alt – studieren, drei Söhne – 18, 15, und elf Jahre alt – gehen auf ein Gymnasium. Alle Söhne leben bei den Eltern. Das sechste Kind, die dreijährige Tochter, erschüttert auf Grund seines Geschlechts die traditionale Ordnung der Familie.

S *Ich bin in Metline geboren, ein kleines Dorf, habe acht Brüder und drei Schwestern. ... Ich war vier Jahre in der Schule, ... ist streng gewesen. Meine Mutter wollte nicht, dass ich so lange in die Schule gehe, weil ich eine kranke Schwester hatte, und ich musste meine Geschwister groß ziehen mit meiner Mutter, und dann bin ich zu Hause geblieben. ... 1972 bin ich mit meinem Mann nach Deutschland gekommen.*

I *Was haben Ihre Eltern dazu gesagt?*

S *Die haben nichts dagegen gehabt. Ich war verheiratet und mein Mann hat die Verantwortung. Sie sagen nichts mehr, wenn du verheiratet bist. Es ist die Sache meines Mannes und meine Sache.*

Sahbia spricht sehr gut Deutsch. Ihre Aussagen sind sachhaltig, knapp und präzise, sie denkt klar. Ihre Muttersprache ist Arabisch, ihre Zweitsprache Französisch. Sie wurde in beiden Sprachen gleichzeitig alphabetisiert. Deutsch ist ihre Drittsprache, die sie in der Lebenspraxis und an ihrem Arbeitsplatz gelernt hat: Sie arbeitet »ein bißchen« (Sahbia) als Küchenhilfe in einem Restaurant. Wie so oft in kinderreichen Familien im Maghreb hat sie als älteste Tochter zusammen mit der Mutter die Kinder versorgt, die kranke Schwester gepflegt und in Haus und Garten gearbeitet. Wie selbstverständlich ist sie dabei in die Kultur der Frauen und ihr ländlich traditionelles Leben hineingewachsen.

Nach traditionalen islamischen Vorstellungen trägt der Mann die Verantwortung für die Familie. Er hat das Aufsichtsrecht und die Aufsichtspflicht und im Konfliktfall das letzte Wort, den Stichentscheid.[5]

I *Wie haben Sie Ihre Kinder erzogen?*
S *Ganz normal, wie die Deutschen auch, ich habe sie in den Kindergarten geschickt, ... ja, ganz normal. Und wir feiern auch wie die Deutschen.*

In Sahbias Familie werden die Geburtstage gefeiert, was von orthodoxen Muslimen als *Kult des Individuums* abgelehnt wird.[6] Sie feiern den Hochzeitstag der Eltern. Vielleicht bereitet Sahbia ihrer Familie auch zu Weihnachten ein Fest, wozu Muslime durchaus berechtigt wären, da sie Jesus als Prophet anerkennen und im Koran seine Geburt beschrieben ist.[7] Sahbia ist aufgeschlossen für Neues und hat mit der Integration keine Schwierigkeiten.

I *Also Sie haben Ihre Kinder nicht traditionell islamisch erzogen?*
S *Nein, mein Mann, der wollte das, aber er hat es nicht geschafft. Die Kinder können nicht so arabisch. Er hat sie auch sechs Jahre in die arabische Schule geschickt, aber sie haben so wenig gelernt und sie haben so wenig verstanden. ... Lass die lieber richtig Deutsch lernen, habe ich ihm gesagt.*

Die Söhne haben am sogenannten *Muttersprachlichen Unterricht* teilgenommen, der in Hessen für ausländische Kinder verbindlich ist, solange die Eltern sie nicht abmelden. Sahbias Aussage gibt zum einen Auskunft über die Qualität dieses Unterrichts und seinen Sinn und zum anderen über ihre Erziehungsvorstellung und die ihres Mannes. Dass alle fünf Söhne in sechs Jahren *so wenig verstanden* und *so wenig gelernt* haben, bestätigt die Aussagen vieler marokkanischer Eltern, mit denen ich gesprochen habe. Es gibt Lehrer, die nur Arabisch sprechen und deshalb von den Kindern hier einfach nicht verstanden werden. Hinzu kommt noch, das der Unterricht selbst für solche Kinder aus arabischen Ländern obligatorisch ist, die eine andere Muttersprache haben. Viel Sinn hat das Ganze nicht. Sahbias Rat, *lass die lieber richtig Deutsch lernen,* war sicher vernünftiger als die Position des Vaters, der sich aber als Oberhaupt der Familie durchsetzte.

Hypothese zur individuellen Fallstruktur Sahbias

Sahbia ist eine kluge, tüchtige und aufgeschlossene Frau. Integration in die deutsche Gesellschaft und Transformation im Handeln und Denken sind für sie selbstverständlich. Trotz ihres eigenständigen Denkens fügt sie sich ihrem Mann, dem der Erhalt der Herkunftskultur wichtiger ist als das Neue. Sahbia gehört zu den Frauen, die den Transformationsprozess wollen und ihn vorantreiben und die trotz der vom Ehemann errichteten Hindernisse den Modernisierungsprozess erfolgreich bewältigen.

I *Und wie wollen Sie Ihre Tochter erziehen?*
S *Oh, meine Tochter, das ist ein Problem. Meine Tochter, meine Tochter, ... ich weiß es nicht. Ich habe vor, ... wie soll ich sagen, ... Wie ich erzogen wurde, muss ich meine Tochter erziehen. Mein Mann ist so streng. Er will seine Tochter nicht so erziehen wie die Deutschen. Der kann nicht. ... Mir ist das egal.*

Die bisher so sachlich argumentierende Mutter beginnt fast ein Klagelied. Ihr fehlen erstmals die Worte. Was sie mit ihrer Tochter vorhat, kann sie nicht ausdrücken, wahrscheinlich weil sie es nicht realisieren darf. Sie *muss* tun, was ihr Ehemann will. Und in diesem Fall scheint das für sie ausgesprochen problematisch zu sein.

Man kann sich gut vorstellen, was Mohammed will. Er selbst wird ein gutes Leben bei seiner tüchtigen Frau haben, die ihn vom Alltäglichen in Haus und Familie entlastet. Die Privilegien eines Oberhauptes werden ihm gefallen. Er erlebt täglich, wie sich die Tradition bewährt: Die Söhne gedeihen und sind erfolgreich. Die Stabilität in der Familie, deren Kern die im Handeln gleich bleibende Mutter ist, ermöglicht den Männern Freiheit und Transformation. Mehr noch als diese Lebensgewohnheiten wird die Ethik der Ehre sein Denken bestimmen. Er kommt aus einer Kultur, in der die Ehre des Mannes und seiner Familie vom Sexualverhalten der Frau abhängig ist, besonders von ihrer Jungfräulichkeit bis zur Hochzeit. Für Mohammed wird schon bei der Erziehung seiner kleinen Tochter, für die er die Mutter verantwortlich macht, die Verteidigung seiner Ehre mit im Spiel sein.

Hielte Sahbia den Willen Mohammeds für richtig und realisierbar, dann würde sie nicht so hilflos emotional reagieren. Sie weiß, dass sie ihre Tochter nicht mehr wie ein Mädchen in einem tunesischen Dorf erziehen kann. Ihre Tochter wird fordern, was die Söhne haben: gleiche Bildungschancen, Erlaubnis zur Teilnahme an Klassenfahrten, Festen und Veranstaltungen, Kontakte und Freundschaften mit Mädchen und Jungen, sexuelle Selbstbestimmung und freie Wahl des Partners, der Ausbildung, des Wohnortes usw. Andererseits wird sie nicht lernen wollen, was die Mutter kann, und nicht leben und arbeiten wollen wie sie. Sahbia sieht den Generationenkonflikt in der eigenen Familie voraus, der in eingewanderten muslimischen Familien oft schwerer ist als in deutschen und sich in der Regel an den Töchtern entzündet.

I Das heißt?
S Wie meine Mutter mich erzogen hat, so als Moslem, und so will ich meine Tochter erziehen.

Sahbia wurde erzogen, wie muslimische Mädchen in Nord-Afrika in der Regel erzogen werden: Zur Fügsamkeit, zur unbedingten Disziplin und zum Arbeiten.[8] Sahbia ist im Grunde heute noch so. Dies macht der schnelle und so typische Wechsel von *ich muss* zu *ich will* deutlich. Der fremde Wille wird zum eigenen erklärt. Die Unterwerfung unter einen fremden Willen wird in der Erziehung muslimischer Mädchen eingeübt – gelegentlich auch bei uns.[9] Dann wird die außengeleitete Moral zur innengeleiteten Moral, und das Subjekt unterliegt der Täuschung, der fremde Wille sei der eigene. Um eine autonome Moral handelt es sich hierbei freilich nicht.

S Bei den Jungen ist das egal, ist nicht so ein Problem. Die machen eh, was sie wollen. Bei den Töchtern ist das anders. Hoffentlich kann ich das, hoffentlich. ...... So bin ich erzogen worden: Nicht weggehen, nicht das machen und nicht das machen. Ich bin so geblieben, ich wollt' auch nicht anders werden. Auch wenn ich jetzt viel gesehen und gehört habe. Ich blieb, wer ich bin. Ich brauche nur meine Ruhe und will keine Probleme zu Hause.

Sahbia steckt in einem Dilemma und sie weiß es. Handelt sie wie Mohammed es will, dann wird sie scheitern und der Familienfriede wird gestört. Handelt sie, wie sie es für richtig hält, so wird es um die Ruhe im Haus ebenfalls geschehen sein. Das Mädchen wird die erste deutsche Tochter in der Familie werden und den schweren Weg der Individuierung gehen, das heißt der Selbstbestimmung in eigener Verantwortung für das Eigenwohl und das Gemeinwohl. Diesen Bildungsprozess können die Eltern nicht verhindern, es sei denn mit subtiler Gewalt, die zu Störungen im Individuierungsprozess führen kann.

I *Wie stehen Sie zum Islam?*

S *Ich bin nicht so streng gläubig. Ganz normal. Meine ganze Familie ist nicht streng gläubig. Ich bete nicht regelmäßig, aber ich faste. Ich glaube an Gott. Jedem sein Glauben, sage ich. Der eine glaubt an Jesus und ist Christ, der andere glaubt an Mohammed und ist Moslem. Jedem sein Glauben. Der eine ist nicht besser als der andere. Wir sind keine strengen Moslems, aber die meisten beten, jeder glaubt, was er will. Wo du bist, ißt du dein Brot und ißt das gleiche wie die anderen.*

I *Heißt das, dass Sie es nicht schlimm finden, wenn Moslems hier in Deutschland Schweinefleisch essen?*

S *Nein, finde ich nicht schlimm. Die Kühe, die Rinder, alle Tiere haben Krankheiten. Früher war es so, dass das Schweinefleisch krank gemacht hat, heute hat jeder einen Kühlschrank und alle Tiere sind krank. Die Christen sind ja auch Menschen und sterben auch nicht am Schweinefleisch. Wer will, soll es essen, aber ich habe es noch nie gegessen.*

I *Sie denken nicht, dass ein Moslem sich an die Regeln des Islams halten sollte?*

S *Du kannst beten, du kannst dich an den Koran halten, aber du musst nicht, wie ich es mache.*

Souverän vertritt Sahbia einen toleranten Islam. Mit den Aussagen, *ich bin nicht so streng gläubig,* und, *meine ganze Familie ist nicht streng gläubig,* gibt sie indirekt zu verstehen, dass sie auch andere Formen des Islam kennt. Damit sind wohl intolerante Varianten gemeint mit ihren rigiden Prinzipienlehren und Vorschriften von rituellen Praktiken, auf deren Grundlage selbst ernannte Experten die Menschen definieren, kontrollieren, beurteilen, einordnen, strafen und ausgrenzen. Davon distanziert sie sich eindeutig. Sie vertritt einen Islam, der das Gemeinsame der Menschen, ihre Veränderungsprozesse und ihre geistige Autonomie stärker anerkennt – ein Volksislam, weniger ein Islam der Theologen. Im Grunde befindet sich Sahbia bereits im Prozess der Säkularisierung: Sie gesteht sich und anderen eine selbstbestimmte Ausübung der Religiosität zu.

Sahbia verfügt über dieselbe geistige Autonomie, wie sie Dorothee Dersch in ihren Analysen von Gesprächen mit tunesischen Bäuerinnen aufgezeigt hat.[10]

Sahbia sagt nicht, wie sie ihre Tochter gerne erziehen würde, wenn es den autoritären Vater nicht gäbe. Wahrscheinlich würde sie ihr gern ermöglichen, was ihr selbst verwehrt war: den Zugang zu höherer Bildung. Aus islamischen Ländern eingewanderte Mütter versuchen in der Regel ihre Träume von Bildung in den Töchtern Wirklichkeit werden zu lassen.

Aischa, Selimas Mutter

Datenbasis sind ein Interview mit Selima und ihren Freundinnen Louiza und Karima vom 6.6.1998 sowie objektive Daten zur Familie Selimas. Die Daten wurden im Rahmen meines Seminars *Bildungsprozesse bei Kulturwechsel* im Sommersemester 1998 erhoben. Das Interview ist sehr umfangreich und in vieler Hinsicht aufschlussreich. Im Kapitel *Schülerinnnen* wird die Auswertung fortgesetzt.

Die Interviewten sind Berberinnen, sie nennen sich selbst auch Imazighen, aus der Provinz Nador in Nord-Marokko. Durch freundschaftliche Beziehungen und eigene Forschungsarbeiten kenne ich die Region und das Leben dort recht gut, ebenso das Leben vieler Berberfamilien in Deutschland.[11] In die Rekonstruktion des Falles lasse ich dieses Wissen einfließen.

Selimas Mutter wurde nicht interviewt. Wir lernen sie aus der Perspektive ihrer Tochter kennen. Eingebettet in die Erzählung ihrer eigenen Lebensgeschichte berichtet Selima von der Geschichte ihrer Mutter Aischa.

S *Ja, also, meine Mutter, als sie mit ihrem Vater in die Schule kam, war die Schule überfüllt.*

Gemeint ist die Einschulung des Kindes Aischa in Marokko im Jahre 1967. Nicht die Mutter, sondern der Vater geht mit dem Kind zur Schule, da er für die Außenvertretung der Familie zuständig und für die Erziehung der Kinder verantwortlich ist. Aischa wurde abgewiesen, weil sie zuviel war – eine erschütternde und bittere Erfahrung, die ein Kind bei uns nicht macht, und die wie man sich leicht vorstellen kann, lange nachwirkt, ja sogar noch Aischas späteres Leben als Erwachsene und Mutter prägt.

S *Der Direktor sagte: »Komm nach einem Jahr wieder, dann können wir dich einschulen.« Es war eine Dorfschule, und es gab keine andere.*

So muss es Aischa ihren Kindern erzählt haben. In den Worten schwingt noch die Enttäuschung des kleinen Mädchens mit, das lernen will, aber nicht darf, und auf den nächsten Einschulungstermin vertröstet wird. Es wird traurig nach Hause gegangen sein, hungrig nach Bildung – und ein Jahr lang gehofft haben.

Die Berber Marokkos haben keine eigenen Schulen entwickelt. Ihre Sprache *Tamasight* (Berberisch) wurde nie verschriftet und Traditionen und Wissen werden in den Familien mündlich und praktisch weitergegeben. In den fünfziger Jahren wurde in Marokko das französische Schulsystem eingeführt und in französischer Sprache unterrichtet. Nach und nach wurden die Schulen arabisiert. Später als in den Städten wurden auch auf dem Land Grundschulen eingerichtet. Von allen Ländern der Dritten Welt soll Marokko, das 1956 unabhängig wurde, sein Schulsystem am schnellsten ausgebaut haben, und doch nicht schnell genug für den Kinderreichtum der Berber. Zwar wuchs die Zahl der Alphabetisierten, gleichzeitig aber auch die der Analphabeten – und das waren vor allem die Mädchen.

S *Als sie nach einem Jahr wieder in die Schule wollte, hat man gemeint, die Familie sei zu groß. Sie war das älteste Mädchen und musste zu Hause helfen.*

Aischa hat zehn jüngere Geschwister: sieben Schwestern und drei Brüder. Als sie sieben Jahre alt war, musste sie bereits einen Teil der Kinderversorgung und der Arbeit im Haushalt übernehmen. Sie wuchs hinein in die traditionale Frauenarbeit, übte sich in Fügsamkeit und Verzicht auf die Erfüllung eigener Wünsche und verbrachte ihre Kindheit und Jugendzeit mit Arbeit im Haus. Ihr Bildungshunger blieb ungestillt.

S *Sie war nur ein oder zwei Jahre in der Koranschule, hat ein bißchen Koran gelernt und das Alphabet, das arabische, das sie noch kann.*

Wenn sie das damals Gelernte heute noch kann, obwohl sie es in keiner Schule vertiefen konnte, dann muss es ihr damals schon wichtig gewesen sein. Selimas Mutter wollte also unbedingt lesen und schreiben lernen und hat wohl im Koran-Unterricht die Gelegenheit gehabt, Grundkenntnisse zu erwerben. Sie wird in der Fremdsprache Arabisch ansatzweise alphabetisiert worden sein.

S *Da sie aber sehr gerne in die Schule gehen wollte und auch sehr, sehr – wie soll ich sagen – lernbegeistert, total, ist, hat sie dann so vor zehn Jahren oder so, hat sie hier den Hauptschulabschluss gemacht.*

Die in Marokko enttäuschten Hoffnungen des Mädchens auf Schulbildung sind in Deutschland erfüllt worden. Mit 26 Jahren schaffte sie an der Volkshochschule den Hauptschulabschluss – für ein Frau, die als Kind nicht in der Schule war und in ein fremdes Land mit einer fremden Sprache kommt, eine ganz außergewöhnliche Leistung. Sie war bildungshungrig, und die Not ist der beste Motor für Bildungsprozesse.

Selima überspringt in ihrer Erzählung zwanzig Jahre und wirft die Frage auf, wie es zum deutschen Schulabschluss der Mutter kommen konnte. Darauf geben die objektiven Daten eine Antwort: Aischa ist 1960 geboren. Als sie 17 Jahre alt war, wurde sie verheiratet mit Mohammed, einem in Deutschland lebenden Marokkaner, und folgte ihm in das so genannte gelobte Land. Mohammed kommt ebenfalls aus einer kinderreichen Berberfamilie aus dem Rif-Gebirge und hat Nador 1969 mit Arbeitsvertrag im Alter von 14 – laut Papier mit 18 Jahren – verlassen. Er arbeitete zunächst in einer Fabrik, dann in einem Restaurant in der Küche. Auch seine junge Frau fand Arbeit in diesem Restaurant. Ihr erstes Kind, die Tochter Selima, wurde 1981 geboren, als die Mutter schon vier Jahre in Deutschland war, die zweite Tochter 1985 und das dritte und letzte Kind, der Sohn Ahmed, 1994. In dieser Familie wird die Tradition der kinderreichen Familie nicht fortgesetzt. Die Eltern haben sich für die moderne Kleinfamilie entschieden. Erst unter diesen Bedingungen wird Berberinnen der Zugang zur formalen Bildung möglich. Aischa hat diese Chance genutzt. Sie besuchte mit großem Fleiß die Volkshochschule und schaffte den Hauptschulabschluss – für eine Berberin aus der ersten Migrantengeneration eine phänomenale Leistung.

S *Sie hat sich immer drangehalten und mit einer Frau, die sie kannte, immer gelernt und hat sich total drangehalten.*

Selima erkennt die Leistung ihrer Mutter an und ist stolz auf sie. Sie weiß, wieviel Mühe und Fleiß die Mutter eingesetzt hat. Sie muss die Grundlagen des Lesens und Schreibens als Kind in der Koranschule erworben und sich autodidaktisch beigebracht haben. Die für eine erste Alphabetisierung sensible Phase des Gehirns ist im Erwachsenenalter vorbei. Sie gelingt dann nur noch rudimentär.

S *Mein Vater hat sie auch darin unterstützt, ansonsten wäre es überhaupt nicht gegangen. Es ist eine Seltenheit, dass überhaupt der Mann die Frau irgendwohin lässt. Sie hat die Außenwelt kennengelernt. Die meisten: einkaufen, zu Hause, einkaufen, zu Hause, Haushalt machen. Die kennen die anderen Seiten gar nicht, wo ihre Kinder aufwachsen, in was für Schulen die gehen, und was da auch abläuft.*

Selima schätzt das richtig ein. Es gelingt nicht allen Frauen die verinnerlichten Normen ihrer Kindheit und Jugendzeit zu überwinden. Und es gibt viele Männer, die das mit Macht zu verhindern wissen. Da die Frauen der ersten Migrantengeneration in der Regel ökonomisch und aufenthaltsrechtlich von ihren Männern abhängig waren und auf keinen Fall ihre Kinder durch Scheidung verlieren wollten, fügten sie sich auch hier, so wie sie es im Herkunftsland eingeübt hatten.

Auch Selimas Vater hat dem Neuen, das ihn in Deutschland erwartete, viel Aufgeschlossenheit entgegengebracht. Die Eltern waren sich einig, sie wollten beide ihr Leben verändern und werden sich gegenseitig gestützt und geschützt haben. Selima ist stolz auf ihre modernen und tüchtigen Eltern.

S *Daran liegt es auch, dass sie sehr gut deutsch spricht, hat kaum einen Akzent. ... Ich spreche auch aus diesem Grund sehr viel mit ihr deutsch. Also es ist so, dass wir uns über Deutsch verständigen.*

Die Interviewte spricht so, als wäre sie eine Deutsche, die für ausländische Akzente natürlich ein Ohr hat. Die Zweitsprache ist die Sprache der Verständigung geworden. Die Muttersprache Tamazight ist nur noch am Rande von Bedeutung, als Teil der Vergangenheit, der hier mehr und mehr verblasst, weil er in der gegenwärtigen Lebenspraxis nicht gebraucht wird und als Schriftsprache nicht vorhanden ist.

S *Wir versuchen auch auf Tamazight umzusteigen, weil wir das nicht wollen, dass nur Deutsch unsere Unterhaltungssprache ist sozusagen.*

Man *versucht* dann in eine andere Sprache *umzusteigen*, wenn man sich nicht wie selbstverständlich in ihr bewegt und es einige Mühe bereitet, sie zu sprechen. Das ist typisch für viele Berber in der zweiten Generation. Für die dritte Generation wird dann die Zweitsprache der Eltern zur Muttersprache.

In dieser Familie gibt es zwischen den eingewanderten Eltern und der hier geborenen und aufgewachsenen Tochter keinen Generationenkonflikt. Die Eltern haben sich selbst stark verändert und die Entwicklungsmöglichkeiten der Töchter unterstützt. Diese erkennen die Aufgeschlossenheit der Eltern und deren Transformation dankbar an.

Es stellt sich die Frage, warum sich diese Eltern so verhalten konnten, warum andere nicht? Liegt es nur an ihnen persönlich? Ungefragt gibt Selima darauf indirekt eine Antwort:

S Und meine Mutter legt sehr viel Wert auf Bildung und dass ich was aus meinem Leben machen soll. Deswegen auch ihr Ansporn, dass ich aufs Gymnasium gehe. Ja, dann bin ich aufs Gymnasium gegangen. Ja, und jetzt bin ich in der elften. Auf dieser Schule gibt es leider keine Marokkaner oder Marokkanerinnen. Das ist irgendwie seltsam. Aber das Gute da dran ist zum Beispiel, dass ich meine Persönlichkeit aufbauen konnte, dadurch dass ich unter Deutschen aufgewachsen bin. Da gab es gar keine Beeinflussung, also meine Eltern, die ham nicht gesagt, ich muss Kopftuch tragen, weil die und die auch Kopftuch tragen, die neben uns wohnen. Weil meistens ist es so, dass die Eltern unter sich ... halt eben Druck machen, gucken, was macht meine Tochter, was macht deine Tochter? Ja, wenn eine ein Kopftuch anhat, muss die andere auch 'n Kopftuch tragen. Das ist so 'n indirekter Druck, der unter den Familien herrscht.

K u. L Ja, ja, ja, ja! (Beide lachen bestätigend.)

I So fühlst du dich freier?

S Genau! Und ich denk me auch, dass das dazu beigetragen hat ... eh, weil wir ... halt eben nicht unter Marokkanern aufgewachsen sind, konnten wir uns auch, also halt eben ... so entwickeln. Und meine Mutter hat das unterstützt.

Indem Selima ihren Bildungsprozess in Deutschland beschreibt, thematisiert sie indirekt auch den Bildungsprozess von Mädchen in der Herkunftskultur ihrer Eltern. Selima unterscheidet zwischen einem Individuierungsprozess und einem Prozess der Anpassung in eine traditionale soziale Ordnung. Dazu gehört auch ein je spezifischer Umgang mit Normen. Während eine Person ihre eigene autonome Moral entwickeln muss, in der Wissen und Gewissen die Grundlage von Entscheidungen und Handlungen bilden, orientiert sich das Subjekt in der Traditionalität am Verhalten der Gemeinschaft und an Experten der Moral, ist selbst sozialer Kontrolle ausgesetzt und kontrolliert andere. Neben dem sichtbaren Bereich gibt es den des Verborgenen, in dem Verbotenes stattfindet. Und so kommt es vor allem darauf an, den Schein zu wahren.

Eine eigene Persönlichkeit kann eine Frau in der Traditionalität nur auf der Ebene des Denkens entwickeln. Auf der Ebene des Handelns muss sie sich fügen. In der Berberkultur wird das Mädchen zum Typus Frau erzogen mit geschlechtsspezifischen Aufgaben und Pflichten. Individuierungstendenzen werden abgeschliffen und Eigensinn wird unterdrückt. Nur Fügsamkeit wird mit Anerkennung belohnt. An Aischa sehen wir, wie diese Erziehung scheitern kann, wenn sich die Bedingungen ändern.

Der Übergang von der Erziehung zum Typus Frau hin zur Frau als Person wurde für Selima und ihre Mutter im deutschen sozialen Umfeld möglich. Hindernisse gab es keine, da, so Selima, es weder im Stadtteil noch in der Schule Marokkaner gab. Selimas Aussage ist typisch und kommt in fast allen Interviews vor: Deutsche behindern den Bildungsprozess der Mädchen nicht, sondern fördern ihn. Hindernisse werden ihnen von Menschen aus der eigenen Herkunftskultur in den Weg gelegt.

Mit dem Wachsen und Erstarken der ethnischen Gemeinden, besonders der Moscheegemeinden, und dem Anspruch der Imame und anderer selbst ernannter Experten der Moral wird der Transformationsprozess für Frauen schwieriger. Es wächst der Druck von den Gemeinden auf die Familien und dort von den Vätern und Söhnen auf die Frauen, aber auch der von den gehorsamen auf die eigenwilligen Frauen.

Zu dem gleichen Ergebnis kommt auch die 13. Shell-Jugendstudie in ihrem zweiten Band, dem biographischen Teil.[12]

Frau Hadscha

Al-Hidschiy'ya oder Lla Hadja lautet der islamische Ehrentitel für eine Frau, die eine Pilgerreise nach Mekka – Hadsch – gemacht hat. Ich nenne die Interviewte, weil sie den Hadsch durchgeführt hat, hier Frau Hadscha.

Datenbasis sind ein Interview mit Frau Hadscha vom 11.6.1997 und objektive Daten zur Familie. Die Daten wurden im Rahmen meines Seminars *Frauen im Islam* erhoben. Die Interviewerin war Lehrerin in einem privaten Bildungsverein und leitete einen Deutsch- und Alphabetisierungskurs für ausländische Frauen. Die Interviewte war eine ihrer Schülerinnen. Am Rande des Unterrichts informierte die Lehrerin Frau Hadscha über das Seminar und den Forschungszusammenhang und fragte sie, ob sie bereit sei, aus ihrem Leben zu erzählen. Sie erklärte sich bereit, und beide vereinbarten einen Termin. Als Ort schlug die Interviewte ihre Wohnung vor.

Frau Hadscha kommt aus Fes, der Hochburg der arabischen Kultur in Marokko. Umgeben von der modernen Stadt mit moderner Universität liegt die typische arabische Altstadt, die Medina, mit den alten ehrwürdigen Medersen, den islamischen Religionshochschulen. Die größte, die *Karouyine,* ist theologisches Zentrum Marokkos und hat den Rang einer Universität. Die hochentwickelte arabische Kultur der Männer hat den meisten Frauen keine Verbesserung ihrer sozialen Lage gebracht: Juristisch sind sie trotz hartem Kampf der Frauenbewegung in Marokko immer noch nicht gleichberechtigt und nicht viel weiter als zum Beispiel die Frauen in Algerien. Und wie überall in der arabischen Welt sind sie vor allem für die Bewältigung und Erledigung sämtlicher Arbeiten in der Familie zuständig.[13]

Frau Hadscha wurde 1958 in Fes geboren, hat fünf jüngere Geschwister und kam mit 14 Jahren, also im schulpflichtigen Alter, zu ihrem Vater nach Deutschland. Die Mutter blieb mit den anderen Kindern in Fes. 1978 wurde die Interviewte mit einem in Deutschland lebenden marokkanischen Arbeitsmigranten verheiratet. Das Ehepaar hat drei Kinder:

- 1980 Geburt des ersten Sohnes (1998 Fachabitur)
- 1983 Geburt der Tochter (1999 Realschulabschluss)
- 1989 Geburt des zweiten Sohnes (Grundschule, Realschule)

Alle haben den deutschen Pass.

Für die Rekonstruktion der individuellen Fallstruktur von Frau Hadscha werden vom Interview vier Sequenzabschnitte analysiert. Einer enthält Frau Hadschas Beschreibung ihrer Pilgerfahrt nach Mekka.

Interaktionseinbettung des Interviews

Das Interview fand in der Wohnung von Frau Hadscha statt. Als die Interviewerin kam, wurde sie ins Wohnzimmer geführt, wo der Tisch mit Kaffee und Kuchen gedeckt war. Während des Kaffeetrinkens entwickelte sich zunächst ein Kennenlernen in Form eines lockeren Gesprächs, das nicht auf Tonband aufgezeichnet wurde. Mit dem Einverständnis der Gastgeberin stellte die Interviewerin dann das Tonbandgerät auf den Kaffeetisch und drehte es so, dass das Mikrophon auf Frau Hadscha gerichtet war, und schaltete das Gerät ein. Analysiert wird nun der Anfang der Aufzeichnung.

Sequenzanalyse

I Ich leg das mal so hin, weil das Mikrophon dann bei dir ist.

In Verbindung mit dem Einschalten des Recorders enthält die Handlung indirekt die Aufforderung an Frau Hadscha, mit dem Erzählen aus ihrem Leben zu beginnen.

H Hm, hm. ......
I Ja, erzähl doch mal von früher in Marokko, wie das bei dir so war zu Hause.
H Ja, was soll ich sagen? Also mit vierzehn, mit vierzehn Jahr, mit vierzehn und halb bin ich hier nach Deutschland gekommen.

Frau Hadscha geht auf die Anregung der Interviewerin nicht ein. Sie thematisiert nicht ihre Kindheit in Marokko, sondern ihre Ankunft in Deutschland. Da sich die Erinnerung an dieses Ereignis an den Anfang ihrer biographischen Erzählung drängt, muss es für sie von besonderer Wichtigkeit sein. Die Wiederholung der Altersangabe und die anschließende Präzisierung sind ungewöhnlich und legen die Vermutung nahe, dass etwas für dieses Alter Außergewöhnliches passiert ist.

An der richtigen Verwendung der Eröffnungspartikel *also* kann man erkennen, dass Frau Hadscha das Erzählschema der deutschen Sprache beherrscht. Die Grammatikfehler verraten Schwächen im Umgang mit dem sprachlichen Regelsystem. Das ist erstaunlich für einen Menschen, der mit 14 Jahren gekommen ist und 24 Jahre hier lebt, und muss besondere Gründe haben.

H Ich war so ...... kindisch, also wie soll ich sagen, ... also meine Mutter hat mir nix beigebracht, dass ...

Sie sucht nach Worten. Wahrscheinlich meint sie: Ich war noch unwissend wie ein Kind. *Nix* sagt sie im gesamten Interview anstelle von *nicht*. Der Satz muss deshalb so gelesen werden: *meine Mutter hat mir nicht beigebracht, dass ...* Frau Hadscha ist heute der Auffassung, dass ihre Mutter bei der Belehrung der Tochter etwas versäumt hat. Indirekt enthält die Aussage einen Vorwurf. Das Versäumte muss aus der Perspektive der erwachsenen Tochter etwas Wichtiges sein, sonst stünde es nicht an dieser privilegierten Stelle.

Frau Hadscha hat bis jetzt zwei Themen angesprochen, das Ereignis mit vierzehn Jahren und das Versäumnis der Mutter.

H *dass ich Kopftuch trage, und nach, ich, 83, ja 83 hab' ich angefangen, das Kopftuch zu tragen.* (Lacht) ...

1983 war sie bereits elf Jahre in Deutschland, 25 Jahre alt, fünf Jahre verheiratet und Mutter einer dreijährigen Tochter. Zu ihrer mitgebrachten kulturellen und religiösen Identität gehört das Kopftuch also nicht, auch nicht zu der ihrer Mutter. Sie hat in Deutschland in den achtziger Jahren gelernt, wie eine Muslima sich kleiden sollte. Sowohl das Kopftuch als auch der Vorwurf an die Mutter, sie habe in der Erziehung der Tochter etwas versäumt, ist ein Produkt der »islamischen Aufklärung« im Westen, die mit dem islamischen Fundamentalismus in Algerien, Saudi-Arabien, dem Iran und in Pakistan bezüglich der Frauenbekleidung so manches gemeinsam hat.[14]

Aus der Perspektive der Interviewten hat sie 1983 auf Grund eines Zugewinns an Wissen den Fehler der Mutter durch eine eigene Entscheidung korrigiert. Sie ist jetzt nicht mehr *kindisch*, sondern eine erwachsene Frau. Das Kopftuch symbolisiert in ihren Augen Wissen und Erwachsensein.

I *Bist du mit deinen Eltern hierher gekommen?*

Die Interviewerin greift das erste Thema wieder auf.

H *Mit mein Vater, mein Mutter is da drüben. .... Weil mein Vater is mit eine andere Frau. ....* (Lacht verlegen, seufzt)
I *Hm. Ja.*
H (Seufzer) *Wie ich hier nach Deutschland, bissi schwer find ich.*
I *Bist nur du mitgekommen?*
H *Die andern sind zu Hause, das war bisschen für mich so schwer, das war ganz ... ich kann gar nix dran denken, dass ich ......* (lacht). *Aber Gott sei Dank, dass alles vorbei ist. Das war für mich, früher, alleine, und mein Vater und eine andere Frau, und das war ......, das kann ich gar nix sagen. ....*

Die Trennung von *zu Hause*, dem Ort der Bindungen, der Geborgenheit und Sicherheit, war unsagbar schlimm für sie. In der folgenden Sequenz, die hier nicht zitiert ist, beschreibt sie das Zusammenleben mit dem Vater und dessen Zweitfrau, besonders wie sie unter der Zweitfrau zu leiden hatte. Stieftochter und Stiefmutter wurden Feinde.

I *Was hast du gearbeitet?*
H *Ich war bei Firma Neithold gearbeitet, wie ich hier nach Deutschland gekommen bin. So Metall für die Foto. Ich war vierzehn, aber*

auf mein Papiere war ich neunzehn Jahre, weil ich sonst nix arbeiten darf, von Arbeitsamt her darf ich nix, und dann hat mir ...... das war also, also mein Vater hat mir (lacht), *hat mir, wie sagt man das, Geburtstag?*

I *Geändert.*

H *Ja, geändert. Und hab ich da bei Neithold erst mal gearbeitet, und danach hab ich bei Jovolet gearbeitet.*

I *Wie lange hast du gearbeitet?*

H *Bei Jovolet, glaub ich, acht Jahre. Bei Neithold sechs, sieben Jahre und zwei Jahre hab ich bei Deutsche Bank gearbeitet in der Küche. Insgesamt, glaub ich, siebzehn, achtzehn Jahre hab ich gearbeitet. Wie gesagt, ...*

Nicht zum Lernen und schon gar nicht, weil er sie liebte, hat der Vater sie geholt, sondern als Arbeitskraft für die Fabrik und seinen Haushalt. Zur verbotenen Kinderarbeit zwang er sie, beutete sie aus und betrog sie so um ihre Jugend. Er betrog auch den Staat, in dem er jetzt lebt, und machte die Tochter zur Komplizin. Durch die aufgezwungene Verwicklung in die gesetzeswidrige Handlung des Vaters wurde die Unsicherheit der Tochter im fremden Land potenziert. Als das Mädchen in die Fabrik kam, war es fremd, sprachlos, wehrlos, Analphabetin, Objekt, Arbeitskraft und sonst nichts. Sie war ohne familiäre Geborgenheit, ohne Schutz und Hilfe. Jeder Tag brachte die Fortsetzung der traumatisierenden Erfahrung, über die sie noch heute nur sehr schwer reden kann. Keine Traumatisierung ist intensiver als die, die wirkt wie steter Tropfen auf einen Stein.

H *Ich war schwanger mit mein' Tochter, wie ich das Kopftuch genommen hab.*

Sie wechselt wieder das Thema. Über das Kopftuch läßt sich reden, ohne dass es schmerzt. Vielleicht bewirkt es sogar angenehme Gefühle in ihr und befriedigt ihr Bedürfnis nach Sicherheit, Ordnung und Gesetzestreue. Im Anschluss an die Aufzählung der Arbeitsstellen und die Erwähnung der kriminellen Verwicklung wirkt das Kopftuchnehmen wie der Beginn eines neuen Lebens, wie ein Schlussstrich unter die Qualen, Unsicherheiten und Demütigungen. Der Zeitpunkt *schwanger mit mein' Tochter* spricht dafür, dass sie ihrer Tochter eine bessere Mutter sein will, als es die eigene war.

Eine Schwangerschaft ist in besonderem Maße eine Zeit des Nachdenkens über die eigene Vergangenheit, Gegenwart und Zukunft. Sie erzeugt Gefühle der Unsicherheit, Fragen nach der eigenen Identität, Bedürfnisse nach Geborgenheit, Verstehen, Beratung, Hilfe, kurz nach Gemeinschaft mit Gleichen. In eine Mütterberatung mit deutschen Frauen wird sich die Fabrikarbeiterin, die nur wenig deutsch kann und Analphabetin ist, nicht begeben haben. Aber marokkanische Familien kennen sich hier untereinander, besonders die Frauen, und einige von ihnen gehen in die Frauengruppe in der Moschee. Während des Mutterschaftsurlaubs hat Frau Hadscha Zeit, mit ihnen zu gehen. Hier erlebt sie zum ersten Mal in Deutschland, was sie vermißt hat: ein Stück Heimat, Geborgenheit, Verständnis, Zuwendung und Anerkennung. Hier sind ihre Deutschkenntnisse sogar besser als die der Neuen und nicht erwerbstätigen Hausfrauen. Bereitwillig kleidet sie sich wie die andern. Das Kopftuch verstärkt ihre Gleichheit, demonstriert ihre Einheit, verschafft ihr die Anerkennung der Zugehörigkeit und gibt ihr ein Gefühl der Stärke und des Wohlbefindens.

H *Ohne Kopftuch geh' ich nix mehr raus, ich muss immer das Kopftuch tragen. Das ist mein Leben. ...... Ich kann nix anders. ......*

Das Kopftuch ist Kompensation für die Nichtanerkennung in der deutschen Gesellschaft. Es verschafft ihr das Gefühl der Zugehörigkeit zur Umma, zur islamischen Gemeinschaft. Ohne Kopftuch würde sie von der Vergangenheit überwältigt werden, und sie würde sich wahrscheinlich wieder fühlen wie mit vierzehn Jahren in der Fabrik: einsam, ausgebeutet und hilflos. Es wird zum Symbol ihres neuen Lebens und zum Zeichen der Ordnung.

Der kleine Satz *Ich kann nix anders* zwischen zwei langen Pausen verrät unausgesprochene Gedanken: Könnte sie anderes, hätte sie einen qualifizierten Beruf, so würde sie darin Anerkennung finden und das Kopftuch wäre als Kompensation für einen Mangel nicht nötig.

H *Freitag gehe ich in Moschee, da treffen wir zu Frauen, da sind nur Frauen, sprechen und unterhalten und lesen und ... Da geh'n auch Männer dahin, aber kommen auch Frauen, also viel Frauen.*
I *Ist das dann getrennt, die Männer und die Frauen beim Beten?*
H *Ja, ja, die Frauen in andere Seite und die Männer in andere Seite.*

Das Bedürfnis nach Ordnung wird befriedigt.

I *Und dann habt ihr da doch auch noch einen Gesprächskreis?*
H *Ja doch, auch so wegen Islam, zum Beispiel erst Koran lesen und dann übersetzen, und was bedeutet das.*

Das Bedürfnis nach Verstehen der Welt wird befriedigt.

I *Und wer macht das?*
H *Das ist eine von Ägypten ... von Ägypten eine Frau, sie weiß mehr als wir, klar, sie versteht mehr als wir, gell?*
I *Sie ist also quasi eure Lehrerin?*
H *Ja, so wie Lehrerin, so in der Art. Und dann Freitag und Dienstag gehen die Frauen auch da zu lernen Schreiben und Lesen und übersetzen und was bedeutet das und so.*

Die Interviewte möchte lernen. Die Wiederholung *was bedeutet das* zeigt, dass es ihr ein großes Bedürfnis ist, zu verstehen. Die Lehrerin ist die Idealmutter, die sie auf richtige Weise belehrt.

I *Und gehen deine Kinder dann mit dir?*
H *Ja, die Kinder woanders spielen, wie ein Treff und so.*
I *Und deine Tochter geht dann auch mit?*
H *Ja, meine Tochter geht dann auch mit, weil da kommen auch viele Mädchen und dann treffen sich da. ... Ganz gut da eigentlich. Ich bin froh, wenn Freitag da ist, und dann treffen wir wieder, Kaffee zu trinken oder nur sprechen oder irgendwas, unterhalten wir über Probleme, was gibt, was darf. Und dann komm ich nach Hause und bin ganz gut,* (lacht) *doch das ist wirklich ganz gut, jede Freitag fahr ich dahin und ist ganz toll.*

Frau Hadschas Bedürfnisse nach Ordnung, Achtung, Zugehörigkeit, Belehrung und Sicherheit werden in der Frauengruppe befriedigt, und das wirkt sich positiv auf ihr Verhalten zu Hause aus: Ich *bin ganz gut* bedeutet: Ich tue dann das Richtige. Und dabei fühlt sie sich gut. Sie ist auch kritisch. Die Beurteilung der Frauentreffen in der Moschee mit *ganz gut da eigentlich* enthält eine Einschränkung. Es könnte also besser sein, aber es ist schon besser als alles andere, was sie kennt.

In dieser Gemeinschaft hat sie gelernt, dass eine Muslima das Kopftuch trägt. Was früher für sie selbstverständlich war, nämlich kein Kopftuch zu tragen, wird ihr nun zum Problem. Vor der Geburt ihres dritten Kindes, eines Sohnes, kündigt sie ihre Arbeit. Sie begründet das so:

H *Auf Arbeit darf ich kein Kopftuch tragen und da hab ich das weggemacht. Und da hab ich mir immer Gründe gesucht, dass ich von die Firma weggehe. Und als ich schwanger war, da wollt ich in die Firma nix ohne Kopftuch. Da hab ich aufgehört.*

Objektiv betrachtet hat sie mit drei Kindern genug Arbeit und die Kündigung ist deshalb sinnvoll. Sie begründet die Kündigung aber so, als habe sie vor der Entscheidung *Arbeit ohne Kopftuch* oder *Kopftuch ohne Arbeit* gestanden. Für ihre Entscheidung wird sie in der Gemeinde Anerkennung erhalten: Sie hat ihre Arbeit aufgegeben für ihren Glauben. – Das Schema kommt in unserer Datensammlung öfters vor und verschleiert jedesmal den eigentlichen Sachverhalt.

I *Und was denkst du jetzt, wie ist das jetzt, wenn du deine Tochter erziehst?*
H *Ja, ich will, ich will alles geben für mein Tochter, dass sie weiter Schule geht, also nicht so wie ich. Ich will sie alles geben, dass sie nur lernt, nicht so wie ich. Das sag ich auch immer meine Tochter. Nicht arbeiten gehen, so wie ich gearbeitet hab.*

Frau Hadscha war nur ein Jahr in der Schule. Danach hat sie mit ihrer Mutter zusammen die fünf jüngeren Geschwister versorgt. Wie Semilas Mutter so hofft auch sie, dass ihre Tochter durch eine moderne Bildung ein besseres Leben haben wird als sie selbst. Damit sich ihre eigene Geschichte nicht im Leben ihrer Tochter wiederholt, ist sie bereit, *alles zu geben.* Daraus spricht eine Opferhaltung.

I *Geht deine Tochter mit schwimmen mit den anderen Schülern?*
H (Ganz leise): *Die schwimmt nicht, die geht nicht. ... Das geht nicht.*

Aber die Söhne gehen selbstverständlich schwimmen. Mutter und Tochter werden religiös indoktriniert. Sie lernen, sich abzugrenzen und auszugrenzen und zu verzichten. Die meisten islamischen Mädchen und Frauen gehen schwimmen, auch in Marokko an öffentlichen Stränden, an denen Frauen und Männer sind. Hinter der Auffassung von Frau Hadscha stehen fundamentalistische Interpretationen des Islam, die Frauen in ihrer Lebensweise einschränken und alte Privilegien des Patriarchats erhalten oder neue etablieren wollen. Wie das Kopftuch gehört auch das Schwimmverbot in die fundamentalistische islamische »Aufklärung« aus dem Westen oder auch aus dem Iran oder aus Saudi-Arabien. Im Koran kommt das Thema nicht vor, es wird auch in der Wüste keine Rolle gespielt haben.

Das Verbot des Schwimmens hat für die Frauen Folgen: Sie werden, weil sie nicht schwimmen können, von allen Wassersportarten ausgeschlossen. Man sieht sie ja gelegentlich an Stränden und in Freibädern unter ihren Kopftüchern sitzen und sehnsüchtig dem Vergnügen in und auf dem Wasser zuschauen. Hinzu kommt, dass das heimliche Überschreiten des Verbots nicht selten mit subtiler oder physischer Gewalt bestraft wird. Solche Fälle haben wir in der Datenbasis.

Wer Frauen das Schwimmen verbietet oder sie entsprechend indoktriniert, verstößt gegen den Gleichheitsgrundsatz unserer Verfassung, vor allem gegen den Artikel 3 Satz 2: Männer und Frauen sind gleichberechtigt. Die Rechte des Individuums haben bei uns Vorrang vor den Rechten religiöser Gemeinschaften. Frau Hadscha und ihre Tochter sind typische Fälle einer neuen Realität bei uns. An ihnen kann man sehen, wie unter dem Deckmantel von Religion und Kultur neue Formen der Gewalt gegen Frauen gedeihen.

I *Du bist doch in Saudi-Arabien gewesen? Erzähl doch mal, wie das war!*
H *Was kann ich da erzählen?* (Singt fast.) *Also das war ganz schön, also mir gefällt ......*

Die Erinnerung an den Hadsch versetzt sie in eine andere Verfassung, in einen Glückszustand. Der veränderte Tonfall ist Indikator für den Wechsel der Stimmung und damit der Gefühle. Was bewirkt diese Glücksgefühle?

I *Wann warst du da?*
H *Jetzt, letzte Jahr. Das war ganz schön* (schwärmerisch). *Also ich war ......*

Die sachliche Frage der Interviewerin beantwortet sie zunächst mit *jetzt*. Das verrät, dass ihr die Vergangenheit ganz gegenwärtig ist. Gegenwart und Vergangenheit verschmelzen. Das Zeitgefühl zerfließt. Sie korrigiert zwar die Zeitangabe, versinkt aber sofort wieder im Meer angenehmer Gefühle. *Also ich war* ist die Einleitung zu einer Geschichte, die nicht erzählt wird. Denken und Sprechen werden von Gefühlen zurückgedrängt.

I *Bist du mit deinem Mann zusammen da gewesen?*
H *Ja, mit meinem Mann.*
I *Aber wenn du zum Beten gehst, gehst du mit den Frauen?*
H *Mein Mann geht ... Ja, da gehen auch Frauen zusammen in Mekka. Da kannst du nix getrennt sein, weil da sind mehr Leute, Millionen, was weiß ich, wie viele. Da kannst du nix getrennt sein.*

Durch die Geschlechtertrennung wird die Veranstaltung entsexualisiert.

Nix getrennt sein bedeutet: Keiner kann allein sein, jeder wird entindividualisiert und Teil eines Ganzen.

I *Wieviel habt ihr da gebetet? Wie lange dauert das dann jeden Tag?*
H *Fünfmal jeden Tag: morgens früh, mittags, nachmittags, Abend und Nacht.*

Das sind die rituellen Pflichtgebete der Muslime, keine individuellen. Im Gebet sind alle gleich und auf denselben Gott ausgerichtet.

I *Und dann immer an verschiedenen Orten?*
H *Ne, ne, nur in Mekka, danach nach also nach al-'aqaba, das war in Arafat, da gehen nach Arafat drei Tage, und danach waren wir wieder in Mekka. Und da waren wir wieder in Muzdalifa auch drei Tage. Und in Medina.* (Lacht leise.) *Ich wünsche mir noch mal da zu gehen.* (Fast flüsternd.)

Frau Hadscha nennt wichtige Stationen der hoch organisierten und ritualisierten Pilgerreise, die nicht nur zur Kaaba in Mekka führt, sondern über fünf Tage Märsche und Läufe zu mehreren Kultstätten sowie feste Zeiten des Stehens an bestimmten Orten beinhaltet. Wege, Orte, Zeiten, rituelle Handlungen und Gebete sind vorgeschrieben. Bei *al-'aqaba* handelt es sich um eine Station auf der Etappe von *Mina*. Am zehnten D̲u'l-Hidscha (dem zehnten Tag im zwölften Mondmonat des islamischen Kalenders) müssen die Pilger die *Große Säule*, die *Gamrat al-'aqaba,* steinigen, eine der drei Säulen, die den Satan symbolisieren. Zu diesem Zweck haben die Pilger in *Muzdalife* 49 oder 70 Steine, je nach Hadschvariante, die sie vollziehen, gesammelt, »deren Größe zwischen einer Kirchererbse und der einer Saubohne liegen muss.«[15] Diese Erläuterung möge den ritualisierten Charakter der Pilgerreise exemplarisch verdeutlichen. Die Teilnehmer werden planmäßig geführt und müssen sich einordnen. Genau diese feste Ordnung und das Geführtwerden tun Frau Hadscha gut. Es werden Bedürfnisse befriedigt, in denen sie Nachholbedarf hat.

I *War das so schön da?*

In der Frage der Interviewerin schwingen Zweifel mit.

H *Ja, also für mich war so so schön.* (Seufzt.)

Die Befragte spürt den Zweifel. Sie antwortet sehr authentisch, klar und entschieden nur für sich. Die Aussage *also für mich* zeugt von Selbstbewusstsein und Vertrauen in sich selbst und in die eigenen Werte.

Die Affektsteigerung hält an. Singen, Schwärmen, Seufzen zeigen, dass die angenehme Erfahrung reaktiviert wird.

I *Wart ihr mit einer Gruppe da?*
H *Mit Gruppe, ja, von unsere Moschee, 120 Leute.*
I *Waren noch mehr Frauen mit?*
H *Ja, waren wir zwanzig Frauen, und die anderen waren die Männer. Aber gehen wir woanders. Ich war mit sechs Frauen in selbes Zimmer.*

Die Pilger werden in einen Ausnahmezustand versetzt, in dem Privatheit, Intimität und Sexualität nicht gewollt sind. Sie gehören zur Individualität und sind ungünstig oder zersetzend für Massenbildung. Aus islamischer Sicht befinden sich die Pilger in einem Weihezustand, dem *ihram,* in dem zehn Verbote gelten. Sexuelle Beziehungen sind streng verboten. Geschlechtsverkehr während des Hadsch bewirkt die Ungültigkeit der gesamten Pilgerfahrt.

I *Du warst nicht mit deinem Mann zusammen, sondern mit den anderen Frauen?*
H *Da kannst du nix mit Mann, da bist du immer im Gebet.*

Zur Sexualbefriedigung brauchen Menschen Alleinsein. Sie ist ein individueller zwischenmenschlicher Akt. Der Mensch als Individuum soll sich während des Hadsch ganz Gott zuwenden.

H *Das Klima, obwohl das warm und so, merkt man nix, weil man ist mit sein Kopf nur in Gebet.*

Auch die individuelle sinnliche Wahrnehmung der Welt ist zurückgedrängt. Es kann ein Trancezustand oder ein meditativer Zustand angenommen werden.

H *Und niemand stört dich, die sind alle gleich wie du, gell. Du bist ... äh ... du hast Kopftuch, die andere auch alle mit Kopftuch, die andere mit Dschellaba, du bist genau selbe wie andere, gell, das gibt's gar kein Unterschied.*

Die Eigenart der Person und die Unterschiede zwischen den Menschen verschwinden. Über die Gleichheit findet eine wechselseitige Identifizierung statt. Nach demütigenden Erfahrungen im Alltag kann die Gleichheit der Menschen vor Gott als eine Wohltat empfunden werden.

H Da weißt du gar nix, wo du bist, aber du denkst auch gar nix.

Rationalität und Orientierungsvermögen sind untergegangen und den Gefühlen von Verschmelzung und elementarer Sicherheit gewichen.

H Du hast dein Familie verlassen oder überhaupt nix.

Man ist den Pflichten und der Verantwortung des Alltags enthoben, befindet sich in einem absoluten Ausnahmezustand, wie in einer tiefen Regression oder in einer Trance.

H Du bist mit andere, das ist ganz .... Da denkst du nur, ah, jetzt ist Zeit, ich geh beten, Koran lesen und das alles. Da hast du gar kein Zeit, was anderes zu machen. Nur beten. Du denkst gar nix an was anderes. Auch wenn du Hunger hast, da merkst du gar nix.

Die körperlichen Bedürfnisse werden als zweitrangig erlebt. Wie in der Suggestion ist der Mensch auf ein einziges Gegenüber orientiert. Durch die magische Kraft der Worte sind alle gleichgeschaltet. Die wechselseitige Identifizierung verstärkt die Wirkung der Suggestion.

H Und das ist für mich ...... so ganz neu, ja. Ich kenn so was nicht, gell, das ist für mich alles neu, ich möchte noch mal hinzugehen. Mein Mann auch, der find das auch ganz gut. Ich wollt hingehen für immer, ja, so zu leben.
I In Saudi-Arabien leben?
H Aber leider kann man das nicht machen.
I Aber da bist du sehr eingeschränkt gegenüber hier.
H Ja, aber trotzdem, ich kann das aushalten. Ich meine für alle is nix. Kann ich nix draußen gehen, okay, geh ich nix draußen. Nur ich das Gebet in Mekka beten, und jeder Zeit ich bin da in diese Kaaba und so. Aber leider kann man nix gehen. Man kriegt nur Visum für drei Wochen. Ja, mehr kriegst du nix. Das ist das.

Hypothese zur Struktur des Hadsch

In der Beschreibung von Frau Hadscha ist die Pilgerfahrt nach Mekka eine hoch organisierte zeitlich befristete Massenbildung, in der die Teilnehmer durch machtvolle und nachhaltig wirkende Suggestion in einen psychischen Ausnahmezustand versetzt werden. Sie geben ihre individuellen zwischenmenschlichen Beziehungen auf zugunsten der Teilhabe am Numinosen. Die weltlichen Führer dieses Ereignisses treten an die Stelle des Über-Ichs. Die Identifizierung mit den als Gleichen erlebten Anderen verstärkt den psychischen Sonderzustand.

Sigmund Freud sagt über die »rasch gebildeten, vergänglichen Massen«: »(...) in diesen (...) ephemeren, den anderen gleichsam superponierten Massen begibt sich das Wunder, dass dasjenige, was wir eben als individuelle Ausbildung anerkannt haben, spurlos, wenn auch nur zeitweilig, untergeht.«[16]

Und der Dichter Rainer Maria Rilke findet die Worte:

Das ist die Sehsucht: wohnen im Gewoge
und keine Heimat haben in der Zeit.
Und das sind Wünsche: leise Dialoge
Täglicher Stunden mit der Ewigkeit.[17]

Strukturhypothese zur individuellen Fallstruktur von Frau Hadscha

Als Frau Hadscha mit 39 Jahren das Interview gibt, hat sie ein arbeitsreiches Leben hinter sich: in der Kindheit als älteste Tochter in einer kinderreichen Familie die Arbeit im Haushalt zusammen mit der Mutter, in der Jugendzeit die Arbeit in der Fabrik im ihr völlig fremden Deutschland und im Haushalt des Vaters, von ihrer Verheiratung mit 20 Jahren bis zur Geburt des dritten Kindes Fabrikarbeit und Familienarbeit, seitdem die Arbeit als Ehefrau, Mutter und Hausfrau.

Alle ihre nicht unmittelbar körperlichen Bedürfnissen sind im Laufe ihres Lebens frustriert worden:

- in der Jugendzeit das Bedürfnis nach Sicherheit; aus Geborgenheit, Schutz und Stabilität bei der Mutter wurde sie vom Vater herausgerissen und in desolate Verhältnisse gebracht,
- das Bedürfnis nach Liebe, Zuneigung und Zugehörigkeit; durch die Trennung von der Mutter und dem gewohnten sozialen Umfeld und die Fremdheit und Isolierung in Deutschland,
- das Bedürfnis nach Achtung und Wertschätzung, da eine nicht deutsch sprechende analphabetische Fabrikarbeiterin hier kaum Anerkennung erhält; nicht einmal ihr Alter und ihr Entwicklungsstand wurden berücksichtigt,

– das Bedürfnis nach Wissen und Verstehen, für dessen Befriedigung sie keine Zeit hatte.[18]

Der Bildungsprozess von Frau Hadscha wurde in den ersten 30 Jahren ihres Lebens nicht gefördert, sondern im Gegenteil stark behindert. Ihr Weg in die Moschee ist eine Folge der Frustrierung ihrer Bedürfnisse in Deutschland, besonders des Bedürfnisses nach Zugehörigkeit. Dort findet sie »Gleiche«, wenig integrierte und sozial wenig anerkannte Frauen mit unbefriedigten Bedürfnissen nach Zugehörigkeit. Abraham A. Maslow schreibt: »Die Frustrierung dieser Bedürfnisse ist der häufigste Kern schlechter Anpassung.«[19] Das Kopftuch ist für diese Frauen das Zeichen der Zugehörigkeit zu einer Gemeinschaft.

Frau Hadscha muss aber auch stabilisierende, die Selbstentwicklung fördernde Erfahrungen gemacht haben, wahrscheinlich in der Beziehung zur Mutter bzw. *Zuhause*, sonst hätte sie ihre bejahende Haltung zum Leben durch die schweren Krisenzeiten hindurch nicht bewahren können.

Die defizitäre Lebensgeschichte und ihre aktuelle Familiensituation – drei offenbar gut geratene Kinder und eine Ehe ohne schwere Konflikte – kontrastieren sehr stark. Die Erfolge auf der sozialen Ebene sind alle aus ihr gewachsen, und das spricht für eine starke Persönlichkeit. Wenn sie mit 38 Jahren in einen Sprach- und Alphabetisierungskurs eines privaten deutschen Vereins geht, so zeigt das, dass ihr Bedürfnis nach Bildung und Integration lebendig geblieben ist. Sie hat ganz eindeutig aus allen Erfahrungen etwas Positives herausholen können – wenn auch das Negative noch nicht völlig bewältigt ist. So kann man erwarten, dass sie auch mit der Religion auf ähnliche Weise umgehen wird.

Wiewohl die typischen massenpsychologisch beeinflussenden Strukturen des Hadsch natürlich auch an Frau Hadscha nicht spurlos vorüber gehen, gewinnt sie der Erfahrung doch einige für sie wichtige Aspekte ab: Nichts außer der Beziehung zu Gott ist wichtig. Gott ist nur vorstellbar in der Beziehung zu einem selbst. Und genau daraus zieht sie Gewinn. Sie stabilisiert ihr Selbstwertgefühl nach der Reise mit ihrem Entschluss, das Erlernen des Lesens und Schreibens der deutschen Sprache fortzusetzen. Sie hat bei allem, was sie erlebt, eine stabile Beziehung zu sich selbst, zu ihren vitalen Interessen. Menschen, denen ein solches Verhältnis zu sich selbst abhanden kommt, geraten leicht in totale Abhängigkeit vom Außen. Im Gegensatz dazu zeugt Frau Hadschas Verhalten von fundamentalem Selbstbewusstsein und der Beziehung zu sich selbst und den eigenen Werten. Insofern hat die Pilgerfahrt bei ihr ausgesprochen positive, quasi therapeutische Wirkungen gezeitigt.

Frau Hadscha verfügt über die natürliche Habitusformation des *strukturellen Optimismus* (Oevermann). Bei diesem Typ ist die Haltung *Im Zweifelsfalle geht es gut* fest verankert und prägt alles Denken, Fühlen und Handeln. Er hat in Krisen unmittelbar Zugang zu den Bewältigungspotentialen seines Ichs. Negativerfahrungen werden durchaus als belastend erlebt, führen aber nicht zu großen emotionalen Einbrüchen oder gar Zusammenbrüchen, sondern werden gemeistert. Nach der Typisierung von Gertrude Kapellen gehört Frau Hadscha zum *Ja-Typ* im Unterschied zum *Nein-Typ* und *Ja-Aber-Typ.*[20]

Fatima, Nayeres Mutter

Die Datenbasis besteht aus objektiven Daten zur Biographie Fatimas und Mohammeds und ihrer beiden Töchter und zur Geschichte des Iran im 20. Jahrhundert.

Fatima ist den wohl einmaligen Weg von der Friseurin mit Auszeichnungen und eigenem Salon im Iran zur kopftuchtragenden Zweitfrau eines schiitischen Mollas in Deutschland gegangen. »Molla ist die im Iran übliche Bezeichnung für einen Geistlichen, insbesondere für denjenigen mit relativ niederer Qualifikation.«[21] Wie bei allen iranischen Frauen, die wir interviewt haben, ist der Lebensweg von Nayeres Mutter mit der Geschichte des Iran verflochten.

Der Fall wurde ausgewählt, weil er trotz seiner Einzigartigkeit ein bei Immigrantinnen häufig vorkommendes Phänomen in besonderer Deutlichkeit aufzeigt.

Das Erkenntnisinteresse ist auf die Motivation des Handelns von Nayeres Mutter gerichtet. Als Frage formuliert lautet es: Was bringt eine in ihrer Jugend prämierte Friseurin mit eigenem Salon im Iran dazu, mit 46 Jahren in Deutschland ohne politischen Zwang das Kopftuch anzuziehen und Zweitfrau eines Mollas zu werden? Enthält der Fall trotz seiner Einmaligkeit eine objektiv latente allgemein gültige Struktur?

Objektive Daten zur Geschichte der Familie (*kursiv*) und des Iran

1925 Gründung der Pahlavidynastie durch Reza Schah Pahlavi (1921–1941). Sein Ziel war die Modernisierung und Säkularisierung des Iran nach dem Vorbild des türkischen

Staatschefs Mustafa Kemal. Ölinteressen Rußlands, Englands und Amerikas führen zur Ausbeutung des Iran und tragen zur Verbreitung westlicher Zivilisation bei, u.a. zur Säkularisierung des Rechts, des Bildungswesens, des Freizeitverhaltens und der Moralvorstellungen, zur Abschaffung des islamischen Sittenkodex und zur Verbesserung der gesellschaftlichen Stellung der Frau.

1929 Anordnung westlicher Kleidung für Männer.

1936 Verbot des Tschadors für Frauen per Gesetz, sogenannte Entschleierung.

Geburt Mohammeds, Vater von Nayere, in Ardabil im Norden des Iran. Er wächst dort zweisprachig auf – persisch und türkisch – und erlernt das Malerhandwerk.

1938 Bau der zweitgrößten Raffinerie des Iran in Kermanshah, das in eine moderne Stadt verwandelt wird. Erweiterung und Modernisierung der Raffinerie in den siebziger Jahren.

1944 Geburt Fatimas in Kermanshah. Sie hat eine Schwester.

1944–1971 Fatima: Kindheit und Jugendzeit in Kermanshah, Ausbildung zur Friseurin, Teilnahme an Friseurwettbewerben, mehrere Auszeichnungen, eigener Salon.

Ab 1963 Wachsender Widerstand im Iran gegen die Modernisierungspolitik von Schah Mohmmed Reza (1941–1979). Wortführer der Fundamentalisten, die eine konsequente Rückkehr zu den Prinzipien islamischer Lebensführung wollen, ist Ayatollah Ruhollah Khomeini, der schon 1962 Reden gegen die Einführung des Frauenwahlrechts gehalten hat.[22]

1971 Heirat von Fatima und Mohammed, der auf Reisen nach Deutschland seine Umsiedlung und Arbeitsaufnahme vorbereitet hat. Umzug des Ehepaares nach Deutschland. Arbeitsvertrag Mohammeds mit einer Baufirma.

Heirat der Schwester Fatimas und Auswanderung in die USA.

1971–1973 Erfolglose Bewerbungen Fatimas um Arbeit als Friseurin. Begründung der Ablehnungen: fehlende Deutschkenntnisse. Sie frisiert in ihrer Wohnung persische Frauen und nimmt Kontakt zur iranischen Moscheegemeinde auf.

1973 Geburt der Tochter Nayere.

1974	*Geburt der zweiten Tochter.*
1973–1986	*Die Kinder wachsen zweisprachig auf. Zu Hause sprechen sie persisch. Sie werden in Persisch und Deutsch alphabetisiert. Persisch Lesen und Schreiben lernen sie im Privatunterricht über zwei Jahre. Beide Töchter besuchen erfolgreich ein Gymnasium. Der Vater lernt schnell deutsch, dolmetscht am Bau deutsch-türkisch, legt erfolgreich die Prüfung als Malermeister ab und hat deutsche Freunde. Die Mutter orientiert sich in zunehmendem Maße an der iranischen Moscheegemeinde.*
1979	Iranische Revolution, Gründung der Islamischen Republik Iran. Abschaffung der Verfassung von 1906. Einführung des Schariatrechts, auch des islamischen Strafrechts in besonderer Radikalität, z.B. §102 StGB: Strafe für Frauen ohne Hijab (Kopftuch oder Maghnae[23]) bis zu 74 Peitschenhiebe.
1983	*Dritte und letzte Reise der Familie in den Iran. Scheidung von Fatima und Mohammed. Die Töchter bleiben bei der Mutter.*
1990	*Fatima wird Zweitfrau eines Mollas in Deutschland mit Frau und Kindern im Iran. Sie wird »praktizierende Muslima«, trägt das Kopftuch und hilft bei der Gemeindearbeit. Die Töchter ziehen im Alter von 16 und 17 Jahren mit Einverständnis der Eltern in eine Wohngemeinschaft. Mohammed heiratet eine Iranerin, die zweimal verheiratet war, geschieden und verwitwet ist und zwei Kinder hat.*
1990–1998	*Nayere und ihre Schwester machen Abitur und studieren.*

Interpretation

Was motiviert Fatimas Handeln? Enthält der Fall trotz seiner Besonderheit eine allgemeine Struktur?

Fatima wird 1944 in Kermanshah geboren und wächst mit ihrer Schwester in einer Kleinfamilie auf. Geburtsort und Familienplanung sprechen für Modernität und Ablehnung islamisch geprägter Traditionalität in Fatimas Herkunftsmilieu. Ihre Ausbildung als Friseurin und der eigene Salon verweisen auf säkulare Bildung, ein vom Westen beeinflusstes Frauenbild sowie ökonomische Unabhängigkeit und Sicherheit.

Fatima und Mohammed sind weder politische noch Wirtschaftsflüchtlinge, als sie 1971 nach Deutschland gehen. Bei Fatimas Schwester, die in die USA auswandert, wird es ähnlich sein. Gründe für die Migration sind Sympathien für den Westen und der Wunsch nach noch mehr Teilhabe an dieser Zivilisation.

Fatimas Hinwendung zur islamischen Gemeinschaft muss im Westen begonnen haben und könnte durch Enttäuschung ausgelöst worden sein. Die Daten lassen diese Hypothese durchaus zu:

Die Friseurin Fatima kommt mit 27 Jahren mit ihrem Mann nach Deutschland. Sie verbindet mit der Migration die Hoffnung auf die Befriedigung von drei Bedürfnissen, die moderne junge Frauen in diesem Alter haben: Die Hoffnung auf

- Erwerbsarbeit mit guter Bezahlung und sozialer Anerkennung,
- Mutterschaft und eine eigene Familie,
- gesellschaftliche und familiäre Bedingungen, die beides gleichzeitig möglich machen.

Hinzu kommt auch bei Fatima das in der Fremde besonders stark ausgeprägte Bedürfnis nach Zugehörigkeit zu nicht verwandtschaftlicher und familiärer Gemeinschaft und zur Gesellschaft.

Fatima lernt erst in Deutschland die hohen Anforderungen an das Subjekt der Moderne kennen. Erwartet werden höhere Schulbildung, Ausbildung, Individuierung, Flexibilität und lebenslanges Lernen. Auf dem Arbeitsmarkt herrscht ein harter Konkurrenzkampf, Berufsrisiken drohen. Friseurinnen gibt es in den siebziger Jahren mehr als genug, und für den Dienst an deutschen Kundinnen sind andere sprachlich besser geeignet als Fatima. Für eine Umschulung fehlen ihr die Sprachkenntnisse und die Schulabschlüsse. Einen sozialen Abstieg zur Fabrikarbeiterin oder Putzfrau lehnt sie ab. Mit dem Scheitern im Beruf werden ihre Hoffnungen auf ein modernes Frauenleben zerstört. Als Ehefrau eines erfolgreichen Mannes, der nach der Arbeit Sprachkurse, Fortbildungs- und Meisterkurse besucht, ist sie fürs Alltägliche im Haushalt zuständig und gesellschaftlich isoliert. Die beiden 1973 und 74 geborenen Töchter erfüllen Fatima sicher mit Glück, gleichzeitig aber behindern die neuen Aufgaben ihren Weg in die fremde Gesellschaft. Fatimas Bedürfnis nach beruflichem Ansehen und Anerkennung der Zugehörigkeit bleibt auf Dauer frustriert. Wie Frau Hadscha wird sie nach Kompensation suchen. In der iranisch-schiitischen Moschee-Gemeinde findet sie eine Frauengemeinschaft, in der Mütter Anerkennung finden. Es sind religiöse, traditionell orientierte Frauen, die für die Wiederherstellung der islamischen Ordnung eintreten und vor dem

Schah-Regime geflohen sind. Fatima findet hier, was sie in der modernen Gesellschaft vergeblich gesucht hat: herzliche Aufnahme in eine Gemeinschaft und die Anerkennung der Zugehörigkeit. Hier wird ihre Lebensweise als Ehefrau und Mutter hoch bewertet. Anstelle modernen Wissens, erworben in säkularen Bildungsinstitutionen, ist hier religiöse Bildung wichtig, und die bekommt man in der Moschee vermittelt: die Kenntnis der Glaubensinhalte, Gebote, Verbote und der fünf Pflichten, nämlich Glaubensbekenntnis, die fünf rituellen Gebete täglich, das Fasten im Monat Ramadan, die Abgaben für die Armen und die Walfahrt nach Mekka.

1979 jubelt die Frauengemeinschaft über Khomeinis Sieg. Als ein linientreuer Molla eingesetzt wird, hilft ihm Fatima, die inzwischen fast zehn Jahre in Deutschland lebt, über die Anfangsschwierigkeiten hinweg. Mit dem Molla fließt nicht nur iranisches Geld in die Gemeinde sondern auch Informationsmaterial des Gottesstaates, das die üblichen Themen des islamischen Fundamentalismus abdeckt: das Schwinden der Religiosität im Westen, die moralische Verkommenheit in der Moderne, besonders der Frau, die Verteufelung der USA und Israels, die Wiederherstellung des islamischen Sittenkodex und die Errichtung einer islamischen Ordnung weltweit, außerdem nationalistisches Gedankengut Khomeinis.[24] Enttäuscht vom Westen wird sich Fatima diesen Ideologien nicht verschlossen haben.

1983 fährt sie mit ihrem Mann und den Töchtern in den Iran. Die Mutter, die zehn- und die neunjährige Tochter müssen das Kopftuch anziehen, da ihnen bei Unterlassung nach §102 des Strafgesetzbuches der Islamischen Republik Iran bis zu 74 Peitschenhiebe als Strafe drohen. Den deutschen Töchtern wird vieles unverständlich und lästig sein, ebenso ihrem modernen Vater. Der Anblick der Frauen, die wie schwarze Pinguine in Stadt und Land herumlaufen, wird sie schockiert haben. Wie lebendige Mahnmale erinnern sie an die allgegenwärtige Gewalt und Kontrolle der Hierokratie.[25]

Für Fatima wiegt anderes schwerer: Sie ist umgeben von der außergewöhnlichen Aufgeschlossenheit, Herzlichkeit und Wärme der Menschen im Iran, ist sofort als Zugehörige wieder aufgenommen und steht sogar im Mittelpunkt. Sie wird das als wohltuend und zugleich schmerzlich empfunden haben, denn genau das hat sie zwölf Jahre zuvor freiwillig verlassen und bei Deutschen immer vergeblich gesucht – und nun muss sie wieder fort.

Es wird Spannungen und Auseinandersetzungen zwischen Mohammed, Fatima und den Kindern gegeben haben. Diese Reise ist die letzte der Familie in den Iran.

In Deutschland kehrt Fatima zu ihrer iranischen Frauengruppe zurück, die sie mit Wärme aufgenommen hat, als sie gescheitert war, und die ihr nun ein Stück Heimat ist.

1986 lassen sich Fatima und Mohammed scheiden. Die Kinder bleiben noch vier Jahre bei der Mutter. Solange muss der Vater auch für die Mutter finanziell sorgen. 1990 ziehen die Töchter mit dem Einverständnis der Eltern in eine Wohngemeinschaft. Das zeigt, dass weder Vater noch Mutter sich zum islamischen Sittenkodex, nach dem Töchter bis zur Verheiratung bei den Eltern bleiben sollten, bekennen. Fatima ist nun 46 Jahre alt und damit in einem Alter, in dem geschiedenen Frauen, wenn sie keine Kinder mehr versorgen, zugemutet wird, für ihren Lebensunterhalt durch Erwerbsarbeit selbst aufzukommen. In dieser schwierigen Lage macht ihr der Molla das Angebot, seine Zweitfrau zu werden. Aus islamischer Sicht kann er bis zu vier Frauen heiraten, wenn er sie versorgen und gleich behandeln kann. An Geld dürfte es ihm nicht fehlen. Die iranische Mullahkratie verfügt nicht nur über die Macht sondern auch über das Geld. Fatima willigt ein. Sie wird *praktizierende Muslima,* arbeitet in der Gemeinde mit und trägt das Kopftuch. Als Ehefrau eines Mollas wird sie sich den Bekleidungsvorschriften des Iran unterwerfen müssen – andernfalls droht der Rückruf ihres Mannes wegen Verwestlichung.

Fatimas Bedürfnis nach Anerkennung der Zugehörigkeit wird nun befriedigt, aber auf ganz andere Weise, als sie es sich in ihrer Jugend erträumt hat. Der Rückfall in die Polygamie dürfte für sie eine bittere Pille gewesen sein, die sie aber schluckt, um Anerkennung, Zuwendung und soziales Prestige zu erwerben. Das Kopftuch und der Molla sind quasi Kompensationen für die in der modernen Gesellschaft erfahrene Frustrierung. Vielleicht wurden in Fatima auch Anteile einer spezifisch schiitischen Mentalität reaktiviert: der Bereitschaft zum Leiden, zur Selbstaufopferung bis hin zum Märtyrertum – eine Mentalität, die auf einem kollektiven Schuldbewusstsein basiert wegen Versagens gegenüber dem von Schiiten als rechtmäßig anerkannten dritten Kalifen/Imam al - Husain (gest. 680). Diese Mentalität wurde von Khomeini in tragischer Weise politisch ausgenutzt.

Das Bedürfnis nach Zugehörigkeit ist universell. Religiöse Gemeinschaften und Sekten wissen sich das zunutze zu machen und manchmal auch auszubeuten. Sie bieten sich an als Auffangbecken für Gestrandete,

Gescheiterte, Einsame, Orientierungslose und Hilfe Suchende.[26] Frau Hadscha und Fatima zeigen exemplarisch, wohin Menschen gehen, wenn ihr Bedürfnis nach Zugehörigkeit zur Gemeinschaft und zur Gesellschaft der Deutschen frustriert wird.

Aus Fatimas liberalem Umgang mit den Töchtern kann man schließen, dass der Weg der Mutter in die schiitische Gemeinde keine Entscheidung für einen radikalen politischen Islam beinhaltet. Wie viele eingewanderte Mütter unterstützt sie den Bildungsprozess ihrer Töchter und ist glücklich, wenn sich ihre eigenen Hoffnungen in den Töchtern erfüllen.

Fatimas und Mohammeds Tochter Nayere begegnet uns wieder im Kapitel *Studentinnen*.

Alev Berg

Interviewerin: *Sie haben sich bereit erklärt, uns aus Ihrem Leben zu erzählen.*

Alev: *Ich bin 42 Jahre alt, habe zwei Kinder, bin geschieden und lebe seit 30 Jahren in Deutschland. Mit zwölf Jahren bin ich gekommen. Meine Eltern kamen sieben Monate zuvor hierher und holten uns dann nach. Sie hatten vor, nur zwei Jahre hier zu bleiben, um hier genügend Geld zu verdienen. Mein Vater hatte sich verschuldet. Er wollte nur seine Schulden bezahlen und hatte kalkuliert, dass dafür zwei Jahre hier reichen. Und na ja, diese zwei Jahre vergingen immer, die Zeit verging. Wir waren mittlerweile zehn Jahre hier, und mein Vater hatte immer noch die Idee: In zwei Jahren gehen wir endgültig. Er ist vor neun Jahren mit 59 an Krebs gestorben, kurz bevor er starb hat er immer noch gesagt: In zwei Jahren gehen wir endgültig, gehen wir zurück.*

Also das ist ziemlich problematisch auch für mich gewesen. Ich war total verunsichert, ich wusste nicht, ob ich mich hier anpassen sollte. Ich hatte auch Ängste wegen der Schule. Und ich hatte sehr große Probleme in der Schule hier und wollte am Anfang gar nicht in die Schule gehen.

Ich hatte die Grundschule bei uns abgeschlossen. Die dauert fünf Jahre, danach kann man in drei Jahren die Mittlere Reife machen und dann, wenn man weiter will, in drei Jahren das Abitur und danach studieren. Ich war also mit der Grundschule fertig und hatte mich für die mittlere Schule eingeschrieben. Und dann haben unsere Eltern uns hierher geholt, und ich kam dann hier in eine Grundschule. Ich hab immer Angst gehabt, dass meine Freunde in der Türkei schneller vorankommen, dass ich nach zwei Jahren nicht mehr mitkomme. Ich hatte echt Angst, dass ich dann keinen Abschluss bekommen könnte. Und in meiner kindlichen Phantasie habe ich meine Freundinnen angeschrieben. Sie haben mir die Lehrbücher von der Türkei hierher geschickt. Ich hab die noch, ich hab die noch alle! Ich hab das gelesen und gelernt. Ich wollte einfach mithalten mit ihnen und, wenn ich dann zurückgehe, wollte ich nicht so große Lücken haben.

Also das haben meine Eltern überhaupt nicht verstanden, also meine Ängste, dass ich Existenzängste hatte. Die waren sicherlich auch mit sich selbst beschäftigt – und was sie immer gesagt haben: Kinder haben da keine Probleme, Kinder lernen schnell, Kinder lernen schnell Deutsch, Kinder lernen schnell sich anzupassen. Und dabei war es gar nicht so.

Ich weiß heute noch wie mein erster Schultag war, es war chaotisch. Eine Direktorin hat mich in eine Klasse begleitet, und dann haben sie mir einen Platz gezeigt, wo ich mich hinsetzen sollte. Das war furchtbar: Die waren alle bunt gekleidet, erst mal, ich kannte das gar nicht, denn wir waren in der Türkei immer uniformiert, schwarzes Kleid, weißer Kragen und weiße Schleife im Haar. Und vor allem wie die sich verhalten haben. Da hab ich gedacht, wo bin ich eigentlich? Ist das eine Schule hier oder ein Zirkus? Und die haben immer so geschnippt mit den Fingern, wenn die sich gemeldet haben, und ich hab gedacht, was machen die denn da? Und wenn die Lehrerin etwas gesagt hat, dann haben alle auf einmal geredet. Alle auf einmal! Das war so chaotisch, ich war so total fertig, wollte einfach weggehen, ich wollte gar nicht dableiben. Und dann war Pause im Schulhof, also es war schrecklich für mich. Alle Kinder standen um mich herum und haben mich begutachtet, und ja, als ob ich ein Äffchen vom Zoo wäre. Und ich hab mich gefragt, warum die denn so gucken und was denn an mir so anders ist als an ihnen.

Ich hab zwei Jahre geweint, ich hab sie ja nicht verstanden. Ich wusste ja nicht was sie sagen. Ich war die einzige Türkin in der Schule und keiner hat gedolmetscht. Das war nicht so wie heute und wie hier. Heute haben sie Nachhilfe und Differenzierung und können sich der Sprache langsam annähern. Ich bin damals ins kalte Wasser gesprungen sozusagen. So, lern mal! Kinder lernen ja ziemlich leicht!

Ich hab jeden Tag so 100 Wörter gelernt und abends um sechs fing das Fernsehprogramm an – weiß ich noch wie heute – mit Onkel Otto, den hab ich geliebt, also diese Figur, und danach gab es Nachrichten. Ich habe mich hingesetzt und habe aufgepasst: Welches Wort, von denen, die ich gelernt habe, kommt jetzt, spreche ich es richtig aus, verstehe ich das? Und habe so ziemlich bewusst das Fernsehprogramm verfolgt. Und trotzdem hatte ich Schwierigkeiten. Ich habe bald sehr viel verstanden, aber, ich weiß nicht warum, ich habe nicht gesprochen. Zwei Jahre lang nicht. Ich hab mich zwei Jahre lang zurückgezogen, sozusagen. Ich hatte Angst, etwas Falsches zu sagen. Ich hatte Angst, sie falsch zu verstehen.

Und dann sind wir umgezogen. Ich kam in eine sechste Klasse einer Realschule. Da wurden Mathematik und die Fächer wie Sport und Musik usw. benotet, aber Deutsch zwei Jahre lang nicht. Und später dann, als sie mein Deutsch benotet haben, da waren sie auch großzügig und haben eher den Inhalt bewertet als die Rechtschreibung. Ich war selbst mit mir sehr hart gewesen, hab also immer gelernt. Ich erinnere mich noch an ein Diktat in der achten Klasse, alle Kinder hatten das Wort vielleicht *falsch geschrieben. Ich war die einzige Türkin in der Klasse und ich war die einzige, die das richtig geschrieben hatte. Und die Lehrerin hat gesagt: »Nehmt ein Beispiel, ein ausländisches Kind schreibt das richtig.« Und ich war ganz stolz, ja. Es ist klar, ich musste diese Wörter ja ganz bewusst lernen. Also ich hab mir die Schreibweise beigebracht und die Aussprache, das war ja für mich eine Fremdsprache. Aber ich hab bis heute noch so das Gefühl, ich kann nicht richtig Deutsch. Obwohl das natürlich Quatsch ist. Wenn ich schreibe, frag ich mich immer: Hast du das jetzt richtig geschrieben, sagt man das jetzt so? Ich muss doch oft nachschlagen und mich vergewissern.*

Dann war ich mittlerweile 16, 17 Jahre und meine Eltern wurden viel strenger mit mir. Sie hatten immer noch diese zwei Jahre im Kopf. Ich hatte inzwischen sehr viele deutsche Freunde und hab dann gesehen, dass sie sehr viel mehr Ausgang haben und ganz andere Verhaltensweisen auch. Wenn ich sie zu Hause besucht habe, es war nicht wie bei uns. Ich hab mich immer rechtfertigen müssen, meine Freundinnen mussten das nicht. Klar konnten sie nach der Schule zu einer Freundin gehen, es musste nicht unbedingt ausdiskutiert werden, wann, wie und wo. Sie haben eine Mitteilung geschrieben und konnten dann zu der Freundin gehen, und ich musste immer vorher die Freundin meinen Eltern vorstellen. (Alevs Sohn kommt und sagt leise: »Wie bei mir.«) *Meine Eltern mussten sie auch kennen lernen und einen Eindruck gewinnen, ob sie mir gut tun würden, sozusagen. Und das war sehr mühselig. Morgens habe ich mich ja gar nicht mehr anders gefühlt, aber nachmittags war ich anders, ich musste viele Dinge anders machen. Meine Freundinnen haben mich so angesehen wie eine von ihnen und haben halt gefragt: »Ach, kommst du heute, wir gehen ins Café? Wir treffen uns heute mit diesen und jenen.« Dann musste ich sagen, da muss ich erst fragen. Das war immer doof, immer, immer zu bitten und dann nicht ausgehen zu dürfen. Und was ich als sehr schlimm empfunden habe: Meine Eltern waren in der Türkei ganz locker. Also ich hatte Freunde, auch Jungen. In unserer Straße wohnten ganz junge Familien mit Kindern und meine Eltern waren mit ihnen befreundet und die Kinder miteinander natürlich auch. Meine Eltern sind weggegangen und die Jungs kamen dann auch zu uns. Wir sind zusammen schwimmen gegangen. Und meine Eltern waren modern, und wir haben Miniröcke getragen. Sogar meine Oma hat gesagt: »Du wirst in der Hölle brennen! Du zeigst deine nackten Beine. Ja, das ist Sünde!« Und meine Mutter hat mich in Schutz genommen. Und wir sind direkt vor dem Haus ins Wasser, ins Mittelmeer, gegangen, ich in meinem Bikini und meine Mutter mit ihrem Badeanzug. Und die Leute standen da und guckten, auch mit dem Fernrohr: Was machen die denn da? Also so richtig untypisch. Und da haben meine Eltern sich überhaupt nicht drum geschert, was die anderen über sie denken, ja. Die waren also eher so fortschrittlich und haben sich nicht darum gekümmert, was die anderen von ihnen halten.*

Dann kamen wir hierher, und hier war es auf einmal wichtig, was die andern von uns halten. Und auf einmal sollten wir türkische, richtige türkische Mädchen sein. Also für ein türkisches Mädchen gehört es sich nicht, dass es oft weggeht. Was sagen die anderen? Früher war das nicht so. Die haben ja auch nicht gedacht, wenn ich mit dem Bikini ins Wasser ging, was denken die anderen. Das konnte ich nicht nachvollziehen. Warum das? Ich hab immer gefragt: Warum? Und immer sagten sie: »Bei uns ist es anders.« Aber ganz genau erklären, was da anders ist, das konnten sie nicht. »Die Ehre! Du weißt das schon.« Aber ich wusste nicht, was das ist. »Du weißt schon!« Man ahnt. »Es ist so!« Ich habe das immer gehasst! Ja, sie vermitteln etwas, aber die Inhalte, die können sie einem nicht erklären. »Ja, es ist halt so.« Man ist immer sich selbst überlassen, muss beobachten, ist eigenen Interpretationen ausgeliefert, muss die Reaktionen der anderen erahnen: Das gehört sich, das gehört sich nicht, sind die Leute gekränkt, glauben sie, dass du kein gutes Mädchen mehr bist? Und meine Eltern sagten: »In zwei Jahren gehen wir zurück in die Türkei, also kannst du nicht deutsch sein.«

Und dann gab es eine Zeit, da habe ich gedacht, mein Gott, diese zwei Jahre hören ja nicht auf! Also heißt das, sie können sich nicht entscheiden. Also wer sich entscheiden muss, das bin ich. Also, will ich in die Türkei und so bleiben oder will ich hier bleiben und so sein wie die andern hier? Ja, ich hab auch gelogen, wenn ich irgendwas mit meinen Freunden machen wollte, dann hab ich natürlich nicht die ganze Wahrheit gesagt. Was auch immer, andere Sachen dazu erzählt, was erfunden, dass ich dann tatsächlich auch mitmachen konnte. Also ich habe immer in so einer Lüge, in einer Scheinwelt gelebt. Und da hab ich gesagt, eben ist Schluss! Also ich muss mich jetzt entscheiden, wo ich hingehöre, und ich wollte in Deutschland bleiben. Also wollte ich so sein wie die anderen und kein Unterschied. Und da hab ich mich sehr viel mit meinen Eltern auseinander gesetzt. Und da muss ich sagen, dass meine Eltern auch zu dieser Auseinandersetzung bereit waren. Ich hab dann auch gesagt, dass ich nicht zufrieden bin, dass ich nicht glücklich bin, dass ich einfach weggehen möchte und auch einen Freund haben möchte. Und mein Vater hat dann zu mir gesagt, ja, weiß ich noch wie heute, hat gesagt: »Komm, setz dich zu mir. Jetzt bin ich dein Freund. Jetzt bin ich nicht dein Vater.« … Also abends nach der Arbeit, wenn meine Mutter gekocht hat, dann hat er seinen Tisch so gedeckt mit so kleinen Vorspeisen, wie Schafskäse, Oliven oder so was und hat ein Glas Raki eingeschenkt, hat was gegessen und getrunken. Häufig war er dann guter Laune und manchmal hatte er auch nicht den Kopf danach. Also wenn er gute Laune hatte, dann habe ich gedacht: Das ist die Gelegenheit und habe mich zu ihm gesetzt und habe mich mit ihm auseinandergesetzt. Er erklärte sich auch sehr schön. Er sagte: »Guck mal, ich erlaube dir eigentlich sehr viel. Das ist für dich vielleicht sehr wenig. Du sagst, du möchtest weggehen. Ich erlaube dir halt so viel ich selbst verantworten kann, was ich dir geben kann – weil ich kann, kannte das selbst nicht. Meine Eltern waren nicht so großzügig mit mir. Überleg mal. Ich bin so groß geworden, dass ich Respekt vor meinem Vater haben muss. Soviel Respekt, dass ich nicht mal die Beine übereinanderschlagen konnte.« Er hat mir Beispiele beschrieben. Er war mal mit seinen Eltern zu Besuch und aus Versehen hat er die Beine übereinandergeschlagen. Da hat der Vater so von Ferne mit den Augen gezwinkert, so das gehört sich nicht. Er hat sich gedacht, oh, das ist natürlich schlecht, und hat die Beine wieder gerade gemacht. Und nach einer Weile, das sei eine Gewohnheit gewesen, sagt er, hat er wieder die

Beine übereinandergeschlagen, und der Vater hat wieder mit den Augen gezwinkert, und er hat das nicht bemerkt. Er kam nach Hause – er war so 14 Jahre, also in einem Alter, in dem man Kinder nicht mehr schlägt – und er sagte: »Mein Vater hat mich windelweich geschlagen.« Was ihm einfallen würde, vor einer Respektperson die Beine übereinander zu schlagen. Und mein Vater sagte: »So bin ich groß geworden. Rauchen vor meinem Vater, also das wäre ein Unding. Meinem Vater ein Widerwort zu geben, wäre unvorstellbar. In so einer Gesellschaft habe ich gelebt. Und ich gebe dir heute die Möglichkeit, mit mir Raki zu trinken. Ja, weil ich will, dass du diese Dinge zu Hause probst. Wenn du in die Gesellschaft gehst, da musst du wissen, was da auf deinen Körper wirkt, wie viel du verträgst, wann du lallst und wann nicht. Du kannst zu Konzerten gehen und zu Versammlungen bis zwölf Uhr nachts. Und dann will ich dich dahinbringen und wieder abholen. Aber du kannst nicht über Nacht weg bleiben. Ich kann nicht über meinen Schatten springen, das kann ich nicht.« »Und wie oft?« »Alle 14 Tage.« Mein Vater war verständnisvoll, und zuerst fand ich die 14-Tage-Regelung gut. Aber dann hat sie mir nicht gepasst, weil gerade dann, wenn ich Ausgang hatte, dann war nichts. Und dann wollte ich in der dritten Woche gehen oder ich wollte vielleicht zweimal hintereinander gehen. Und dann gab es immer wieder Uneinigkeiten und immer wieder Reibereien, und letztlich haben wir uns nur noch gezankt. Dann habe ich gesagt: »So kann es nicht weitergehen. Ich ziehe aus.« Ja, mein Vater war auch damit einverstanden, er befürchtete, die jüngere Tochter würde vielleicht auch noch beeinflusst. Er hat gesagt: »Unser Hausfrieden hängt schief. Ich kann nicht mehr mit dir. Geh weg. Also zieh aus.« Ich hab auf diese Aufforderung gewartet. Ich hab mir gesagt: »Das ist es. Ich brauch kein schlechtes Gewissen haben, er will ja auch nicht mehr.« Ich hab also gerade eine Tasche gepackt und hab mir ein möbliertes Zimmer genommen. Er war sehr gekränkt, als ich dann weggegangen bin.

Ich war damals neunzehn. Die Mittlere Reife hatte ich schon. Ich ging auf die Höhere Handelsschule, hab nebenbei gearbeitet und wollte dann aufs Wirtschaftsgymnasium gehen. Und dann hab ich gesehen, zur Schule gehen, den Haushalt machen und arbeiten gehen – war zuviel. Dann hab ich meinen Mann kennen gelernt. Und er hat gesagt: »Ich habe ja jetzt gerade mein Abi und will studieren, dann machen wir das so: Du gehst arbeiten, ich studiere und wenn ich fertig bin, dann machst du dein Abi und dann studierst du.« Ich hab damals sehr viel Geld verdient. Ich habe beim Gericht und bei der Polizei gedolmetscht, und wir hatten ein gutes Einkommen und ich sagte: »Gut, machen wir das so.«

Das war für meine Eltern sicherlich ganz, ganz schwer. Also heute denk ich: Das muss ja für die schrecklich gewesen sei. Ich lebe in derselben Stadt, ich gehe einkaufen und sehe meinen Vater und der ist so gekränkt. Der hat mich manchmal angeguckt, und ich habe gesehen, der weint innerlich. Aber er war zu stolz, mich zu begrüßen. Und er war mit mir böse, weil wir böse auseinander gegangen sind, im Streit, weil er nicht nachgeben wollte und ich von meiner Position nicht abweichen wollte. Es war ziemlich schwierig. Meine Mutter stand immer dazwischen, die kam dann immer abends von der Arbeit und hat mir dann Essen mitgebracht, als könnte ich verhungern. Sie hat dann immer geweint. Und dann haben sie mitgekriegt, dass ich einen Freund habe, auch noch einen deutschen, und das ... war natürlich auch für sie ganz, ganz schwer.

Ich wollte so leben wie meine deutschen Freundinnen. Aber sogar meine deutschen Freundinnen hatten das nicht geschafft. Ihre Erziehung war damals gar nicht so viel anders als meine. Sie konnten zwar ihre Freunde haben, aber ausziehen, das habe dann nur ich so vollbracht, und darauf war ich richtig stolz. Also ich hatte meine eigene Wohnung, ja.

Aber dann war ich manchmal auch verunsichert und dachte, mein Vater, der mir so viel bedeutet, ist mir böse. Heißt das auch, dass meine ganze Kultur mich ablehnt, weil mein Vater mich mit meiner Lebensweise ablehnt? Und dann habe ich mich gefragt: Ja, wer bist du denn? Und hab dann immer wieder gefragt: Sind deine Freunde wirklich deine Freunde? Können sie dich denn wirklich auffangen, wenn es dir schlecht geht? Wie weit sind die ehrlich zu dir? Ich, ich hatte Angst, alleine bestehen zu müssen, arbeitslos zu werden. Damals in den siebziger Jahren war ja auch die Arbeitslosigkeit sehr groß und viele wurden entlassen. Und da hab ich mich gefragt: Kannst du in die Türkei zurück? Und kannst du dort leben? Und wie ist es denn da? Das waren so viele Fragen und es war ziemlich schwierig. Und mit keinem, mit keinem konnte ich darüber sprechen. Meine deutschen Freunde kannten diese Fragen nicht. Sie sagten: »Ach, du bist doch meine Freundin.« Ja, aber was bedeutete das für mich, Freundin? Wie stabil ist denn diese Freundschaft? Also die Familie ersetzen ... Ja, ich kam mir so ohne Wurzeln vor. Das ist sehr, sehr schwer zu beschreiben. Es war, als wäre ich ... so ganz alleine. Ganz alleine.

Meine Eltern haben natürlich mitgekriegt, dass ich mit meinem Freund zusammenlebe und haben dann viel mehr Druck auf mich ausgeübt: Will er dich heiraten? Ist das was Ehrenhaftes? Ich hab dann gesagt: »Das weiß ich nicht. Das ist ein Freund von mir. Ich weiß nicht, ob ich ihn heirate.« Meine Eltern haben dann zu mir gesagt: »Wo soll das mit dir enden?« Und ich hab mich schon gesehen wie ein Straßenmädchen, weil ich einen Freund habe, der auch mit mir schlief. Ja, ich hab gedacht, weil ich nicht mehr Jungfrau bin, bin ich schon entehrt, bin ich nicht mehr ehrenhaft. Ja, und dann hab ich immer vor dem Spiegel gestanden und hab gesagt: »Ne, diese Jungfräulichkeit macht nicht deine Ehre.« Ehre heißt für mich auch etwas anderes, ja. Meine Ehre ist die Ehrlichkeit. Damals konnte ich das nicht so definieren. Aber ich habe mir gesagt: Du bist stark, du willst dieses Leben und das machst du auch und das schaffst du auch. Heute denk ich mir und sag ich: Die Ehre ist nicht unbedingt verletzt, wenn man nicht mehr Jungfrau ist, also außerehelich eine Beziehung eingeht. Ich bin ehrlich zu meinem Leben gewesen. Das war für mich die Ehre. Ja, ich war ehrlich meinen Eltern gegenüber. Ich hab gesagt: Das ist nicht meine Welt, die ihr wollt. Das ist nicht das Leben, das ich führen möchte. Ich war ehrlich und Ehrlichkeit macht ja auch Ehrenhaftigkeit ein bisschen. Und so konnte ich auch in den Spiegel gucken.

Ach, meine Mutter hat immer versucht, zwischen meinem Vater und mir gut' Wetter zu machen. Hat in der Nacht versucht, meinen Vater zu bearbeiten, und tagsüber mich, ein gutes Mädchen zu sein. Also hat sich immer zwischen den beiden Stühlen hin und her bewegt.

Ja ... und dann ... ich hatte schon zweieinhalb Jahre alleine gelebt, mit meinem Mann teilweise und doch alleine. Ich habe als Dolmetscherin gearbeitet. Das hat mir sehr viel Spaß gemacht. Der Druck war sehr groß geworden. Ich hab gesehen, wie meine Mutter gelitten hat. Und dann sind sie in die Türkei gefahren, also in Urlaub. Ja, die Familie war nicht komplett! Die Tochter, die ältere ist nicht mitgegangen. Was sagen sie den Verwandten und Bekannten, wo ist die Tochter? Und in dieser kritischen Phase kam sogar der Freund meines Vaters und wollte mich umstimmen. »Ja,« hat er gesagt, »Mensch, ist denn dein Weg richtig, Kind? Überleg doch mal, was du deinem Vater antust.« Also er wollte mich bekehren, wenn man das bekehren nennen kann. Und da war ich damals viel radikaler und hab gesagt: Nein, das geht nicht, das geht ihn nichts an. Das ist mein Leben. Wer gibt ihm das Recht usw. ne. Also ich hab wirklich abgebrochen mit dem Türkischsein, und für mich waren die Türken – ach das war ganz schlimm. Ich hab die beschimpft. Ich hab, wenn ich Türken gesehen habe auf der Straße, ich hab ihnen den Rücken zugedreht. Hab gesagt, also zu diesen Leuten gehörst du nicht. Ich hab mich total distanziert, weil ich gesagt habe, diese Auseinandersetzung mit ihnen hat ja überhaupt keinen Wert. Sie verstehen mich doch sowieso nicht. Und dann diese Scheinwelt! Sie belügen sich selbst. Was machen die denn anders? Ein paar hab ich kennen gelernt, nicht viele, aber ein paar, die standesamtlich verheiratet waren, dann haben sie ihre zweite Frau geheiratet, religiös, also vom Hodscha getraut. Was machen die denn!? Die haben doch auch ihre Maitressen! Aber die nennen das nicht Maitressen, sondern Gottes Wille. Also vor Gott sind sie verheiratet. Also das war für mich irgendwie gelogen, dieser Schein. Es war alles gelogen. Ich wollte unbedingt ehrlich sein, auch nach außen. Innen und Außen sollten in Einklang sein, so. Ich hab die gemieden. Ich hatte auch keine türkischen Freunde, nur deutsche und kam auch zurecht. Diese anfänglichen Fragen – Bist du Deutsche? Bist du Türkin? – haben sich also gegeben, und ich hab mich wohl gefühlt.

Wenn ich so überlege, wohl gefühlt so in Anführungsstrichen. Meine Mutter litt immer weiter, war traurig, fast depressiv und sagte: »Auch deinem Vater geht es nicht gut. Ich leide auch. Heiratest du ihn auch? Heiratet ihr auch irgendwann?« Damit das auch so eine Legalität hat. Und, ich weiß nicht, das war ganz schlimm. Und dann hat meine Mutter gesagt: »Wenigstens verloben! Damit man sagen kann, das ist der angehende Schwiegersohn.« Dass man also dem Mann auch so einen Namen geben konnte. Freund gibt es ja nicht. Also wenigstens, sie sind versprochen oder verlobt. Und auf diesen Kompromiss habe ich mich eingelassen. Ich hab dann meinem damaligen Freund gesagt: »Na, wenigstens versuchen, damit ich Ruhe hab.« Und dann haben wir uns verlobt.

Also, am nächsten Tag haben sie gefragt: »Wann ist die Hochzeit?« Ich hab gedacht, ich spinne. Ich hab wirklich die Vorstellung gehabt, dass ich dann in Ruhe gelassen werde! Ich war fix und fertig. Und dann habe ich mir überlegt: Liebst du diesen Mann? Würdest du ihn heiraten? Und da habe ich mir sagen müssen: Du liebst ihn ja gar nicht mehr. Der ist doch überhaupt nicht dein Lebenspartner. Du kannst gar nicht mit ihm glücklich sein. Und trotzdem hab ich nicht den Mut gehabt, ihn zu verlassen. Hab gedacht, ich wäre dann doch ein schlechtes Mädchen. Also, also wie tief das in einem steckt! ... Und habe mir ge-

sagt: Das kannst du nicht machen! Wenn du dann mit einem neuen Freund kommst, dann bist du sowieso ein Flittchen, vielleicht. Also das überleben deine Eltern überhaupt nicht mehr, damit werden sie überhaupt nicht fertig. ... Und dann wusste ich überhaupt nicht mehr, was das mit mir macht, wenn die damit überhaupt nicht fertig werden. Aber es waren nicht nur meine Eltern, sondern ich war mir auch nicht mehr sicher. Und dann hab ich mir gesagt: Du musst diesen Mann heiraten. Wohl oder übel. Und das war ganz komisch. Ich wollte dieser Sache einen Namen geben, ja. Ich wollte in Ruhe gelassen werden und ehrbar sein. Es war ja die Gefahr, wenn ich Schluss gemacht hätte, den Ring hingeschmissen hätte, dann hätte die Welt, die türkische Welt, mich nicht mehr verstanden. Und ich wusste nicht, ob ich so stark bin und das aushalten kann. Das hat in mir sehr viele Fragen aufgeworfen. Ich kam mir dann auch tatsächlich schlecht vor, so gesagt. ... Da waren zu viele Leute, die in diesem Schicksal ausgeliefert sind, sozusagen. Also wenn ich das gemacht hätte, hätte ich das Gefühl gehabt, da bricht die Welt von vielen Menschen zusammen. Wenn ich ihn heirate, dann ist es nur meine Welt, die dann zerbricht.

Es war ja nicht so, dass mein Mann mir unsympathisch gewesen wäre. Aber ich wusste ganz genau, es sind viele Faktoren, die zu schwierig sind, um ein glückliches Leben zu führen. Aber ich hab dann immer an mich geglaubt. Hab dann gesagt: Du wirst es schaffen. Du wirst wahrscheinlich trotzdem einen Weg finden, dich arrangieren mit dieser Ehe, so dass das für dich erträglich ist. Ich musste ja auch mit meiner Familie einen Weg finden, und das würde dann auch hier wohl so sein.

Durch meine Tochter hab ich mich dann der Türkei ein bisschen genähert. Ich wollte meiner Tochter meine Kultur ein bisschen vermitteln und deshalb habe ich vieles hinterfragt. Ich fragte: Warum machen die tatsächlich so? Nach acht Jahren bin ich dann mit meiner Tochter in die Türkei gereist. Hab also geguckt, wie das tatsächlich so ist, in der Türkei zu sein. Und war natürlich sehr enttäuscht. Sehr enttäuscht. Ja, ich hab immer diese Gluckenhaftigkeit, dieses Aneinanderkleben, so fest zugehörig sein ... Die sind ja wirklich wie eine Klette. Die hängen ja so zusammen, das war nichts für mich. Ich bin also mit der Vorstellung dahin gegangen, da sind noch ein, zwei Familien, die ich mag und die mögen mich auch. Sie haben mir früher das Gefühl gegeben, dass sie mich schätzen und ehren und lieben, ja! Ich hab mir gesagt, die besuch ich, nehme wieder den Kontakt auf. Und was haben sie gemacht? Sie haben mich einfach verworfen, ja, sie haben mich nicht so aufgenom-

men, wie ich es erwartet hab. Ich hatte ein krankes Kind. Sie hatte hohes Fieber. Ich kannte mich in der Stadt nicht mehr aus. Ich hab gedacht, sie würden mich zum Arzt begleiten. Also ich würde das in Deutschland so machen, und die Leute hier machen es auch so. Aber dort haben sie mich einfach allein gelassen – mit meinem kranken Kind, die Leute, die ich wirklich sehr geschätzt und geliebt habe. Sie haben mich auch ziemlich komisch aufgenommen. Vielleicht, so im Nachhinein denke ich mir, weil ich ohne Mann gekommen bin. Ich war verheiratet und bin ohne Mann gekommen. Und vielleicht haben sie meine Geschichte ja gewusst. Vielleicht haben sie gedacht: Sie ist so eine rebellische Frau. Wer weiß, jetzt kommt sie auch noch ohne Mann und will mir meinen Mann weg-, eh, wegspannen. Ich weiß es nicht, mir sind so viele Phantasien durch den Kopf gegangen. Und ich war ehrlich, wollte wieder einen Schritt nach vorwärts. Ja, ich wollte wieder Kontakt aufnehmen, und die haben beleidigt gespielt, ... waren gekränkt, waren verletzt und wollten das nicht. Aber es gab nie ne Auseinandersetzung oder ne Aussprache, sie hat mich gemieden und wollte nicht sprechen. Das ist so diese türkische Art, das hasse ich auch, ja, also sie sind böse und sind beleidigt und ziehen sich zurück. Vielleicht war sie auch beleidigt, weil kurz davor eine – was weiß ich – Schwägerin oder ein Schwager gestorben war, und ich ihr nicht Beileid gewünscht habe. Aber ich wusste das ja gar nicht. Ich lebe in Deutschland und woher soll ich wissen, welche Sippschaft von ihr gestorben ist, wenn sie es mir nicht sagt. Also sie hat von mir erwartet, wenn ich zu dieser Familie gehe, dass ich auskundschafte ... irgendwie. Ich habe diese Regeln nicht erfüllt – wieder diese Regeln, meine Güte, ja. Also furchtbar und nicht ehrlich.

Ich bin da eingezogen und hab gesagt: »Ich besuche euch.« Ne, das macht man ja so in der Türkei. Hab mir gesagt, das machst du dann auch so und bin hingegangen. Der Mann war dann ganz freundlich, aber sie hat dann immer so eine Miene gezogen. Ich hab sie dann gefragt, was sie denn habe. »Nichts.« Nach dem zweiten Tag hab ich gesagt: »Ist wohl besser, wenn ich ins Hotel gehe.« Hat sie gesagt: »Ja.« Habe ich meine Sachen gepackt und mein krankes Kind mit vierzig Fieber und bin ins Hotel gezogen. Also ich hab gedacht, das soll ein gastfreundliches und nettes, liebes Land sein? Ja, ah (lacht)*!*

Ja, und ich bin sehr enttäuscht wieder zurückgekommen ... Ja ... das war eine ganz, ganz schlimme Zeit.

Ja, das hat meine Berufswahl mit beeinflusst. Warum ich unbedingt Pädagogik studieren wollte und in die Grundschule wollte. Ich wollte an der Basis arbeiten. In dem Konflikt, den die Kinder und Jugendlichen haben, mit Schule, Eltern, deutscher Gesellschaft, türkischer Gesellschaft kann man die Eltern eher erreichen mit der Autorität der Schule. Und da möchte ich so Brücken bauen ... für beide Seiten: für die Schule, für die deutsche Gesellschaft, für die Älteren, für die Jüngeren, weil ich es in dieser Anfangsphase ziemlich schwierig fand, ohne Orientierung zu sein. Jeder hat an mir rumzogen. Keiner hat mir erklärt, wie das so in der deutschen Gesellschaft erwartet wird. ... Also immer so seinen Interpretationen ausgeliefert zu sein ... Man beobachtet und man ist auf sich gestellt. ... Man kann das ja auch ganz falsch interpretieren. Meine Eltern haben z.B. freizügige Mädchen gesehen und haben gedacht, die haben keine Ehre. Sie können mit jedem Mann und mit jedem Mann weggehen, das bedeutet unehrbar sein. Und das kann ein türkisches Mädchen nicht. Also sie haben es gesehen, interpretiert so für sich, nach ihrer Erziehung und Lebenserfahrung, und das war falsch. Keiner hat gesagt: »Das stimmt nicht. Sie gehen zwar mit Männern aus, gehen auch essen, fahren auch in Urlaub, aber da ist sonst nichts.« Türkische Eltern können sich das nicht vorstellen. Da gibt es nichts dazwischen, alles oder nichts. Darum bin ich in die Schule gegangen. Ich möchte da ein bisschen mitwirken, einfach mich hörbar machen.

Und ich wollte auch einen Beruf und ne Sicherheit haben, so 'n Fundament, auf dem ich stehen kann und die beiden Kinder auch. ... Und das habe ich jetzt alles geschafft.

Mein Mann hat sein Studium nach eineinhalb Jahren abgebrochen. Also das war nicht so, wie wir es geplant hatten. Als ich dann angefangen hab, hab ich erst mein Abitur nachgeholt und ... äh ... ich hab nur eine Prüfung machen brauchen. Es gab so eine Möglichkeit für besonders Begabte. ... Begabtensonderprüfung – so nannte sich das – für Berufstätige. Da hat man so eine Prüfung gemacht über drei Themenbereiche, wo mich drei Professoren ausgequetscht haben sozusagen. Und dann muss man eine schriftliche Prüfung ablegen. Und wenn man das bestanden hatte, dann hatte man diese ... Hochschulreife. Ich wollte zuerst aufs Abendgymnasium, aber dann habe ich das versucht und habe es geschafft, und dann habe ich dieses Studium angefangen. ... Und er war dagegen. Ich bräuchte das nicht, die Kinder seien zu klein.

Also vormittags hab ich gearbeitet. In einer Schule hatte ich so eine Halbtagsstelle als Dolmetscherin. Vormittags habe ich gearbeitet, dann hatte ich meine zwei Kinder und na ja, mein Studium, meinen Haushalt, ... ja, das war sehr viel. Gell, Miriam, Schatz? ... Das war alles durch-

organisiert, oder? (Tochter stimmt zu: »Ja schon.«) *Freitags einkaufen, samstags putzen, sonntags vorkochen für die Woche. ...*

Also, ich hab einmal meinen Mann verlassen und da kam ich in die Wohnung meiner Eltern. Mein Vater hat zu mir gesagt: »Du musst das wissen, das ist deine Entscheidung. Wenn du deinen Mann verlassen willst, ich steh zu dir.« ... Also ich habe da fünf, sechs Wochen gelebt, mit den Kindern zusammen, ja. Aber da war immer so meine Überlegung, Kinder ohne Vater aufwachsen zu lassen, ... na ja. Also diese türkischen Überlegungen. Und ich bin zurückgegangen. Und dann war der Druck doch nicht so stark. (Lächelt.) ...

Drei Jahre haben mein Mann und ich getrennt gelebt und seit einem Jahr sind wir geschieden.

Mein Vater hat versucht, für sich so seine eigene Welt aufzubauen in dieser türkischen Gesellschaft, war auch so ein Vorreiter dort. Wie gesagt, dass wir mit Bikini usw. durften. Aber hier in der Fremde, es war zu viel vielleicht. Er musste sich ja auch seine Gruppe aussuchen und das war hier ja auch die türkische Gruppe. Er war hier ja auch unter vielen Augen, ja. Er musste sich ja auch rechtfertigen. Und die Leute, die hier lebten damals, denk ich mir mal, kamen aus sehr ländlichen Gebieten, und dadurch war für meinen Vater der Druck hier viel größer als in der Türkei. Ja, und er hatte da ja auch Freunde, wo er vielleicht Rückhalt hatte oder so. Er hatte ja seine Gruppe, wo er, wenn er auch mal dagegen geschossen hat, trotzdem Halt gefunden hat. Diese Verunsicherung, denke ich, ist es auch, dass sie zuviel Neues nicht so gern haben.

Ich habe angefangen, mich mit meiner Kultur und mit meinen Leuten zu versöhnen. Ich mache regelmäßig in dem Ort, in dem ich groß geworden bin, Urlaub. Ich habe angefangen zu fragen, was ist da ganz gut, ganz angenehm, warum machen sie das? Ich bin nicht mehr so rebellisch und verständnisvoller.

Interviewerin: *Was mich noch interessieren würde: Was denken Sie über das Kopftuchtragen?*

Alev: *Also, jede hat sicherlich einen anderen Beweggrund, warum sie Kopftuch trägt. Manche tragen es vielleicht, weil es im Koran steht, manche zum Schutz vor Kälte, weil sie empfindliche Ohren haben, und manche, weil sie zu einer Gruppe dazugehören wollen, denn irgendwie muss man sich ja mit einer Gruppe identifizieren, da einfach mitmachen und miterleben. Für mich? Das kommt nicht in Frage! Also ich trage kein Kopftuch, bin aber tolerant denen gegenüber.*

Interviewerin: *Gibt es noch etwas, das Sie uns gerne erzählen würden?*
Alev: *Ich muss mal kurz überlegen, aber ich denke nicht. ... Also, ich kann nur noch mal betonen: Es ist für mich sehr wichtig diese Persönlichkeit. Ob ich mich der Gesellschaft annähere oder wie ich mit der Religion umgehe, das hat immer mit meiner Persönlichkeit etwas zu tun. Es gibt nicht diese Türken und es gibt nicht diese Deutschen, es gibt nicht diese Muslime. Es gibt Menschen und die handeln eigenständig ... ihren Regungen und ihren Erfahrungen entsprechend.*

Interview vom 8.2.1997 (gekürzt)

2. Studentinnen

Nayere

Datenbasis ist ein Interview mit Nayere vom15.11.98, das von einer Studentin und einem Studenten in der Universität durchgeführt wurde. Nayere ist zum Zeitpunkt des Interviews 25 Jahre alt. (Siehe: Objektive Daten zur Familie, die ich im Kapitel *Mütter* bei Nayeres Mutter Fatima aufgelistet habe.)

Analysiert werden der Anfang des Interviews und ein Sequenzabschnitt.

Erkenntnisinteresse sind Nayeres individuelle Fallstruktur und ihre Einstellung zum Islam.

Sequenzanalyse des Interviewanfangs

I1 Wir sind Studentinnen, wir erforschen in einem Seminar Folgen von Migration. Wir wollen wissen, wie sich Menschen bei Kulturwechsel verändern.

N Ach so.

Nayeres *Ach so* verrät, dass ihre Aufmerksamkeit und Neugier durch die Ansprache von zwei Personen mit Kassettenrecorder und Mikrophon geweckt worden ist. Außerdem lässt die Äußerung den Schluss zu, dass Nayere die Situation richtig erfasst hat: Sie soll ein Forschungsinterview geben. Sie muss nun entscheiden, wie sie handelt. Grundsätzlich hat sie zwei Möglichkeiten: Sie kann ablehnen oder sich auf das Neue einlassen. Lässt sie sich auf das Interview ein, so hat sie die Möglichkeit, den nächsten Schritt den Interviewern zu überlassen oder ihn selbst zu tun. Die Entscheidungen, die sie im Interview trifft, sind aufschlussreich für ihre individuelle Fallstruktur; denn so wie hier wird sie sich auch sonst in der Lebenspraxis verhalten.

N Ich heiße Nayere Hansen.

In dem sie sich vorstellt, signalisiert sie indirekt ihre Bereitschaft zum Interview. Wäre sie dazu nicht bereit, würde die Vorstellung keinen Sinn machen; denn man stellt sich nicht vor, wenn man vor hat zu gehen. Nayere ist offen für Neues.

Sie nennt ungefragt ihren Namen. Sie will also nicht anonym auftreten, sondern als Person mit Autonomie und Eigenverantwortung.

Der Name ist anonymisiert. Im Originaltext besteht er ebenfalls aus einem persischen Vornamen und einem deutschen Nachnamen. Aus den objektiven Daten wissen wir, dass Nayere verheiratet ist. Sie ist also mit einem Deutschen verheiratet und hat dessen Zunamen angenommen. Die Namensänderung wäre rechtlich nicht nötig gewesen. Sie basiert auf einer freiwilligen Entscheidung, die uns Einblick gibt in Nayeres Einstellung zur Ehe und in ihre gesellschaftliche Zuordnung in der Gegenwart und in der Zukunft. Der gemeinsame deutsche Name spricht für den Wunsch nach einer ehelichen Gemeinschaft auf Dauer, möglichst für das ganze Leben, und für Nayeres Bedürfnis nach Zugehörigkeit zur deutschen Gesellschaft. Hier sieht sie ihre Zukunft.

N Ich studiere Kunstgeschichte und Archäologie im zehnten Semester.

Nayere setzt ihre Vorstellung ungefragt weiter fort. Das spricht für Autonomie im Denken und Handeln. In ihrem Selbstverständnis bilden der Studiengang und ihre Studienzeit einen wichtigen Bestandteil ihrer Identität, sonst würde sie beides nicht in die Vorstellung aufnehmen. Sie ordnet sich damit ein in die Gemeinschaft universaler Rationalität, unabhängig von Geschlecht, Herkunft und Religion.

Die Wahl der Fächer ist in mehrfacher Hinsicht aufschlussreich. Wer diese Fächer studiert, hat großes Interesse an Kultur, besonders an den Werken der Menschen, seien es die außeralltäglichen der Kunst und Architektur oder materiale Überreste kulturierter Lebenspraxis, wie Funde aus Gräbern, Höhlen und Siedlungen. Der Erschließung solcher kultureller Niederschläge dienen zwei Modi der Erkenntnis: die sinnliche und die begriffliche. Die Öffnung der Sinne und die Hingabe an die Sache sind die Grundlage der Erkenntnis überhaupt, sie sind für den Kunsthistoriker und Archäologen in ganz besonderer Weise wichtig. Nur Hingabe in Muße und Geduld, bei der die Sache selbst zum Sprechen kommen kann, führt zu ihrem Verstehen. Die anschließende methodische Erschließung des Gegenstandes in der Logik des besseren Arguments erfolgt mit Hilfe der universalen Rationalität. Die Anwendung beider Erkenntnismodi – des sinnlichen und des rationalen – im Studiengang wird Auswirkungen auf Nayeres Denken und Habitusformation und damit auf ihre Art der Krisenbewältigung haben. Sie wird eine hohe Sensibilität entwickeln, ihr Denken von der Sache leiten lassen und authentische Entscheidungen treffen.

Nayere ist mit 25 Jahren im zehnten Semester. Daraus kann man schließen, dass sie weiß, was sie will, und zielstrebig ist.

N *Ich bin Perserin.*

Ungefragt nennt sie einen weiteren Teil ihrer Identität. Sie sagt nicht: Ich bin Iranerin. Wahrscheinlich distanziert sie sich von der Islamischen Republik Iran. Die Perser bilden gut die Hälfte der Bevölkerung des Vielvölkerstaates Iran. Sie können auf fast dreitausend Jahre Hochkultur zurückblicken mit herausragenden Werken aus vorislamischer und islamischer Zeit, sie haben eine eigene Sprache und Literatur, man denke nur an die Werke von Hafis und Saadi. Zu Nayeres Persönlichkeit gehört auch ihre kulturelle Identität als Perserin. Sie beherrscht die persische Sprache in Wort und Schrift.

N *Also ich habe beide Pässe im Moment.*

Im Moment beinhaltet *bald nicht mehr*. Iraner mit zwei Staatsangehörigkeiten müssen mit Beginn des 26. Lebensjahres einen ihrer beiden Pässe abgeben. Aus Nayeres Partnerwahl und der Namensänderung kann man schließen, dass sie den iranischen abgeben wird.

N *Ich besitze sowohl auch die deutsche Staatsangehörigkeit*

Das ist ein elliptisches Sprachgebilde. Vollständig lautet der Satz: *Ich besitze sowohl die iranische als auch die deutsche Staatsangehörigkeit.* Die Auslassung ist zwar unbewusst geschehen, aber motiviert: Die iranische Staatsangehörigkeit ist in ihrem Leben so unbedeutend geworden, dass sie in der Sprache nur noch als Lücke auftaucht.

N *und ich bin in Frankfurt geboren*

Damit grenzt sie sich ab von denen, die zugezogen sind.

N *und lebe schon immer hier.*

Die Opposition von *hier* ist *dort*. Dort hat sie noch nie gelebt. Dort ist sie dann im Grunde eine Fremde. Die Zeitangabe *schon immer* enthält keine Abgrenzung in der Vergangenheit. Wörtlich genommen bedeutet sie *von Ewigkeit her*. Die Aussage ist Ausdruck von Nayeres Identitätsverankerung an diesem Ort und in dieser Gesellschaft.

N *Na ja, ich kann 's mir im Iran überhaupt nicht vorstellen zu leben, also kann mir nicht vorstellen, dass ich ständig mit Kopftuch zum*

Beispiel rumrennen muss. ... Ich möchte mich mit Leuten unterhalten können, also ob das jetzt Männer oder Frauen sind, das ist mir nämlich egal.

In allen Kulturen unterliegen der Umgang mit Sexualität und das Verhältnis der Geschlechter bestimmten Regelungen. In islamischen Kulturen wird die Frau diszipliniert, in ihren Freiheiten eingeschränkt und kontrolliert. Im Iran werden außerdem die Geschlechter in der Öffentlichkeit weitgehend getrennt. Beispielsweise sitzen im Bus die Männer vorne und die Frauen hinten und an den Bushaltestellen bilden sich zwei Warteschlangen. In unserer Zivilisation wird dem Mann mehr Selbstdisziplin abverlangt. Diese Sozialisationsleistung ist Voraussetzung für die Freiheit und Gleichberechtigung der Frau und für einen von Sexualität relativ unbeeinträchtigten Umgang der Geschlechter miteinander im öffentlichen Alltag. Nayere ist ein Kind unserer Zivilisation und kann nicht mehr zurück.

Analyse eines Sequenzabschnittes

N *Ich fahre jetzt nächstes Jahr in den Iran.*
I2 *Zu deiner Familie?*
N *Hm. Ja, ich hab nämlich geheiratet dieses Jahr und* (lacht leise)
I1 *Oh, aha.*
I2 *Auch einen Iraner oder?*
N *Ne, das ist ein Deutscher. Ich habe einen Deutschen geheiratet. Also seit fünf Monaten. Und ehm ... also der ist 32, ehm ... ist Volkswirt und hat promoviert und arbeitet bei einer Bank.*
I2 *Und ... ehm ... er ist Christ ... oder hat er keine Religion?*
N *Ja,* (lacht) *der ist nämlich, der war nämlich katholisch und war als Kind ehm ... einer von diesen ..., die so, die so ...*
I1 *Messdiener?*
N *Messdiener, genau.*
I1 *Also so ziemlich streng katholisch erzogen.*
N *Ja, aber der ist auch dann aus der Kirche ausgetreten, weil er sich irgendwann nicht mehr, also ich meine, wenn man dann älter wird, also ich, das kam ja bei ihm erst, als er älter wurde, da ist er ausgetreten, ... weil er sich dann damit dann auch doch nicht so identifizieren konnte.*

Für den Austritt ihres Mannes aus der Kirche hat Nayere vollstes Verständnis. Die Aussage, *also ich meine, wenn man dann älter wird, also ich,* sagt indirekt, dass sie darin einen ganz normalen Bestandteil des Älterwerdens sieht, mit dem sie sich identifiziert.

Der Rationalisierung in unserer Kultur folgt ein Prozess der Säkularisierung, in dem sich das Subjekt von den kollektiven Identifikationsangeboten emanzipiert und eigenverantwortlich sein Handeln bestimmt. Dazu gehört, dass sich die Individuen von den religiösen Inhalten, Riten und Institutionen distanzieren. Man kann hier wieder sehen, dass der Prozess der Säkularisierung nicht nur bei Christen stattfindet, sondern auch bei Muslimen.

I1 u. 2 Hm, hm.
N Und ....

Die lange Pause nach der Einleitung einer neuen Aussage ist in Nayeres Rede ungewöhnlich. Wahrscheinlich wollte sie etwas über die geplante Iranreise und die Heirat sagen, das sie dann doch lieber verschwiegen hat. Erklärungsbedürftig ist Folgendes: Als Muslima darf sie keinen Nicht-Moslem heiraten, das steht so im Koran im zehnten Vers der Sure 60, und in der Islamischen Republik Iran gilt sie mit ihrem Mann als unverheiratet, wenn sie hier nur standesamtlich getraut sind.[27] Außerdem werden sexuelle Kontakte zwischen einer Muslima und einem Nicht-Muslim dort besonders hart bestraft: mit Auspeitschen, Eingraben bis zur Hüfte und Steinigung. In den Iran könnten Nayere und ihr Ehemann nicht fahren, ohne sich diesen barbarischen Strafen auszusetzen und ihr Leben zu riskieren – es sei denn, ihr Mann würde dem Islam beitreten und sie würden islamisch heiraten.

Das Heiratsverbot aus Sure 60 Vers 10 ist mit unserer Verfassung, nach der die Frau die gleichen Rechte hat wie der Mann (Art. 3;2), nicht vereinbar.

I1 Habt ihr standesamtlich geheiratet?
N Ja.
I2 Und nicht kirchlich?
N Ne, das geht ja nicht. Denn weder er ist in der Kirche noch ich.
I1 Deine Eltern haben sich auch nicht irgendwie dagegen gesträubt oder?
N Also überhaupt nicht, die sind total glücklich mit dem.

Wenn sich Nayeres Eltern über ein im Koran festgeschriebenes Heiratsverbot hinwegsetzen, so ist das ein Indikator für einen Säkularisierungsprozess auch bei ihnen, sogar bei der Kopftuch tragenden Zweitfrau des Mollas.

I1 *Also die Religion hat euch da keine Schwierigkeiten gemacht?*

N *Ne. Also im Gegenteil, weil ich habe ihm gesagt, weil das mir so ganz wichtig ist, dass wir im nächsten Jahr halt nach Persien fahren, weil ich habe ja vorher gesagt, ich habe ja beide Staatsangehörigkeiten und muss eine mit Beginn des 26. abgeben, aber ich werde natürlich die persische abgeben, weil ich davon überhaupt nichts habe, und deswegen habe ich gesagt, ich will da unbedingt noch mal vorher hin, nur um dahin zu fahren, muss ... also für die Iraner sind wir ja nicht verheiratet, weil dieses Standesamtliche gilt nicht im Iran.*

I2 *Aha.*

N *Deswegen müssen wir jetzt islamisch heiraten.*

I1 *Müsst ihr?*

N *Ja, wir müssen, weil sonst wird die Ehe nicht anerkannt. Ja, dieses Problem hat ja auch dieser Hofer im Iran. Also dass er sagt, er wäre ... islamisch, und er kann es nicht nachweisen, ja?! Also das war jetzt auch beim Christian so, man muss, man muss ja, um islamisch zu werden, nur so ein Glaubensbekenntnis abgeben. Das ist mündlich, das musste er machen. Deswegen wird er dann automatisch zum Moslem.*

I *Hm, hm.*

N *Also das ist nur eine Formalität eigentlich.*

I2 *Aber das ist Vorraussetzung, um einreisen zu können.*

N *Das ist Voraussetzung dafür, dass wir heiraten können.*

I1 *Und jetzt müsst ihr noch mal auf denen ihre Art heiraten?*

N *Genau.*

I1 *Hier in Deutschland?*

N *Ja.*

I1 *Und wie läuft das ab?*

N *Und dann gehen wir zum, ja, das macht ein Molla, ja das haben wir gemacht. Der Christian gibt sein Glaubensbekenntnis ab, dann kriegt er so ein Formular, dann später, und dann werden wir praktisch getraut, auf die persische Art. Also ...... ehm, wird aus dem Koran vorgelesen und so. Dann sind wir verheiratet. Und dann können wir zum Konsulat gehen, wo wir die ganzen Sachen abliefern und so, und dann ehm ...... Ja, so weit sind wir jetzt noch nicht. Ich weiß jetzt nicht, ob er auch einen Pass bekommt oder ob er nur ein Visum bekommt oder so, jedenfalls ...*

Im Gegensatz zu allen vorangegangenen Aussagen Nayeres ist dieser Text merkwürdig unklar. Zunächst sieht es so aus, als ob die iranische Heirat noch bevorstehe, dann erfährt man, dass sie bereits stattgefunden hat. Unklar ist auch, wie ihr Mann *sein Glaubensbekenntnis abgibt* und um welches *Formular* es geht. Wahrscheinlich ist hier der Übertritt zum Islam gemeint, wobei der Konvertit das islamische Glaubensbekenntnis sprechen muss und dann eine vom Molla beglaubigte Urkunde über seine Konversion zum Islam und ebenfalls beglaubigte Kopien erhält. Unklar ist auch, was mit *später* gemeint ist. Fand die Heirat gleich im Anschluss an die Konversion statt? Wer war bei dem Ritual dabei? Was gehörte dazu? Und welche *ganzen Sachen* werden dann beim Konsulat abgeliefert? Wahrscheinlich handelt es sich u.a. um eine vom Molla beglaubigte Heiratsurkunde. Man hat den Eindruck, die Sache ist Nayere äußerst peinlich, und sie möchte sie lieber verschleiern als erklären.

I1 *Dann ist er ja theoretisch auch Moslem?!*
N *Der ist Moslem jetzt, ja. Also auf dem Papier schon. Ich meine, ich bin es auch. ... Das ist ja nur, also so, das ist ja nur so ein Beiwerk praktisch. ...... Du musst ja nicht danach leben, also nicht unbedingt.*

Es gibt drei Möglichkeiten, mit einer unerträglichen Sache umzugehen. Man kann sich mit ihr identifizieren, so macht es Eveline.[28] Man bagatellisiert sie, so macht es hier Nayere. Oder man setzt sich kritisch mit ihr auseinander. Es stellt sich nun die Frage, warum Nayere das hier nicht macht. Ein Interview ist kein Ort der Kritik. Nayere tritt hier auf als Vertreterin einer Kultur, von der sie sich zwar teilweise distanziert, die sie aber trotzdem als Informantin im Interview nicht verurteilen kann. Aber an ihrer verzögerten und diffusen Auskunft über den Beitritt ihres Mannes zum Islam und die islamische Heirat, merkt man, wie schwer es ihr fällt, sich einer Macht, die sie ablehnt, fügen zu müssen.

N *Und in diesem Glaubensbekenntnis sagst du ja nichts anderes, als dass Mohammed 'n Prophet ist. Du sagst ja nicht, dass es den höchsten Gott gibt. Sagst nicht, ich glaube, dass nur Allah der höchste ......*

Nach der Verschleierung und Bagatellisierung der Fakten verstrickt sich Nayere nun noch in eine Lüge. Das islamische Glaubensbekenntnis besteht nur aus einem Satz: Ich bekenne, dass es keinen Gott gibt außer Allah, und ich bekenne, dass Mohammed sein Prophet ist. Dieses zu bezeugen, gehört zu den fünf Pflichten der Muslime. Der Satz ist allgegenwärtig in islamischen Kulturen, jeder kennt ihn, und Nayeres Mann hat ihn sprechen müssen. Mitten in der Behauptung verstummt Nayere.

Sie weiß, dass alles viel schlimmer ist, als sie vorgibt. Sie befindet sich in einem inneren Konflikt. Konversion und islamische Heirat sind der einzige Weg, auf dem sie ihr Leben und das ihres Mannes vor der Gewalt der Hierokratie schützen kann, falls sie zusammen in den Iran fahren. Aber auch wenn sie alleine fahren würde, weil ihr Mann nicht zum Islam übertreten wollte und sie dadurch nicht hätten islamisch heiraten können, würde sie ihr Leben aufs Spiel setzen. Die Sittenwächter und Spitzel des Gottesstaates sind dort allgegenwärtig und vereinzelt auch hier.

Objektiv handelt es sich bei dem Konversions- und Heiratszwang um Gewalt. Dass eine Muslima nicht heiraten kann, wen sie will und wie sie will, das steht im Widerspruch zu den Menschenrechten[29] und zu unserer Verfassung, die die Freiheitsrechte des Individuums und die Gleichberechtigung der Frau fordern und schützen. Der Islam unterwandert Schritt für Schritt – anders gesagt, Heirat für Heirat – diese Rechte und breitet auch auf diese Weise seinen Machtbereich bei uns aus.

N *Ach, ich mein, ich bete ja auch nicht und so. Aber ich find halt auch, also man muss nicht irgendwie religiös sein, um ein guter Mensch zu sein.*

I *Hm.*

N *Also wir, ich find, wir sind gute Menschen und beten nicht 'nen Gott an und so.*

Dieses *Ach* ist ein anderes als am Anfang des Interviews. In ihm schwingen leidvolle Erfahrungen mit Religion mit, die ihren Lebenslauf beeinflusst haben: die Herrschaft des politischen Islam im Iran und die unterschiedliche religiöse Entwicklung ihrer Eltern, die zu ihrer Scheidung beigetragen hat.

Nayeres Bildungsweg hat zu ihrer Individuierung und damit auch zur Ausbildung einer autonomen Moral geführt. Die Erkenntnis von Gut und Böse ist nicht an eine Religion oder Konfession gebunden, sondern in den Menschen zutiefst verankert und entfaltet sich im Prozess der Individuierung. Nayeres Aussage, *ich find, wir sind gute Menschen,* kann man auch so umformulieren: *Wir sind davon überzeugt, dass wir uns und anderen Gutes tun oder es zumindest versuchen.* Die Quelle einer solchen Überzeugung ist Selbstvertrauen und Vertrauen in den Partner. Beides hat seine Basis im Urvertrauen des Kindes. Nayeres Vertrauen in die eigene Moral liegt eine positive Urerfahrung in der Zeit der Symbiose mit der Mutter zu Grunde, aber auch die Erfahrung der Ablösung, zu der ebenfalls Vertrauen gehört.[30]

Hypothese zur individuellen Fallstruktur Nayeres

Nayere ist aufgeschlossen für Neues, geistig autonom, in der Ausbildung zielstrebig und in ihrem Selbstverständnis der deutschen Gesellschaft zugehörig. Ihre Identität ist geprägt durch ihre Teilhabe an der Universalität von wissenschaftlicher Rationalität und Kunst und durch deutsche und persische kulturelle Eigenart. Sie geht souverän mit der Komplexität um und ist keinesfalls »zerrissen«. Der Säkularisierungsprozess ist bei ihr weit fortgeschritten. An die Stelle des Gehorsams gegenüber kollektiven religiösen Identifikationsangeboten sind eigenständige Verantwortung für das Eigenwohl und das Gemeinwohl getreten sowie eine autonome Moral.

Die Fallstruktur von Nayeres Schwester, die Medizin studiert, habe ich aus Platzgründen hier nicht rekonstruiert. Allein ihre Berufswahl zeigt, dass auch sie eine eigenständig denkende und handelnde Person geworden ist, die in Verantwortung für sich und andere lebt.

Es liegt nun nahe, nach den Wurzeln des Säkularisierungsprozesses und der autonomen Moral zu fragen. Nach dem jüdisch-christlichen Schöpfungsmythos ist die Erkenntnis von Gut und Böse eine Folge des Sündenfalls: Eva verführte Adam dazu, die Frucht vom Baum der Erkenntnis zu essen, der Erkenntnis von Gut und Böse. Der Sündenfall ist in der Bibel gleichzeitig eine Befreiung, denn der Mensch, ausgestattet mit der Fähigkeit, gut und böse zu erkennen und zu unterscheiden, wird daraufhin in die Welt entlassen, damit er sich in ihr bewähre. Die Bewährungsdynamik setzt den Prozess der Rationalisierung und diese den der Säkularisierung in Gang – und beide sind sie nicht aufzuhalten. Im Koran ist der Sündenfall Ungehorsam. Er bewirkt weder die Erkenntnis von Gut und Böse noch entlässt er in die Autonomie; der Mensch kann nur wählen zwischen Gehorsam und Ungehorsam, Belohnung und Strafe. Der Islam hat keine eigene Quelle, aus der sich eine Bewährungsdynamik und in der Folge Rationalisierung und Säkularisierung freisetzen ließen, sondern erfährt diese nur vermittelt durch den Sog der jüdisch-christlichen Kultur.[31]

Nina

Datenbasis sind ein Interview mit Nina vom 16.11.1998 und objektive Daten zur Familie über drei Generationen.

Der Fall wurde ausgewählt, weil er exemplarisch ist für viele türkische islamische Familien, deren Transformationsprozess von der Traditionalität in die Moderne in zwei Etappen verlaufen ist: zunächst im Rahmen der Binnenmigration vom Land in eine der türkischen Großstädte und danach infolge der Arbeitsmigration nach Deutschland.

Ninas Großeltern waren Kleinbauern in der Zentraltürkei. Alle ihre Söhne und Töchter wanderten in türkische Städte aus, bevorzugt nach Istanbul. Sie wurden dort Bankkaufmann, Lehrerin, Polizist, Fabrikarbeiter und -arbeiterin, Dienstmädchen und Hausfrauen.

Ninas Mutter Fatma, 1942 geboren, verließ bereits mit 14 Jahren das Elternhaus und zog zur verheirateten Schwester nach Istanbul. Ihren Lebensunterhalt verdiente sie als Fabrikarbeiterin und als Dienstmädchen in einer reichen Familie. Schon früh war sie gezwungen, für sich selbst die Verantwortung zu übernehmen.

Ninas Vater Mohammed verließ ebenfalls schon früh das Elternhaus, zog nach Istanbul und wurde dort Friseur. Auch er war schon in jungen Jahren selbständig.

In Istanbul lernten sich Fatma und Mohammed kennen und lieben und heirateten 1966, weil es ihr eigener Wunsch und Wille war. Die Tradition der arrangierten Heirat verflüchtigt sich gleichsam unter den veränderten Lebensbedingungen.

1970 ging Mohammed mit Arbeitsvertrag nach Deutschland. Er arbeitete im Saarland, zunächst in der Stahlindustrie, danach fast 25 Jahre im Bergbau bis zu seinem Tod 1996. Seine Ehefrau folgte ihm 1972 nach Deutschland. Sie arbeitete von nun an nicht mehr erwerbsmäßig. Sie blieb Hausfrau und gebar vier Kinder:

1972 Erste Tochter, Einzelhandelskauffrau, verheiratet, eine Tochter.
1974 Zweite Tochter, Nina, Studentin der Pharmazie in Frankfurt, viertes Semester,
1976 Sohn, Student der Physik in Saarbrücken, drittes Semester,
1978 Dritte Tochter, Kommunikationskauffrau, will BWL studieren.

Die Kinder wuchsen in Völklingen im Saarland zusammen mit vielen anderen türkischen Kindern auf. Inzwischen lebt die Mutter dort allein mit der jüngsten Tochter.

Nina kommt also aus einer intakten Familie mit Offenheit für Neues,

Bereitschaft zur Veränderung, mit hoher Bildungsmotivation und mit vier im deutschen Bildungssystem erfolgreichen Kindern.

Die ausgewählten Sequenzabschnitte aus dem Interview mit Nina veranschaulichen den Transformationsprozess und geben Antwort auf Fragen zu Erziehung, Spracherwerb, Bedeutung der Muttersprache und der Zweitsprache, Religion und Transformation.

Sequenzanalyse

I *Wir sind Studenten und erforschen in einem Seminar an der Universität Folgen von Migration. Wir wollen wissen, in welcher Weise sich Menschen bei Kulturwechsel verändern. Bist du bereit, aus deiner eigenen Erfahrung darüber Auskunft zu geben?*

N *Ja ja.* (Lacht)

I *Dann erzähl uns doch aus deinem eigenen Leben!*

N *Wollt ihr keine Fragen stellen oder so?*

I *Hm, erzähl uns doch deine Geschichte.*

N *Hm, also ja, hm. Mein Vater ist halt hierher gekommen, weil die finanzielle Lage in der Türkei ziemlich schlecht war, und damals wurden ja halt Arbeitskräfte in Deutschland gesucht, wurden halt auch ehm erworben, so sagt man, ja?*

I *Angeworben.*

Nach kurzem Nachdenken beginnt Nina ihre Lebensgeschichte mit den Worten *Mein Vater*. Aus ihrer Sicht hat der Vater besondere Bedeutung in ihrem Leben. Er ist sozusagen der, mit dem alles anfängt, und der, der alles beeinflusst. Im ersten Satz ihrer Erzählung gibt Nina kurz und sachlich Auskunft über die Arbeitsmigration des Vaters und deren soziale Gründe in der Türkei und in Deutschland. Sie sieht klar und richtig den Zusammenhang zwischen dem Verhalten des Vaters und den gesellschaftlichen Bedingungen. Der Vater wird dargestellt als ein Mann mit Realitätssinn, über den sie, Nina, in gleicher Weise verfügt.

N *Ja. Und das hat er dann halt irgendwann gehört, hat einen Antrag gestellt und wurde dann nach Saarland gerufen und hat dort in der Hütte angefangen zu arbeiten. Dann hat er gewechselt in die Bergwerke. Er hat dort ungefähr 25 Jahre als Bergmann gearbeitet. Und, ja, meine Mutter war Hausfrau, sie hat vorher in Istanbul gearbeitet in der Fabrik. Sie hat hier vier Kinder gekriegt und war eigentlich schon damit überhaupt jetzt beschäftigt.*

Nina hätte auch ganz anders mit der Vorstellung der Eltern beginnen können, z.B. mit deren Herkunft, Alter, Heirat oder Religion. Vater und Mutter werden über ihre Arbeit vorgestellt, daraus spricht eine moderne Denkweise. Die Struktur der Familie enthält traditionale und moderne Elemente: Die Arbeitsaufteilung folgt der Gewohnheit in der Traditionalität, die Zahl der Kinder spricht für Familienplanung und Modernisierung. Aber eine moderne Kleinfamilie ist das noch nicht. Man könnte sagen, es ist eine Familie im Übergang. Ninas Darstellung der Arbeit der Eltern enthält keinerlei Abwertung. Im Gegenteil: Implizit schwingt Anerkennung mit sowohl für die Schwerarbeit des Vaters in der Hütte und im Bergwerk, um seine sechsköpfige Familie zu versorgen, als auch für die Arbeit der Mutter mit Haushalt und vier Kindern. Man kann annehmen, dass Nina in dieser Familie Geborgenheit, Ordnung und Sicherheit erfahren hat und Selbstvertrauen entwickeln konnte. Der Umgang in der Familie wird geprägt sein von Vertrauen und gegenseitiger Anerkennung. Auch hier ist Ninas Text wieder sachhaltig, knapp und präzise.

N *Ehm, ja also, ich bin halt in Völklingen geboren,*

So könnte auch eine Deutsche ihren Lebenslauf beginnen. *Halt* bedeutet, es bedarf keiner näheren Erklärung mehr. Aus dieser Aussage kann man schließen, dass sich Nina in ihrem Selbstverständnis der deutschen Gesellschaft zuordnet.

N *Bin dort zur Schule gegangen, Grundschule, Hauptschule, war halt auch bisschen blöd, weil ich zuerst mal ein Jahr Hauptschule gemacht hab, dann zwei Jahre Realschule und dann bin ich aufs Gymnasium.*

Nina besuchte von 1981 bis 1985 die Grundschule,
von 1985 bis 1986 die Hauptschule,
von 1986 bis 1988 die Realschule und
von 1988 bis 1995 das Gymnasium.

Sie war also 14 Jahre in der Schule und hat eine Aufsteigerkarriere durchlaufen. Das Jahr auf der Hauptschule war wohl überflüssig. Mit angemessener Beratung hätte sie wahrscheinlich auch gleich die Realschule geschafft oder gar das Gymnasium. Zu Beginn der achtziger Jahre hatten Lehrer mit Bildungskarrieren ausländischer Kinder noch relativ wenig Erfahrung. Dass ein ausländisches Bergarbeiterkind, dessen Eltern kaum Deutsch konnten, einige Jahre später neben vielen anderen Kindern von Arbeitsmigranten an deutschen Universitäten positiv auffallen würde, das konnte sich damals kaum jemand vorstellen.

N *Weil irgendwie hat man uns halt nie ermutigt.*

Es gehört eine Menge Mut dazu, in einer fremden Gesellschaft als Arbeiterfamilie ohne Kenntnis der Landessprache ein neues Leben anzufangen. Dann aber gleich nach den höchsten Sternen am Bildungshimmel zu greifen, das haben sich die wenigsten zugetraut. Und von Pädagogen wurden sie durch eine Empfehlung für die Hauptschule weiter entmutigt.

N *Ich kenn sehr viele, die erst mal Schulen ganz langsam ertastet haben, sag ich mal.*

Die Formulierung zeigt, dass Nina das Verhalten der Ausländer sehr sensibel wahrgenommen hat und zum Ausdruck bringen kann. Sie sind behutsam vorgegangen, um ihren Kindern Enttäuschung zu ersparen.

I Türken oder Deutsche?
N *Türken, weil die sich am Anfang nicht getraut haben, haben dann gedacht, ja, Gymnasium zu schwer oder so ...*

Inzwischen trauen sich viele. Sie haben wie wir die Erfahrung gemacht, dass die Kinder der eingewanderten Kleinbauern, Fabrikarbeiter, Analphabeten und Putzfrauen genau so viel leisten können wie die Kinder des Bildungsbürgertums und der Wohlstandsgesellschaft – weil der Bildungshunger und die Not ein starker Antrieb sind.

N *Und na jedenfalls hab ich dann halt ... hm mein Abi in Völklingen gemacht. ... Ja, und dann hab ich halt angefangen, Pharmazie zu studieren. Jetzt bin ich im vierten Semester, weiß noch nicht, wie lange es dauert.*

Nina machte mit 21 Jahren Abitur mit einem Notendurchschnitt von 1,8 und erhielt einen Studienplatz für Pharmazie in Frankfurt, wo sie in einer Vierer-Wohngemeinschaft wohnt. Für ein ausländisches Arbeiterkind ist die Universität Neuland. Außerdem ist Nina die erste in der Familie, die studiert. Sie hat Mut zu Neuem. Das Unbekannte, die Dauer des Studiums, macht ihr keine Angst. Souverän und gelassen steuert sie ihr Ziel an. Dazu gehört Selbstvertrauen. Es wird aus der Erfahrung des Kindes in der Familie erwachsen sein: aus der Befriedigung seiner

Bedürfnisse nach Geborgenheit, Sicherheit, Schutz, Ordnung und Stabilität. Aus der festen Verankerung dieser Erfahrungen erwachsen Offenheit für Neues und Mut zur Veränderung. Hier zeigt sich die Dialektik von Stabilität und Transformation: Stabilität ermöglicht Transformation.

I *Wo hast du so gut Deutsch gelernt?*
N *Ja* (lachend), *in der Türkei nicht, hier in Deutschland* (lachend). *Ja also, ich bin hier geboren.*
I *In der Familie habt ihr aber doch türkisch gesprochen?*
N *In der Familie haben wir türkisch geredet, aber du musst mal hören, wenn ich jetzt mit meinen Geschwistern rede, mich unterhalte, dann ehm paar Brocken türkisch, paar Brocken deutsch. Also der Satz besteht dann halt aus türkischen und deutschen Wörtern. So halt deswegen, weil ich jetzt in Deutschland lebe ehm und nur Deutsch reden muss.*

Ninas Fall macht anschaulich, wie der Wechsel von der mitgebrachten Sprache zur Sprache der neuen Heimat vollzogen wird. Zunächst wird Deutsch nur außerhalb der Familie gesprochen. Allmählich wird dann die fremde Sprache immer vertrauter und entwickelt sich zur Familiensprache. Im Gespräch mit den Eltern bleibt die Muttersprache noch lange die bevorzugte. Miteinander aber sprechen die Kinder schnell kein reines Türkisch mehr, sondern ein deutsch-türkisches Gemisch. Die Muttersprache verliert an Bedeutung und geht allmählich verloren. Sehr wahrscheinlich wird Ninas Zweitsprache einmal zur Muttersprache ihrer Kinder.

N *Ja also, ich glaub immer noch nicht, dass ich so gut Deutsch kann, weil ich ehm stottere schon, wenn ich so rede. Weil das ist bei Leuten, die zweisprachig aufwachsen, ist das eigentlich in der Regel so, dass sie nicht fließend reden können.*

Auf diesen Unsinn kann Nina von selbst nicht gekommen sein. Stocken und Stottern haben mit Zweisprachigkeit überhaupt nichts zu tun.[32] Mit solchen Behauptungen können Autoritäten ein zweisprachig aufwachsendes Kind verunsichern und es womöglich sogar zum Stottern bringen, wenn sie das Kind zum Beobachter seines eigenen Sprechens machen und ihm die natürliche Spontaneität des Sprechens rauben. Das Interview selbst liefert den besten Beweis für die Falschheit der Behauptung. Nina ist zweisprachig und hat ihre Fähigkeit zum fließenden Sprechen beibehalten und entwickelt.

I *Wie hat euch euer Vater erzogen?*

N *Er wollte uns nicht so unter diesen strengen Regeln erdrücken. Der hat halt auch gesehen, dass wir im Haus türkisch leben, aber draußen halt auch das Unvermeidbare, wir mussten dort in die Schule gehen und daher die deutsche Kultur kennenlernen und damit auch aufwachsen.*

Der Vater wird als ein pragmatisch vorgehender und verständnisvoller Mensch mit autonomer Lebenspraxis dargestellt.

I *Was heißt das, türkisch leben?*

N *Ja, türkisch reden, türkische Musik, türkische Kultur, Mentalität, also den Vater auch achten. Ja gut, ist aber eigentlich hier auch so, dass du nicht immer so mit ihm Streit provozierst.*

Die Achtung des Vaters hält Nina nicht für eine besondere Eigenart türkischer Familien. Auch in deutschen Familien hat sie Formen der Achtung des Vaters beobachtet. Daran erkennt man, dass Nina Phänomene in beiden Kulturen vergleicht und nicht nur ihre Verschiedenartigkeit auf der Ebene der Erscheinung sieht, sondern auch die in ihnen enthaltenen gemeinsamen objektiv latenten Strukturen erkennt. In ihrem Denken ist die Erkenntnis der Gleichzeitigkeit von kultureller Differenz und struktureller Gemeinsamkeit vorhanden und wirksam.

I *Hast du einen Freund, durftest du einen Freund haben?*

N *Ich hatte nie. Mein Vater war für mich also wirklich ehm, das wär halt für mich hintergehen. Er hat wirklich mit vier Kindern und wenn er halt Bergmann ist und noch Schulden hat ... bin dankbar dafür.*

In der Traditionalität bestimmen Normen das Verhalten und bei Normverletzung ist man bemüht, den Schein zu wahren. Nina verhält sich anders. Ihr Verzicht auf einen Freund ist motiviert durch persönliche Rücksichtnahme und Dankbarkeit gegenüber dem Vater und durch das Bedürfnis nach Ehrlichkeit und Authentizität. Persönliche Rücksichtnahme ist ein Zeichen für individuierte Beziehungen, die ihrerseits ein Indikator für Modernität sind.

I *Kannst du dir vorstellen zu heiraten, und dürftest du heiraten, wen du möchtest, egal welcher Religion er angehört?*

N *Jaja, also wenn ich heirate, dann ist es mir überlassen, wen ich heirate und ja und wann ich heirate. Auch wenn mein Vater noch gelebt hätte, ehm, also das würde wie gesagt. Meine Mutter würde das nicht so gerne sehen, wenn er kein Moslem wäre, aber wenn 's mich glücklich machen würde, wär sie einverstanden.*

Der Umgang mit den Heiratsgrenzen ist ein Indikator für den Stand des Transformationsprozesses. Eigenverantwortung bei der Wahl des Ehepartners ist ein Zeichen für Modernität. Die Einstellung Ninas und ihrer Mutter verweist auf Distanz zum Islam, der den Frauen die Heirat mit einem Nicht-Moslem verbietet.

I *Lebt ihr hier in Deutschland in der Tradition und feiert eure Feste?*
N *Das ehm, also die Juden, das gibt's, glaub ich, bei vielen, beispielsweise die Juden, die halten ja noch ihre Traditionen ja auch ein, ihre Feiertage und überhaupt.*

Der Vergleich mit den Juden wird in religionspolitischen Debatten von Muslimen häufig angebracht, um der Forderung nach Gleichberechtigung Nachdruck zu verleihen, wenn es etwa um die Anerkennung als Religionsgemeinschaft und die Einführung von islamischem Religionsunterricht in den Schulen geht. In Hessen argumentiert so zum Beispiel die *Islamische Religionsgemeinschaft Hessen* (IRH). Nina muss diese Debatten, die auch in der Universität in Frankfurt geführt werden, kennen.

N *Also bei uns ist das jetzt auch so, bei den Moslems. Dadurch dass wir hier sehr viele sind, können wir das halt auch gemeinsam praktizieren. So Freitagsgebet eben in den Moscheen oder halt diese zwei großen Feste im Jahr, Ramadan und Opferfeste. Das wird auf jeden Fall bei uns eingehalten, also dieses ehm Fasten ein Monat und danach drei Tage feiern und so. Das wird noch gemacht.*

Das *Praktizieren* ist auf ein Bruchteil der Pflichten und Rituale – Fasten und Feiern – zusammengeschrumpft. Das Adverb *noch* im letzten Satz gibt Auskunft über Ninas Einschätzung der Entwicklung des Islam bei uns: Auch diese Praktiken werden an Bedeutung verlieren und verschwinden. Wahrscheinlich ist der Säkularisierungsprozess bei ihr schon weit fortgeschritten.

I *Wie bist du Moslem?*
N *Ja, also ich bin Moslem auf meine Art.*

Ein unkritischer Gehorsam würde auch gar nicht zu dieser autonomen und authentischen Person passen. Nina hat für ihre Religiosität eigene Ausdrucksformen entwickelt. Eine selbst bestimmte Glaubenspraxis ist der Vorläufer einer säkularisierten Lebensgestaltung.

N *Ich trinke auch Alkohol zum Beispiel, was ja eigentlich strengstens verboten ist. Ja Schweinefleisch esse ich halt von mir aus nicht. Ich hab's probiert, schmeckt mir halt auch nicht. Aber ich bin schon Moslem, aber ich glaube halt auf meine Art an Gott. Ich mag es auch nicht in die Moschees zu gehen.*

Das bestätigt die Hypothese von der autonomen Glaubenspraxis und Lebensgestaltung. Im entstellten Plural von Moschee – *Moschees* statt *Moscheen* – schwingt Abwertung mit.

N *Ehm, für mich ist das schon, was die Prediger dort sagen, jetzt immer noch sagen, das Predigen ist für mich also so hm Gehirnwäsche will ich jetzt nicht sagen, aber ist halt alles dann vorgedacht.*

Sie will selbst denken und entscheiden und sich nicht gehorsam den Autoritäten unterwerfen, die immer wieder dasselbe sagen und indoktrinieren wollen. Sie nimmt Abstand von dem erstarrten Denken in klerikal konservativen Kreisen, zieht flexibles, innovatives Denken vor. Aus demselben Grund sind auch junge Christen nicht mehr in ihre Kirchen gegangen.

N *Hm, also ich bin schon Moslem. Oder ich weiß net. Ich bin eigentlich, ich glaub halt an Gott wie vielleicht meine christlichen Kommilitonen auch glauben.*

Der Säkularisierungsprozess mit der Distanzierung von Religionen führt, wie man hier sieht, nicht in den Atheismus, sondern zum persönlichen und gemeinsamen Glauben an einen Gott. In Ninas Denken ist Religiosität ein die Menschen verbindendes Gemeinsames. Sie führt zur Einheit der Menschen vor Gott und damit zur Überwindung der durch Religionen konstruierten Gruppenidentitäten, an denen sich bekanntlich nur allzu oft Konflikte und Religionskriege entzünden.[33]

(...)

I *Deine Geschwister haben ja auch alle eine Ausbildung gemacht oder studieren. Finden das deine Eltern gut?*

N *Ne also, auf jeden Fall! Die sagen auch meistens, also mein Vater vor allem hat gesagt, wir haben es halt nicht so weit bringen können, wenn ihr die Chance habt, auf jeden Fall ergreifen. Ist aber auch so im Koran, da also, ich will jetzt den Koran nicht so einbeziehen, weil ich, ich rede auch ungern darüber, weil ich ihn halt nicht kenne, ich hab halt die Übersetzung nie gelesen. Aber ich weiß auf jeden Fall, dass die Bildung beiden Geschlechtern erlaubt ist. Al-*

so es ist auf jeden Fall, dass sowohl Frau als auch der Mann studieren darf.

Die Aussage bestätigt die hohe Bildungsmotivation der Eltern und die geringe Bedeutung des Korans und damit des Islam in Ninas Leben.

I *Hat deine Familie in irgendeiner Form Diskriminierung erfahren?*
N *Nein, also eigentlich nicht, also meine Eltern haben nie was erzählt. So Anfang der Neunziger, da war es ja modern, so Neo-Nazi zu sein, also ehm, da gab 's in meiner Klasse, also ich glaub so in der Neunten, ehm, da waren zwei oder drei Jungs, die haben dann so dumme Sprüche gemacht und mit Papierkugeln geworfen auf mich und noch so ein anderes türkisches Mädchen. Ja aber dann bin ich sofort zum Direktor gegangen und habe mich beschwert. Dann haben die aufgehört. Aber sonst so war nix.*
I *Hat euch in Deutschland auch mal jemand geholfen?*
N *Ja also, da war so ein altes Ehepaar, die waren immer sehr nett, ja.*
I *Inwiefern haben sie euch geholfen?*
N *Hm, also die waren halt immer da und so. Ich weiß nicht mehr so genau, aber die waren halt sehr nett.*

Die Antwort ist typisch für alle in elf Jahren interviewten Frauen. Kontrastierende Aussagen mit Erfahrung von Diskriminierung und Hilfe kommen in unseren Interviews nicht vor.

Hypothese zur Struktur des Transformationsprozesses

Ninas Familie vollzieht in zwei Generationen einen Veränderungsprozess mit steiler Bildungskarriere. Er beginnt bei den Kindern verarmter Kleinbauern in der Ost-Türkei, die auswandern und Arbeiter in Fabrik, Hütte und Bergwerk und Hausfrau und Mutter werden und führt zu ihren an deutschen Universitäten studierenden Kindern. Die hohe Bildungsmotivation der Eltern, entstanden aus der Not und dem Hunger nach Bildung, treibt den Prozess voran. Die Eltern mit traditionaler Arbeitsteilung, hohem Verantwortungsbewusstsein und großer Arbeitsleistung schaffen die Basis für den erfolgreichen Bildungsprozess der Kinder, der ein Rationalisierungs- und Individuierungsprozess ist. An die Stelle des Gehorsams treten geistige Offenheit und Flexibilität und pragmatisches Denken. Deutlich erkennbar ist eine doppelte Dialektik, die bei erfolgreicher Migration mit Kulturwechsel immer wirksam ist:
- die Dialektik von Stabilität und Transformation und
- die Dialektik von Gemeinsamkeit und Differenz.

Der Fall Nina zeigt, wie sich im Zuge dieses Prozesses auch die Religiosität verändert vom ritualisierten religiösen Leben zur selbst bestimmten Glaubenspraxis.

Rosi

Datenbasis sind ein Interview mit Rosi vom 13.5.1998 und objektive Daten zur Familie über drei Generationen.

Ausgewählt wurde der Fall, weil er einen Einblick in die türkische Bildungselite und ihre Nachkommen in Deutschland gibt. Außerdem zeigt er, wie wesentlich Frauen am Transformationsprozess von der Traditionalität in die Moderne beteiligt sind – wenn ihnen der Zugang zu entsprechenden Bildungsinstitutionen gewährt wird.

Vorgestellt wird hier das Ergebnis der Rekonstruktion des Bildungs- und Transformationsprozesses der Familie über drei Generationen in der mütterlichen Linie.

Rosi stammt aus einer Familie der türkischen Bildungselite. Das Geburtsjahr der Großeltern, Mohammed und Aischa, ist ungefähr das Jahr 1920. Sie wachsen hinein in die von Kemal Atatürk durchgesetzte radikale Umwandlung der Türkei: Vom Sultanat zum Parlament, vom islamischen zum westlichen Recht, von Koranschulen und anderen muslimischen Bildungseinrichtungen zu staatlichen säkularisierten Schulen und Universitäten, von der arabischen Schrift zur lateinischen, von der Geschlechterhierarchie zum Wahlrecht für Frauen und zu gleichen Bildungschancen für Frauen und Männer. Aischa und Mohammed nutzen die Chancen und werden Rechtsanwältin und Richter. Das bedeutet: Sie haben Schweizer, italienisches und französisches Recht studiert und sich mit türkischem Gewohnheitsrecht auseinandergesetzt. Da sie überwiegend in Istanbul leben, aber auch im asiatischen Teil der Türkei arbeiten – ihre Tochter Inci wird 1945 in Trabzon am Schwarzen Meer geboren – ist ihnen nicht nur das Neue aus dem Westen bekannt, sondern auch die türkische vom Islam mit geprägte Tradition.

Die Wahl der Schule ist in jeder Familie eine wichtige Entscheidung. In Istanbul haben Mohammed und Aischa in den fünfziger Jahren die Wahl zwischen dem türkischen und dem deutschen Bildungsangebot, da es in Istanbul eine *Deutsche Schule* gibt, die in der türkischen Bildungselite einen guten Ruf hat und für deren Kinder bevorzugt gewählt wird. Incis Eltern mit hoher Bildungsmotivation nutzen die Chance der *Deut-*

schen Schule und öffnen der Tochter damit den Zugang zu allen Universitäten. Nach dem Abitur macht die 17-jährige Inci in Istanbul eine einjährige Lehrerausbildung. Aber sie bewirbt sich nicht um einen Arbeitsplatz, denn der hätte sie an die Türkei gebunden. Mit 18 Jahren bricht sie auf, zunächst in der traditionellen Rolle als Ehefrau: Sie heiratet den in der Schweiz arbeitenden Türken Ali und lebt dort von 1963–1965. Ihr erstes Kind, der Sohn Ögün, wird in der Schweiz geboren. Als Ali auf Arbeitssuche nach Deutschland geht, kehrt Inci mit dem Sohn in die Türkei zurück. 1967 zieht sie mit dem Kind im Rahmen des Familiennachzugs nach Deutschland. 1970 wird die Ehe geschieden. Inci hat nun zwei Möglichkeiten: zurück zur Familie in der Türkei, in eine vertraute Umgebung, oder weiter ins Unbekannte. Sie entscheidet sich für den schweren Weg einer allein erziehenden Mutter in Deutschland und damit für die Eigenständigkeit. Sie erwirbt ein eigenes Aufenthaltsrecht mit Arbeitserlaubnis und arbeitet als Sekretärin. 1973 heiratet sie einen deutschen Schlossermeister, nimmt dessen Familiennamen an und gibt der gemeinsamen Tochter den deutschen Vornamen Rosi. Das Kind erhält die Staatsangehörigkeit des Vaters. Die Zweitsprache der Mutter – Deutsch – wird zur Muttersprache der Tochter, die nie Türkisch lernt. Ihrer Bildungsmotivation folgend studiert die Mutter an einer Universität Erziehungswissenschaften und schließt den Studiengang mit Diplom ab. Seit 1982 unterrichtet sie an Schulen im Rahmen des *Muttersprachlichen Unterrichts* Türkisch. Der Kauf eines Hauses in Deutschland trägt zur Verfestigung in der neuen Lebenswelt bei. 1995 nimmt Inci die deutsche Staatsangehörigkeit an und läßt sich von ihrem zweiten Mann scheiden.

Die Mutter Inci wird wie die Großmutter ihre hohe Bildungsmotivation, ihren Anspruch auf Selbstbestimmung, ihre Bejahung der Entscheidungsfreiheit und die Bereitschaft zur Übernahme der damit verbundenen belastenden Konsequenzen an die Tochter weitergegeben haben. Zur Zeit des Interviews studiert Rosi an einer deutschen Universität und will Lehrerin werden. Was ihr die Heimat ihrer Großeltern Mohammed und Aischa und das Herkunftsland ihrer Mutter bedeutet, zeigt der folgende Sequenzabschnitt:

I *Warst du schon in der Türkei?*

R *Im Geburtsort meiner Mutter war ich noch nicht. Also, wir sind früher, als ich noch klein war, alle zwei Jahre mal in die Türkei gefahren. Also ich identifiziere mich auch in keinster Weise damit, und ich fühle mich halt deutsch, jo. ... Und Türkisch verstehe ich kein Wort.*

I *Wurdest du da nie rangeführt an die Sprache, an deine Muttersprache? Mit Unterricht oder so?*

R *Ne, ne, hab ich ja nicht gehabt, weil ich ja Deutsche bin. Und, ehm, das einzigste, das ich halt kann: Zählen bis 29 und zwei, drei Wörter auf Türkisch. Aber die vergess ich dann auch wieder, weil ich schon lange nicht mehr in der Türkei war. Und meine Mutter, ja, ich mein, sie hat halt damals selbst Deutsch gelernt und deswegen hat sie, hätte sie es nicht so einfach gepackt, wenn sie mir dann noch, ja, Türkisch beigebracht hätte. Ich denk, das wär wieder ein Schritt zurück gewesen. Deswegen hat sie es ganz sein gelassen. Und als sie es dann eigentlich mal wollte, irgendwann mal, da war ich schon zu alt und hatte natürlich auch keine Lust mehr. Also da kam das von mir aus.*

Wieder einmal wird hier das Märchen von der fundamentalen Bedeutung der mitgebrachten Muttersprache für den Spracherwerb des Kindes und für das Erlernen weiterer Sprachen widerlegt. Der Wechsel von der Muttersprache Türkisch zur Muttersprache Deutsch ist kein Problem für Mutter und Kind und wird rückblickend von Rosi positiv bewertet: Andernfalls *wäre das wieder ein Schritt zurück gewesen.* Das Verhalten der Mutter ist scheinbar widersprüchlich und daher erklärungsbedürftig. Sie bringt ihrer eigenen Tochter kein Türkisch bei, unterrichtet es aber im Rahmen des *Muttersprachlichen Unterrichts.* Verständlich wird das, wenn man bedenkt, dass Inci Diplompädagogin ist. Für Diplompädagogen gibt es kaum Arbeitsplätze. Inci hat durch den *Muttersprachlichen Unterricht* einen Arbeitsplatz bekommen und ist daher bereit, bei anderen diesen *Schritt zurück* zu unterstützen.

Man stößt hier wie bei der Tunesierin *Sahbia*[34] wieder auf das Problem des *Muttersprachlichen Unterrichts*, der m.E. nur solange einen Sinn hatte, wie Migranten gewillt waren zurückzukehren. Sobald aber die Kinder hier aufwachsen, wird diese Planung zur Illusion, an der festzuhalten für die Kinder nur negative Folgen hat. Exemplarisch werde ich das am Fall *Nilgün* aufzeigen.[35]

Die Orientierung an der modernen Zivilisation mit ihren Bildungsangeboten erfolgt im Fall der Rosi-Familie bei Großmutter, Mutter und Tochter konsequent, der Transformationsprozess ist nicht umkehrbar, der Bildungsprozess verläuft erfolgreich. Anders verhält es sich bei Rosis Bruder Ögün. Er scheitert im Studium an einer Fachhochschule und arbeitet im Kurierdienst.

Zur Frage nach den ethisch-moralischen Implikationen des Transformationsprozesses ist ein Sequenzabschnitt aufschlussreich, bei dem es um

Diskriminierung geht. Zum Thema Hilfe und Diskriminierung erzählt Rosi spontan im Interview nichts. Auf Nachfrage berichtet sie Folgendes:

Hilfe habe die Mutter von ihrer Lehrerin in einem Deutschkurs erhalten. Daraus habe sich eine Freundschaft entwickelt. Die ehemalige Lehrerin sei zur besten Freundin der Mutter geworden und es bis heute geblieben.

Diskriminierung habe sie, Rosi, selbst nicht erfahren, ausgenommen eine Situation in der Kindheit: »*Da war mal was, so 'ne komische Sache.*« Rosi beschreibt den Fall. Es ging um Anmache deutscher Mädchen durch eine türkische Kinderclique mit Prügelei. Danach habe es eine Auseinandersetzung zwischen den Müttern gegeben. Als sich ihre Mutter in türkischer Sprache daran beteiligte, habe die Aggression gegen sie, die Tochter, aufgehört. Sie sei danach von den türkischen Kindern geachtet worden, auch explizit in dem Telefonanruf eines türkischen Mädchens. Rosi sagt dazu:

R *Ich verstehe nicht, dass ich, nur weil meine Mutter Türkin ist, besser bin für die, oder dass es nicht gut für die ist, wenn ich mich als Deutsche gebe.*

Dies kann nur sagen, wer bewusst oder unbewusst in einer universalistischen Ethik denkt. An die Stelle einer partikularistischen Ethik, in der Gruppeninteressen vertreten werden, ist die am einzelnen Menschen orientierte universalistische Ethik getreten.

Das Interview mit Rosi zeigt, dass sich wie bei allen Migrationen so auch in ihrer Familie durch die veränderte Lebensweise und die Bildungsmöglichkeiten das Handeln zwangsläufig verändert hat und dass damit auch eine Veränderung des Denkens einhergeht. Viel langsamer verläuft i.d.R. die Veränderung auf der Ebene der Moral. In Rosis Familie ist der Übergang von einer partikularistischen zu einer universalistischen Ethik vollzogen worden. Bei der Bewertung des Handelns zählen nicht tradierte Bindungen, Gruppennormen und Geschlecht, sondern es zählt der Mensch als Individuum, unabhängig von seiner Herkunft und nationalen, kulturellen, religiösen und geschlechtlichen Zugehörigkeit. Besonders deutlich zeigt sich die Veränderung im Durchbrechen der Heiratsschranken: Rosis Mutter heiratet in zweiter Ehe keinen Türken, sondern einen Deutschen. Bedeutsamer ist jedoch, dass sie als erste in der Familie einen Nicht-Muslim heiratet. Damit verstößt Mohammeds Tochter Inci gegen die Koranvorschriften in Sure 60, Vers 10, nach denen eine Muslima nur einen moslemischen Mann heiraten darf.

Im Grunde geht es bei dieser Einschränkung der Frauen bei der Wahl des Ehepartners um den Erhalt der Macht der Männer über ihre Frauen und darum, etwaige Rivalen auch mit Hilfe der Religion auszuschalten. Wer nicht zum Islam gehört, der ist vom Besitz der Töchter der Muslime ausgeschlossen. Die Religion ist im Männermachtkampf um Frauen ein wirksames Instrument, das aber nur so lange greift, wie Frauen sich ihm unterwerfen bzw. ihm unterworfen werden mit Gewaltandrohung bei Verstoß gegen die Besitzansprüche der Männer.

In dieser Familie hat bei Großmutter, Mutter und Tochter die Freiheit des Individuums und die Gleichberechtigung der Frau obsiegt. Der Transformationsprozess von der Traditionalität in die Moderne und vom Islam zur Säkularität hat nicht erst mit der Migration nach Deutschland begonnen, sondern bereits bei der türkischen Großmutter Aischa, die Rechtsanwältin wurde, und bei ihrem Ehemann Mohammed, der nicht islamischer Rechtsgelehrter (*faqih, 'alim; beamteter Rechtsgelehrter: mufti*) und nicht islamischer Richter (*qadi*) wurde, sondern Richter auf der Grundlage säkularen Rechts.[36] Der Prozess wird von Mohammeds Tochter Inci besonders durch den Einfluss der *Deutschen Schule* in Istanbul fortgesetzt. Für Mohammeds Enkeltochter Rosi sind die Grundrechte des Individuums Selbstverständlichkeit geworden. Sie gehört zur ersten Generation in Deutschland, die nicht mehr für deren Anerkennung und Kodifizierung kämpfen muss, sondern »nur« noch für deren Erhalt und Durchsetzung.

Maria

Datenbasis ist ein Interview mit Maria, das im Sommersemester 1997 im Rahmen meines Seminars *Frauen im Islam* von einer Studentin geführt wurde. Es wurde für diese Studie ausgewählt, weil es exemplarisch aufzeigt, wie eine Frau, die mit mehreren Kulturen und Religionen und in zwei Nationen aufwächst, sich entwickeln kann und als Erwachsene denkt und handelt.

- Marias Mutter Anna ist Kroatin und katholisch.
- Marias Vater Mohammed ist Tunesier, Moslem und hat in Frankreich studiert.
- Marias zwei Brüder sind Deutsche, getaufte Christen und beschnittene Moslems.
- Maria ist Deutsche, 25 Jahre alt, als Tochter eines moslemischen Vaters Moslima und getaufte Christin.

Ich lasse Maria selbst zu Wort kommen und unterbreche sie nur an wenigen Stellen mit meiner Interpretation. Marias Text habe ich aus Platzgründen leider kürzen müssen:

M *Also mein Vater ist Tunesier, ist in Sousse geboren, kommt aus Tunis direkt, ist 1956 nach Paris gegangen, um dort zu studieren, hat ein deutsches Au-pair-Mädchen kennen gelernt und ist mit ihr nach Deutschland gegangen. Sie war seine Freundin. Er hat hier die Sprache gelernt, hat später Arbeit gefunden und ist somit auch in Deutschland geblieben. Irgendwann hat er sich dann von der Freundin getrennt, hat meine Mutter kennengelernt, meine Mutter ist Kroatin, und sie haben ein oder zwei Jahre später geheiratet. Meine Mutter kam 66 oder 67 nach Deutschland, wollte hier arbeiten, etwas Geld verdienen und vielleicht eine Schule besuchen etc. und hat dann meinen Vater kennengelernt. Ich bin geboren in Kroatien, weil meine Mutter bei jeder Schwangerschaft zu ihrer Mutter runterging, um die Kinder bei ihrer Mutter zu kriegen. So hat sie mich bekommen und dann sind wir nach Deutschland. Also und dann hat sie mich und meinen Bruder, ehm, nach Tunesien, weil sie noch arbeiten wollte etc., hat sie uns zu unserer Oma gebracht – nach Tunesien zu unserer Familie, und dort sind wir als Kinder etwa vier Jahre geblieben, bis wir zur Schule mussten. (...) Also meine Oma hat in Tunis ein Haus mit meinem Opa, dort war auch meine jüngere Tante, die studiert hat und später geheiratet hat, und die hat mit ihrem Mann auch dort gelebt. ... Und drum herum waren nur die Häuser von den Tanten. Also es war alles sehr familiär und praktisch. Ich habe bei meiner Oma geschlafen, aber ich bin so mit meinen Cousinen und Cousins und allen groß geworden. ...... Und, äh, es war eine schöne Kindheit. Es gab keine Straßen, du hast halt den ganzen Tag gespielt, du warst den ganzen Tag unterwegs, praktisch kamst du nur nach Hause, um zu essen. Den ganzen Tag warst du entweder am Meer, du warst fischen, du, du warst in den Bergen unterwegs, ... man hat da wirklich nur ... sozusagen richtig gespielt, also was man hier im Kindergarten nicht tut und so. Also ... man ist mit der Natur groß geworden und mit der Familie auch, ... also was ganz anderes als hier. (...)*

In welcher Sprache verständigen sich die Menschen in Marias Familie und welche Sprachen sprechen die Kinder? Die Mutter spricht Kroatisch und Deutsch, der Vater Arabisch, Französisch und Deutsch, die Familie in Tunesien Arabisch. Marias Eltern konnten sich nur in ihrer Zweit- bzw. Drittsprache Deutsch verständigen. Diese Sprache wurde zur Erstsprache der Kinder. Mit ihr entwickelten sie ihre sprachliche Regelkompetenz, die für das Erlernen jeder weiteren Sprache Voraussetzung ist. Durch den Wechsel nach Tunesien im Alter von etwa zwei Jahren verlernten die Kinder ihre Erstsprache völlig und Arabisch wurde zur Sprache ihrer Kindheit – für ungefähr vier Jahre. Marias Sprache im Interview zeigt, dass ihr Sprechvermögen dadurch nicht geschädigt worden ist. Sie ist zweisprachig arabisch/deutsch und spricht die deutsche Sprache einwandfrei.

Wie beschreibt Maria ihre Kindheit? Sie idealisiert sie. Die Kindheit hat in unserem Leben herausragende Bedeutung, und insofern hat es seine Berechtigung, wenn wir sagen, sie ist das halbe Leben. Deshalb neigen wir wohl auch dazu, sie zu idealisieren. Dieses Phänomen haben wir in den meisten Interviews vorgefunden, ausgenommen die Interviews mit Frauen, deren Kindheit durch Gewalt zerstört worden ist, wie z.B. bei der alevitischen Kurdin Şengül aus der Türkei. Bei Maria ließ sich die Idealisierung eindeutig nachweisen. Ein Jahr nach dem Interview fuhr die Interviewerin zusammen mit Maria nach Tunesien, in das Haus ihrer Kindheit. Die Familie lebt immer noch im selben Gebäudekomplex. Er liegt im Westen von Tunis. Um ans Meer zu kommen, benötigt man je nach Verkehrslage ein bis zwei Stunden mit dem Bus oder Auto. Dann ist man aber nicht am Strand, sondern am Hafen – ein zum Spielen für Kinder völlig ungeeigneter Ort. Maria wird am Meer gewesen sein und das wird ihr so gut gefallen haben, dass sie dieses Erlebnis in der Erinnerung gleichsam in einen Dauerzustand verwandelt hat, so als habe es ihre Kindheit ausgefüllt. Kinder haben ihr eigenes Zeitempfinden, und das mag zur Idealisierung beitragen.

M *Meine Oma war die Hauptverantwortliche, weil meine Oma war die zweite Frau von meinem Opa, also ich hab praktisch zwei Omas gehabt. Die zweite Frau war sehr jung, so Ende Vierzig, sie könnte ja glatt noch meine Mutter gewesen sein. Ich habe bei ihr geschlafen, ich war bei ihr am Abend immer, sie hatte dann auch die Hauptpflicht wie eine Mutter, und ich habe sie als meine Mutter angenommen und habe zu ihr Mutter gesagt. ... Ich hatte noch drei Tanten, das heißt mein Vater ist der einzige Sohn, meine Tanten Fatima, Jamina und Zohra haben in der Nähe gewohnt, und da hatten wir sehr viele Cousinen und ... ja wir haben alle zusammen gespielt, ich habe sie abgeholt und sie holten mich ab, und wir sind dann zusammen losgezogen. Und wenn meine Oma mal weg musste, dann war ich bei meiner Tante, ich war also nie allein, oder ich war bei der anderen Tante. ...... Also ... ich war sehr ausgefüllt mit der Zeit. ......*

Maria wächst im Alter von zwei bis fünf Jahren ohne ihre Eltern in der polygamen Großfamilie ihres Vaters in Tunesien auf. In Marias Darstellung im Interview, also etwa 20 Jahre später, ist diese für das ganze Leben grundlegende Phase ihrer Kindheit eine Zeit der Fülle. Sie beschreibt eine Frauengemeinschaft, bestehend aus zwei Omas, drei Tanten und vielen Cousinen, in die sie so völlig als Teil integriert war, dass sie die fehlenden Eltern nicht vermisst hat. Sie hat in dieser Gemeinschaft ihre Emotionalität entwickeln können: Gefühle der Zugehörigkeit, Geborgenheit, Sicherheit und Liebe, des Vertrauens in andere und des Selbstvertrauens. Es war eine Zeit ohne Gewalterfahrung. Außer den Menschen, zu denen sie feste Bindungen entwickelte, wurde ihr der Lebensraum der Gemeinschaft zur Heimat. Aus der Art der Beschreibung kann man schließen, dass diese Erfahrung für Maria auch im Erwachsenenleben eine Quelle der Lebensbejahung und Kraft ist. Diese Kindheit hat für ihr ganzes Leben Bedeutung.

M *Die Kindheit habe ich von einem Tag auf den anderen verloren. ...*

Die Aussage ist Ausdruck eines schweren Verlustes, vielleicht sogar einer traumatischen Trennungserfahrung. Je mehr wir Verlorenes geliebt haben, um so tiefer sind die Erinnerungsspuren, die es unauslöschlich in uns hinterlässt. In Maria wird der Schmerz anhaltend gewesen sein und das Verlorene in der Erinnerung lebendig und wie ein kostbares Gut bewahrt haben. Die *verlorene Kindheit* wird immer in ihr wirksam sein.

M *Mit fünf Jahren hat mich dann meine Mutter geholt. Also ich war paar Monate erst mal zu Hause, um mich dran zu gewöhnen mit meiner Mutter. Dann hat sie mich in den Kindergarten gebracht und ...... ja, ... und auf einmal musste ich dann auch noch ohne meine Mutter auskommen im Kindergarten, was ich natürlich auch nicht abhaben konnte, ... als Kind mit fremden Menschen, fremden Kindern von einem Tag auf den anderen im Kindergarten zu sein. Alles war mir so fremd. Es war mir ganz seltsam, dass man Butterbrote aß, mittags, ja, das hatte ich noch nie zuvor gesehen, und Schwarzbrot habe ich auch nie zuvor gesehen. Es gab nur Weißbrot und das waren alles Sachen. ... Oder Butterbrotbretter oder so, worauf man die Butterbrote gekriegt hat, das war alles so neu. Und dann mussten wir, es war zwangsläufig, dass wir im Kindergarten Mittagsschlaf nach dem Mittagessen gemacht haben, und ich kann doch keinen Mittagsschlaf machen, weil ich habe nie einen Mittagsschlaf gemacht, und wieso soll ich jetzt auf einmal einen Mittags-*

schlaf nach dem Essen machen? Vor allen Dingen, wenn ich jetzt als Kind so an die Gefühle dran denke, wenn ich jetzt, ich konnte nur schlafen, wo ich zu Hause war, und so war ich halt dran gewöhnt. Und wieso sollte ich jetzt in einem fremden Haus auf einmal schlafen, zwei, drei Stunden, das habe ich nie verstanden. Und da habe ich auch immer mir ......, also ich habe immer in die Hosen gemacht und ich habe immer Angst gehabt, und während der ganzen Kindergartenzeit, das war ein Horror für mich, habe ich nur geweint, auch wenn ich mich heute noch daran erinnere ... also ...

Maria kommt in eine fremde Umwelt mit einer ihr unverständlichen Sprache. Sie verliert ihre zweite Mutter, die geliebten Menschen, die geliebte Umgebung. Den Kindergarten empfindet sie als *Horror*, sie weint heute noch, wenn sie daran denkt. Die Beschreibung der *Butterbrote* und *Butterbrotbretter*, des *Schwarzbrotes* und des *Mittagsschlafs* zeigt die große Bedeutung der Umwelt für ein Kind. Mit den kleinen vertrauen Umwelten aus Menschen, Dingen und Gewohnheiten bildet es fast eine Einheit. Aus seiner Umwelt herausgerissen zu werden verursacht große Trauer und stellt das Kind vor die schwere Aufgabe der Bewältigung des Verlustes, der Neuorientierung und des Neuanfangs in einer fremden Umwelt.

M *Später wollten meine Eltern mich dann, da sie gesehen haben, dass es zwecklos ist, wollten sie mich erst mal nach Tunesien in die Schule schicken. Ja, meine Eltern haben halt den richtigen Augenblick abgewartet, und jedes Mal wenn ich eingeschult werden sollte, sagte meine Mutter: Okay, lass ihr noch ein Jahr Zeit, sie wird nie mehr ohne Sorgen sein ab dem Tag. Wenn sie in die Schule geht, wird sie immer Verantwortung tragen und so weiter, lassen wir sie noch ein bißchen zu Hause, und dann bringen wir sie nach Tunesien und so weiter, dann gehen wir alle, und dort soll sie zur Schule gehen. (...) Und ja, irgendwie kam es doch nicht dazu, aus welchen Gründen auch immer, wahrscheinlich aus wirtschaftlichen Gründen. Und ja, dann wurde ich hier eingeschult, und das war nicht so schlimm wie Kindergarten, weil ich da nur paar Stunden mich aufgehalten habe und dann nach Hause durfte, ganz klar. Meine ersten Schulmonate waren schlimm, weil ich kein Wort deutsch gesprochen habe, weil ich ja im Kindergarten auch nicht ... Aber das ging ganz schnell vorbei. Ich glaube in der zweiten Klasse konnte ich schon sehr gut deutsch sprechen.*

Maria kam in einem Alter nach Deutschland, in dem ein Kind eine neue Sprache schnell und perfekt lernen kann. Die Schule und die deutsche

Sprache sind ihr zu einer Brücke zu den Menschen geworden. Deutsch wird für Maria zunehmend an Bedeutung gewonnen haben und zu ihrer wichtigsten Sprache geworden sein. Das Interview zeigt, dass Maria diese Sprache, die weder ihre Muttersprache noch ihre Vatersprache ist, perfekt beherrscht. Deutsch wird zur Familiensprache geworden sein und zum Integrationsinstrument. Marias Sprache der Kindheit, Arabisch, wird an Bedeutung verloren haben, ebenso die kleine Gemeinschaft der Kindheit und ihre Umgebung.

I *Und später, als du zwölf, dreizehn warst, hat sich das Verhältnis zu Deutschland geändert?*

M *Ja natürlich, das ist ja dann wie in Tunesien, das ist ganz einfach, wenn man eine gewisse Zeit irgendwo in einem Land ist, dann lernt man Leute kennen, Menschen kennen, man lernt Gewohnheiten kennen, man fühlt sich dann wohl. Aber wenn man nach Deutschland von heute auf morgen kommt, da kennt man keinen und da fühlt man sich auch verloren. Aber wenn man einige Zeit natürlich ... Wurzeln geschlagen in der Zeit. Wenn ich in der Schule bin, da habe ich Leute kennengelernt, Freundinnen habe ich gehabt, mit denen ich gespielt habe, Freizeit etc. Das hat mir dann schon Spaß gemacht. Ich wollte dann nicht mehr nach Tunis zurückgehen, aber es hat schon zwei Jahre gedauert, bis ich ..., ich habe mich dann schon dagegen gesträubt.*

I *Wolltest du nicht mehr zurück gehen?*

M *Nach Tunesien? Nee, ich habe nicht mehr das Bedürfnis gehabt. Meine Mutter habe ich dann wieder als Mutter angenommen, meinen Vater als Vater, ich habe mich wohl gefühlt zu Hause und habe meine Freundinnen, meine Umwelt war bei mir, die ich hatte, meine Umwelt war nicht mehr Tunesien, ... also die war hier auf einmal. ......*

Thematisiert ist hier die Bedeutung der kleinen Umwelten und eine interessante Veränderung: Die Umwelt des Kindes Maria in Tunesien, die einmal seine eigene Umwelt war, ist *auf einmal* nicht mehr die eigene Umwelt des Schulkindes Maria. An ihre Stelle ist das zunächst Fremde und Abstoßende getreten, es ist zu Marias eigener Umwelt geworden. *Meine Umwelt war bei mir,* (...) *also die war hier auf einmal.* Das bedeutet: Marias Umwelt ist nicht mehr Tunesien, das Kind ist nun hier zu Hause, schlägt nun hier seine Wurzeln und will sich hier bewähren und hier auch glücklich sein. Das Gefühl der Zugehörigkeit hat Maria nun in ihrer neuen Umgebung und möchte in ihr auch als zugehörig anerkannt werden.

Man sieht an diesem Text, wie falsch alle Zuschreibungen und Festschreibungen von Herkunftsidentitäten sind. Sie sind eine getarnte Form der Abgrenzung und Ausgrenzung und übersehen die Veränderung. Sie übersehen die Bedeutung der kleinen Umwelten – seien es Verwandte, Freundinnen, Nachbarschaft, Schule, Arbeitskollegen oder anderes – für den Transformationsprozess.[37]

M *Aber die Zeit in Tunesien, die hat mich halt, die hat mich für immer geprägt, die Zeit ... ja ... Tunesien prägt mich heute noch, sozusagen.*

Das schätzt sie völlig richtig ein. Maria wird in Tunesien vor allem ihre Emotionalität entwickelt haben, denn sie prägt in den dortigen Frauengemeinschaften den Umgang der Menschen miteinander. Maria wird die Zuneigung und Liebe, die sie empfangen hat, weitergeben können. Die Erfahrung in der einander schützenden und umsorgenden Frauengemeinschaft wird das Vertrauen in ihre eigene Geschlechtsidentität geweckt und gestärkt, und die Stabilität der Gemeinschaft wird ihr die Kraft zur Veränderung gegeben haben.

M *Wir sind jedes Jahr runtergefahren. Es ist ein sehr, sehr schönes Land, und die Familie ist da, die ich jährlich sehen muss, einfach weil ich ohne nicht kann. Ich kann einfach nicht ohne, ... ohne meine Oma zu sehen und meine Tanten zu sehen. Ich bin mit denen groß geworden.*

Wieder sind es die Frauen, von denen sie spricht. Zu ihnen hat sie feste persönliche Bindungen entwickelt.

M *Aber es wird halt sehr, sehr schwer für mich, jetzt in Tunesien zu leben, ... vor allen Dingen, weil ich halt ... natürlich das Bild von Deutschland hat sich geändert, das Bild von Europa oder von mir selbst. Ich bin auch natürlich, ich bin auch nicht mehr ganz tunesisch. Als Kind ist man noch unbefangen und weiß nichts; man denkt jetzt ganz anders über gewisse Sachen als vorher. Und nach Tunesien zurückkehren, ganz, kann ich mir nicht mehr vorstellen. Es gibt sehr, sehr viele Probleme, mit denen ich in Tunesien nicht zurechtkommen würde.*

Es sind die Menschen, die sie liebt und zu denen sie sich hingezogen fühlt. Von den gesellschaftlichen Verhältnissen in Tunesien distanziert sie sich.

I *Was wäre dort anders, wenn du dort leben würdest?*
M *Man wird da in der Familie groß. ... Alle Probleme, die man hat, die hat man in der Familie, die diskutiert man in der Familie, also*

man ist ... man hat nie – eine Intimsphäre, man ist der Familie ergeben.

Man ist immer Teil der Gemeinschaft und nie allein. Man ist quasi ein gläserner Mensch.

I *Wie haben dich deine Eltern erzogen?*

M *(...) Also mit 14 durfte ich nicht in die Diskotheken gehen, ich hatte auch keinen Freund, aber das hat auch damit zu tun, weil meine Mutter war ja streng katholisch, muss man sagen, ... mein Vater war ja nicht irgendwie großer Moslem, er war ein großer Denker, aber ja, er war nicht ein Gläubiger. Es war für ihn die Hauptsache, dass die Kinder die Schule beenden, Abitur machen, studieren und dass ein intaktes Familienleben zu Hause war. Aber es war ihm jetzt nicht wichtig, ob ich gewisse Traditionen ...... Von Traditionen hielt er sowieso nie etwas. Also Traditionen waren tabu, sowieso, bei uns zu Hause.*

I *Was für Traditionen?*

M *Also keiner ging in die Moschee, mein Vater ging nie in die Moschee. Wenn Ramadan war, also Ramadan war was ganz Tolles. Da haben wir immer tunesisches Satellitenfernsehen angemacht und haben den ganzen Abend nur gegessen, weil wir alle gekocht haben, jeder sein Essen. Waren bei Freunden eingeladen und haben nur gegessen den ganzen Tag. Also wir haben natürlich tagsüber auch gegessen – während des Ramadan – und abends haben wir uns noch mal ... haben wir noch mal gegessen* (lachend), *... aber richtig halt, und haben dann getanzt, sind ausgegangen und haben praktisch ..., haben halt eine schöne Zeit. Das war Ramadan für uns, so wie wir es halt in der Praxis umgesetzt haben. Wozu der Ramadan da war, das hat er uns auch versucht klarzumachen, aber wir gingen nie in die Moschee. (...)*

Wir haben Weihnachten gefeiert, und mein Vater hat mitgefeiert, Ramadan hat meine Mutter auch mitgefeiert. Also alles, was schön war, haben wir beides, wir haben von beiden Kulturkreisen profitiert. Also wir haben alles Schöne mitgenommen von jeder Kultur. Und wir haben alle beide Kulturen positiv kennengelernt, nichts Negatives. Und deswegen, wenn ich vom Islam spreche, spreche ich in einer positiven Art und Weise vom Islam, weil ich nichts Negatives vom ihm kennengelernt habe. Der hat mich nicht eingeschränkt, der hat mich nicht beeinflusst, im Gegenteil, er hat mich weitergebracht. Und genauso meine Mutter, sie war etwas strenger. Also ich kann beides beurteilen, weil ich das Christentum sowie den Islam kennengelernt habe. (...)

Wir sind alle getauft, wir sind alle beschnitten, das heißt ich nicht, natürlich, meine Brüder sind beide beschnitten, sind beide getauft, ... also wir sind in beiden Kulturkreisen groß geworden.

I *Weiß die Familie in Tunesien, dass ihr getauft seid?*

M *Natürlich weiß die nicht, dass wir getauft sind, das ist selbstverständlich, das ist ja wieder diese Verlogenheit, sonst würde ja mein Vater ... kein Mann sein. Und außerdem wird in Tunesien nicht gewertet, was deine Mutter ist, sondern das Kind ist das, was der Vater ist. Wenn der Vater ein Tunesier ist, dann sind die Kinder auch Tunesier, und wenn der Vater Moslem ist, dann sind die Kinder natürlich auch Moslems, die Mutter hat da keine Chance.*

I *Wurdest du auch immer so gesehen von deiner Familie?*

M *Immer als Araberin, also ich war eine vollkommene, ich bin das, was mein Vater ist, ich bin nicht das, was meine Mutter ist. Und das ist natürlich, in Wirklichkeit ist es nicht so. Also deswegen ist mein Vater mit meiner Mutter auch teilweise in die Kirche gegangen, damit sie nicht alleine geht, er hat mit ihr Weihnachten gefeiert, er hat die Frau natürlich ganz anders gesehen. (...)*

Wichtiger als Religionen und Traditionen sind für Mohammed und Anna die Familie und die Bildung. Mit außergewöhnlicher Souveränität verstehen sie es, aus ihrer nationalen, kulturellen und religiösen Verschiedenheit das viel wichtigere und dem Verschiedenen zu Grunde liegende Gemeinsame Gute zum Wohl der Familie einzusetzen:

- Es wird gefeiert, sowohl nach christlichen und islamischen Traditionen, die souverän den eigenen Bedürfnissen angepasst werden.
- Es wird Gott verehrt – ganz gleich ob in einer Kirche oder außerhalb derartiger kultischer Räume.
- Die Kinder werden in die Gemeinschaft der Gläubigen aufgenommen – sowohl durch die Taufe als auch durch die Beschneidung.

Treibende Kraft dieser Entwicklung ist Mohammed, obwohl er aus einer islamischen Familie stammt. Er ist ein Rationalist, ein tunesischer Intellektueller und einer von denen, die, weil sie eigenständig denken wollen, die islamische Welt verlassen haben und nach Europa gegangen sind. Ihre Einstellung zur Religion verändert sich mit zunehmender Rationalisierung des Bewusstseins und der Lebenspraxis. Aus der gehorsamen Unterwerfung unter einen fremden Willen und der Befolgung vorgeschriebener religiöser Praktiken wird ein autonomer Umgang mit Religionen und Religiosität. Aufgegeben wird der Glaube an vorgegebene Glaubensinhalte als alleinige Wahrheit. Dieser Säkularisierungsprozess ist – wie der Fall zeigt – ein nicht nur bei Juden und Christen zu beobachtendes Phänomen, sondern auch bei gebildeten Muslimen. Er führt zu einer autonom gestalteten Religiosität in Verbindung mit Toleranz. Die Grenzen, die die Religionen zwischen den Menschen ziehen, werden überwunden. Auf der Basis der Säkularität können Mohammed und Anna und ihre Kinder glücklich miteinander leben. Dabei bleibt die Struktur von Religiosität erhalten und wird in eigenständiger Praxis inhaltlich gefüllt.[38]

Zum Transformationsprozess gehört auch ein verändertes Frauenbild, das sich in der tunesischen Familie Mohammeds an der *Frauentauschlogik* orientiert. Bestandteil dieser Logik ist unter anderem die Patrilinearität, nach der die Kinder immer zur Familie des Vaters gehören und nicht zur Mutter und ihrer Herkunftsfamilie. Bezüglich der Religionszugehörigkeit sind die Kinder das, was der Vater ist – so schreibt es der Koran vor.

M *Ja, wenn ich jetzt nach Tunesien runtergehe, dann führe ich natürlich ein Doppelleben. Ich bin ein ganz anderer Mensch hier in Deutschland oder in Europa als in Tunesien, das ist ganz selbstverständlich. Ich bin gerne da, aber Tunesien ist etwas, da bin ich nicht ich. Ich muss da immer aufpassen, was ich anziehe, wie ich halt sitze, was ich halt sage. ...*

Da wird sie als Teil eines Kollektivs aufgenommen, dessen Regeln unterworfen und nicht als individuiertes Subjekt wahrgenommen. Da man nicht beides gleichzeitig sein kann und sich das individuierte Subjekt auch nicht zum Teilsein zurückentwickeln kann, wird Maria in Tunesien schauspielern.

M *Ich kann ja nicht anfangen, die tunesische Tradition zu kritisieren oder den Islam oder irgendwas. Kritik ist sozusagen tabu. Und in Deutschland wächst man natürlich ganz anders auf. Mit der Kritik wächst ... das Wissen, wächst eigentlich der Wert der Sache. In der Schule lernt man schon zu kritisieren, man lernt nicht sich anzupassen, sondern man soll immer kritisch sein. Und unten ist es eben ganz anders. ...... Also es gibt tausend Sachen über die ich mich aufregen könnte unten, wo ich halt sage, okay, ich liebe sie alle, aber darüber rede ich nicht, es ist ein Thema, das ist tabu für mich. Ja? Ich würde mir nicht erträumen lassen, irgendwas Tunesischem zu widersprechen oder es anzuzweifeln, ja? Und das ist anders. Ich erzähle auch nicht von meinem Leben hier. Man würde es mir irgendwie anmakeln und sagen: »Ja, die in Deutschland aufwachsen, sind halt schlimm.« Obwohl die Jugendlichen unten vielleicht noch schlimmer sind. Zum Beispiel: Ich habe einen Freund, mit dem ich jetzt zusammenlebe. Meine Onkel und ein, zwei Tanten würden es gerade noch verstehen, aber meine Oma würde einen Herzinfarkt kriegen, wenn sie hören würde, dass ich unverheiratet mit einem Mann zusammen lebe und*

I *Du warst mit ihm unten!*

M *Ja, aber ... die wissen nicht, dass ich mit ihm unverheiratet zusammen lebe. Die wissen, er ist mein Fiancé, mein Verlobter sozusagen. Als mein Vater gestorben ist, habe ich ihn zum Verlobten gemacht, sonst hätte er überhaupt gar nicht runter können. Sonst hätte ich den Ruf meines Vaters ruiniert und meiner Familie, das heißt nicht nur meines Vaters und meiner Mutter, sondern der ganzen Familie El Barak. Ich hätte den Ruf, die Ehre unserer Familie geschädigt, und das will ich nicht, ich will niemandem seinen Ruf zerstören. Daher also sage ich mir: Tue es lieber, aber schweig und tue. Mein Vater sagte immer: Ein Gentleman – er schweigt und macht.* (Lacht) *Und das sehe ich auch so.*

I *Denkst du, andere Mädchen in deinem Alter in Tunesien machen es auch so wie du?*

M *Ach, die orientalische Gesellschaft ist sehr hypokrit – hinterhältig – würde ich sagen. Ich weiß, dass Mädchen aus streng gläubigen Familien, wenn sie mit einem Jungen weggehen, gewisse Zeit, ohne mit ihm Geschlechtsverkehr zu haben, ihn heiraten. Oder sogar, dass die Familien das vereinbaren. Ich weiß aus sicheren Quellen, weil mein Onkel Ahmed Chirurg ist und so weiter, dass achtzig Prozent der tunesischen Mädchen Geschlechtsverkehr vor der Ehe haben, und das nicht unbedingt mit dem Mann, den sie auch heiraten, sondern mit anderen, und nach außen hin machen sie die Jungfrau, leugnen es und lassen sich ein Jungfernhäutchen einnähen. Das ist eine der häufigsten Operationen in Tunesien. Sie können nicht dazu stehen, dazu sind die tunesischen Jugendlichen noch nicht so reformiert, die Gesellschaft ist nicht so reformiert, dass man mit jemand schlafen kann vor der Ehe, das kann man natürlich nur heimlich. Und man tut es, jeder weiß es, dass man es tut, genauso wie Bordells. Es gibt Bordells, jeder weiß, dass es sie gibt in gewissen Häusern, aber draußen steht nirgends ein Schild, dass es ein Bordell ist, also man würde sie nie finden als Tourist oder als irgendein Fremder. Du musst schon einen Insider kennen, der dich zu diesem Bordell bringt. Und das ist sehr verlogen eben. Und dann, wenn der Mann zehn Mädchen hat, das ist nicht schlimm, der stößt sich die Hörner aus. Und jede Frau, die mit dem Mann geht, die ist ja selbst schuld, er wird sie ja nicht heiraten, er wird ja nur eine Jungfrau heiraten oder so. Also, so ist das sehr verlogen.*

Starre traditionelle Moralvorschriften verleiten die Menschen – nicht nur in islamischen Kulturen – zu Verlogenheit und Doppelmoral. Die Erfüllung der Normen wird nach außen vorgetäuscht. Dazu trägt besonders der Hymenkult bei. Übertretungen der Normen sind selbstverständlich, erfolgen aber im Geheimen. Von einem derartigen Umgang mit Normen distanziert sich Maria. Ihre Ehrlichkeit zeugt von ihrer Sittlichkeit, die – wie man hier erkennen kann – nicht an religiöse Inhalte und kulturspezifische Mythen gebunden ist. Die Sittlichkeit liegt ihrerseits den Mythen und Religionen zu Grunde, nicht umgekehrt.

Marias Verhalten in Tunesien – ihre Anpassung an die Familie des Vaters – ist nicht dadurch motiviert, dass sie nur halb Deutsche geworden und halb Tunesierin geblieben sei, also »zerrissen« oder gar eine »multiple Persönlichkeit« wäre. Ihr Verhalten ist motiviert durch Rücksichtnahme: Sie will den Verwandten keinen Schaden, keine Kränkung zufügen. Die persönliche Rücksichtnahme ist aber gerade kein Zeichen für Traditionalität bzw. Zerrissenheit, sondern für Modernität und Individuiertheit.

M *Wenn ich mich mit meinen westlichen Vorsätzen mit denen auf Diskussionen einlassen würde, da müßte ich die ganze Gesellschaft umstrukturieren, reformieren und ..., also das kann ich gar nicht, wie soll ich das machen? Also ich könnte es schon, wenn ich unten leben würde. Es würde den Versuch Wert sein, mich für die Frauen einzusetzen, aber soweit ich nicht unten lebe, hat es keinen Sinn, ich kann nicht von hier aus.*

Frauen, die für Frauen kämpfen, und Frauenbewegungen gibt es in allen islamischen Ländern. Ihr Kampf ist viel schwerer als bei uns und immer noch weitgehend erfolglos.[39] Wie Louiza und Selima würde auch Maria gerne die dortige Gesellschaft verändern. Aber sie macht sich da keine Illusionen.

I *Du sagst, du hast westliche Vorstellungen?*
M *Nicht westlich. Ja, wie soll ich das ... ? Nicht westliche Vorstellungen. Also mein Vater, das war ein Intellektueller, das war ein denkender Mensch, und er hat uns beigebracht zu denken. (...)*

Maria distanziert sich von der Vorstellung, die Rationalität sei ein westliches oder gar eurozentristisches Phänomen. Es gibt nur eine Rationalität, und sie folgt der universalen Logik des besseren Arguments. Maria erkennt dankbar an, dass ihr Vater sie in dieser Logik denken gelehrt hat. Wir stoßen hier wieder auf das Kernproblem des Islam. Er ist eine

Herrschafts- und Gehorsamsreligion, in der die Rationalität unterdrückt wird. Das Zeitalter der Rationalität endete im Islam mit dem großen Philosophen Abu-Hamid Al-Ghazali (1050–1111).

Tunesien hat sich innerhalb der islamischen Welt immer wieder durch Offenheit für die Welt ausgezeichnet. Das rationale und säkulare Denken tunesischer Intellektueller wird sich dort aus der Zugewandtheit zur Welt und nicht aus dem Islam entwickelt haben. Allerdings gehen auch Tunesier, die frei denken wollen, in den Westen und bleiben hier, wie Marias Vater.

M *Also in Tunesien kann ein Loser, der keine Ahnung hat von Tuten und Blasen, kann hochkommen, wenn er gewisse Kontakte hat, und das hat meinen Vater so aufgeregt. Das ist das, was ein orientalisches Land so runterzieht, oder jedes Land, weil da nicht nach fachlicher Kompetenz und Kenntnis beurteilt wird, sondern nach dem, wer du bist und von wem du der Sohn bist. Und das ist natürlich auch eine verlogene Gesellschaft. Das schadet einem Land, weil dadurch die Konkurrenz total wegfällt. Wenn man selbst Wissenschaftler ist, dann denkt man natürlich ganz anders. (...)*

Islamische Republiken sind keine Rechtsstaaten in unserem Sinne. Korruption und Verlogenheit beherrschen die Politik. Das Ausmaß erkennt man in der Regel erst, wenn man dort lebt.

M *Ich kann das nur erzählen, weil ich eine Cousine habe, die ist Richterin. Die hat mir auch erzählt, dass die Vergewaltigungsrate in Tunesien sehr hoch ist. Aber weil es ein islamisches Land ist, Tunesien ist eine islamische Republik, wird sehr, sehr wenig darüber geschrieben, ja? Und viele Frauen heiraten und werden dann sexuell mißhandelt von ihren Ehemännern oder sie werden von ihnen geschlagen. Also wir haben sehr, sehr viele Fälle, die so sind. Meine Cousine erzählt von ihren Fällen, natürlich alles ohne Namen und so weiter, aber sie erzählt sehr, sehr viel von ihren Fällen, und das sind Themen, die tabu sind einfach. Du hast immer das Recht, deinen Mann anzuklagen, du hast auch das Recht, deine Meinung frei zu äußern, aber wenn du dort ankommst, der wird dich für verrückt erklären. ...*
Bourghiba, unser erster tunesischer Präsident, hat 1956 erst den Frauen Rechte gegeben. Das heißt, das Recht zu wählen, sich überhaupt scheiden zu lassen, mündig zu sein und das Recht, auch mal das Kind zu haben und so. Vorher hatte die Frau diese Rechte nicht. Und danach hat die Frau keine weiteren Rechte mehr bekommen.

Ich will damit sagen, in Deutschland gibt es auch ein gewisses Frauenbild oder Frauenklischee, aber auf jeden Fall kannst du sicher sein, hier, dass du auf jeden Fall zu deinem Recht kommst.

Tunesien ist die einzige islamische Republik, in der Frauen im Familienrecht gleichberechtigt sind. Diese Besonderheit hat Präsident Bourghiba schon 1957 durchgesetzt. Nach ihm ist rechtlich für Frauen nichts mehr verändert worden.[40]

Hypothese zur individuellen Fallstruktur Marias

Maria hat auf Grund eigener Erfahrung und Auseinandersetzung mit Menschen aus verschiedenen Kulturen, Religionen und Nationen auf der Basis stabiler familiärer Verhältnisse ihre emotionalen Kräfte entwickelt, ihre Rationalität entfaltet und umfangreiches Wissen erworben. Sie ist erfolgreich auf ihrem universitären Bildungsweg. Als säkularisierte Muslima und Christin gestaltet sie ihre Religiosität eigenständig und begegnet kulturellen und religiösen Eigenarten mit Toleranz und Kritik. Ihr Handeln zeugt von individueller Rücksichtnahme und Sittlichkeit, die – wie man hier sieht – unabhängig ist von religiösen Inhalten, kulturspezifischen Mythen und Religionen. Die Sittlichkeit liegt den Mythen und Religionen zu Grunde, nicht umgekehrt. Strukturell ist Maria eine integrierte Persönlichkeit.

Es stellt sich die Frage, wodurch sich Maria in Deutschland so entwickeln konnte. Es fällt auf, dass im gesamten Datenmaterial nirgendwo von einer *tunesischen Gemeinde* bzw. *Moscheegemeinde* im Umfeld der Familie die Rede ist. Es war also niemand da, der Maria hätte kontrollieren können, der die Familie unter Druck gesetzt und Marias Bildungsprozess auf diese Weise hätte behindern können.

Kurz vor der Fertigstellung dieser Studie erfuhr ich, dass Maria inzwischen Rechtsanwältin geworden ist.

Kynat

Datenbasis sind ein Interview mit Kynat vom 17.12.1998 und objektive biographische Daten zur Familie über drei Generationen. Der Fall wurde ausgewählt, weil er für pakistanische Eliten und deren deutsche Töchter Typisches aufzeigt.

Kynat ist die älteste Tochter des aus Pakistan stammenden Ehepaares Mohammed und Benazir. Sie hat drei Schwestern und einen Bruder, alle Kinder sind in Deutschland geboren. Die Eltern stammen aus der Finanz- und Bildungselite des Punjab. Sie sind weder Verfolgte noch Wirtschaftsflüchtlinge. Kynat studiert im fünften Semester Medizin.

Ein kurzer Blick in die Geschichte und Gegenwart des Landes mag nachvollziehbar machen, warum Menschen aus Pakistan auswandern:

Im Jahre 1930 wurde im damaligen britischen Kaiserreich Indien von dem Philosophen und Dichter Muhammad Iqbal erstmals die Idee eines muslimischen Staates in Indien verkündet, der aus den Provinzen Sindh, Belutschistan und Punjab und der North-West Frontier Provinz gebildet werden sollte. Am 14.8.1947 erklärte der Führer der indischen Muslim-Liga, Mohammed Ali Jinnah, in Lahore die Gründung und Unabhängigkeit der *Islamischen Republik Pakistan.* Es war das erste als islamisches Land gegründete Staatswesen. Muhammad Assad entwarf die erste islamische Verfassung des Landes. Viele Muslime glaubten sich damals am Beginn der Wiedergeburt des wahren Islam. Der Staatsgründung folgte die leidvolle Migration der Hindus und Sikhs aus dem islamischen Staat nach Indien und umgekehrt vieler Muslime nach Pakistan. Der Name *Pakistan* bedeutet *Land (istan) der Reinen (pak),* also der richtigen Muslime. Der sunnitische Islam ist Staatsreligion. Es gibt kleine religiöse Minderheiten, zu ihnen gehören Schiiten, Christen und Ahmadis. Seit seiner Gründung hat das Land drei Kriege gegen Indien geführt, 1948/49, 1965 und 1971. Der dritte Krieg führte zur Unabhängigkeit Bangla Deshs. Die Hoffnung der Muslime wurde gründlich enttäuscht, denn der islamische Staat brachte der Masse der Armen und den Frauen keine Verbesserung ihrer Lebenssituation. Sie blieben unterdrückt und ausgebeutet.[41] Der 1980 zum Islam konvertierte Murad Hofmann, der deutscher Botschafter in Marokko war und von 1983 bis 1987 Informationsdirektor der NATO, schreibt in seinem Aufsatz *Islam in Pakistan*: »Pakistan, das zum leuchtenden Modell eines modernen islamischen Staates und einer islamischen Wirtschaft werden wollte, ist ein halbes Jahrhundert danach ein muslimisches Land wie alle anderen auch – unterentwickelt, korrupt, mit extremer Armut neben extremem Reichtum, hoher Kriminalität und mehrheitlichem Analphabetismus, noch immer von Feudalismus, Militärherrschaft und Elementen der britischen Zivilisation geprägt.«[42] Es ist daher verständlich, das Muslime auch dieses islamische Land verlassen und in den Westen gehen, wenn sie nur irgendwie können. Finanz-, Wirtschafts- und Bildungseliten finden solche Wege und sind willkommen.

Zurück zum Fall Kynat:
Kynats Großeltern und deren Geschwister wurden zwischen 1905 und 1925 im heutigen Pakistan geboren. Sie besuchten englische Privatschulen, die Mädchen bis zu neun Jahren. Danach wurden sie standesgemäß verheiratet. Die Männer studierten an Universitäten und wurden Juristen, Unternehmer, Bankiers und Professoren für Englisch. Die Familie gehörte also bereits damals zur Finanz- und Bildungselite des Landes und orientierte sich eindeutig an den Kolonialherren. Daran änderte sich auch nach der Gründung des Staates Pakistan nichts. In der Generation der Eltern Kynats besuchten wieder alle Jungen und Mädchen der Sippe englische Privatschulen und studierten an Universitäten, teilweise auch die Mädchen. Kynats Mutter zum Beispiel studierte Englisch und Psychologie. Auch in dieser Generation arrangierten die Eltern jeweils die standesgemäße Heirat ihrer Kinder. Kynats Vater, seine Brüder und Schwäger sind Juristen, Diplomaten, Unternehmer und Bankiers in Pakistan, England und Deutschland. Ihre Frauen sind gebildete Mütter und Hausherrinnen mit Personal und Teil eines Kollektivs. Sie sind alle in Pakistan geboren und aufgewachsen, ihre Kinder jedoch nicht mehr.

Kynat, ihre drei Schwestern und ihr Bruder sind in Hamburg geboren. Sie wuchsen, wie es in gebildeten pakistanischen Familien üblich ist, mehrsprachig auf. Zuhause wurde die Muttersprache der Eltern *Punjabi*, die Amtssprache Pakistans *Urdu* und *Englisch* gesprochen. Im deutschen Umfeld lernten sie *Deutsch*. Die Eltern schickten alle Mädchen in deutsche Kindergärten, Grundschulen, Gymnasien und auf deutsche Universitäten. Auch während des Studiums wohnen die Töchter im Haus der Eltern. Jede Alternative dazu wird von den Eltern rigoros abgelehnt. Einen Freund dürfen die Töchter nicht haben. Ihre Heirat wird von den Eltern arrangiert, allerdings wird die Zustimmung der Töchter eingeholt. Gegen ihren Willen werden sie nicht verheiratet. Der Zukünftige muss dem selben Kreis der pakistanischen international vernetzten Finanz- und Wirtschaftelite angehören wie die Eltern und Verwandten Kynats.

Für den Sohn Mahmud haben die Eltern von Anfang an ein anderes Bildungskonzept als für ihre Töchter. Bereits mit 4 Jahren schicken sie ihn auf eine *American school*, auf der er mit 16 Jahren seinen Highschool-Abschluss erhält. Danach kommt er auf ein College an der amerikanischen Ostküste, das er mit einem Bachelor in Informatik abschließt. Mit 19 Jahren wird er Student der Betriebswirtschaftslehre an der Stanford-University in Kalifornien, jener privaten Elite-Hochschule, die 16.000 Dollar pro Semester kostet und an der die Söhne und Töchter internationaler Eliten studieren, so auch die Tochter des amerikanischen Ex-Präsidenten Clinton. Mahmuds Ziel ist es, den Studiengang als Master in Business Administration (MBA) zu beenden. Er wohnt in San Francisco im eigenen Haus und arbeitet neben seinem Studium in einer Computerfirma. Im Unterschied zu seinen Schwestern wird ihm Freiheit zugestanden, es werden Selbständigkeit und Eigenverantwortung von ihm erwartet. Die Eltern halten an den traditionellen islamischen Moralvorstellungen fest und teilen die Auffassung von der grundsätzlichen Verschiedenheit der Geschlechter und ihren unterschiedlichen Aufgaben und Pflichten.

Von der Begrenzung ihres Handelns auf Pakistan hat sich die Familie entfernt. Für den Sohn kommt ein Studium in Pakistan nicht mehr in Frage. Wären die Eltern daran interessiert gewesen, aus ihrem Sohn einen islamisch ausgerichteten Manager zu machen, so hätten sie ihn in ihrer Heimatstadt Lahore auf das *Institute for Leadership and Management (ILM)* schicken können, das von Khurram Murad 1990 gegründet wurde. Dort werden islamische Führungskräfte in den Bereichen Kommunikation und Management, Ingenieurwesen, Erziehung und Landwirtschaft ausgebildet. Aber offensichtlich distanzieren sich die Eltern von den islamischen Bildungsangeboten zugunsten der westlich-säkularen privaten Ausbildungsstätten von internationalem Niveau.

Folgende Fragen sollen nun durch Materialanalysen beantwortet werden: Welcher Kultur und Gesellschaft ordnet sich Mohammeds und Benazirs Tochter Kynat zu? Versteht sich die in Deutschland sozialisierte Tochter noch als Teil eines Kollektivs? Welche Einstellung hat sie zum Islam? Zur Beantwortung der beiden ersten Fragen wird der Anfang des Interviews analysiert, zur dritten Frage ein Sequenzabschnitt zum Umgang mit der Religion.

Sequenzanalyse des Interview-Anfangs

I *Wir sind Studentinnen des Faches Pädagogik, wir untersuchen in einem Seminar an der Universität die Folgen von Migration. Wir wollen herausfinden, in welcher Weise sich Menschen bei Kulturwechsel verändern. Bist du bereit aus deinen Erfahrungen zu erzählen?*

K *Ja, ... ich bin bereit* (lachend).

I *Womit willst du anfangen?*

Die Interviewerin überläßt Kynat die Auswahl des Themas für den Interviewanfang. Kynat hat nun diverse Möglichkeiten zur Auswahl, wie die Interviews in dieser Studie zeigen. Generell kann man Folgendes sagen: Was eine Interviewte selbst zum Thema des Interviewanfangs macht, ist ihr von besonderer Wichtigkeit und besonders aufschlussreich für die Rekonstruktion ihrer individuellen Fallstruktur.

K Also, ich bin hier geboren. ..

Nachdem Kynat mit der Partikel *also* ihre Erzählung eröffnet hat, beginnt sie diese mit *ich*. Das kann als Indikator für Kynats Selbstverständnis gedeutet werden: Sie versteht sich als eigenständiges Subjekt und nicht als Teil eines Kollektivs. Aus ihrer ersten Aussage, *ich bin hier geboren*, kann man auf ihre soziale Identität schließen. Hier geboren zu sein und nicht in Pakistan sieht sie als wichtigen Bestandteil ihrer sozialen Identität an. Sie unterscheidet sich darin von allen, die in Pakistan geboren sind, also auch von ihren Eltern.

K Hm, lebe hier seit fast 24 ... 23 Jahren

Durch die Wiederholung von *hier* wird die Wichtigkeit dieses »Geburtsortes« verstärkt. Als nächstes thematisiert Kynat die Dauer ihres Aufenthaltes in Deutschland. Ein Vergleich mit den objektiven biographischen Daten Kynats zeigt, dass sie 23 Jahre und drei Monate alt ist. Sie hat also ihr ganzes Leben in Deutschland verbracht. Aus der Tendenz, die Dauer des Aufenthaltes zu verlängern, und der Betonung des *hier* kann man schließen, dass sich Kynat der deutschen Gesellschaft zuzählt und auf die Anerkennung ihrer Zugehörigkeit großen Wert legt. Implizit sagt sie: Ich habe nie in Pakistan gelebt und keinen Kulturwechsel vollzogen. Sie distanziert sie sich damit von den Pakistanern, die dort aufgewachsen sind, somit auch von ihren Eltern.

Aus Kynats Interviewanfang lässt sich zweierlei schließen: Zum einen ist die Zugehörigkeit zu Deutschland zentraler Bestandteil ihres Selbstverständnisses und ihrer sozialen Identität, zum anderen ist die Anerkennung dieser Zugehörigkeit nicht selbstverständlich gegeben. Deutsche, die seit Generationen hier leben, würden zum Beispiel einfach sagen: Ich bin in Hamburg geboren und 23 Jahre alt. Oder: Ich bin 1975 in Hamburg geboren. Sie betonen nicht die Dauer des Aufenthaltes und geben in der Regel nicht *hier* als »Geburtsort« an, schon gar nicht zweimal. Die Nichtanerkennung der Zugehörigkeit zur deutschen Gesellschaft kann von zwei Seiten erfolgen: von Deutschen und von Pakistanern, besonders von den Eltern und ihrer elitären Gemeinschaft.

K *und bin in Hamburg geboren.*

Nun erzählt sie wie eine Deutsche, zu deren Paßidentität der Geburtsort gehört.

K *Und, hm, meine Eltern sind damals, hm, mein Vater ist hier 1973 hergekommen. Zuerst hat er in dem amerikanischen Konzern (...) in Pakistan gearbeitet, danach als Manager in Deutschland. Hm, und nach der Hochzeit in 1974 ... Dezember 74 sind dann meine Eltern hier nach Deutschland, hm, 1975 im September bin ich auf die Welt,*

Kynat thematisiert nun die Vorgeschichte ihres Hierseins und ist bei der Angabe der Daten, die für ihr Leben wichtig sind, sehr genau. Ginge es ihr um die Biographie der Eltern, so hätte sie deren Herkunft angeben müssen. Weder beim Vater noch bei der Mutter benennt sie die Herkunft. Das kann nur bedeuten, dass dieses Land für Kynats Leben keine Bedeutung mehr hat. Wichtig sind ihr beim Vater seine Internationalität und das Datum der Ankunft in Deutschland: 1973. Der Vater ist also schon 25 Jahre hier, und das ist eine lange Zeit, länger als Kynats Leben. Aber er ist erst als Erwachsener hierhin gekommen, und Pakistan wird ihn unauslöschlich geprägt haben – im Unterschied zu seiner Tochter. Bei der Mutter gibt Kynat das Datum der Hochzeit und des Nachzugs nach Deutschland, *Dezember 74*, an und gleich anschließend ihr eigenes Geburtsdatum, *September 1975*. Betrachtet man nun das Datum des Nachzugs der Mutter und Kynats Geburtsdatum, so fällt auf, das Kynat mit diesen beiden Daten einen Hinweis auf ihr Leben vor der Geburt gegeben hat: Auch in diesen neun Monaten hat sie schon in Deutschland gelebt.

K *hm, seitdem lebe ich hier.*

Die Wiederholung der Aussage, sie enthält das fünfte *hier,* bestätigt die bisher gezogenen Schlüsse.

Hypothese zur individuellen Fallstruktur Kynats

Kynat tritt auf als individuierte Person mit dem Anspruch der Zugehörigkeit zu Deutschland und also mit dem Recht auf Freiheit, Gleichberechtigung, Eigenständigkeit, Selbstbestimmung und Eigenverantwortung. Dieser Anspruch wird konfligieren mit den Erwartungen ihrer pakistanisch islamischen Eltern. Die Vehemenz, mit der Kynat ihre Zugehörigkeit zu Deutschland als zentralen Bestandteil ihrer sozialen Identität betont, lässt zum einen auf die Nichtanerkennung dieses Selbstverständnisses durch die Eltern und ihre elitäre pakistanische Gemeinschaft schließen. Sie werden in Kynat ein Teil ihrer Gemeinschaft sehen und ihre Emanzipationsbestrebungen verhindern wollen. Zum anderen kann man daraus auf die Nichtanerkennung der Zugehörigkeit zur deutschen Gesellschaft durch Deutsche schließen. Beides ist für Kynat ein Problem.

Strukturen zeigen sich wie ein Ablaufmuster. Wenn die Hypothese stimmt, so müssen die Strukturen auch den Umgang Kynats und ihrer Eltern mit der Religion prägen. Ein Mensch, der eigenständig denkt, wird allmählich aufhören, gehorsam den Anordnungen der religiösen Autoritäten zu folgen und eigene Formen der Religiosität entwickeln anstelle ritualisierter Religionsausübung.

Sequenzabschnitt zum Umgang mit der Religion

I *Sind deine Eltern streng gläubig?*
K *Ja, also auf jeden Fall ist meine Mutter streng gläubig. Also sie ... ähm bedeckt ihren Kopf nicht, macht sie nicht, sie nimmt kein Schal oder Kopfbedeckung, macht sie nicht, ... aber sie betet fünfmal am Tag. Mein Vater betet auch fünfmal am Tag und ... hm ja, die ganzen üblichen Sachen, was man eigentlich machen sollte. Die fasten auch und haben jetzt vor, nächstes Jahr nach Mekka zu fahren, um die Pilgerfahrt zu machen, und sind schon ziemlich gläubig.*

Die Eltern orientieren sich an den fünf Pflichten des Islam. Bekleidungsvorschriften für Frauen gehören nicht dazu. Frauen der Elite entscheiden wie Benazir in der Regel selbst über ihre Bekleidung. In Pakistan verschleiern sich fundamentalistisch orientierte Frauen und die Frauen der Ahmadiyya. Kynats Mutter gehört keiner der beiden Gruppierungen an.

Die Formulierung, *die ganzen üblichen Sachen,* zeigt Kynats Einstellung zu der ritualisierten Religionsausübung: Sachen sind etwas Äußerliches und von ihnen distanziert sie sich.

I *Fährst du mit?*
K *Nein, ich fahre nicht mit.*
I *Wie stehst du eigentlich zu deiner Religion? Hast du die gleiche Einstellung wie deine Eltern oder hast du ganz andere Ansichten über deine Religion?*

K *Also hm, ich bin auch ziemlich gläubig, ich versuche auch zu beten, wenn ich kann. Aber so wie meine Eltern bin ich nicht. Und vor allem bei meiner Mutter ist es so, dass sie mich schon ziemlich ... hm ... in die ganzen Sachen reinziehen möchte, dass ich halt mehr mit der Religion mache und ... mehr praktiziere und so, ... mache ich aber nicht, weil ... wenn ich dazu gezwungen werde, kann ich das nicht machen, weil dann kommt das nicht von Herzen, kommt das nur aus Zwang dann, ... und das geht bei mir nicht, dann mache ich das jetzt nicht, weil ich das jetzt will. ... Und freiwillig mache ich es sehr gerne und versuche mein Bestes, zu beten und die anderen Sachen zu ... Ich probiere zu fasten, nur wenn ich es freiwillig will. ... Meine Mutter fordert uns richtig dazu auf, dass wir das machen. Und wenn ich sage, ja, Mama, das ist halt meine Sache zwischen mir und Gott, ... ja, das regt sie schon auf. Sie sagt: »Das ist meine Pflicht, ich muss es dir sagen. ... Gott hat uns soviel erlaubt, dass wenn das Kind nicht darauf hört, dass man es verprügeln darf.« Ja, damit das betet.*

Der Ausdruck *praktizieren* wird von Muslimen bei uns zunehmend häufig gebraucht. Sie verstehen darunter die Ausübung der ritualisierten Religionshandlungen, wie etwa die fünf rituellen Gebete am Tag. Ein individuelles Gebet kann das Ritualgebet nur ergänzen, nicht aber ersetzen. Das Ausführen der Pflichtrituale ist Ausdruck des Gehorsams gegenüber Gott. Die Bezeichnung dieser Handlungen mit dem Verb *praktizieren* bedeutet nicht, dass es sich hier um eine Praxis handelt, zu der Autonomie gehört, sondern um Rituale bzw. religiöse Praktiken. Kynat lehnt die gehorsame Befolgung derartiger Rituale ab. Ihr ist nur eine religiöse Praxis möglich, die authentischer Ausdruck ihrer persönlichen inneren Haltung ist. Auch im religiösen Bereich ist ihre geistige Autonomie nicht mehr zu unterdrücken.

I *Und dein Vater?*

K *Früher hat er gar nicht gebetet. Und damals hat er auch ab und zu mal Alkohol getrunken, aber das macht er jetzt absolut nicht mehr, das ist halt ein Tabu. Und jetzt halt schon seit ... ich denke fünf, sechs Jahren ist er schon sehr regelmäßig in seinen Gebeten, ... betet fünf mal am Tag. Er geht nicht in die Moschee, aber betet halt zu Hause. Und manche Gebete, die er vielleicht nicht macht, ... beten kann am Tag, tut er nachholen am Abend. Das darf man ja, wenn man das Gebet verpasst, dass man es halt nachholt.*

Kynat kennt die Pflichten, Gebote und Verbote des Islam genau. Die Eltern richten sich danach, Kynat ist das nicht mehr möglich, weil sie kein authentischer Ausdruck der Person sind, anders gesagt, des individuierten Subjekts. Sie verhält sich genau wie Christen, die die Anordnungen religiöser Autoritäten nicht mehr befolgen, die Kirche selbst gestalten wollen oder aus den Kirchen austreten. Auch sie wollen in ihrem Glauben selbständig und eigenverantwortlich sein. An Kynat sieht man wieder, wie auch Muslime sich hier dem Prozess der Säkularisierung anschließen. Sie glauben an den einen Gott und suchen Formen persönlicher Hinwendung. Da Kynats Vater nicht mehr in die Moschee geht, ist auch er wahrscheinlich auf dem Weg zu einer persönlichen Gestaltung seiner Religiosität. Der Sequenzabschnitt zum Umgang mit der Religion bestätigt die oben aufgestellte Hypothese zur individuellen Fallstruktur von Kynat.

Mumtaz

Mumtaz ist wie Kynat Mitglied einer in Deutschland lebenden Familie der pakistanischen Elite. Sie studiert an einer deutschen Universität Jura und wohnt bei ihren Eltern. Ihr jüngerer Bruder studiert in England.

Transformationsprozesse vollziehen sich in der Regel auf der Ebene des Handelns am schnellsten, auf der Ebene des Denkens folgen sie allmählich nach. Am langsamsten verlaufen sie auf der Ebene der Moral. Dadurch entstehen oft schwere Konflikte zwischen eingewanderten Eltern und ihren Töchtern. Folgende Fragen sollen nun anhand eines Sequenzabschnittes aus dem Interview mit Mumtaz vom 1.12.1999 beantwortet werden: Wie geht eine Tochter pakistanischer Eliten hier mit den seit Generationen selbstverständlichen und bewährten Erziehungsvorstellungen ihrer Eltern um? Akzeptiert sie das pakistanische, islamspezifische Frauen- und Männerideal noch? Oder kommt es deshalb zu Konflikten zwischen ihr und den Eltern? Wenn ja, wie gehen Eliten mit derartigen Konflikten um?

Sequenzabschnitt zum Transformationsprozess auf der Ebene der Moral

I *Wie würde dein Vater reagieren, wenn er wüßte, dass du einen Freund hast?*

M *Er würde das nicht akzeptieren.*

I *Hast du mit deiner Mutter offene Gespräche geführt, wenn dir ein Junge gefällt?*

M *Nein, weniger. ... Ich habe ... hm halt ... ich habe schon eine gute Beziehung zu meinen Eltern und auch zu meiner Mutter. Aber wir haben schon so eine Kommunikations- ..., also wie nennt man das ... schwäche. Also es ist nicht offen. ... Ich erzähle ihr nicht viel. Also wir reden sehr wenig miteinander, und das ist halt sehr schade, deshalb haben wir auch Mißverständnisse ... sehr viele miteinander. ... Das kommt, glaub ich daher, weil sie mich von Kind auf, glaub ich, strenger erzogen hat. Was falsch war, war immer schon falsch, ... ja. Und jetzt bin ich halt erwachsen und vielleicht sehe ich, was sie falsch findet, nicht als falsch. Dann kann ich es ihr nicht sagen, ich darf, darf darüber mit ihr nicht diskutieren oder reden, weil ... Sie hat mir keine Freiheiten gelassen, mich frei zu entwickeln und frei zu denken. ... Hm. ... Ja und jetzt kann ich das halt nicht mehr, und früher habe ich das akzeptiert. Ich war ein Kind und habe auch so gedacht, so wie meine Eltern, wenn die gedacht haben, das ist falsch, ... was auch immer. Ja und jetzt gibt es Dinge, die ich nicht als falsch bezeichnen würde, aber meine Eltern schon, und deswegen ist halt ein sehr großer Unterschied zwischen meinem Denken und ihrem Denken und deswegen eine Kommunikationsschwäche vorhanden. Hm. ... Außerdem ist meine Mutter halt nah zu meinem Vater, auch und ja. ... Sie erzählt meinem Vater alles. Und es ist ab und zu mal passiert, dass ich meiner Mutter was erzählt habe, aber das hat mein Vater dann rausbekommen, nicht dass er sauer geworden ist, aber es stört mich einfach, dass er es mitkriegt, weil ich das nicht ... Es gibt halt Frauengespräche, und meine Mutter sieht das nicht so. ... Sie sagt: »Dein Vater ist Mitglied der Familie, er muss es ja wissen.« Ja und das sehe ich halt nicht so, weil das ist ..., deswegen haben wir keine Mutter-Tochter-Beziehung. (...)*

In der Traditionalität ist der Mensch in der Gemeinschaft, besonders in der Familiengemeinschaft, Teil eines Ganzen. Er ist ein sozusagen gläserner Mensch. Mumtaz wünscht sich eine individuierte Beziehung zur Mutter mit persönlicher Rücksichtnahme und Schutz ihrer Intimität. Das aber sind Beziehungserwartungen eines modernen individierten Subjekts, die in traditionalen Familien nicht erfüllt werden. Mumtaz' Beschreibung des Mutter-Tochter-Konflikts zeigt auf der Beziehungsebene den Umbruch von der Traditionalität in die Moderne.

I *Ist dein Bruder freier erzogen als du?*

M *Er ist selbständiger als ich auf jeden Fall. Weil er schon in jungen Jahren ... weggegangen ist von zu Hause. Er ist ein sehr eigenständiger Junge. ... Und meine Eltern vertrauen ihm blind und wissen, er wird nie etwas Schlimmes anstellen, meine Eltern ausnützen oder so.*

I *Meinst du, dass das Vertrauen größer ist zu deinem Bruder als zu dir?*

M *Ich denke schon.*

I *Nur weil du ein Mädchen bist?*

M *Auch, auch ... und hm ... ja, weil ich halt wie gesagt, wenn es zu Auseinandersetzungen kommt zwischen mir und meinen Eltern, da bin ich halt anderer Meinung. Und die wollen halt, dass ich wie sie denke. Aber kann ich leider nicht, und deswegen denken die halt auch ...... hm ...,*

I *dass du etwas falsch gemacht hast?*

M *Ja, weil die halt nicht so denken wie ich.*

I *Waren deine Eltern enttäuscht von dir? Oder haben die nur Angst vor Enttäuschung?*

M *Ja, die haben Angst vor Enttäuschungen.*

I *Aber die waren noch nicht enttäuscht von dir?*

M *Auch schon.*

I *Hm.*

M *Es gab schon so was mal, wo ich die enttäuscht habe. Es war ein Fehler, was ich gemacht habe.*

I *Ist das schon lange her?*

M (Spricht leiser) *Das war vor zwei Jahren.*

I *Hat das mit deinem Studium zu tun?*

M *Ähm ... nee, das war ... da hatte auch ich eine Beziehung und ähm, die war auch nicht hier, in Paris war die. Es war ein Pakistaner und den habe ich hier kennengelernt. Und ... hm ... ja, wir hatten eine Fernbeziehung, und er war halt dann noch einmal hier. Irgendwann mal habe ich ihn hier getroffen, dann ähm nach ein paar Monaten bin ich halt nach Paris geflogen* (lacht). *... Ähm ...*

I *Ohne deinen Eltern Bescheid zu sagen?*

M *Ja, nur für einen Tag, ich bin morgens geflogen und abends zurück und ... Und dann hat meine Mutter irgendwann rausbekommen, was ich laufen habe. Das kam durch einen dummen Fehler von mir raus, ... ähm, weil ich ähm ... damals mein Ticket mit meiner Kreditkarte bezahlt habe* (lacht), *und ich habe die Rechnung von meiner Kreditkarte irgendwo liegen lassen. Meine Mutter hat das gesehen, dass damit ein Ticket gekauft wurde.*

I *Und dann?*

M *Und sie hat halt rausgefunden, dass ich dann nach Paris geflogen bin, und … ähm, die war halt sehr verletzt und enttäuscht, und hat nur halt dann … ziemlich viel geheult. Sie hat gedacht, dass ich …… Sie wußte nicht, was ich da angestellt habe und so. … Sie hat halt von schlimmen … mit was Schlimmes gerechnet. ..*

I *Hast du ihr dann erzählt, um was es ging?*

M *Ja, also …*

I *Dass du einen Freund hast?*

M *Ja, aber …… das …*

I *Was war das schlimmste?*

M *Das schlimmste war halt, dass ich dann hingeflogen bin nach Paris, … also ohne dass sie das wußte, und dass sie das rausbekommen … und wieso ich hingeflogen bin.*

I *Aber wenn du zum Beispiel Shopping gegangen wärst?*

M *Ja, …… aber bisher … das glaub ich nicht, das jemand das machen würde für einen Tag, wenn dann für ein paar Tage* (lacht).

I *Und die Beziehung?*

M (Leise) *Die ist fertig. …… Also … hm ….*

I *Hast du Schluss gemacht?*

M *Ich musste dann. Mein Vater hat die Familie absolut nicht akzeptiert, und meine Mutter … Seine Mutter war auch mal hier in Deutschland und … ähm, sie wollte uns besuchen. Mein Vater wollte sie nicht sehen, also wollte nichts mit ihr zu tun haben. Meine Mutter wollte sie auch besuchen, aber damals war mein Vater in der Hinsicht strenger … hm … und hat mehr das Sagen. Er hat gemeint: »Ne, ich will die Familie gar nicht kennenlernen.« Und dann haben wir uns auch gar nicht gesehen, also …*

I *Seitdem hast du keine Beziehung mehr gehabt? Versuchst du diskret zu sein?*

M *Ja also, auf jeden Fall! Aber ……* (lacht). *Damals war die Person auch sehr enttäuscht und verletzt, dass meine Eltern seine Mutter nicht besucht haben, obwohl die aus Pakistan gekommen war. …… Aber ich habe die Mutter von ihm besucht, …… aber auch versteckt, …… also meine Eltern wußten das nicht. …*

I *Hm, würdest du dich nicht trauen zu erzählen?*

M *Nee, das würden die nie akzeptieren, dass ich die besuche oder überhaupt irgendwelche Kontakte zu ihr habe. Aber ich hab 's halt dann … Mein Freund wollte, dass ich sie besuche. Ich wollte sie auch selber sehen. Und das war eine sehr gute Frau, und wir haben uns sehr gut verstanden, und sie hat mir halt sehr viel Hoffnung gegeben, dass es zwischen uns … und so … Durch meine Eltern ist es nichts geworden. (…)*

Im Konfliktfall hat der Vater das letzte Wort. Er hat nach islamischem

Recht das Aufsichtsrecht und die Aufsichtspflicht. Auch wenn Mumtaz so mutig und selbständig ist, sich mit ihrem Freund und dessen Mutter heimlich zu treffen, gegen den Willen des Vaters könnte sie nicht heiraten. Sie sitzt quasi im goldenen Käfig.

I *Sonst verstehst du dich ganz gut mit deiner Familie? Andere Probleme gibt es nicht?*
M *Nee.*
I *Nur bisschen strenge Erziehung.*
M *Ja halt so was.*
I *Das kommt von der Mentalität?*
M *Genau. Vor allem weil wir halt hier leben, wollen wir mehr aufpassen, weil unsere Gesellschaft ist halt so eine ... redet sehr viel. Es werden sehr viele Geschichten erzählt und ...*
I *Unsere Gesellschaft, was meinst du?*
M *Die Pakistaner.*
I *Hm.*
M *Die erzählen halt sehr viel Mist* (lacht) *und halt falsche Sachen und reden schlecht über Leute, und das wollen meine Eltern vermeiden.*
I *Du hast gesagt, die erzählen schlechte Sachen. Ist das wahr, was sie erzählen oder erzählen die es einfach so?*
M *Die brauchen nur irgend etwas zu sehen, auch nur, wenn das kurz ist, mit einem Jungen in der Stadt, kurz, und das wird dann erzählt oder wird den Eltern gesagt: »Pass auf deine Tochter auf, was macht die denn! Wo treibt die sich rum! Mit was für Leuten!« ... Und halt so Sachen. ...*
I *Deshalb passt du sehr gut auf?*
M *Ja, aber ich meine, es ist mir ziemlich egal. Ich studiere hier mit Jungs zusammen. Ich habe mit denen jeden Tag zu tun, dann können die nicht von mir erwarten, dass ich nicht mit denen rede oder mit denen irgendwohin laufe oder so. Das können die nicht von mir erwarten. Das ist normal, das ist natürlich!*
I *Wie ist das in Pakistan? Ist das so üblich dort, dass die Mädchen so mit Jungs spazieren gehen am Tag?*
M *Ähm ...... nee ... Wenn dann sind die verlobt oder was auch immer. Andere, die sich treffen, da ist es schon mehr versteckt.*
I *Hm, die machen es, aber die verstecken sich?*
M *Ja, die verstecken sehr viel, also alles, was das betrifft.*

Charakteristisch für den Umgang mit Normen in der Traditionalität sind Täuschungsmanöver. Ein typischer Vorwurf, den eine Frau ihrer Freundin macht, wenn ein Verstoß gegen die Normen entdeckt und bekannt gemacht wird, lautet: »Hättest du dich nicht besser schützen können?« Die Gesellschaft ist oberste Kontroll- und Strafinstanz. Schon der Verdacht genügt, um eine Frau und ihre Familie zu verleumden, zu entehren und sozial auszuschließen. In Pakistan ist in bestimmten Regionen auch heute noch die Tötung einer als Ehebrecherin beschuldigten Frau der einzige Weg zur Wiederherstellung der Familienehre. Pakistaner bringen Moralvorstellungen aus ihrer Heimat mit und halten hier in der Diaspora an diesen Traditionen fest – zum Nachteil für die pakistanischen Frauen und ohne Rücksicht auf deren in unserem Grundgesetz verankerte Rechte, z.B. das Recht auf sexuelle Selbstbestimmung.[43]

Saliha

Datenbasis ist ein Interview mit Saliha vom 10.6.1997.

Zum Zeitpunkt des Interviews war Saliha, die inzwischen als Lehrerin an einer Grundschule unterrichtet, Studentin der Pädagogik an der Johann Wolfgang Goethe-Universität in Frankfurt am Main. In diesem Fachbereich studieren viele junge Frauen ausländischer und islamischer Herkunft mit dem Ziel, Lehrerin oder Diplompädagogin zu werden oder um mit Pädagogik als Haupt- oder Nebenfach den akademischen Grad eines Magisters zu erwerben. Im selben Fachbereich fanden zwischen 1989 und 2000 auch meine Veranstaltungen zu frauen- und mädchenspezifischen Fragen im Zusammenhang mit Migration und Islam statt. In diese Seminare kamen u.a. viele türkische und marokkanische, einige iranische, afghanische, algerische und tunesische Studentinnen, auch einige Männer. Für die Erhebung der Daten, meist in Form von biographischen Interviews, bot es sich daher für die Studentinnen an, Kommilitoninnen zu interviewen. Auf Grund ähnlicher Probleme und wechselseitigen Verstehens entwickelten sich diese Forschungsinterviews oft zu lebendigen Gesprächen. An die Stelle der Distanz zwischen Forscherin und Forschungsobjekt und unpraktischer Fragen traten praxisförmige Begegnungen und Interaktionen von Personen.

Ein solches Gespräch ist das Interview mit Saliha. Sie ist Deutsche, Tochter des türkisch-alevitischen Ehepaares Mohammed und Alev, beide aus benachbarten Dörfern in der Osttürkei. Die Interviewerin ist ebenfalls Deutsche und Tochter eines sunnitischen Mohammeds aus Anatolien und der christlichen Dorothea aus dem ehemaligen Ostpreußen.

Das Interview entwickelte sich zu einem langen Gespräch über

- Alevs, Mohammeds und Salihas Lebensweg,
- Traditionen, wie z.B. die arrangierte Heirat und der Brautpreis,
- Aleviten und Sunniten,
- Reisen in das Herkunftsland Türkei,
- die in den Traditionen gefangene und depressive Mutter Alev und
- Mohammed, der nicht mehr an Gott glaubt.

Salihas Text ist trotz der darin enthaltenen Strukturen, die in anderen Interviews auch vorkommen, ein einmaliger Fall, denn ihre Bereitschaft ein Interview zu geben, ist nicht durch ihr Interesse an Forschung motiviert. Vielmehr liegt ihr die Veränderung der Gesellschaft, besonders der Frauen am Herzen. Sie nutzt das Interview als Gelegenheit, ihr »Anliegen« vorzutragen. Nur gemeinsam, so glaubt sie, können Frauen ihr Leben verändern durch die gegenseitige Stärkung ihres Mutes, ihres Selbstbewusstseins und ihrer Durchsetzungskraft. Saliha wünscht sich die Verbreitung ihrer Gedanken auch durch das Interview. Dieser Wunsch soll hiermit erfüllt werden.

Saliha ist etwa zwanzig Jahre jünger als Alev Berg und gehört zur nächsten Generation. Im Denken haben die beiden Frauen große Ähnlichkeit, im Handeln unterscheiden sie sich. Saliha fordert den Mut, die Stärke und die Ehrlichkeit von Frauen, die Alev Berg in ihrem Handeln bereits bewiesen hat. Schön wäre es, Saliha würde durch die Studie diese Mutter kennenlernen und den Mut bekommen, so zu handeln, wie sie denkt.

Der folgende Text ist die gekürzte Transkription der Tonbandaufzeichnung. Der Text wird nicht interpretiert, da viele der darin enthaltenen Strukturen bereits erarbeitet wurden. Dazu gehören der Bildungsprozess als Individuierungsprozess, der Prozess der Säkularisierung bei Muslimen, hier bei Aleviten, und die Transformation der Familienstruktur. Außerdem enthält der Text eine Rede an alle Frauen, die keiner Interpretation bedarf.

Interview mit Saliha

I *Ja, du weißt, dass ich das Seminar besuche* Frauen im Islam. Befreiung oder Unterdrückung?

S *Ja.*

I *Und dich deswegen interviewe, um noch mal darüber zu reden, inwieweit diese Religion Frauen unterdrückt oder befreit. ... Das ist meine Frage. Du hast ja schon im Vorgespräch gesagt, dass du der Meinung bist, dass prinzipiell der Islam unterdrückt.*

S *Ja auf jeden ... also ich sage ganz offen, ich weiß es nicht genau. Ich komme aus 'ner Familie, wir sind Aleviten, und natürlich gibt es auch da islamische Züge. Im Islam haben Männer das Sagen und auch die Macht. Sie beanspruchen das für sich. Die Frauen beanspruchen eben nicht diese Macht. Und die Männer nutzen das voll aus. Zum Beispiel mit dieser Jungfräulichkeit bis zur Heirat. Warum haben Männer das Recht auf Sex und Frauen sollen es nicht haben?*

I *Ehem.*

S *Und bei uns zum Beispiel in der Türkei wird der Brautpreis bezahlt. Warum? Der Käufer kaufte praktisch die Frau und die war billige Arbeitskraft. Die hat dann auf dem Land gearbeitet und das war alles okay. Du hast ja an ihren Vater den Brautpreis bezahlt. Ja, das ist so wie ein Viehhandel. Ja, du gehst dahin und sagst, ja, eh, wir brauchen mit Gottes Segen, ja, mit Gottes Segen möchte ich die Frau haben. Aber das ist doch nicht mit Gottes Segen, das ist mit Geld. Das war früher zum Beispiel so.*

I *Mit Gottes Segen würde für dich bedeuten, wenn das freiwillig wäre, dass sie sich freiwillig gesucht und gefunden haben?*

S *Genau!*

I *Wie war das bei deinen Eltern? Freiwillig?*

S *Nee! Die Mutter von meinem Vater hat halt meine Mutter ausgesucht, und so kam das halt zustande. Es wurde ein hoher Brautpreis bezahlt, ... es wurde drei Tage lang gehochzeitet, also es war so 'ne typische türkische dörfliche Hochzeit.*

I *Woher kommen die noch mal?*

S *Aus einem Dorf im Osten. Meine Großeltern hatten beide Vieh. Also ich stamme wirklich aus 'ner Bauernfamilie. Mein Vater ist dann halt 69 ausgewandert. Der kam hier rübber.*

I *Also auch gleich schon mit dem Bewusstsein ...*

S *Ja, er will hier arbeiten, er will kein Bauer werden. ... Das wollt er nie. Ja, das hat ihm nie gefallen. Er möchte schon irgendwie hier, ja natürlich Großdeutschland, das war der Traum, da wollten alle Männer hin.*

I *Wie alt war er da?*

S *... 49 geboren, genau zwanzig. Er wollte hier unbedingt das große Geld machen. Ich mein, das ist ihm ja auch gelungen, ja ... letztendlich. Dann hat er ... ja, 72 hat er sich mit meiner Mutter verlobt. 73 haben sie geheiratet, und 1973 kam dann auch meine Mutter hierher.*

I *Ah ja, und dann bist du geboren worden.*

S *Ja, 75 bin ich dann geboren, da war meine Mutter 20 Jahre alt. Ein Jahr später mein Bruder. Ich war im deutschen Kindergarten. Ich war in der Grundschule, dann bin ich aufs Gymnasium, hab Abi gemacht und jetzt studier ich in Frankfurt. ...*

I *Und eure Mutter hat türkisch oder deutsch mit euch gesprochen?*

S *Meine Mutter hat kein Deutsch hier gesprochen. Meine Mutter kann überhaupt kein Deutsch sprechen. Sie versteht etappenweise.*

I *Also ihr dolmetscht dann in der Regel?*

S *Ja, immer noch. Ich bring sie auch zum Arzt. Sie kann nicht erklären, was sie hat oder so. Sie geht halt nur so ab und zu einkaufen, ja, dann sieht sie halt, ah ja, das kostet so und soviel Geld, und dann weiß sie halt, wieviel sie geben muss. Oder so ... Sie hat auch überhaupt keinen Kontakt.*

I *Hat auch gar nicht gearbeitet?*

S *Meine Mutter hat nie gearbeitet. In unserer Straße da waren alles Putzfrauen in 'ner Putzkolonne. Da war immer en Wagen, und da sind die Frauen dann eingestiegen. Aber da hat mein Vadder immer gesagt: »Nee, ich schick dich da nicht putzen, du putzt hier nicht den deutschen Dreck weg.« Der wollte das nie. ... Ja, meine Mutter, also man kann sagen, dass sie eigentlich nur für die Familie da war. Ich weiß es nicht. Ich glaub nicht, dass es ihr gefallen hat. Wenn ich sie so seh und höre. Sie sagt immer: »Ich hab mein Leben verschwendet. Meine Träume sind nicht wahr geworden.« Also es ist schon so ein Stück, eh ... Depressivität, du hörst Reue, du hörst Unzufriedenheit heraus bei ihr. Meine Mutter hätte sehr gerne gearbeitet. Sie hat immer die Frauen beneidet, die da 'ne Putzstelle hatten. Die hat immer gesagt: »So käm ich wenigstens mal aus dem Haus, ich seh ja gar nichts.« Aber mein Vadder wollte nicht, dass seine Frau gesehen wird, wollt, dass sie zu Hause bleibt, wollt, dass sie sich um die Kinder kümmert, und wollt nicht, dass seine Frau da und dort rumschlendert, wie die anderen türkischen Frauen. Der hat das immer ganz verurteilt: »Ach, die schlendern ja rum, was sind das für türkische Männer, die ihre Frauen so rausgehen lassen?« Vater ist auch so 'n kleiner Macho, ja.*

I *Ja, habt ihr denn früher nicht gemeinsam ehm Ausflüge gemacht oder so?*

S *Ja die Art des Gemeinsamen, das war ja, ach, wir treffen uns bei der Tante. Wir gehen, ach, Hochzeiten. Hochzeiten sind immer begehrt, und in den Achtzigern gab 's zigtausend Hochzeiten. Ja, ich war auf so vielen Hochzeiten! Das war also echt, ... ach ja, und samstags war immer was besonderes, Hochzeiten, ja, ja. Weißt du, das hat ihr auch gefallen, da hat sie den da gesehen und die Frau. Ach hallo, grüß dich. Aber das war nie, ach, ich geh jetzt mal aus dem Haus und mach mir 'ne schöne Runde.*

I *In Deutschland war das nicht möglich? Und in der Türkei?*

S *Du, wir sind zwei-, dreimal da hin gefahren, für sechs Wochen. Da waren wir bei meinen Großeltern. Meine Mutter hat ihre Eltern für zwei Wochen besucht, und die übrigen Wochen waren wir im Haus ihrer Schwiegereltern, und da hat sie auch geputzt und gekocht. Sie ist ja Schwiegertochter. Ja, da kann die Schwiegermutter sozusagen mal Urlaub machen. Du kannst dir das nicht vorstellen!* (Lacht leise)

I *Ich weiß.* (Lachend) *Ich weiß, die hat gearbeitet. Und wenn die Schwiegertochter dann noch 'ne Tochter hat, dann sagt die Großmutter: Was machst du alles allein? Lass! Komm setz dich hin! Deine Tochter kann 's machen!*

S *Ja, das war kein Urlaub für uns. Für meinen Vater war 's Urlaub. Er hat dort seine Jugend- und seine Kindheitserinnerungen aufgefrischt, ach, mit seinem Vater, mit seinen Brüdern, mit seinen Freunden, eben, getrunken und gegessen.*

I *Ins Teehaus gegangen.*

S *Ja. ...... Weißt du, mit vierzig da zu sitzen und krank zu sein wie meine Mutter und auch so zu sprechen, dazu brauch ich nicht noch zwanzig Jahre leben, das ist nicht Sinn! Verstehst du, ich hab diese dreizehn Jahre deutsche Bildung und das kriegt keiner aus mir raus, ja. Da kann noch Gott wer weiß was kommen! Da kann der ganze Islam kommen. Du kriegst das nicht aus mir raus. Das ist drinnen. Das ist fest! Das kommt nicht raus!*

I *Das heißt, du würdest dir auch nur ein Leben in Deutschland vorstellen können?*

S *Ja.*

I *Also du würdest auch gerne in Deutschland bleiben?*

S *Ja, ja. ... Auf alle Fälle! Das ist schon klipp und klar. Ich bin ja jetzt auch Deutsche geworden. Jetzt nur so nebenbei. Aber das ist, das ist ganz klar. ...... Aber was ich mir für die türkischen Mädchen wünsche, dass sie weiter kämpfen, dass sie sich nicht unterkriegen lassen, dass sie selbst Entscheidungen treffen. Viele Frauen treffen eigentlich gar keine Entscheidungen, ja. Andere sagen denen, plappern denen was vor, und sie machen es eigentlich nur nach. Das darf eben nicht sein!*

I *Das findest du nicht gut.*

S *Nein. Keiner kann mir eine Entscheidung abnehmen. Das kann keiner. Ich muss die Entscheidungen treffen. Das ist doch mein Leben! Man muss einfach seinen Weg für sich finden. Das ist immer das, wonach ich in meinem eigentlichen Leben suche. Es ist verdammt schwer. Also, wenn sich 'ne Frau für was entscheidet, ist es immer schwer. Es wird nie einfach. Und es kann dir auch keiner die Arbeit abnehmen. Aber wenn du irgendwas mit Arbeit verbindest, das kriegst du immer zurück. Also daran, daran glaube ich.*

I *Ja.*

S *Wenn du fleißig bist, bekommst du was dafür zurück. Wenn du investierst, wenn du dich traust, dann, auch wenn 's schlecht wird, aber du hast immer noch irgend etwas.*

I *Du hast deine Erfahrung gemacht.*

S *Ja genau! Sei 's auch nur 'ner guten Erfahrung wegen. Ich denke, dieses Individuelle, das muss jetzt langsam mal kommen. Das wird auch höchste Zeit!*

I *Für die türkischen Frauen?*

S *Ja, aber ich denke mal, das gilt für alle Frauen. Also, es hat ja auch nichts mit Nationalität zu tun und nicht nur was mit Religion. Man ist ja immer irgendwo in irgendeiner Tradition. Ich denke, jeder muss sich seinen Weg erkämpfen. So, ich will jetzt nicht, dass wir alle Egoisten werden, aber dass man so 'nen gesunden Egoismus bekommt, so'n Selbstbewusstsein, auch so 'ne Durchsetzungskraft, was vielen Frauen fehlt, es fehlt mir auch. Aber daran muss man halt arbeiten. Und ich kann nicht sagen, oh Gott, die Tradition, die Tradition. Ich hab davon nichts. Ja. Mit Tradition werd' ich im Kopf nicht wach. Es kann ja auch mal schlecht laufen. Es wird auch mal schlecht, ei, es geht nicht anders, schlechte Erfahrungen wirst du machen. Kann dir auch keiner abnehmen. Entscheidungen kann dir auch keiner abnehmen. Aber es ist einfach wichtig, den eigenen Weg zu gehen.*

I *Damit du etwas selbst erfährst.*

S *Genau.*

I *Dass nicht andere*

S *Genau, genau.*

I *Leute dir befehlen oder*

S *Ja.*

I *dich einengen, sondern dass du*

S *Ja.*

I *dass du machst, was du denkst, was du machen möchtest.*

S *Ja, genau.*

I *Ja.*

S *Und dass man diese Frauen nicht verurteilt. Ich möchte nicht irgendwie nach Jahren, wenn ich dann abgehauen bin, dass … Ach, bist du nicht die Tochter von dem und dem? Ach, du bist doch abgehauen. Na, was willst du denn jetzt? Was ist mit dir geworden? Oder so.*

I *Das heißt, man trägt nach.*

S *Ja, natürlich.*
I *Das ist wie ein Stigma.*
S *Das ist wie ein Stempel.*
I *Ehem.*
S *Du bist dann ja ungeachtet. Weißt du, das will ich auch nicht.*
I *Klar.*
S *Ich möchte diesen Konflikt ...... Weißt du, ich möchte es meiner Familie auch insofern nicht leicht machen, indem ich einfach gehe.*
I *Ehem.*
S *Und mit gehen allein ist es ja nicht getan. Die Probleme sind immer noch da. ... Weißt du, ich will, dass man das ausräumt oder so. ... Ich will nicht gehen. Ich möchte den Konflikt, ganz offen. Ich möchte das.*
I *Du möchtest das gerne mit deiner Familie diskutieren?*
S *Nicht nur diskutieren, auch was machen. ... Dann möchte ich, ihr wißt Bescheid, es ist einfach so, ich möchte mich nicht verstecken, deswegen.*
I *Könntest du denn von zu Hause weggehen, ohne dass du heiratest?*
S *Nee, das geht nicht.* (Ganz leise)
I *Vielleicht aus beruflichen Gründen? Also wenn du 'ne Lehrerstelle woanders kriegen würdest?*
S *Eher nicht. Ich bin mir eigentlich ziemlich sicher, dass das nicht geht. Mein Vater würd dann sagen, ei ja, bewirb dich doch da oder dort. Oder mit ganz schwerem Herzen, oder die Mutter wäre bei mir. Es würde sehr problematisch werden, das auf alle Fälle. Es gibt aber auch wenige Familien, die sagen, okay gut. Ja, das wird dann akzeptiert, notgedrungen, weil man doch die Tochter nicht verlieren will, ... das*
I *Das wäre dann 'ne positive Tradition.*
S *Ja.*
I *Und wie ist das bei deinem Bruder?*
S *Der möchte Medizin studieren und sucht jetzt einen Platz. Und wenn er den hat, dann zieht er aus. Der darf ausziehen, der gestaltet sich sein Leben selbst. Der geht auch regelmäßig arbeiten, jobbt und spart sein Geld für diese Studentenzeit. Der darf auch ausgehen, was ich nicht darf. Der hat schon sein Leben. Er ist auch islamisch geprägt. Er nimmt sich seine Freiräume. Wenn ich die mir nehmen würde, würd 's einfach Streit geben, Zwiespalt, ja, irgendwann müsste ich dann wohl mit meiner Familie brechen. Das ist bei meinem Bruder halt nicht der Fall. Der wird in Ruhe gelassen. Und das find ich sooo ungerecht!*
I *Das ist auch ungerecht.*
S *Ja, das war halt mein Anliegen, ja. Deswegen hab ich dieses ganze*

Interview auch gegeben, deswegen war ich damit auch einverstanden. Mir geht es darum, dass man diese Wege öffnet, ja. Dass Frauen einen Anstoß bekommen und sich solidarisch unterstützen. Weil, ehm, das muss einfach kommen. Weil es so nicht weitergehen kann. Weil viele Frauen schon zu sehr daran gelitten haben. Es genügt nicht, immer den Weg der Mutter zu gehen.

I *Findet es deine Mutter gut, dass du studierst?*

S *Sie findet das schon gut. Aber studieren und danach heiraten, so würde sie das machen. Und dann kriegst du noch ein Kind. Meine Mutter wär mit mir erst dann zufrieden, wenn ich fix und fertig studieren würde, wenn ich 'nen Türken heiraten würde*

I *Wollt ich grad sagen.*

S *und wenn es auch noch ein Alevit wäre, bloß keine Sunniten, das sind ja unsere Erzfeinde. Wenn ich dann noch ein Kind kriegen würde und wenn ich dann mit dem Mann glücklich und zufrieden leben würde, dann wäre sie erst zufrieden. Sonst vorher nicht!*

I *Warum sind die Sunniten eure Feinde?*

S *Warum? Ja, weil wir waren 'ne Minderheit in der Türkei und nicht akzeptiert von den Sunniten. Die werfen uns vor, ihr seid ja keine richtigen Gläubigen, ihr haltet ja nicht den Ramadan ein, ihr fastet ja anders als wir, eure Frauen tragen ja keine Kopftücher und ihr lest den Koran auch in türkischer Sprache. Die halten sich an die fünf Säulen, das wird alles strikt bei denen eingehalten. So sind wir nicht. Wir nehmen uns praktisch Freiheiten heraus. Bei uns ist die Frau gleichgestellt, sie sollte gleichgestellt sein, was aber nicht der Fall ist.*

I *Ja, ja.*

S *Bei uns spielt der Tanz eine wichtige Rolle, diese Suche nach Gott und das Vorgehen, dass du vorgehst und sagst: Hier, Dede[44], ich habe mit dem einen Streit, hör uns doch mal an. Was sagst du dazu? Vertrag uns doch wieder. Und anschließend wird gegessen und so, richtig feierlich. Bei den Sunniten ist das anders als bei uns. Da wird gemeinschaftlich gebetet und das war es. Und uns wird halt vorgeworfen, ihr mit eurem Ali, ne. Wir haben ja so 'n Ali-Kult. Bei uns hängt zum Beispiel im Wohnzimmer ein Foto von Ali. Von diesem … von unserm Führer, ja.*

I *Der wird als geistiger Führer betrachtet?*

S *Ja, ja, ja, … ja genau, als Nachfolger. … Er ist so 'ne mystische Figur auch.*

I *Aber ihr glaubt im Prinzip auch an Mohammed, also an den Propheten.*

S *Natürlich, wir glauben auch an Muhe, Mohammed. Aber die Sunniten sagen, indem sie die spirituelle Nähe abwerten, sagen, ihr seid keine richtigen Moslems. Weißt du das ist wie ... ich geb jetzt mal ein Beispiel: Wenn jemand sagt, ich bin Vegetarier. Und ein anderer sagt: Ja trinkst du denn überhaupt keine Milch? Und der erste sagt: Doch, aber ich esse kein Fleisch. Und der andere sagt: Dann bist du auch kein richtiger Vegetarier, denn die Milch ist ja ein tierisches Produkt. Genau so ist es: Du machst es, aber du machst es nicht richtig. Sunniten nehmen uns nicht ernst. Das ist so 'ne Abwertung.*

I *Ja.*

S *Früher haben wir nicht laut gesagt, wir sind Aleviten. Das ist erst seit neuestem, jetzt kommt diese neue Welle auf. In den achtziger Jahren, ich kann mich nicht erinnern, dass meine Mutter, wenn ein Kaffeekränzchen war, dass meine Mutter gesagt hat, wir sind Aleviten. In den neunziger Jahren da kam der Umbruch. Jetzt bekennt sich auf einmal jeder dazu.*

I *Ach, ja.*

S *Also meine Tante wohnt in Mannheim, und da gibt es ein ganz großes Alevitisches Haus. Man nennt das Jam. Das wurde von Aleviten gesponsert.*

I *Wo auch die religiösen ..*

S *Feierlichkeiten, alles wird da gemacht. Diese ganzen feierlichen Sitzungen, es wird getanzt, es wird alles in diesem Haus gemacht.*

I *Es ist also eher ein Gemeinschaftshaus als ein Gotteshaus wie Moschee, Kirche oder Synagoge?*

S *Gemeinschaftshaus und Gotteshaus zugleich.*

I *Ah ja.*

S *Meine Tante ist Mitglied in diesem Alevitischen Haus, die macht da ständig was, die geht da immer in dieses Haus und organisiert irgendwas. Die hält die Fastengebote ein, die kocht dann dieses bestimmte Essen, also die ist immer religiös. Die hält das hoch, ja. Die würde sich noch auf die Stirn schreiben: Ich bin Alevitin. Die ist richtig <u>froh</u>, dass sie das hat. Sie plärrt auch so gerne: »Ah, das ist bei uns so und so und das so« und ist auch ein bisschen stolz auf ihre Religion. »Ja, wir sind nicht wie die Sunniten, wir heben uns ab, wir sind was anderes!« Ja. ... Und das ist bei uns gar nicht der Fall, da machen wir nicht mit. ...*

I *Das ist neu?*

S *Mein Vadder, ja, der sagt eh: »Ich glaub nicht mehr an Gott, das ist doch alles sowieso nur eh Humbug und so.« Mein Vadder war früher nicht so, das hat sich erst so in den letzten Jahren so rauskristallisiert. ... Der hat sich von der Religion abgewendet. Unsere religiösen Aktivitäten sind einfach weniger geworden.*

I *Und deutsche Feste, wie Weihnachten?*

S *Machen wir überhaupt nicht.*

I Macht ihr gar nicht?

S Nein.

I Weil ich kenne halt viele Türken, die freuen sich immer auf diese vorweihnachtliche Zeit mit Zimtsternen und so.

S Ja.

I Und Tee, das finden immer alle ganz Klasse.

S Ja, ich mag das auch sehr gerne. Also ich mag das zum Beispiel eh ... wie nennt man das, ... ehm diese vier ...

I Advent.

S Genau, Advent, ja genau, Adventskaffee. Das find ich total schön, aber das wird bei uns nie gemacht. Das erleb ich bei 'ner deutschen Freundin und so. Bei uns steht auch kein Weihnachtsbaum, bei uns steht auch kein Christschmuck oder so, auch kein Stollen oder so, nix. Gar nichts in der Hinsicht.

I Aber ihr

S Also ich denke, wir sind nicht so religiös. Und weil mein Vadder sich von Gott abgewendet hat.

I Ja.

S Weiß nicht, meine Eltern sind auch verändert. Ich hab immer das Gefühl, sie kapseln sich immer mehr ab. Sie gehen jeden Abend zu zweit spazieren. Sie haben so ihr Leben gerichtet. Sag mer mal so: Wir sind keine typische türkische Familie mehr.[45]

I Ja.

3. Schülerinnen

Selima, Louiza und Kerima

Der Bildungshunger der Frauen ist dort am größten, wo eine Männerkultur fehlt, die die Verschriftung der eigenen Sprache und darauf aufbauende Bildungsmöglichkeiten geleistet hat, und wo die Kultur der Frauen in der Bewältigung des Alltäglichen besteht: von der Geburtshilfe bis zur Sterbehilfe, von der Versorgung der Kinder bis zur Befriedigung der Paschas – also in Arbeit ohne Ende. Selima, Louiza und Kerima kommen aus einer solchen Kultur, aus der Berberkultur im Rif-Gebirge im Norden Marokkos. Von den Frauen dort habe ich gelernt, wie sehr die Not Bildungsprozesse häufig antreibt.

Im Sommersemester 1998 brachte eine Studentin das am 6.6.1998 mit Selima, Louiza und Kerima geführte, auf Tonband aufgezeichnete und transkribierte Interview mit in mein Seminar *Bildungsprozesse bei Kulturwechsel.* Die Interviewten kommen aus der Provinz Nador im Norden Marokkos: Selimas und Louizas Eltern aus einem Dorf im Rif-Gebirge, Kerima aus der Provinzhauptstadt Nador. Die drei Mädchen treffen sich regelmäßig, um ihre spezifischen Erfahrungen, Fragen und Probleme miteinander zu besprechen.

Selimas Mutter ist uns bereits begegnet. Sie wurde im Alter von 17 Jahren mit einem marokkanischen Arbeitsmigranten in Deutschland verheiratet, hatte in Marokko nie eine Schule besuchen dürfen, weil sie im Haushalt gebraucht wurde, und machte hier mit 25 Jahren den Hauptschulabschluss in der Volkshochschule. Eine bewundernswerte Leistung! Ihre Tochter Selima ist ihr erstes von drei Kindern. Sie ist in Deutschland geboren, besucht die elfte Klasse eines Gymnasiums und verwirklicht so die Bildungsträume ihrer Mutter. Die Verwandten leben in Nador und in Deutschland.

Louiza kam im Alter von sechs Jahren zusammen mit ihrer Mutter nach Deutschland zum hier mit Arbeitsvertrag lebenden Vater. Ihre frühe Kindheit hat sie in einem Lehmhaus in einer Streusiedlung im Rif verbracht. Sie hat zwölf Jahre die deutsche Schule besucht, will Abitur machen und Ärztin werden. Auch sie verwirklicht die Bildungsträume ihrer Mutter, die als Kind nie in einer Schule war und nicht lesen und schreiben lernte. Louizas ältere Geschwister leben alle in Nador mit ihren Familien, ebenso die Verwandtschaft.

Kerima ist 19 Jahre alt, sie kam 1996, also erst zwei Jahre vor dem Interview, mit der Mutter zum Vater nach Deutschland. In der Stadt Nador besuchte sie zuletzt das Lycée, die Oberstufe der nach französischem Vorbild aufgebauten Schule, hatte aber noch keinen Abschluss, als sie nach Deutschland ging. Kerima ist dreisprachig: Ihre Muttersprache ist Tamasight (Berberisch), in der Schule wird in Arabisch und Französisch unterrichtet. Hier wurde sie in die elfte Klasse eines Gymnasiums eingewiesen, scheiterte aber auf Grund fehlender Deutschkenntnisse. Zur Zeit des Interviews ist sie in einer Ausbildung zur Floristin und will das Abitur auf dem zweiten Bildungsweg machen.

Die Interviewten fahren in der Regel einmal im Jahr zu ihren Verwandten nach Nador, meist – wie fast alle Rifi – in den Sommerferien.

Das Interview verlief in Form eines Gesprächs, ist sehr lebendig und außergewöhnlich lang. Für diese Studie wurden fünf Themenbereiche ausgewählt, die bezüglich der Transformationsprozesse besonders aufschlussreich sind:

- Familienstruktur,
- Umgang mit der Muttersprache,
- Erfahrungen mit der Schule in Deutschland,
- Einstellung zur Moral in der Herkunftskultur,
- Reisen nach Nador.

S = Selima, K = Kerima, L = Louiza, I = Interviewerin

Sequenzanalyse

S *Also ich bin 81 hier geboren, in Frankfurt, und ich bin bei meiner Mutter und bei meinem Vater aufgewachsen vier Jahre lang, bis dann meine Schwester auf die Welt kam. Also meine Eltern, die haben in einem Restaurant gearbeitet, was genau neben dran ist. Und als kleines Kind hatt ich halt eben sehr viel mit den Besitzern des Restaurants zu tun, die mir auch schnell Deutsch beigebracht haben. (...)*
Als ich sechs Jahre alt war, bin ich in eine Grundschule gekommen ... Ehm, in dieser Schule und in der Umgebung waren keine Marokkanerinnen. Zum Gl., also, so gut wie gar keine und ich bin zum größten Teil unter ... Deutschen oder Europäern aufgewachsen. ... Also ich bin auch nicht so stark mit der Familie aufgewachsen in der Zeit. Wir hatten zwar viel Familie hier, aber weil ... Familien sich auch gerne zerstreiten ...

I *Ah* (lachend).

Alle lachen zustimmend.

I *Soll vorkommen.*

S *Ja, es ist so gewesen, dass wir zum größten Teil vielleicht nur mit zwei, drei Familienangehörigen Kontakt hatten, die waren auch nicht verheiratet, so dass die mal vorbeigekommen sind, so Brüder oder Schwestern von meinem Vater und von meiner Mutter.*

In Selimas Denken bezeichnet das Wort Familie immer noch die Großfamilie, wie es in der Herkunftskultur ist. In der Lebenspraxis hat sich jedoch in Folge der Migration die Kleinfamilie aus der Großfamilie ausdifferenziert. Selima beschreibt diesen Prozess der Transformation. Erkennbar wird, dass dieser auf der Ebene des Denkens langsamer verläuft als auf der Ebene des Handelns in der Lebenspraxis.

S *Ja, und dann auch in der Grundschule, wo ich gegangen bin, war'n gar keine Marokkanerinnen und Marokkaner, war'n zum größten Teil Iraner in unserer Gegend.*

I *Hm.*

S *Mit denen hatte ich aber auch nicht viel zu tun. Ich war meistens mit Deutschen zusammen, also Freundinnen, Freunde und so.*

Sie wurde nicht abgewiesen von den deutschen Kindern, sondern gehörte einfach dazu.

S *Auch Geburtstage, da war ich immer zum größten Teil nur mit Deutschen zusammen.*

In ihrer Herkunftskultur feiert man den Hochzeitstag der Eltern. Geburtstage werden nicht gefeiert, sie gelten als individualistisch und westlich dekadent. Die Kleinfamilie passt sich den hiesigen Gewohnheiten an und Selima wächst wie selbstverständlich wie eine deutsche Tochter auf.

S *Ja, und dann nach der Grundschule musste man sich halt eben entscheiden ... ehm, auf was für ne Schule man geht, ob Haupt-, Real- oder Gymnasium. Und da ich ne mittelgute Schülerin war, bin ich aufs Gymnasium gegangen, und meine E... meine Mutter ... zum größten Teil, eh, eh, zum größten Teil legte auch sehr viel Wert auf Bildung und auch, dass man, dass ich was aus meinem Leben machen soll. Deswegen war auch ihr Ansporn, dass ich aufs Gymnasium gehe... Ja, dann bin ich aufs Gymnasium gegangen, wo ich jetzt bin, und die meisten aus unserer Klasse auch. Das war noch so 'n zusätzlicher ... ja, wie soll man sagen?*

K (leise:) *Anstoß.*
I *Anstoß.*
S (Lachend:) *Anstoß sozusagen, dass man noch mit den Freundinnen* (undeutlich, evtl.: und Freunden) *auch, die man hatte, zusammen bleibt.*

Probleme mit der Anerkennung der Zugehörigkeit hat sie nie gehabt.

S *Ja, und jetzt bin ich in der Elften, also bin immer noch auf dieser Schule. Auf dieser Schule gibt 's leider keine Marokkaner und Marokkanerinnen, das ist irgendwie seltsam, aber ... Also in meinen ganzen Schulen, auch im Kindergarten waren keine Marokkaner.*
I *Wie fühlt sich das an?*
S *Es ist, ehmmm ... seltsam manchmal, weil ich nicht auch die andere Seite kennen gelernt habe. Weil ich vieles von den ganzen Konflikten, die es unter Marokkanern gibt, oder wie die sich integrieren (undeutlich, evtl. immigrieren) nicht mitbekommen hab. ...*

Marokkaner in Deutschland sind ihr fremd geblieben. Daraus kann man schließen, dass ihre Familie keinen Kontakt zu ihnen gesucht hat. Den hätte sie leicht finden können in marokkanischen Vereinen oder in überwiegend von Marokkanern besuchten Moscheen. Ein solcher Kontakt war nicht gewollt. Der Grund dafür wird angedeutet: Marokkaner werden wahrgenommen als Menschen, die untereinander Konflikte haben und Schwierigkeiten im Integrationsprozess haben oder machen. Beziehungen zu ihnen hätten den von Selimas Eltern gewollten Veränderungsprozess möglicherweise stören können.

S *Also ich bin, also das Gute daran ist, zum Beispiel, dass ich auch meine eigene Persönlichkeit aufbauen konnte dadurch, dass ich unter Deutschen aufgewachsen bin. Da gab 's gar kein Einfluss, also meine Eltern haben nicht gesagt, ich muss Kopftuch tragen (gedehnt), weil die und die auch Kopftuch tragen, die neben uns wohnen, weil meistens ist es so, dass ehm die Eltern unter sich ... halt eben gucken: Was macht deine Tochter?«*
K und L lachen bestätigend.
S *Ja, die .. ja also, die gucken, ehm, hat meine Tochter en Kopftuch? Ja, wenn meine hat, dann muss die andere auch en Kopftuch tragen, das ist so 'n indirekter Druck, der unter den Familien herrscht.*
I *So fühlst du dich freier?*
S *Genau! Und ich denk mir auch, dass das dazu beigetragen hat ... eh, weil wir halt eben nicht unter Marokkanern aufgewachsen sind, konnten wir uns auch, also halt eben so entwickeln.*

Selima beschreibt den Prozess ihrer Individuation. Sie erkennt richtig, dass diese Entwicklung für sie in Deutschland möglich wurde durch die Ausdifferenzierung ihrer Familie aus der Großfamilie und der traditionalen Vergemeinschaftung mit ihrem spezifischen Umgang mit Normen. Der Mensch ist dort Teil des Ganzen und den Regeln und der Kontrolle der Gemeinschaft unterworfen. Erziehungsziel ist das Abschleifen der immer vorhandenen Individuierungstendenzen. Selima erkennt, dass sie im Unterschied dazu ihre *»eigene Persönlichkeit aufbauen konnte«*, ein autonom entscheidendes Subjekt werden konnte. Diesen Transformationsprozess vom Teil der Gemeinschaft zum individuierten Subjekt bewertet sie als positiv. Sie und ihre Eltern konnten frei von kontrollierenden, traditionell geprägten Beobachtern aus derselben Herkunftskultur Sichtweisen, Haltungen und Verhaltensweisen entwickeln, die sie selbst für richtig halten. Selima ist sich der Vorteile ihrer Sozialisation in deutscher Umgebung bewusst. Indirekt sagt sie auch, dass die Anwesenheit von Marokkanern ein Hindernis in diesem Bildungsprozess sein kann.[46]

K *Also ich bin in Marokko geboren, in der Stadt Nador, und dort in die Schule gegangen.*

Die Schulen in der Stadt Nador wurden nach französischem Vorbild – fünf Jahre Grundschule, drei Jahre Collège und drei Jahre Lycée – seit den fünfziger Jahren aufgebaut. Kerima war dort zuletzt auf dem Lycée.

K *(...) 1996 bin ich nach Deutschland gekommen, also ausgewandert, mit meine Geschwister. Mein Vater war schon hier. Und dann bin ich direkt ins Gymnasium gegangen, das war halt sehr ...... sehr schwierig, muss man die Sprache erst mal lernen und halt Kontakt aufnehmen. Es war ganz schwierig, weil da nur Deutsche waren und keine Marokkaner halt. Ich hab die ersten zwei Monate nur geheult fast, oder geweint, wie man sagt.*
I *Und dein Deutsch, das du jetzt sprichst, hast du jetzt in der Schule gelernt, ja?*
K *In der Schule, ja.*
I *In zwei Jahren?*
S *Wahnsinn* (ganz leise).
Kerima lacht, allgemeines kurzes Lachen.
K *Eh, ja irgendwann hab ich ein paar Freunde da kennen gelernt und dann ging 's dann nicht so schlimm wie fr..., wie die ersten Tage lang. Ein Jahr war ich in Gymnasium gewesen. Und dann hat mein*

Vater gemeint, ja, eh, du musst jetzt damit aufhören, weil ich kann ja nicht den Abitur schaffen. Das war zu schwierig.

I *In welcher Klasse warst du denn gewesen?*

K *Ich war in elfte Klasse. Und dann hab ich damit aufgehört. Hm, hab meine Zeugnisse alles zusammen dann nach Darmstadt geschickt, also der Regierungspräsident, dann hab ich zwei Monate gewartet. Ham se mir ein Zeugnis, also den Realschulabschluss nachgewiesen. Und hm, dann war ich beim Arbeitsamt und da ham se mir so Papiere gegeben, wo man die Ausbildungsstelle finden kann und so. Dann hab ich mich bewirbt ... und ehm, ja dann hab ich die Stelle gekriegt, also die Ausbildungsstelle.*

I *Sofort?*

K *Hm, eigentlich schon* (leise). *Auf eine Mal.*

Kurzes Lachen.

K *Ja, da bin ich jetzt* (lacht). *Mache meine Ausbildung als Floristin.* (Lachend:) *Und bin hier jetzt*

Andere lachen mit.

K *mit Marokkanerinnen zusammen. Hab jetzt alles, was ich wollte* (lacht). *Eigentlich. (...) Und das Abitur kann ich immer noch machen, also so ein Abendgymnasium besuchen und Abitur nachmachen, und das will ich ja auch.*

Wer freiwillig auswandert ist bereit, ein neues Leben in anderer Umgebung zu beginnen und die damit verbundenen Anstrengungen auf sich zu nehmen. Kerimas Eltern haben eine klare Entscheidung getroffen: Sie wollen ihren Kindern in einer modernen Gesellschaft bessere Zukunftschancen bieten. Sie haben eine hohe Bildungsmotivation, sonst wäre die Tochter nicht bereits in Nador auf das Lycée gegangen. Diese Bildungsmotivation haben sie an die Tochter weitergeben können. Sie ist eine selbstbewusste, mutige Person, die weder vor dem Gymnasium, dem Regierungspräsidium, dem Arbeitsamt noch vor dem zweiten Bildungsweg zurückschreckt. Kerima ist ein Beispiel für einen besonders schnellen Integrationsprozess.

S *Unter Marokkanerinnen sind wir so gut wie nie.*

Die Distanz zu Marokkanern in Deutschland ist geblieben.

I *Welche Sprache sprecht ihr denn zu Hause?*

K *Also wir sprechen deutsch. Und auch unsere Muttersprache. Also alle beide zu Hause* (lachend).

Deutsch steht an erster Stelle. Die Muttersprache verliert an Bedeutung und verblasst allmählich, zumal da es sich um eine Sprache handelt, die nicht verschriftet ist und von der es daher keine Hochsprache sondern nur Dialekte gibt.

S *Manchmal fängt man mit dem Deutschen an und geht dann in die Muttersprache über.*
L *Manchmal ist es so, dass man selbst deutsch redet und die Antwort auf Marokka, auf Maro, auf Tamasight dann zurückkriegt.*
S *Das ist zwischen Eltern und Kindern.*
L *Zwischen Eltern und Kindern.*

Die Geschwister sprechen deutsch miteinander. Berber nennen ihre Sprache *Tamasight* und sich selbst *Imazighen.*

L *In der Stadt, auch wenn keine Deutschen dabei sind, sprechen wir kein Tamasight.*

Die Mädchen sprechen ihre Muttersprache also nur zu Hause, nicht in der Öffentlichkeit, auch dann nicht, wenn sie unter sich sind. Das muss motiviert sein und ist erklärungsbedürftig.

L *Vielleicht wollen wir nicht erkannt werden. Vielleicht .....*
S *Ich denk mir auch, dass es ein Schutz ist.*
K *Es ist ein Schutz.*
S *Es is en Schutz.*
L *Man möchte nicht erkannt werden.*
S *Es is en Schutz.*
K *Ja, das glaub ich auch.*

Alle drei sind sich darin einig: Die Muttersprache in der Öffentlichkeit zu sprechen wäre riskant. Da diese Sprache aber fast nur von den Berbern selbst erkannt wird, müssen die eigenen Landsleute für diese Mädchen eine Gefahr bedeuten. Besonders Männer werden sich teilweise verhalten wie in der Traditionalität im Herkunftsland: Die Einhaltung der Regeln und Normen wird dort mit Argusaugen beobachtet, besonders junge Mädchen werden ständig kontrolliert, und es werden Geschichten und Gerüchte über sie verbreitet, die dem Mädchen und seiner ganzen Familie schaden können.

L *Es ist traurig aber ...*
S *Vor allem Tamasight.*
L *Ja, ja Tamasight.*
S *Also Arabisch nicht.*
L *Arabisch ist anonym, es gibt ja so viele.*

S *Das ist gar kein Problem, aber Tamasight, also da weiß dann sofort jeder, dass man aus dem Norden kommt, sozusagen.*

K *Mhm, oh ja.*

Kurzes Lachen.

S *Norden Marokkos.*

K *Ja!*

S *Ja, des is so 'n bestimmter Stempel. Man weiß sofort, woher man kommt, und das ist, ... ich denk mir also auch ein Schutz.*

I *Wer erkennt euch?*

S *Des, die, ehm, ... die Imazighen-Männer, die Männer, die jetzt auch aus dieser Gegend kommen, dass die uns sofort erkennen.*

I *Hm, ach so.*

S *Und dass man dann so sagt, was macht die hier, ehm, wieso ist die nicht zu Hause? Was hat sie an? Und es ist so, dass man auch abgestempelt wird als irgendein schlechtes Mädchen oder eine schlechte Frau und ehm ... Ich denk mir, dass das der Hauptgrund ist, denk ich,*

K *denk ich auch,*

S *dass man einfach deutsch redet.*

Von Hindernissen im Integrationsprozess durch Deutsche ist hier nicht die Rede, aber von Belästigung und Behinderung durch Männer aus der Herkunftskultur, vor denen die Mädchen sich schützen wollen. Dieses Problem taucht in vielen Interviews auf und wird im folgenden Teil *Hindernisse* näher betrachtet.

Nicht nur die Immigrantinnen verändern sich, sondern auch die Menschen in der Heimat. Und dazu tragen die Ausgewanderten bei.

S *Die Hochzeiten ändern sich. Also die haben sich sehr stark geändert.*

L *Gott sei Dank!*

S *Also manches hat sich zum Negativen gewandelt.*

L *Das ist richtig.*

S *Ja, dadurch dass auch Kameras und Fotos und so ...... ich hasse Kameras.*

L *Und diese Fundis, die immer mehr einströmen bei uns, sie machen 's uns*

(Kassette wird umgedreht)

I *Was passiert mit den Fotos? Was ist unangenehm?*

L *Es könnte ja gezeigt werden* (ironisch).

S *Es wird auch gezeigt.*

I *Es wird öffentlich.*

S *Ja.*

L *Das Gesicht der Frau wird öffentlich.*
S *Ja.*
L *Das Gesicht der Frau wird öffentlich. Das macht man nicht.*
S *Ja, da wird dann auch darauf geachtet: Pass auf, dass du nicht gefilmt wirst oder ...*

Daraus spricht ein großes Bedürfnis nach Schutz der Intimität. Das Gesicht der Frau gehört in den Bereich des Privaten. Diese Einstellung kann aber auch Herrschaft über die Frau zur Folge haben und räumliche Beschränkung. Die moderne Foto- und Filmtechnik verändert die Realität und führt zu neuen Konflikten.

L *Ich denke, man muss in der eigenen Familie selbst ein bisschen durchgreifen, dass die Männer das wissen, dass man gleichberechtigt ist, das heißt, du darfst meine Frau sehen, ich darf deine Frau sehen. Dass man sagt: »Okay, wir wissen, wir verstehen das. Du willst deine Frau nicht jedem zeigen, finden wir auch in Ordnung. Aber wir können es ja so machen: Du darfst seine Frau sehen, ich darf deine Frau sehen und dementsprechend sind wir alle gleichberechtigt.«*

Eine amüsante Auffassung von Gleichberechtigung. Aber vielleicht muss man in einer so archaischen Kultur auf diese Weise damit anfangen. Louiza wird es wissen. Auf jeden Fall will sie die Verhältnisse dort verändern in Richtung Gleichberechtigung der Geschlechter.

L *Und wenn jemand bei einem Fest seine Frau nach Hause gebracht hat und wiederkommen will, haben wir gesagt: »Nix da!«*
S *Das ist korrekt.*
L *Ganz eiskalt meinte mein Bruder: »Tut mir leid, Sohn meiner Tante, tut mir furchtbar leid. Ihr seid herzlich willkommen, aber alle gemeinsam. Wenn du deine Frau nach Hause bringst und du kommst wieder, tut mir leid, brauchst gar nicht wieder zu kommen. Hier gibt es Männer, die das nicht mögen.«*
S *Hm. Das ist korrekt.*
L *Aber das muss man einführen!*

Louiza will zur Gleichberechtigung der Frau in ihrer Herkunftskultur beitragen. Ihr sind die Geschlechterverhältnisse dort unerträglich. Sie ist von einem geradezu missionarischen Eifer gepackt und wird anscheinend von ihren Brüdern unterstützt. Auch ein Teil der Männer will die Veränderung.

L *Genauso wie man sich weigern muss, und das mache ich sehr, dass ... Da werde ich immer wütend bei Hochzeiten, wo Männer und Frauen auch sehr streng getrennt sind, wo wir die Frau dann hinbringen, die Braut, und dann wird dieser Aufputsch gemacht wegen diesem Fleck, roter Fleck auf dem Bettuch. Oder wir sitzen noch und feiern und dann geht der Bräutigam erst weg, dann geht die Braut weg, und ich hab mir gedacht, die gehen bestimmt auf Toilette oder so, und was ist plötzlich? Plötzlich nach ein paar Minuten stürmen alle Frauen aus unserem Raum, wo wir da getanzt haben, raus ins Schlafzimmer. Sie saß da: »Ach, ach, ach.« Ja, hat da gewürgt, und auf dem Kopf des Bettes war das Tuch mit dem roten, roten, mit dem roten Fleck. Das war widerwärtig. Und mich musste man wirklich von draußen wieder reinschleppen, weil ich voll den Aufstand gemacht habe, habe gemeint: »Hier bleiben wir nicht, ich möchte, ich unterstütze das nicht. Und ich hab kein Bock mitzubekommen, wie er sie durchlöchert! Dazu hab ich kein Bock!« Ja, da muss man halt ein bisschen durchgreifen. Ich denke, das ist wichtig, also dass wir da auch sagen: »Nein!«*

Das ist eine klare Distanzierung von den moralischen Verhältnissen dort. Diese Sequenz zeigt, dass der Transformationsprozess bei Louiza weit fortgeschritten, vielleicht sogar vollständig vollzogen ist. Denn die Veränderung auf der Ebene der Moral verläuft in der Regel viel langsamer als auf den Ebenen des Handelns und Denkens.

S *Ist auch geschmacklos!*
L *Ja, wir akzeptieren das nicht! Wir möchte damit nichts zu tun haben!*
S *Ich hab vor allem auch schon ...*
L *Wer weiß, ob es echt war. (...)*

Louiza kennt die vielen Täuschungsmanöver vom Beutelchen mit Hühnerblut, das die Braut zur Entjungferung mit ins Bett nimmt, bis zum Zunähen der Vagina in den letzten drei Wochen vor der Hochzeit. Über solche ärztlichen Eingriffe hat die Studentin Maria aus Tunesien in ihrem Interview berichtet. Sie sind ein einträgliches Geschäft für Ärzte in islamischen Ländern und inzwischen auch in Deutschland.

L *Wir müssen uns zusammen tun und sagen: »Soweit okay, da mache ich mit, aber die Grenze finde ich schamlos und da weigere ich mich mitzumachen und gehe.« Und damit verneint man im Grunde genommen dieses ganze Jungfräulichkeitsgetue. Ich hab eine Mutter, die sich geweigert hat, von allen meinen Schwägerinnen das Tuch*

anzuschauen. Es wurde ihr gebracht und sie dann so: »Um Gottes Willen, nehmt mir dieses stinkende Zeug weg, ja, ich will nichts damit zu tun haben. Das ist nicht meine Sache, das ist ne Sache zwischen Frau und Mann im Zimmer!«
Mehrere: Hm, hm.

Als Louizas Brüder in Marokko heirateten, lebte ihre Mutter schon mehrere Jahre in Deutschland. Auch sie hat sich hier verändert.

L Da muss man die Initiative ergreifen, wenn man was zu sagen hat.

Louiza weiß genau, dass Frauen dort meistens nichts zu sagen haben.

S Man muss aber erst den Respekt vor den Menschen gewinnen. Man muss, man muss
L Man muss schon reden!
S Also man kann es erst sagen, wenn man weiß, dass die andern einem zuhören und einen auch respektieren.
L Ja, man muss die Familie auch hinterm Rücken haben.
S Ja, auf alle Fälle.
L Also den Respekt muss man sich vorher erkämpfen, erreden. Verständnis für Sachen wecken, wo man sich einfach klar ist. Und man muss dann auch entsprechend handeln. Das muss schon ein kleines bisschen helfen.

Allein kann eine Frau gar nichts erreichen. Nur mit Unterstützung der Familie hat sie eine Chance überhaupt gehört zu werden. Und sie muss sich vorher *Respekt* erkämpft haben, das bedeutet, sie muss viel für die Gemeinschaft gearbeitet haben und sich gefügt haben, besonders in ihrem moralischen Verhalten bzw. Scheinverhalten. Louizas Ziel ist es, die Verhältnisse dort zu verändern.

L Aber es gibt viele Mitläufer bei uns, und das ist so traurig eigentlich.
S Hier?
L Hier und da. Eigentlich sie alle. Und sogar unsere Frauen. Deswegen kommen wir ja auch nicht zu Potte, weil unsere Mädels ...... ich weiß nicht, was mit denen los ist.
I Mitläufer meint eher auf der Seite der Tradition, also keinen Ärger provozieren.
L Genau, nicht so viel reden.
S Genau. Bloooß nicht reden.

Die Interviewten sind Einzelkämpferinnen. Sie haben keine Mitstreiterinnen.

L *Ja, das gibt 's auch bei Deutschen: Eine gute Frau hat keinen Kopf, ja.*

I *Ja, natürlich.*

L *Und diesen Spruch habe ich aus einem Buch, von Hiltrud geschenkt bekommen, mit europäischen Sprichwörtern über Frauen. Ja, es war immer so, und so verhält es sich bei uns.*[47] *(...) Aber wir können uns auch Respekt verschaffen, nur wir müssen halt ...*

S *wissen wie,*

L *müssen sehr vorsichtig sein, vor allem müssen einiges hergeben.*

S *Ja, genau.*

L *Oder verzichten, verzichten ist immer gut.*

S *Ja.*

Mädchen von dort, die studieren, müssen auf Sex und einen Freund verzichten, auch auf eigenständige Freizeitgestaltung.

L *Aber man darf sich nicht den Mund verbieten lassen. Und dass die Gespräche auch ein bisschen effektiver werden. Denn über was reden unsere Frauen am liebsten? Über Sex und über Jungfräulichkeit.*

S *Ja, am liebsten.*

Allgemeines Stimmengewirr und Lachen.

L *Das hab ich in Marokko erlebt, als ich da aufgewachsen bin.*

K *Ja!*

L *Über das Hexen, ja das Hexen, dass man zur Hexe geht, zu ner Küekü,*

K *Ja!*

L *Zauberin, damit das zugemacht wird.*

K *Ja!*

L *Und dann, so geistig wirst du zugemacht, ja? Da kann dir auch nichts passieren, und die Frauen glauben dann, es passiert auch nichts.*

I *Hm?*

K *Hm!*

L *Man hört das, man hört das.*

S *Ja.*

L *Und das find ich unangenehm!*

I *Kannst du das ein bisschen erklären? Was heißt dieses Zumachen und Zusein?*

Die drei Mädchen verstehen sofort, was hier gemeint ist. Das archaische Ritual ist ihnen bekannt. Die Interviewerin wird offensichtlich mit Unbekanntem konfrontiert.

L *Die Mädchen glauben dann, es ging gar nichts und würden es auch nie versuchen, sozusagen. Ja, also es ist sowieso zugeschlossen, also wozu dann rumhantieren, ja? Also es ist nur geistig, dass man damit nichts anfangen kann.*
S *Geistig beeinflussen, ja.*

Es handelt sich offenbar um Suggestion. Dem Mädchen wir von einer dafür zuständigen »Hexe« suggeriert, durch ein besonderes Ritual würde die Vagina geschlossen. Im Rif-Gebirge blühen und gedeihen solche Vorstellungen bis heute. Daran ändert auch die gleichzeitig stattfindende Modernisierung nicht viel.

S *Also, auf der Hochzeit von meiner Cousine ist passiert*
L *Sie war zu?*
Allgemeines Lachen.
S *am Tag danach* (lachend)
L *Am Tag danach?*
Alle lachen.
S *Am Tag nach der Hochzeit, also wo dann eigentlich die ganze Feier vorbei ist, bringt nach unserer Tradition im Dorf*
L *Unserer auch!*
S *im Dorf, bringt man das Frühstück der Braut. Also die Brautfamilie*
L *Ja, das ist bei uns auch.*
S *Und ehm, ich war vielleicht ... 13 ... 14 ... 13, ich war also noch jung. Für mich war es noch jung* (lachend).
Allgemeines kurzes Lachen.

Einige im Rif halten auch heute noch ein Mädchen mit 14 Jahren für eine alte Braut. In der Elterngeneration wurden Mädchen bevorzugt mit elf oder zwölf Jahren verheiratet.

S *Also ich hab eigentlich mit dem Thema, meine Mutter hat mich nie damit konfrontiert oder überhaupt irgendwas drüber erzählt, über Jungfräulichkeit. Ich wusste, dass es die gibt, von der Schule. Aber ich wusste nichts, dass es dann, dass die Frau danach blutet zum Beispiel.*
I *Mhm.*
S *Das wusste ich nicht. ... Und ehm dann ... Wunderbares Essen haben wir da mitgebracht, morgens früh, Lrbsimen, Blätterteig,*
L *Ja, mhm.*
S *Eier,*
L *ja, genau das gehört dazu.*
S *Honig, Marmelade, also wunderbares Essen.*
L *Frühstück,*
S *richtiges Frühstück also,*

L *ausgiebiges.*

S *Sah einfach alles lecker aus, so 'n Riesentisch, na, da lag alles auf dem Tisch. Und wir haben da alle gesessen, kleine Kinder, große Kinder, Mütter, Tanten und Großtanten, was weiß ich, wer noch alles da war. Tee wurde eingeschenkt. Tee haben wir schon mal getrunken, haben Erdnüsse gegessen ... und auf einmal kam da die Schwiegermutter von meiner Cousine und hielt da ein Tuch in der Hand mit ... Blut.*

L *Mit dem Blut.*

S *Mit den Blutflecken ... und auf einmal blieb mir das Herz stehen, in dem Moment.*

L *Das muss ja gezeigt werden. Das kriegt normalerweise die Mutter der Braut.*

S *Oh je* (seufzt). *Auf alle Fälle, als ich das gesehen hab, hab ich richtig Schock gekriegt. Warum eigentlich? Warum muss die es jetzt noch zeigen? Die war noch voll Stolz! So, so richtig mit Stolz, schaut mal hier!*

K *Ja* (lachend)*!*

L *Ja, noch Jungfrau!*

S *Hier ist das Tuch, und sie ist noch Jungfrau, sie ist toll und sie ist gut und sie war rein!*

Hinter dem *Jungfräulichkeitsgetue,* dem *Stolz* und der Freude der Mütter steht ein tieferer Sinn, über den man nicht spricht: das universale Inzesttabu. Wo in archaischen Gemeinschaften Großfamilien auf engem Raum zusammen leben und schlafen, ist der Tabubruch eine reale Gefahr und wird als schlimmstes Vergehen empfunden. Der Jungfräulichkeitskult schützt die Mädchen vor sexuellen Übergriffen der Männer in der eigenen Familie. Das Blut im Bettuch nach der Entjungferung in der Hochzeitsnacht ist der Beweis für den erfolgreichen Kampf der Frauen gegen die Triebhaftigkeit der Männer. Frauen verstehen sich als die Hüterinnen der Moral in der Familie. Es ist dieselbe Logik, die auch der Koranvers 33:59 mit den Bekleidungsvorschriften für Frauen enthält, der im Teil *Hintergründe* analysiert wird. Frauen tragen die Verantwortung für die Ehre der Männer. In modernen Verhältnissen mit Kleinfamilien und Kinderzimmern verliert der Kult ums Hymen seinen ursprünglichen Sinn, der ohnehin längst in Vergessenheit geraten ist.

S *Und uah ... ich hätt die Frau echt kicken können in dem Moment. Und seitdem ... ich weiß nicht, da hab ich irgendwie .... Also ich wusst nicht, dass es bei der Hochzeit überhaupt so was gibt, dass darauf geachtet wird.*

L *Wie süß!*
S *Und ....*
L *Wie unschuldig.*
Allgemeines Lachen.
S *Es macht aber einen im Moment fertig, weil, weil,*
L *Es ist ein Schock.*
S *weil man dann erst gefragt hat, ja was, ja was passiert überhaupt in dieser Nacht? Ja?*
I *Mhm.*
S *Ja, und was ist, wenn ich das nicht hab? Was weiß ich, dann kommen ... Dann macht man sich dann selbst Gedanken ...*
K *Ja!*
L *Ja.*
K *Ja.*
S *dann da drum. Ja, und erst da wurd ich richtig damit konfrontiert und ehm ... Es ist einfach ein Schockerlebnis* (leise).

Trotz der Schockerlebnisse fahren die Interviewten immer wieder nach Nador. Die Verhältnisse dort lehnen sie ab. Sie machen auf diese Weise Erfahrungen, die das Leben in Deutschland nicht bereit hält. Sie müssen sich damit auseinandersetzen und Entscheidungen treffen. Das kommt ihrem Denken und ihrer Persönlichkeitsentwicklung zu Gute. Ihre Zukunft sehen sie in Deutschland. Aber sie haben in Marokko Menschen, die sie lieben und mit denen sie eine Gemeinschaft bilden, ebenso wie die Studentin Maria. Aus der Zugehörigkeit zur Gemeinschaft beziehen sie Kraft, auch für den schwierigen Bildungsweg in Deutschland. Gerade die Stabilität der Gemeinschaft ermöglicht ihnen jene Transformationsprozesse, die über kurz oder lang diese Gemeinschaften zersetzen.

Simin

Datenbasis sind ein Interview mit Simin und objektive Daten ihrer aus dem Iran stammenden Familie über drei Generationen. Die Daten wurden im Sommer 1998 erhoben. Simin war damals 14 Jahre alt.

Im Iran leben schiitische Muslime und die religiösen Minderheiten der Christen, Juden und Zoroastrier miteinander. Den islamischen Männern ist es nach dem Koran erlaubt, Frauen von den »Leuten des Buches« zu heiraten, also Frauen mit den genannten Religionen. Ihre Kinder »erben« aus islamischer Sicht die Religion ihres Vaters, sind also automatisch Muslime. Wie sich dies im konkreten Fall auswirken kann, zeige ich an Hand einer typischen Geschichte auf der Grundlage der objektiven Daten zur Geschichte der Familie Simins, unter besonderer Berücksichtigung der mütterlichen Linie.

Interpretation der objektiven Daten

Simins Vorfahren in der väterlichen Linie sind alle Muslime. In den Familien sind die traditionale Arbeitsaufteilung zwischen Frau und Mann, die Vorherrschaft und die Polygamie des Mannes selbstverständlich. In der mütterlichen Linie ist das anders. Simins Großmutter Anna stammt aus christlichem Hause. Mit 14 Jahren heiratete sie Mohammed und gebar zwei Töchter, Maria und Sarah. Mohammed reagierte mit der Heirat einer Zweitfrau (später folgten weitere Heiraten). Daraufhin ließ sich Anna mit 18 Jahren scheiden und ging in ihr christliches Elternhaus zurück. Sie setzte durch, dass ihre Töchter teilweise bei ihr aufwachsen konnten. Maria, die spätere Mutter Ninas, und Sarah besuchten die Schule und studierten, Maria Psychologie. Mit 18 Jahren wurde sie mit dem 27-jährigen Studenten Mohammed verheiratet. In den ersten fünf Jahren der Ehe beendete Maria ihr Studium erfolgreich und leitete danach einen Kindergarten in Teheran. Mohammed brach das Studium ab, jobbte als Klavierspieler und verlor sein Geld beim Glücksspiel.

Nach fünf Jahren Ehe wird Nina geboren, vier Jahre später, 1984, die interviewte Simin. Das islamistische Mullahregime hat sich zu der Zeit bereits fest etabliert. Für alle, egal welcher Religion sie angehören, gelten die Vorschriften der Theokratie, für Frauen sind besonders einschränkend und bedrohlich die Bekleidungsvorschriften und die islamischen Körperstrafen. Die Religionswächter sind allgegenwärtig.

1985 fliehen Maria und Mohammed mit den beiden Töchtern nach Deutschland. Der größte Teil der Familie folgt ihnen, aus der mütterlichen Linie alle, einige gehen nach Kanada.

In Deutschland studiert Maria noch einmal Psychologie, eröffnet eine eigene Praxis und erhält die Kassenzulassung. Mohammed jobbt zeitweise. Die Kinder besuchen einen Kindergarten, die Grundschule und ein Gymnasium. Marias Mutter Anna übernimmt teilweise die Kinderbetreuung und den Haushalt. 1988 lassen sich Mohammed und Maria scheiden.

Auffallend sind die Dynamik, Zielstrebigkeit und Rationalität der Frauen im christlichen Teil der »islamischen« Familie.

Aus dem Interview mit Simin

I *Ich bin Studentin, wir erforschen in einem Seminar an der Universität die Folgen von Migration. Wir wollen wissen, in welcher Weise sich Menschen bei Kulturwechsel verändern. Bist du bereit, aus deiner eigenen Erfahrung darüber Auskunft zu geben?*

S *Ja, ja.*

I *Dann möchte ich dich bitten, einfach einmal anzufangen zu erzählen, was du dazu erzählen möchtest.*

S *Hm, ja, also. Ich heiße Simin, bin 14 Jahre alt, komme aus dem Iran, habe eine Schwester von 18 Jahren. Ich gehe in die siebte Klasse eines Gymnasiums. Meine Eltern sind seit zehn Jahren geschieden, mein Vater lebt in Norddeutschland. Als wir hierher gezogen sind, da waren sie noch drei Jahre verheiratet, also 14 Jahre waren sie verheiratet. (...)*
Väterlicherseits sind alle Iraner und Muslime. Von meiner Mutter ist nur der Vater Moslem. Die Mutter war christlich. Sie, also meine Oma, hat sich mit 18 Jahren scheiden lassen. Mein Großvater hat mehrmals geheiratet, ... also oft geheiratet.

I *Und deine Mutter? Ist sie von ihrer Mutter aufgezogen worden oder auch von ihrem Vater und mit der Stiefmutter? Wie war das?*

S *Ja, also, ich glaube, ich glaube also von beiden. Meine Mutter ist halt nach beiden Seiten aufgezogen worden. Sie ist mal bei ihrer Mutter aufgewachsen und mal bei ihrem Vater, und deshalb hat sie beides kennen gelernt. ... Aber ich glaube, ihr hat das Christentum besser gefallen.*

I *Und konnte sie allein die Entscheidung treffen über den Glauben, den sie nehmen wollte?*

S (Sehr bestimmt:) *Ja, ja, ja klar! Seitdem, seit sie in Deutschland ist, konnte sie sich frei entscheiden.*

I (Fällt S ins Wort:) *Also im Iran hatte sie noch den moslemischen Glauben?*

S *Ja ja, da geht 's nicht anders. Da musste man den Glauben haben. Und also mit Kopftuch und nicht auffallen und all diese Sachen ... Und keinen Freund haben ... Also so Sachen muss man da halt machen. Bleibt man christlich, man darf kein Kreuz tragen ... oder sonst was. Also meine Mutter hat im Iran auch das Kopftuch getragen und hat dort auch nach diesen Pflichten gelebt, kein Alkohol und was auch immer da so war.*

I *Hm.*

S *Also meine Mutter ist nicht sehr streng vom Glauben her. Sie glaubt halt nur an Gott, also an das Drumherum, Religion und so, daran glaubt sie nicht so sehr. Und ich bin eigentlich frei erzogen. Ich kann selber frei entscheiden, was ich machen möchte. Und ... ich kann mich nicht erinnern, dass mir irgendwann einmal ein Kreuz umgehängt worden ist oder ich muss das Kopftuch tragen oder so ... eigentlich gar nichts. Ich kann mich frei entscheiden.*

I *Ja. Und hast du dich schon entschieden oder ist Religion etwas, das noch offen ist für dich?*

S *Ja, also. Also, ich habe einen Freund. Auch durch ihn. Weil, der ist Moslem. Also er ist nicht so streng. Aber doch durch ihn. Ich habe ihn auch viel gehört über den Glauben. Es gibt nicht so diese schlechten Seiten, wie immer gesagt wird. Es gibt auch gute Seiten in der Religion und alles .. und ... Ich weiß nicht. ... Also er ... durch ihn* (lacht verlegen).

I *Hm.*

S *Und ... ich weiß nicht ... also. Also auch durch meine Tante. Die erzählt mir dann immer, was alles so passiert ist und so. Dadurch auch. Ja ja, ich kann für mich entscheiden. Also ich kann jetzt auch christlich sein oder ... aber ...* (leiser) *aber ich bin halt eher zum Islam.*

I *Du hast vorhin gesagt, dass du eine Schwester*

S *Ja.*

I *Die ist 18 Jahre? Was macht sie?*

S *Ja, die ist auch auf meiner Schule. Sie ist in der zwölften Klasse. Hm ... hm ... sie ist eigentlich, also ... ich weiß nicht, ob sie an Gott glaubt. Ich weiß es net. Weil sie hatte mal ne Phase lang, da hat sie gar nicht an Gott geglaubt. Und jetzt ist sie also gar nichts eigentlich so. Sie hat keine Religion. Sie glaubt vielleicht an Gott, aber mehr auch nicht.*

I *Und weiß sie schon, was sie später machen will, wenn sie mit der Schule fertig ist?*

S *Ich weiß nicht, was sie machen möchte, aber studieren auf jeden Fall. (...)*

I *Weißt du schon, was du machen möchtest, wenn du mit der Schule fertig bist?*

S *Richter. Richter. Also ich studiere Jura und dann will ich Richter werden.*

I *Da hast du dir ja was ganz Schweres ausgesucht.*

S *Ja, also das wird schon. Ich wollte das schon immer. Ich glaube, ich werde auch nicht meine Meinung ändern. Es sei denn, ich schaff 's mit der Schule nicht oder so. Ich möchte das schon ganz schön gerne werden.*

I *Hm.*

S *Weil ich glaube, auch meine Eigenschaften würden auch dazu, also würden mir dabei helfen, weil ... ich auch so zwischen Freunden so schlichten und alles ... sagen, wer Fehler gemacht hat, wer was Falsches gemacht hat, dass kann ich eigentlich ziemlich gut. Von daher möchte ich das gerne machen.*

I *Hast du viele Freunde?*

S *Ja, es geht so. Kommt drauf an, was man jetzt mit viel meint.*

I *Ja, viel ist vielleicht jetzt nicht das richtige Wort, aber*

S *Ja, genug* (lacht). *... Ja, also ich habe halt alles mögliche, so multikulturelle, durch meine Schule hier.*

I *Und was unternehmt ihr?*

S *Wir gehen ins Jugendzentrum zum Beispiel oder mal schwimmen, wir gehen dreimal in der Woche ins Fitness-Center. Nach der Schule gehen wir vielleicht Eis essen, oder ins Kino sind wir ein paar mal gegangen. Einkaufen. Vielleicht mal in die Disko und so, wenn wir jemand finden, der uns hinfährt. Alles mögliche.*

I *Hm.*

S *Hm.*

I *Für deine Eltern war es sicher schwierig hier neu anzufangen. Habt ihr da Hilfe erhalten? Weißt du da was drüber?*

S *Ja, also mein Onkel, der war Geschäftsmann, der hatte halt en bisschen mehr Geld. Meine Mutter meint, der hat uns total geholfen. Hat uns Geld geschickt. Uns allen, meinen Tanten, meiner Mutter, meinem Vater, uns allen, dass die hier was aufbauen können.*

I *Hm.*

S *Und wo wir zuerst gewohnt haben, da hat unter uns ne Frau, Gabi, gewohnt mit ner kleinen Tochter. Und die Frau hat uns viel geholfen. Die hat uns Wohnungen gesucht und gefunden. Und ihre Tochter ist heute noch meine beste Freundin. (...)*

I *Und hast du Diskriminierung erlebt?*

S *Hm, eigentlich weniger, weil ... also eigentlich kaum. Weil ich bin in der Persönlichkeit ... also ich hab ein großes Maul. Es kann vorkommen, dass ich also mal schreie: Ausländer raus! Aber das mach ich dann auch nur so aus Spaß oder so. Weil ich selber Ausländer bin, kann ich das ja auch sagen. Aber so was erlebt, so mit Nazis oder so, mit ähnlichem Kram ...... so richtig direkt hab ich noch nie erlebt. Ich hab aber auch nie in so einem Viertel gewohnt, wo es nur Deutsche gab.*

I *Mich würde noch interessieren, was sich für dich oder was sich für euch, also deine Familie, durch die Migration aus dem Iran nach Deutschland verändert hat.*

S *Hm, ... also verändert, ... die Familie ist auseinander gegangen. Also im Iran natürlich jede Woche Treffen und alles. ... Aber jetzt kaum noch. Halt meine Mutter ist noch mit ihren Schwestern so zusammen. Also die richtige Schwester ist in Kanada. ... Die kommt auch nur alle paar Jahre hierher oder so. Und dadurch dass meine Eltern geschieden sind und mein Vater weggezogen ist, haben wir auch nicht mehr sehr viel Kontakt. Meine Mutter ist auch lieber ... so im engsten Kreis als mit der ganzen Bagage hier. Weil, es gibt ja viele Iraner hier und meine Mutter mag das nicht. Mag lieber nur die engsten Freunde, ... Bekannten. Also früher haben wir alle so in einem Wohnviertel gewohnt. Jetzt ziehen so langsam alle weg. (...) So langsam ziehen wir alle auseinander. Und dadurch auch wird diese Gemeinschaft zerstört.*

I *Hm.*

S *Und durch die Integration, also die Schule hat sich nicht so viel geändert, ... der Charakter von Menschen nicht so sehr. Aber vielleicht durch ... die Lebenseinstellung, aber nicht so viel.*

I *Wie meinst du das mit Lebenseinstellung?*

S *Ja, weil die Menschen hier selbstbewusster geworden sind, als sie hergekommen sind. Weil dort bringt es ja nicht viel, wenn du selbstbewusst bist. Also da wird dir auf den Kopf gehauen und du musst ruhig sein. Aber hier kannst du ja selbstbewusst sein, dich emanzipieren und alles. Ich glaub schon, dass meine Mutter auch emanzipierter geworden ist und sich jetzt besser durchsetzen kann.*

I *Kannst du dir vorstellen, wieder zurück zu gehen?*

S *Also zurück könnt ich auch gar nicht, ganz schlecht, ganz sicher nicht. Aber zurück gehen möchte ich auch gar nicht, ehrlich gesagt. Weil ... ich möchte nicht in einem Land leben, wo mir vorgeschrieben wird, was ich anziehen soll und was ich machen soll.*

Interpretation

Der Modernisierungsprozess hat in Simins Familie nicht erst mit der Migration begonnen, sondern bereits im westlich orientierten Iran vor der islamischen Revolution 1979. Die Initiative geht von der christlichen Großmutter Simins aus, die sich mit 18 Jahren der Polygamie ihres islamischen Ehemannes durch Scheidung entzieht und ihre beiden Töchter nur zeitweise der Familie des Vaters und den Stiefmüttern überlässt. Simins Großmutter wusste bereits, dass nur geistige Autonomie, Ausbildung und berufliche Unabhängigkeit die Frau aus der Abhängigkeit vom Ehemann befreien kann. Sie lässt ihre Töchter studieren. Ihre Enkeltöchter folgen dem Vorbild ihrer Mütter. An die Stelle der Erziehung zur Fügsamkeit ist bei den Frauen ein Bildungsprozess im Sinne eigenständiger Autonomiebildung getreten, an die Stelle der Ethik des Gehorsams eine hohe Berufsethik zum Wohl der Allgemeinheit. Mit der Bezeichnung der Verwandtschaft als *Bagage* wird deutlich gemacht, dass diese inzwischen mehr als Last denn als Heimat und die räumliche Trennung nicht nur als Verlust empfunden wird, sondern auch als ein Moment der Befreiung.

Der Kontakt mit den vielen in der Umgebung lebenden Iranern ist nicht erwünscht. Das bedeutet: Maria und ihre Tochter Simin verstehen sich nicht als Teil eines ethnischen, kulturellen bzw. religiösen Kollektivs. Sie nehmen für sich das Recht in Anspruch, als einzelne in einer pluralistischen Gesellschaft anders sein zu dürfen. Auch dieser Fall zeigt, dass die Zuschreibung und Festschreibung von Kollektivzugehörigkeit und -identität, sei es in den Kategorien Kultur, Ethnie, Religion oder Rasse, gegen die Interessen der Eingewanderten verstößt, nicht aller, aber besonders vieler Frauen. Derartige Zuschreibungen können die Basis für Ausgrenzung sein. Dagegen wehren sich Nina und ihre Mutter mit Recht. Sie sind auf Grund ihrer Herkunft nicht grundsätzlich andersartig, auch nicht kulturell andersartig.

Infolge der zunehmenden Rationalität kommt es zur Abwendung von kulturspezifischen religiösen Mythen und Institutionen, nicht aber von Gott. Der Glaube an Gott wird als persönliche Religiosität gelebt. Das bringt der Satz, *Sie glaubt halt nur an Gott, also an das Drumherum, Religion und so, daran glaubt sie nicht mehr so,* treffend zum Ausdruck. Auch die Suche der 14jährigen Simin nach einer Religion widerspricht dem keineswegs. In diesem Alter ist ein souveräner Umgang mit Religionen noch nicht möglich. Aber die Suche nach dem Sinn des Lebens ist intensiv. Dabei ist man empfänglich für die Antworten von Religionen und leicht beeinflussbar durch die jeweilige Präsentation. Für Simins eigenen Säkularisierungsprozess spricht ihr Freizeitverhalten. Sie unterliegt keinerlei Einschränkungen durch islamische Verhaltensregeln. Besonders die Tatsache, dass sie mit 14 Jahren einen Freund hat, beweist ihre Distanz zum Islam. Auch Mohammeds Tochter Simin ist auf dem Weg in die Säkularisierung.

Es fällt auf, dass der Säkularisierungsprozess in dieser bireligiösen Familie vom christlichen Teil der Familie ausgeht. Das bestätigt Forschungsergebnisse aus der Religionssoziologie, wonach der Säkularisierungsprozess der Dynamik der jüdisch-christlichen Religion entspringt, ihrer Rationalität und Bewährungsdynamik.[48] Der Islam, der eine Herrschafts- und Gehorsamsreligion ist, vermag, so sehr er sich auch weltweit darum bemüht, nicht zu verhindern, dass sich Muslime dem jüdisch-christlich initiierten Säkularisierungsprozess anschließen.

Die Auseinandersetzung mit Menschen aus verschiedenen Religionen und Kulturen hat auch bei Simin nicht zur viel behaupteten *Zerrissenheit* geführt, vielmehr zu Klarheit im Denken, Zielstrebigkeit im Bildungsprozess und zu einer für ihr Alter außergewöhnlichen Sicherheit, Reflektiertheit und Souveränität im Umgang mit Menschen.

Nadeeka

Datenbasis sind ein Interview mit Nadeeka, das 1997 im Rahmen meines Seminars *Frauen im Islam* von einer Studentin geführt wurde, und objektive Daten der Familie. Insgesamt wurden acht Interviews mit Frauen aus Afghanistan geführt. Ausgewählt wurde für diese Studie nur eins, weil die Struktur der Bildungsprozesse bei allen Interviewten gleich ist. Das Interview mit Nadeeka kann daher als exemplarisch bezeichnet werden. Außerdem stimmt Nadeekas Denkweise mit der meiner Studentinnen aus Afghanistan überein, von denen ich viel gelernt habe.

Zur Rekonstruktion von Nadeekas individueller Fallstruktur, zu der ihr Bildungsprozess, ihr Verhältnis zum Islam und ihre Einstellung zu Menschen gehören, werden der Interviewanfang und zwei Sequenzabschnitte analysiert.

Sequenzanalyse des Interviewanfangs

I *Wir erforschen in einem Seminar die Folgen von Migration. Wir wollen wissen, in welcher Weise sich Menschen bei Kulturwechsel verändern. Bist du bereit uns deine Lebensgeschichte zu erzählen?*

Auf Nadeekas Wunsch wurde an dieser Stelle das Tonbandgerät ausgeschaltet. Sie vergewisserte sich der Anonymisierung und der Verwendung des Interviews. Danach schaltete die Interviewerin mit Nadeekas Einverständnis das Gerät wieder an, und sie fing an zu erzählen. Ihr eigenständiger Umgang mit der Interviewsituation lässt auf Souveränität im Denken und Handeln schließen.

N *Ich bin 1981 zusammen mit meiner Familie nach Deutschland geflohen ...*

Nadeeka beginnt souverän und in einwandfreiem Deutsch mit ihrer

Erzählung, was auf einen gelungenen Zweitspracherwerb schließen lässt. Sie beginnt nicht mit einer Generalkontextuierung, wie z.B. *Ich bin in Afghanistan geboren und lebe seit 1981 in Deutschland.* Die Interviewte macht keine Angaben bezüglich ihrer nationalen Herkunft, sie nennt weder das Land, in dem sie geboren ist, noch ihren Geburtsort. Auch über ihr Leben in ihrem Herkunftsland und über die gesamte Zeitspanne vor der Ankunft der Familie in Deutschland erfahren wir in Nadeekas Einleitung der eigenen Lebensgeschichte nichts. Wichtig ist für sie nur das Ziel ihrer Flucht, Deutschland. Indem sie den Neubeginn in Deutschland an den Anfang ihrer Erzählung stellt, weist sie ihr eine zentrale Bedeutung für ihr Leben zu. Daraus lässt sich schließen, dass Nadeekas nationale Herkunft für sie nicht identitätsstiftend ist.

Dass Nadeeka ihren ersten Satz im Interview mit *Ich* beginnt, spricht für ein autonomes Selbstbild. Erst dann erwähnt sie ihre Familie. Der in diesem Zusammenhang von Nadeeka verwendete Ausdruck zusammen mit meiner Familie zeigt, dass sich die Interviewte als selbständiges Individuum innerhalb ihrer Familie und nicht als deren Kollektivmitglied versteht.

Die Verwendung des Verbs *geflohen* deutet auf Fremdbestimmung hin: Man flieht vor Bedrohungen. Bei der Interpretation des Datums 1981 und der Wahl des Ziellandes Deutschland hilft gesichertes äußeres Kontextwissen zur Geschichte Afghanistans im 20. Jahrhundert und zu den afghanisch-deutschen Beziehungen weiter:

Überwiegend aus geostrategischen Gründen war Afghanistan für die Großmächte immer ein begehrtes Land. Besonders Großbritannien und Russland mischten sich in die Politik des Landes ein, aber auch Deutschland und die USA. In den letzten Jahren sind Saudi-Arabien und Pakistan zu den einflussreichsten Mächten geworden. Im 20. Jahrhundert haben in Afghanistan zunächst mehrere Monarchen geherrscht, die einander durch Staatsstreich oder Mord ablösten. Nach dem Zweiten Weltkrieg wurde unter Premierminister Shah Mahmud Khan die Demokratisierung des Landes angestrebt. Herausragendes Ereignis war das Inkrafttreten einer neuen liberalen Verfassung im Jahre 1964, die eine Gewaltenteilung und die Zulassung politischer Parteien vorsah. Bei den Wahlen 1965 wurde Frauen erstmalig das Wahlrecht zugestanden. Im selben Jahr wurde die kommunistische Demokratische Volkspartei Afghanistans (DVPA) gegründet. 1973 wurde die Monarchie durch einen Militärputsch linksorientierter Offiziere unter der Führung von Mohammad Daud abgeschafft und Afghanistan wurde zur Republik.

Nach dem Militärputsch vom 27.4.78 übernahmen die Führer der kommunistischen DVPA die Macht, alle anderen Parteien wurden verboten. Ihr Vorsitzender Mohammad Taraqi wurde Präsident des Revolutionsrates und Ministerpräsident. Der offizielle Name des Staates lautete nun Demokratische Republik Afghanistan. Die freiheitlich-demokratischen Kräfte waren besiegt, ihre Vertreter ermordet oder geflohen. Innerhalb der kommunistischen Partei entbrannten Flügelkämpfe und die radikal islamistische Opposition, die Mudschaheddin (Dschihadkämpfer), verbreitete Terror im ganzen Land. 1979 kam es zur Invasion der Sowjettruppen. Die Bevölkerung war zunehmend polarisiert und in den Machtkämpfen zwischen islamistischen und kommunistischen Gruppierungen brutalster Gewalt ausgesetzt. Der Flüchtlingsstrom aus Afghanistan wuchs von 1979 bis 1990 von 600.000 auf 6,2 Millionen Menschen jährlich an. Die meisten flohen nach Pakistan und in den Iran. Nach ihrer Niederlage verließen die Sowjettruppen 1989 Afghanistan. Die gewalttätigen Auseinandersetzungen zwischen den verschiedenen islamistischen Gruppierungen gingen jedoch weiter. Es siegten schließlich mit Hilfe der Amerikaner die radikalsten Fundamentalisten, die Taliban. Sie wurden als Regierung Afghanistans von den Arabischen Emiraten, von Pakistan und Saudi-Arabien diplomatisch anerkannt. Erst seit dem 22.10.2001 erkennen die Arabischen Emirate und seit dem 25.10.2001 Saudi-Arabien die Taliban nicht mehr als Regierung Afghanistans an.

Zusammenfassend kann man sagen: Im 20. Jahrhundert kämpften in Afghanistan die Verfechter von drei verschiedenen politischen Richtungen um die Macht: Demokraten, Kommunisten und Islamisten. Die einen wollten eine moderne Demokratie nach westlichem Vorbild errichten, die anderen einen kommunistischen Staat im Einflussbereich der Sowjetunion und die dritte Gruppierung eine mittelalterliche islamische Theokratie mit Führerprinzip und Scharia-Recht. Gesiegt haben die radikalen Islamisten. Verloren hat das Volk, vor allem die Frauen. Geflohen sind die Besten. Geblieben sind die Gewalttäter, deren Herrschaft von Pakistan, Saudi-Arabien und den Arabischen Emiraten als Regierung Afghanistans anerkannt und gefördert wurde – ein islamistischer Machtverbund, in dem Kapital und Fundamentalismus zusammenfließen.[49]

Im Dezember 2001 wurden die Taliban entmachtet, und die Afghanen hoffen auf eine bessere Zukunft.

Zu den Flüchtlingen gehört auch Nadeekas Familie. Anders als die meisten floh Nadeeka mit ihrer Familie 1981 nach Deutschland. Das ist erklärungsbedürftig. Verständlich wird es durch einen Blick in die Geschichte der Beziehungen zwischen Afghanistan und Deutschland. Zwischen beiden Ländern entwickelten sich seit 1914 politische, wirtschaftliche und wissenschaftliche Beziehungen. Sie wurden im Kaiserreich, in der Weimarer Republik, in der NS-Zeit und von der BRD kontinuierlich ausgebaut. Deutsche Spezialisten arbeiteten in vielen Projekten der Wirtschaft, im Bildungsbereich, beim Aufbau der Infrastruktur und auch in Ministerien mit – bis zum Einmarsch der Sowjets im Jahre 1979. Endgültig brachen die Beziehungen 1981 ab. Auslöser war die Ermordung zweier deutscher Lehrerfamilien in Kabul.[50]

Die Entscheidung zur Flucht nach Deutschland im Jahre 1981 wird Nadeekas Vater für die Familie getroffen haben. Wahrscheinlich gehörte er zu den Kreisen in Afghanistan, die an der Modernisierung und Demokratisierung des Landes nach westlichem Vorbild mitgewirkt hatten, möglicherweise in Zusammenarbeit mit deutschen Spezialisten. Die demokratischen Modernisierer Afghanistans mussten durch die Ereignisse insbesondere von 1979 und 1981 ihr Werk als gescheitert ansehen. Außerdem waren sie selbst und ihre Familien der Gewalt ausgesetzt. Ihre Gegner waren zum einen die reaktionären, auch untereinander verfeindeten Gruppen der Mudschaheddin, die 1992 einen islamischen Staat errichteten, der seit 1996 durch die Taliban (Koranschüler) zu einem mittelalterlichen, extrem frauenfeindlichen »Gottesstaat« wurde. Der andere Gegner waren von 1979 bis 1989 die sowjetischen Besatzer, durch die der Bürgerkrieg in Afghanistan verschärft wurde.

Die Entscheidung von Nadeekas Vater, mit der Familie 1981, also relativ früh, zu fliehen, spricht für eine richtige Einschätzung der politischen Lage und Entwicklung Afghanistans. Die Entscheidung, nach Deutschland zu fliehen, spricht für ein Interesse an Modernisierung und Demokratie. Wahrscheinlich wollte Nadeekas Vater seinen sieben in Kabul geborenen Kindern in Deutschland das bieten, wofür er in Afghanistan vergeblich gearbeitet hatte: Demokratie und Bildungschancen. Bei der Analyse des Interviews ist es bereits an dieser Stelle möglich, eine Hypothese bzgl. der Entwicklung der Familie in Deutschland zu bilden: Die Familie wird die Bildungschancen nutzen und sich erfolgreich integrieren.

N *Es war im Herbst …*

Nadeeka präzisiert ihre Angabe zum Zeitpunkt der Flucht. Vermutlich legt sie Wert auf Genauigkeit.

N *Ich hab ... sechs Geschwister, fünf Brüder, eine Schwester, eine jüngere Schwester, einen jüngeren Bruder.*

Nadeeka ist in einer Großfamilie aufgewachsen, sie ordnet sich in die Geschwisterkonstellation ein. Sie ist das drittjüngste Kind der Familie und zugleich die älteste Tochter. Die Zugehörigkeit zu dieser Familie ist ein fester Bestandteil ihrer Identität, sonst würde Nadeeka diese Aussage nicht an so privilegierter Stelle des Interviews machen.

N *Bei ... Ich war drei Jahre alt, meine jüngste Schwester war zwei Monate alt, und ich kann mich so gut an gar nichts erinnern, an Afghanistan,*

Erstmals nennt sie ihr Herkunftsland, Afghanistan, von dem sie sich auch gleich distanziert, indem sie angibt, keine Erinnerungen an ihr Leben dort und an das Land selbst zu haben. Zum Zeitpunkt der Flucht war Nadeeka fast vier Jahre alt. Wahrscheinlich haben die vielen neuen Eindrücke im Zielland Nadeekas Erinnerungen an ihre frühe Kindheit verdrängt. Hier erklärt sich, warum Nadeeka ihrem Herkunftsland in ihrer Darstellung so wenig Bedeutung zumisst, sie verfügt einfach über keine bewussten Erinnerungen an ihre Kindheit in Afghanistan.

N *also ich kann mich weder an unser Haus noch an unsere Verwandten erinnern, zum Beispiel, zu klein, zu jung. Ja.*

Nadeeka erklärt sachlich und ohne emotionale Bewegung das völlige Fehlen von Erinnerungen an Afghanistan und bestätigt ihre Aussage noch einmal mit *ja*. Das ist eine klare Distanzierung von der eigenen nationalen Herkunft.

N *Und, hm, zur Zeit bin ich* (lacht) *neunzehn Jahre alt, lebe seit ungefähr sechzehn Jahren in Frankfurt. Ich bin sozusagen in Frankfurt aufgewachsen.*

Diese Aussage könnte auch von einer Deutschen stammen, die ihre regionale Identität betonen möchte. Nadeeka hätte auch sagen können, *ich lebe seit ungefähr sechzehn Jahren in Deutschland.* Dann hätte sie sich als Eingewanderte und als Informantin ihres Herkunftlandes aufgefasst. Sie antwortet aus der Perspektive einer Deutschen und ordnet sich implizit der deutschen Kultur zu. Indirekt bekundet sie damit ihre Prägung durch die Werte und Normen der deutschen Umwelt, in der sie aufgewachsen ist.

N *Und, hm, ich hab Abitur gemacht, ... 1997, habe vor zu studieren,*

Nadeeka ist erfolgreich im deutschen Bildungssystem. Ihr hoher Schulabschluss und das geplante Studium sprechen nicht nur für ihre eigene hohe Bildungsmotivation sondern auch für das Interesse der Eltern an der Bildung ihrer Tochter.

N *möchte gern Pharmazie studieren.*

Das Studium der Pharmazie hat seinen Schwerpunkt im Bereich der Naturwissenschaften. Es vermittelt Kenntnisse in der Vorgehens- und Erschließungsweise naturwissenschaftlicher Fächer. Insofern spricht Nadeekas Studienfachwahl dafür, dass ihr Denken insgesamt stark auf rationale Wirklichkeitserschließung und Ursache-Wirkungs-Zusammenhänge ausgerichtet ist.

N *Vorher, hm, vorher möchte ich eine zweijährige Ausbildung als PTA machen, das ist auch hier in Frankfurt. Das ist eine private Ausbildung und, hm, ich denke mal, dass ich ... so auch gute Chance im Studium haben werde. Also das ist nur eine gute Vorbereitung, denk ich mal, vor allem mit dem ersten Semester. Und ... ja ...*

PTA ist die Abkürzung für die Berufsbezeichnung *Pharmazeutisch-technische(r) Assistent(in)*. Das Studium der Pharmazie unterliegt einer Zulassungsbeschränkung, die Wartezeiten für Studienanfänger zur Folge hat. Wahrscheinlich möchte Nadeeka diese Zeit sinnvoll überbrücken. Das in der Ausbildung erworbene Fachwissen wird ihr das Studium erleichtern. Die Planung ihrer Ausbildung zeugt von Zielstrebigkeit, Ehrgeiz und einem starken Willen. Das Vertrauen in die eigenen Fähigkeiten lässt auf ein gut ausgebildetes Selbstbewusstsein schließen.

I *Ja, hm, kannst du von deinen Eltern, von deiner Familie erzählen? Was sie zur Zeit machen?*
N *Mein Vater hat in Afghanistan halt das Abitur gemacht und dort studiert. Er ist von Beruf aus Beamter. Er hat in einer Behörde gearbeitet.*

Der Vater ist 1941 geboren. Er wird also sein Abitur 1960 gemacht haben. Im Bildungssystem Afghanistans, besonders in der Ausbildung von Verwaltungsfachkräften, arbeiteten damals Deutsche aus der Bundesrepublik entscheidend mit. Hier bestätigt sich die Vermutung, dass der Vater sich am westlich-demokratischen Denken orientiert hat. Die höhere Ausbildung und der Beruf lassen darauf schließen, dass er aus der gehobenen Mittelschicht oder gar Oberschicht des Landes kommt.

Nadeeka identifiziert sich auch über ihre Eltern nicht mit ihrem Herkunftsland, sonst hätte sie den Geburtsort des Vater, seine Heimat, erwähnt. Statt dessen verwendet sie die vage Formulierung *in Afghanistan* und spricht über ihr Herkunftsland aus der Perspektive einer Ausländerin. Bildung und Berufstätigkeit sind in der deutschen Kultur identitätsstiftend. Nadeekas Charakterisierung des Vaters mit Hilfe dieser Kategorien weist auf eine Verinnerlichung der Werte dieser Kultur hin und belegt erneut, welch zentrale Bedeutung Bildung für die Befragte hat.

N *Ja, und, hm, hier in Deutschland hat er mal eine Zeit im Reisebüro, im iranischen Reisebüro gearbeitet, hm, mit seinem Beruf konnte er hier nichts anfangen.*

Besonders auf Grund fehlender Sprachkenntnisse musste er hier beruflich einen Statusverlust hinnehmen.

N *Meine Mutter ist Hausfrau, sie hat auch keine Schule besucht. Sie hat mit 14 Jahren geheiratet ... und ... ja.*

Der Vater wird bei der Wahl seiner Ehefrau mit Bedacht eine wesentlich jüngere Analphabetin ausgesucht haben, da das die traditionelle Arbeitsteilung in der Familie garantiert hat. Die Mutter hat wahrscheinlich ihre Bildungsträume begraben müssen und wünscht ihren Töchtern ein anderes Leben. Nadeekas Aussage über die Mutter fällt ausgesprochen knapp aus, was auf ihre Ablehnung von Schul- und Ausbildungsverboten für Frauen schließen lässt.

N *Ja, mein ältester Bruder, der ist 28 und Elektriker, der zweite ist 26, der hat eine Ausbildung als Kfz-Mechaniker gemacht und macht zur Zeit seine Meisterprüfung. Dann mein anderer Bruder, er studiert Medizin, hm, dann der nächste, hm, er studiert Informatik an der FH. Dann komme ich. Und mein jüngerer Bruder, er ist noch auf dem Weg, sein Abitur zu machen. Und meine Schwester ist 16, sie ist in der neunten Klasse. Also so weit ich weiß, will sie kein Abitur machen,* (lacht) *sie ist wahrscheinlich zu faul, na ja.*

Hier findet die Hypothese von der guten Integration der Familie in Deutschland und besonders der Kinder im deutschen Bildungssystem ihre Bestätigung. Grundlage für den Erfolg der Kinder ist die Stabilität in der Familie. Sie ist vor allem der Mutter zu verdanken, die in der neunköpfigen Familie Arbeit ohne Ende hat. Wir stoßen hier wieder auf die Dialektik von Stabilität und Transformation: Stabilität in der Familie ermöglicht Transformationsprozesse.

Hypothese zur individuellen Fallstruktur Nadeekas

Nadeeka versteht sich nicht als Informantin der Kultur ihres Herkunftslandes Afghanistan. Ihre nationale Herkunft ist für sie nicht identitätsstiftend, vielmehr distanziert sie sich von dem Land ihrer Herkunft und indirekt auch von dessen Kultur. Die Ursache für diese Bezugslosigkeit zum eigenen Herkunftsland liegt wahrscheinlich in dem frühen Zeitpunkt begründet, zu dem die Migration im Lebenslauf Nadeekas stattgefunden hat und dem zu Folge Nadeeka über keine bewussten Erinnerungen an Afghanistan und ihr Leben dort verfügt. Möglicherweise spielen Verdrängungsprozesse hierbei auch eine Rolle.

Nadeekas Sozialisation ist seit der frühen Kindheit in der sozialen Umwelt des Ziellandes Deutschland und vor dem Hintergrund der deutschen Kultur erfolgt. Die Wert- und Normvorstellungen dieser Lebenswelt haben die Interviewte in ihrem Denken geprägt.

Nadeekas soziale Identität ist deutsch, zumal sie sich implizit der deutschen Kultur zuordnet. Die eigene Bildung ist fester Bestandteil ihrer Identität in dieser Kultur, ihre Bildungsmotivation ist dementsprechend hoch.

Die eigene Familie stellt einen wichtigen Bezugspunkt im Leben Nadeekas dar. Als erste Tochter, die in der westlichen Kultur aufwächst, wird sie eine starke Antriebsfunktion für Transformationsprozesse in der Familie besitzen. Sie wird die Eltern mit Denk- und Verhaltensweisen der deutschen Kultur konfrontieren, die sich insbesondere auch in Sachen Geschlechterverhältnis von der islamisch geprägten Kultur Afghanistans unterscheiden, in der ihre Eltern sozialisiert und in ihrem Denken und Handeln geprägt worden sind.

Die Wert- und Normvorstellungen der Herkunftskultur werden Nadeekas Eltern in der Erziehung ihrer Tochter und hinsichtlich ihrer Erwartungen an diese beeinflussen. Die Beziehung zwischen Nadeeka und ihren Eltern birgt somit ein gewisses Konfliktpotential in sich. Der Bildungs- und geplante Ausbildungsweg der Interviewten lassen darauf schließen, dass Nadeekas Eltern ihre Tochter nicht nach traditionell islamischem Muster erziehen, wonach Frauen auf ihre häuslichen und mütterlichen Pflichten beschränkt werden, und folglich nur selten Zugang zu formaler Bildung und beruflicher Selbstverwirklichung haben. Stattdessen sind sie aufgeschlossen gegenüber den Bildungsmöglichkeiten, welche die Zielkultur Nadeeka eröffnet, und unterstützen ihre Tochter in ihrer Ausbildung. Nadeekas Familiensinn und die Aufgeschlossenheit der Eltern legen die Vermutung nahe, dass ihr Zusammenleben auf einem gemeinsamen Konsens basiert. Die Stabilität in der Familie ist die Grundlage für Nadeekas Transformations- und Bildungsprozess.

Die Analyse lässt auf ein gut ausgeprägtes Selbstbewusstsein der Interviewten schließen, dem ein autonomes Selbstbild zugrunde liegt. Nadeekas Bereitschaft zum Interview zeugt von ihrer aufgeschlossenen Persönlichkeit. Zielstrebigkeit und Ehrgeiz der Interviewten weisen auf deren starken Willen hin. Ihrem Ausbildungsziel und ihrer Wahl des Studienfachs zu Folge besitzt Nadeeka eine gewisse Affinität zu rationalem Denken.[51]

Verhältnis zum Islam

I *Hm, hm. Jetzt wegen deiner Religion. Du bist ja Moslem, hm, wie ist denn das in deiner Familie? Seid ihr religiös? Hm, praktiziert ihr viel? Oder wie ist denn das?*

N *In wie fern meinst du »praktizieren«? Also meinst du jetzt, ob wir angepasst sind oder?*

Die Interviewerin verwendet mit *praktizieren* ein Verb, das zunehmend häufig von Muslimen verwendet wird, um eine Unterscheidung zu treffen zwischen Muslimen, die die vorgeschriebenen Rituale ausführen, und jenen, die ihre Religiosität frei gestalten. Diese *Nicht-Praktizierenden* werden von den *Praktizierenden* auch als *Kulturmuslime* bezeichnet oder auch als *kafirun* oder *Nicht-Muslime*. So schreibt zum Beispiel der verantwortliche Redakteur Zaidan des *Freitagsblattes* der *Islamischen Religionsgemeinschaft Hessen* (IRH) im Oktober 1999 in einem ganzseitigen Artikel mit dem Titel *Wer ist Muslim? Wer ist Nicht-Muslim? Was bedeutet der Begriff »Kafir«?* Folgendes: »Wie bereits in FB 7 ausführlich dargelegt, bezeichnet die Islamologie als Muslim im religiösen Sinne Personen, die sich freiwillig und bewusst ihrem Schöpfer Allah (ta'ala), auf die von IHM im Quran und in der authentischen Sunna vorgeschriebene Art und Weise hingeben, d.h. den durch den Gesandten Muhammad (sallal-lahu 'alaihi wa sallam) verkündeten Islam praktizieren. (Unterstr. v. Sch.) Nach diesen Kriterien basiert die Zugehörigkeit zum Islam auf der Akzeptanz aller Iman- und Islam-Inhalte und der Anerkennung der Verpflichtung zur Praxis aller gottesdienstlichen Pflicht-Handlungen (wie Gebet, Fasten, Zakat, Hadsch, etc.). Im religiösen Bereich kennt der Islam somit nur die Unterteilung in Muslime und Nicht-Muslime.«

Aus Nadeekas Rückfrage geht hervor, dass sie sich an diesem innerislamischen Diskurs, in dem »Islamologen« sich die Definitionsmacht darüber, wer Muslim ist und wer nicht, zuschreiben, nicht nur nicht beteiligt, sondern sich auch von ihm distanziert. In dem Prädikat *angepasst sein* ist Abwertung enthalten. Nadeeka wird sich auf Grund ihrer Persönlichkeitsstruktur nicht an Vorschriften *anpassen*, sondern eigenständig ihre Religiosität gestalten.

I *Hm, ob immer diese deine Religion …*

N *Immer im Mittelpunkt steht, meinst du also. Also ich würde uns nicht als streng religiös bezeichnen, auf keinen Fall. Meine Mutter trägt zwar einen Kopftuch, aber das hat sie, hm, trägt sie seit ungefähr 1994 oder 95, da war sie in Mekka, kennst du ja, Medina. Und also dann wollte sie einen Kopftuch tragen. Aber davor hat sie keinen Kopftuch getragen, weil wir hier in Deutschland waren, hm, und mein Vater ist auch nicht, hm, ein Mensch, der das verlangt hat. Also nicht dass sie das … einen Kopftuch trägt, weil mein Vater das verlangt, sondern weil sie es selber wollte.*

Auch Nadeekas Mutter trägt also seit Mitte der neunziger Jahre das Kopftuch. Sie verhält sich genau so wie die aus Marokko stammende *Frau Hadscha* und wie *Fatima*, Nayeres Mutter (Siehe Kap. *Mütter*). Diese Frauen teilen die Erfahrung, dass sie auf Grund fehlender Schulbildung bzw. Berufstätigkeit zu wenig Anerkennung der Zugehörigkeit von Deutschen erhalten haben und daraufhin gewissermaßen zurück in die marokkanische, iranische und afghanische Moscheegemeinde gegangen sind. Die Moschee des *Afghanischen Kulturvereins Maihan* (Einheit) ist offen für alle Völker Afghanistans. Kinder können dort Paschto und Dari lernen, die beiden meistgesprochenen Sprachen Afghanistans. Für Frauen gibt es einen eigenen Gebetsraum, wie z.B. auch in den Moscheen von DITIB in Frankfurt und der Ahmadiyya. In den Frauengemeinschaften der Moscheen fanden Nadeekas und Fatimas Mutter und Frau Hadscha bereitwillige Aufnahme und Anerkennung der Zugehörigkeit zu einer Gemeinschaft. Diese Moscheegemeinden veranstalten den Hadsch und die Umra nach Mekka und Medina. Frauen, die diese Walfahrten mitmachen, kommen zurück mit dem Ehrentitel *Hadschi* und mit dem Kopftuch. Die ritualisierte Walfahrt, der Ehrentitel und das Kopftuch haben vergemeinschaftende Wirkung. Sie verbinden die Frauen miteinander in der Umma, der Gemeinschaft der Muslime. Im Fall der Marokkanerin folgt die elfjährige Tochter dem Vorbild der Mutter. Die Töchter Nayere und Nadeeka tolerieren zwar den Weg ihrer Mütter, gehen aber ihren eigenen, selbst bestimmten Weg. Als Studentin und Abiturientin haben sie die Anerkennung der Zugehörigkeit zur deutschen Gesellschaft erhalten. Das Kopftuch als Kompensation benötigen sie nicht.

I *Aber ein Kopftuch trägst du nicht?*
N *Nein, trag ich nicht, weil ich denke, die einen meinen, man müsste einen tragen, weil es im Koran steht. Ich denke mal, für mich ist das wichtigste, ... wenn ich ein reines Herz hab.*

An die Stelle eines von außen bestimmten moralischen Verhaltens tritt die selbst bestimmte Moral. Sie entspringt dem eigenen Innern, dem *Herzen*, wie Nadeeka es nennt. Es ist die Moralität, die vor jeder Morallehre im Menschen vorhanden ist. Ein *reines Herz haben* bewirkt Stimmigkeit zwischen moralischem Empfinden und Denken und moralischem Handeln, zwischen innen und außen. Das bezeichnen wir mit Authentizität, Echtheit. An die Stelle der Wahrung des *Scheins*, der äußerlichen Anpassung des Verhaltens und der Vortäuschung moralischer Anpassung, wie sie die Traditionalität erzwingt, ist die selbstverantwortete Moral des individuierten Subjekts getreten. Sie ist ein Indikator für einen weit fortgeschrittenen Transformationsprozess auf der Ebene der Moral.

N *Also es heißt, die einen tragen einen Kopftuch, weil Haare reizen ... die Männer. Du solltest dich halt verhüllen, um das zu verhindern, die Männer zu reizen. Aber wenn du doch ein reines Herz hast, ... Hm, sagen wir mal, ich würde einen Kopftuch tragen, aber kein reines Herz haben, ich könnte die Männer trotzdem reizen. Also hier in Deutschland, hier in Europa ist es auch nicht nötig, weil es gibt hier genügend Frauen, und hier gucken auch nicht die Männer wie im Orient, gerade in den mohammedanischen Ländern, hm, wo die Frauen eben einen Kopftuch tragen. Die Männer sehen halt dort zu wenig von den Frauen.*
I *Und deine Schwester, trägt sie ein Kopftuch?*
N *Nein, um Gottes Willen!* (Lacht)

I *Warum um Gottes Willen?* (Beide lachen) *Wenn sie das will.*

N *Nee, sie möchte das ja nicht, wie gesagt, wir haben noch nie ..., es war noch nie ein Thema in unserer Familie, in unserem Haus, dass, hm, mein Vater jetzt sagen würde, »du musst einen Kopftuch tragen, ab heute müsst ihr, ihr seid jetzt erwachsen geworden«. Das schätze ich sehr an meinem Vater, dass er so tolerant ist, dass er so viel Verständnis hat, dass wenn ein Kind hier aufwächst in Europa, hier in Deutschland, da kann man einfach nicht erwarten, dass von heute auf morgen ich mich ganz verändere. Also das heißt, durch einen Kopftuch bin ich ja schon ein Außenseiter für die anderen, ich unterscheide mich von den anderen. Plötzlich würden ja meine Freunde, mein Umkreis fragen: »Warum trägst du ihn jetzt? Du hast jahrelang keinen Kopftuch getragen, wie kommt es, dass du plötzlich einen hast?« Und dieses Problem hat mein Vater mir erspart.* (Lächelt.)

I *Hm.*

N *Würde ich jetzt im Iran leben oder in Afghanistan oder in Pakistan, dann würde ich freiwillig einen tragen. Es würde auch verlangt sein. Natürlich! Aber dort ist es ein Schutz, einen zu tragen, weil man ja sonst, hm, nicht in Ruhe gelassen wird von den Männern. Die haben eben ein Bild von einer Frau, wenn eine Frau etwas frei herumläuft, das heißt keinen Kopftuch trägt, ganz normal gekleidet ist, jetzt keine Haut zeigt, nur ganz normale Hose trägt und einen Pulli ..., dann glauben die, mit dieser Frau kann man machen, was man will.*

Nadeeka weiß, dass Männer in islamischen Ländern sich anders verhalten als bei uns. Dort ist in vielen Gegenden die Verhüllung der Frauen zum Schutz vor sexueller Gewalt immer noch nötig – wie es im Koran in Sure 33 Vers 59 steht.[52] Implizit weist Nadeeka hier auf einen elementaren Unterschied zwischen christlicher und islamischer Kultur hin: In der einen Kultur wird der Mann diszipliniert und lernt sich selbst zu disziplinieren, besonders sein Triebleben zu beherrschen; dadurch kann sich die Frau frei bewegen. In der anderen wird die Frau diszipliniert und in ihren Rechten und Freiheiten eingeschränkt, besonders in ihrer Bewegungsfreiheit, und Männer bleiben oft relativ undiszipliniert und triebhaft.

N *Und, hm, meine Eltern zwingen mich auch nicht dazu zu beten. Ich bete auch nicht. ... Mein Bruder betet zum Beispiel. Aber es ist nicht so, dass er von mir verlangt, dass ich bete. Er respektiert mich so, wie ich halt bin. Und meine Eltern verlangen das auch nicht. Natürlich haben sie mir mal gesagt, es gehört dazu zu beten, das ist ein-*

fach Pflicht eines Moslems. Also die Eltern fühlen sich nun mal verpflichtet, es den Kindern zu sagen und es ihren Kindern beizubringen. Aber dazu gezwungen haben sie mich noch nie, und es war auch kein Thema.

I *Und für dich? Was bedeutet dir deine Religion?*

N *Ja, also, ich glaub schon an meine Religion, zwar nicht so fanatisch. Ich respektiere genauso andere Religionen. Ich versteh, warum Christen ... Ich würde niemals in der Lage sein, eine andere Religion als falsch zu bezeichnen, oder jemand anderen nicht zu akzeptieren, weil er eben Christ oder Buddhist ist. Ich akzeptiere, wenn, jemand als Menschen. Ich möchte mehr über meine Religion wissen, also mehr lesen darüber. In letzter Zeit gab es viel zu feiern wegen Abitur und so. Da hab ich halt nicht so viel Zeit gehabt. Und jetzt, wo ich Zeit hab, hab ich mir ab und zu Bücher ausgeliehen, und ich entdecke immer Interessantes, Neues über meine Religion halt. Die Geschichte und so interessiert mich halt sehr.*

Das rationale Interesse an Religion ist ein Zeichen für die Säkularisierung des Denkens. An die Stelle des Glaubens an religiöse Inhalte tritt zunehmend mehr die Rationalität und damit ein Überprüfen dieser Inhalte. Wie zum Beispiel bei Maria zeigt sich auch bei Nadeeka der Prozess der Säkularisierung: Abwendung von der Lehre der religiösen Institutionen und der gehorsamen Ausübung der Rituale hin zu einer rationalen Auseinandersetzung mit Religion und einer persönlich gestalteten Religiosität.

Umgang mit Menschen

I *Okay, jetzt zu den Männern. Hast du einen Freund?*

N (Sie wedelt abwehrend mit den Armen.) *Ja, ich hab keinen Freund, hm, weil es nicht üblich ist, einen Freund zu haben, eigentlich, hm* (hustet). *Es ist so, dass, wenn man einen Antrag bekommt, um zu heiraten, kommen halt, hm, die jungen Männer und halten sehr altmodisch um deine Hand an, und wenn du möchtest, dann sagst du ihm »ja«, wenn du nicht möchtest, dann sagst du eben »nein«. Es ist für eine Europäerin, selbst für mich ist das ..., es ist schwer, hm, das zu begreifen. Wie kann man von heute auf morgen einen Menschen, den man ein paarmal gesehen hat, meinetwegen auf einer Hochzeit oder irgendwo so familiär halt ... Aber das ist kein Grund einen Menschen zu heiraten. So ist es bei uns. Aber das muss nicht heißen, das ich das so machen werde. (...)*

I *Und was verlangen deine Eltern?*

N *Also meine Eltern verlangen von mir nur, dass ich einen heirate, der aus demselben Land kommt wie ich, also aus Afghanistan. Und, hm, ja, er sollte halt möglichst gescheit, menschlich* (lachen) *sein. Ist ja klar, dass sie sagen, erst muss er mir gefallen, aber wer ... Wie man halt so sagt: »Ist meine Tochter glücklich, sind wir glücklich.« Aber man kann das natürlich auch umdrehen* (lachend): *»Sind wir glücklich, ist auch unsere Tochter glücklich.* (Immer noch lachend:) *Funktioniert selten, aber, na ja, das verlangen sie schon. Sie würden sich überhaupt nicht einverstanden geben, wenn ich einen Europäer heiraten würde, also wäre das jetzt ein Deutscher, Japaner, Chinese, Marokkaner, Türke. Sie würden das nicht verstehen, überhaupt nicht. Sie würden sich fragen, was hat denn ein afghanischer Mann nicht, was ein Deutscher hätte. Und allein wegen der Religion würden sie einen Deutschen überhaupt nicht akzeptieren. Das ist ja im Islam, hm, die größte Sünde.*

I *Hm, hm.*

N *Auch wenn ich vorhin gesagt habe, wir sind nicht streng religiös, hm, es gibt trotzdem Punkte, die wichtig sind. Ja, gerade bei solchen Sachen kommt es immer wieder auf die Religion zurück. Und möchte ich mal einen Türken heiraten, damit würden sie sich auch nicht zufrieden geben. Sie würden wahrscheinlich nicht so einen Terror machen wie bei einem Deutschen, weil er ja immerhin ein Moslem ist. Aber auch da würde es auch schon große Probleme geben.*

I *Aber sie sind nicht so, dass sie für dich wählen, welchen Mann du ...*

N *Das nicht. Die würden mich auf keinen Fall zwingen, dass ich jemanden heiraten soll. Aber so oder so, es ist nicht einfach.*

I *Und deine Freunde, sind es Deutsche oder mehr Ausländer?*

N *Also meine beste Freundin kommt aus der Türkei, sie ist Kurdin. Sie hat auch so ähnliche Probleme wie ich. Sie hat auch eine große Familie. Natürlich habe ich auch deutsche Freunde. Ich habe auch kein Problem, mich mit Deutschen zu verstehen. Ich akzeptiere einfach Menschen. Wenn ich mit einem Menschen klar komme, ob es ein Mädchen oder ein Junge, Mann oder Frau ist, ich akzeptiere sie als Menschen. Es spielt für mich keine Rolle, ob es jetzt ein Grieche ist, Japaner oder Deutscher. Es gibt überall solche und solche Menschen, ich habe gute und schlechte Erfahrung gemacht, ja.*

Die letzte Hürde im Transformationsprozess in die Moderne sind die Heiratsgrenzen. Bezüglich des Ehepartners für ihre Tochter kennen Nadeekas Eltern keine Toleranz. Der Schwiegersohn muss Moslem sein – damit verhalten sie sich islamkonform – und aus Afghanistan kommen. Völkisch kann man diese Einstellung nicht nennen, da in Afghanistan viele Völker leben. Sie ist nationalistisch. Dieses islamkonforme und nationalistische Denken ist in ihnen tief verwurzelt, ihre Tochter allerdings hat sich davon schon weitgehend befreit.

Ergänzung zur Hypothese von der individuellen Fallstruktur Nadeekas

Nadeekas Säkularisierungs- und Modernisierungsprozess ist weiter fortgeschritten als der ihrer Eltern. Das Denken der Tochter ist frei von rassistischen, nationalistischen, ethnizistischen, kulturistischen, konfessionell gebundenen und religiös sektiererischen Kategorisierungen und Bewertungen von Menschen. Sie erteilt jeglichem Kollektivdenken eine Absage und plädiert zugunsten des individuierten Subjekts. Für Nadeeka zählt der einzelne Mensch in seiner Eigenart und in seinem Verhalten. Sie vertritt eine universalistische und säkularisierte Humanität.

Maryam

Mohammeds Tochter Maryam gehört wie Eveline nach Auffassung der Muslime zu den *kafirun*, den Nicht-Muslimen. Maryam selbst glaubt wie Eveline der Gemeinschaft anzugehören, die den einzig wahren Islam vertritt, der *Ahmadiyya-Bewegung des Islam*. Die Zusammenfassung einer Fallrekonstruktion der Bewegung befindet sich in dieser Studie in Teil III: *Hintergründe*.

Aus vielen Interviews mit Ahmadis, auch mit Männern, wurden die von Maryam und Eveline ausgewählt, weil es sich hier um kontrastierende und gleichzeitig für die Ahmadiyya typische Fälle handelt. Während Eveline zum viele Millionen zählenden und gehorsam zahlenden Fußvolk des Kalifen gehört, ist Maryam dem vergleichsweise kleinen Kreis der Führungselite zuzurechnen.

Die Datenbasis zum Fall Maryam besteht aus einem Interview vom 27.5.1999, einem Nachinterview vom 14.7.1999 und objektiven Daten zur Familiengeschichte über drei Generationen. Beide Interviews wurden gemeinsam von einer deutschen Studentin (I1) und einer iranischen Studentin (I2) durchgeführt. Das Erkenntnisinteresse richtet sich auf die individuelle Fallstruktur Maryams und auf die Eigenlogik der Führungselite der Ahmadiyya.

Methodisch gesehen lassen sich Fallstrukturen sowohl mit Hilfe der objektiven Daten als auch durch die Sprachanalyse rekonstruieren. In der Regel werden beide Datensorten eingesetzt. So wurde auch in der Forschungspraxis im Fall Maryam verfahren. Bei der Veröffentlichung der Forschungsergebnisse gibt es bei Töchtern der Elite ein besonderes Problem: Die objektiven Daten lassen sich nicht ausreichend anonymisieren, ohne die Eigenart des Falles erheblich zu verändern. Um dies zu vermeiden werden hier zum Schutz der Interviewten keine objektiven Daten zur Familiengeschichte angegeben. Außerdem werden aus dem umfangreichen Interviewmaterial nur drei Sequenzabschnitte vorgestellt und interpretiert:

- der Interviewanfang, an ihm wird durch eine sequenzielle Feinanalyse der Sprache Maryams individuelle Fallstruktur und eine Eigenart der Ahmadiyya-Elite rekonstruiert,
- ein Sequenzabschnitt mit einer Beschreibung eines Ferienaufenthalts bei der Verwandtschaft in Pakistan, an ihm wird die Eigenlogik der Führungselite aufgezeigt, und
- ein Sequenzabschnitt zur Verheiratung durch die Eltern, in dem die Wirkung der islamischen Prädeterminationslehre sichtbar wird.

Sequenzielle Feinanalyse des Interviewanfangs

I1 *Ja, vielen Dank, dass du dir heute Zeit genommen hast, um uns über dein Leben zu erzählen. Womit möchtest du anfangen?*

Die eigentliche Fraglichkeit des Interviews wird verschoben auf die Frage: *Womit möchtest du anfangen?*

Diese Frage ist ein interessantes Gebilde. Sie enthält einen direkten und einen indirekten Sinn. Würde Maryam die Frage wörtlich beantworten, so könnte sie z.B. sagen: *Ich fange mit meinen Großeltern an.* Oder: *Ich fange mit unserer Flucht an.* Bezüglich ihres direkten Sinns wäre die Frage dann beantwortet, und es müsste eine Aufforderung zum Erzählen folgen. Indirekt enthält die Frage situationsbedingt die Aufforderung, mit dem Erzählen zu beginnen. Außerdem gibt sie implizit zu verstehen: Dein ganzes Leben ist für uns wichtig; es ist also egal, was du für den Anfang auswählst, es ist sowieso nur ein Anfang und ihm wird weiteres folgen.

Maryam hat also verschiedene Möglichkeiten der Beantwortung:

- Sie beantwortet die Frage wörtlich, das wäre das einfachste.
- Sie beginnt zu erzählen. Das würde bedeuten, dass sie in der Lage ist,

eine Sprechhandlung mit den in ihr enthaltenen Implikationen spontan situationsadäquat zu erfassen.

- Sie fragt: Was möchten Sie denn wissen? Diese Frage wird häufig dann bei narrativen Interviews gestellt, wenn im Vorgespräch das Forschungsinteresse nicht thematisiert worden ist. Wenn die Frage nicht gestellt wird, kann man daraus schließen, dass das Forschungsinteresse zuvor wahrscheinlich mitgeteilt worden ist.

M Also ich komme aus Pakistan,

Die explizite Frage beantwortet Maryam nicht, sondern sie beginnt mit dem Erzählen ihrer Lebensgeschichte. Das bedeutet, sie hat situationsadäquat verstanden.

Sie beginnt mit *also* und gibt mit dieser Eröffnungspartikel ihrer Erzählung eine erste Rahmung. Daraus kann man schließen, dass Maryam das Erzählschema der deutschen Sprache beherrscht.

Die Aussage, *ich komme aus Pakistan,* muss ein für Maryam besonders wichtiges Datum sein, sonst würde sie es nicht an diese privilegierte Stelle setzen. Sie erzählt ihr Leben nicht chronologisch, sondern aus der Sicht der Gegenwart. Für ihre Gegenwart hier ist es wichtig, dass sie aus Pakistan kommt. Es ist zentraler Bestandteil ihrer sozialen Identität. Auch in einem ganz elementaren Sinn ist dieses Datum für sie wichtig: Man sieht ihr an, dass sie aus dieser Gegend kommt, sie kann es nicht kaschieren. Aber in ihrer Aussage geht es nicht nur um die körperlich oberflächliche Erscheinung. Sie distanziert sich damit von den Pakistanern, die bereits in der zweiten, dritten und vierten Generation in Deutschland leben, untereinander geheiratet haben und dieses Aussehen auch haben. *Ich komme aus Pakistan* heißt: Ich bin dort geboren. Sie sagt damit nicht, dass sie Pakistani ist. Die Frage, *wem rechnet sie sich zu,* ist offen. Entscheidender Parameter für die Zugehörigkeit ist die Dauer ihres Aufenthaltes in Pakistan und in Deutschland und damit ihr Alter bei der Migration.

Indirekt ist hier die soziale, kulturelle und ökonomische Distanz zwischen Deutschland und Pakistan thematisiert. Sie ist so groß, dass sie hier nicht expliziert werden kann. Aber in aller Kürze soll auf das Wichtigste hingewiesen werden:

Zentraler Bestandteil der Eigenart Pakistans ist, dass der Staat die Motivation für seine Gründung 1947 und seine Identität aus dem Islam bezieht. Der Name des Staates drückt das aus: *Pak* heißt *rein, istan* bedeutet *Land.* Pakistan versteht sich als das Land der Reinen, gemeint sind damit die Muslime, und zwar die des sunnitischen Islam. Es ist das Kernland des islamischen Fundamentalismus und m. E. der Krisenherd der Zukunft. Es gibt eine sehr reiche Oberschicht, die seit der Kolonialzeit westlich, besonders englisch orientiert ist, und eine breite vernachlässigte bäuerliche Stammesgesellschaft. Die Landwirtschaft ist der wichtigste Wirtschaftsfaktor und wird überwiegend in Latifundien despotisch organisiert. Das einzelne Leben spielt da keine Rolle. Erst 1992 wurde auf Druck internationaler Menschenrechtsorganisationen hin die Schuldknechtschaft per Gesetz abgeschafft. In der Lebenspraxis hat sich aber nicht viel geändert, da die verarmte Bevölkerung keine andere Möglichkeit hat, ihren Lebensunterhalt zu sichern.

M und zwar

Die Konjunktion *und zwar* kündigt eine Erläuterung der Aussage *ich komme aus Pakistan* an. Folgen könnten also Daten aus der Zeit in Pakistan: Geburtsort und Geburtsjahr, Erinnerungen an die Zeit dort. Wenn das für Maryam wichtig wäre, würde sie so fortfahren. Nichts davon geschieht:

M seit 1986 lebe ich in Deutschland.

Für die Beantwortung der oben gestellten Frage, *wem rechnet sie sich zu,* ist nun Folgendes wichtig: Sie sagt nicht, wie lange sie in Pakistan war, sondern wie lange sie in Deutschland lebt: 13 Jahre, das ist eine lange Zeit. Maryam thematisiert hier ihre deutsche Identität, nicht ihre pakistanische. Aus ihrer Perspektive ist sie Deutsche. Außerdem gibt es gleichsam marginale pakistanische Anteile.

Betrachtet man die Aussage unter dem Aspekt *Generationen und historische Lage,* so kann man sagen: Maryam gehört zu der Generation, die teilhat an den historischen Inhalten zwischen 1986 und 1999, und diese haben sie mitgeprägt.

Erste Elemente einer Hypothese zur individuellen Fallstruktur lassen sich bereits benennen: Maryam ist kontaktbereit, aufgeschlossen, klug und strukturell Deutsche. Sie hat pakistanische Anteile, die sie nicht verleugnen kann. Welcher Art sie sind und welche Bedeutung sie für sie haben, wissen wir noch nicht.

M Ich bin mit ... sechs Jahren, glaub ich, in Deutschland gekommen,

Maryam überträgt ihre Aussage, *seit 1986 lebe ich in Deutschland,* vom allgemeinen Kalender auf ihren Lebenslauf und somit auf ihren persönlichen Kalender. Dabei hat sie Schwierigkeiten. Vor der Angabe ihres Einreisealters macht sie eine Pause. Sie denkt nach, was bedeutet, dass sie es nicht sofort präsent hat. Das ist außergewöhnlich. Das Einreisealter ist Immigranten in der Regel fest im Gedächtnis verankert. Maryam braucht Zeit zum Nachdenken. Wahrscheinlich will sie es auf der Grundlage von Geburtsdatum und Einreisejahr rekonstruieren. Ergebnis dieses Nachdenkens ist *sechs Jahre* als Einreisealter. Doch kaum hat sie dieses genannt, bezweifelt sie ihre Aussage schon wieder: *glaub ich*. Das bedeutet, sie ist sich nicht sicher. Und daraus kann man schließen, dass sie kein stabiles Wissen von ihrem Geburtsdatum hat. Denn jeder, der Geburtsdatum und Einreisejahr präsent hat, kann die Differenz berechnen und damit sein Alter bei der Einreise ermitteln. Bei Maryam liegt das Wissen um das Geburtsdatum irgendwie im Dunkeln, es ist nicht spontan verfügbar. Das ist erstaunlich, da Maryam schon 13 Jahre in Deutschland lebt und hier, wo das Geburtsdatum oft thematisch ist und als selbstverständlicher Bestandteil des Identitätswissens gilt, zur Schule gegangen ist.

Es stellt sich die Frage: Was liegt vor, wenn ein gesunder junger Mensch, der überwiegend hier in Deutschland aufgewachsen ist, sein Geburtsdatum nicht spontan präsent hat? Es kann nur so sein, dass in Maryams Familie und in ihrem außerschulischen sozialen Umfeld das Alter kein Thema ist und Geburtstage nicht gefeiert werden. Aber das allein reicht als Grund nicht aus.

In der Aussage *in Deutschland gekommen* macht Maryam den ersten sprachlichen Fehler. Sie müsste sagen: *nach Deutschland gekommen*, oder – allerdings wäre das ungewöhnlich – *in Deutschland angekommen*. Der Fehler ist aufschlussreich und lässt zwei Interpretationen zu:

In der Aussage schwingt *in Deutschland sein* mit. Das bedeutet: Indem Maryam vom Ankommen spricht, antizipiert sie bereits das Hiersein. Das verweist wieder indirekt darauf, welchem Land sie sich zurechnet: Deutschland.

Die zweite Deutung gibt Auskunft über Maryams soziale und personale Identität. Eigentlich geht es in dem Sequenzabschnitt um ihre deutsche Identität. Bestandteil der sozialen Identität *Deutschsein* ist die personale Identität in Form des individuierten Subjekts. Dazu wiederum gehört auf der Ebene des Identitätswissens das Wissen um das Datum des Geburtstages. Dieses Wissen ist bei Maryam nicht spontan verfügbar. Daraus kann man schließen, dass ihre personale Identität nicht in der Weise ausgeprägt ist, wie es zur sozialen Identität *Deutschsein* gehört. Ihr Individuierungsprozess muss irgendwie gestört worden sein. Interessant ist, dass in dem Moment, als sie ihre deutsche Identität thematisiert, das Sprachliche zum ersten Mal versagt.

M oder fünf, sechs Jahren,

Intern rechnet sie immer noch und bleibt unsicher. Sie weiß nicht, wann sie geboren ist.

M und ich bin am 19.2. siebenund ... (lacht),

Sie sucht immer noch nach ihrem Geburtsdatum. Das Lachen ist Ausdruck ihrer Verlegenheit.

M äh neunundsiebzig geboren (lacht), ...

Anscheinend hat sie nach einigem Überlegen ihr Geburtsdatum herausgefunden. Dem verlegenen Lachen folgt eine relativ lange Pause. Das könnte bedeuten, dass sie immer noch rechnet und unsicher ist.

M und ... da kann man sich jetzt ausrechnen.

Sie weiß ganz genau, dass man sich das Einreisealter ausrechnen kann, wenn man Geburtsdatum und Einreisedatum kennt. Sie hätte es auch gekonnt, wenn sie ihr Geburtsdatum parat gehabt hätte.

Wenn es stimmt, dass sie am 19.2.79 geboren ist, dann ist sie 1986 entweder mit sieben nach dem 19.2. oder mit sechs Jahren vor dem 19.2. eingereist. Fünf Jahre scheidet klar aus. Das bestätigt, dass sie nicht genau weiß, wann sie geboren ist. Mit der Angabe *mit fünf Jahren* verkürzt sie die Zeit in Pakistan um ein bis zwei Jahre und verlängert entsprechend die Aufenthaltsdauer in Deutschland. Das spricht wieder dafür, dass für Maryam ihre deutsche Identität von zentraler Bedeutung und ihre pakistanische nur ein Rand ist, den sie tendenziell noch schmälert. Hätte sie dem Pakistanischen größere Bedeutung geben wollen, hätte sie sieben oder acht Jahre angeben können.

Das genannte Geburtsdatum wurde in der Forschungspraxis mit den objektiven Daten verglichen. Jahreszahl und Monat stimmen überein. Der Tag ist im Interview falsch. Daraus kann man schließen, dass ihr Geburtstag in der Familie nicht gefeiert wird. Das ist in islamischen Kulturen oft der Fall. Gefeiert wird der Hochzeitstag der Eltern. Die Geburtstagsfeier wird häufig als Kult des Individuums und als westlich dekadent abgelehnt. Besonders Mädchen werden über ihre Familie als

Teil eines Kollektivs sozialisiert. Die naturwüchsig immer vorhandenen Individuierungstendenzen werden abgeschliffen. Den Geburtstag nicht zu wissen bedeutet im Fall Maryam, dass sie nicht als Individuum in diese Familie hineingeboren und in ihr verankert ist, sondern als Teil eines Kollektivs. Ihre personale Identität hinsichtlich ihrer Familie ist unscharf. Der Individuierungsprozess auf der Ebene des Wissens von sich selbst hat nicht in dem Maß stattgefunden, wie er für in Deutschland Sozialisierte selbstverständlich ist, auch bei hier aufgewachsenen Kindern aus Migrantenfamilien.

Es ist erstaunlich und erklärungsbedürftig, dass dies bei Maryam trotz der pakistanischen Familie und des pakistanischen Milieus nicht doch geschehen ist, besonders wenn man das objektive Datum berücksichtigt, dass Maryam zwölf Jahre erfolgreich die deutsche Schule besucht hat und zum Zeitpunkt des Interviews kurz vor dem Übergang in die 13. Klasse steht. Das Geburtsdatum nicht zu wissen bedeutet, dass sie an dieser Stelle nicht integriert ist. Für Nicht-Integration gibt es zwei Gründe:

– Sie ist abgewiesen worden.
– Sie hat es nicht gewollt.

Gegen die erste Möglichkeit spricht ihre Bildungskarriere. Maryam muss die Integration an dieser Stelle vermieden haben. Wahrscheinlich hat sie viele Möglichkeiten gehabt, das Deutschsein in Form des Geburtstagsfeierns mitzumachen. In der Schule ist es ihr bestimmt angeboten worden. Vielleicht hat sie es auch mitgemacht, aber weggedrängt. Aber warum? Was hat sie damit in Wirklichkeit vermieden? Schließen kann man: Sie muss befürchtet haben, dass sie in Schwierigkeiten gekommen wäre, wenn dieses Deutschsein in ihre Familie eingedrungen wäre. Und sie will den Konflikt zwischen dem außerfamilialen Dasein und dem familialen Dasein bzw. einem spezifischen Milieu vermeiden. Deshalb errichtet sie die Grenze zwischen zwei Kulturen in sich und hält die Permeabilität gering. Dabei wird ihr Deutschsein, zu dem die Entwicklung einer personalen Identität als Bestandteil der sozialen Identität gehört, gestört. Und genau an der Stelle hat sie mit der Sprache Schwierigkeiten. Die personale Identität, die zur sozialen Identität in Deutschland gehört, ist die eines *individuierten Subjekts*, und das weiß sein Geburtsdatum stabil. Zur sozialen Identität, Pakistani zu sein, gehört die personale Identität *Teil eines Ganzen* zu sein und damit die Überzeugung, als einzelner Mensch nicht wichtig zu sein.

M Und ... ich bin hier seit der ersten Klasse auf der Schule und ... bin hier auf die Grundschule gegangen und dann später auf die Realschule, und eigentlich habe ich nie Probleme in der Schule gehabt.

Sie hat also die deutsche Schule von Anfang an besucht und ist dort integriert und erfolgreich. Sie muss klug und tüchtig sein.

M *Und da meine Eltern damals nicht genau wussten im Schulsystem, wie das hier ist, Gymnasium, Realschule und so, und da haben sie mich einfach auf die Realschule geschickt* (lacht),

Sie begründet, warum sie nicht aufs Gymnasium gegangen ist, was indirekt heißt, dass sie ein Gymnasium hätte besuchen können, dass es nicht an ihren Leistungen gehapert hat, sondern daran, dass ihre Eltern sich mit dem hiesigen Bildungssystem nicht auskannten.

M *obwohl ich auch aufs Gymnasium gehen konnte,*

Maryam meint das nicht nur rechtlich, sondern auch von ihren Fähigkeiten her, deren sie sich durchaus bewusst ist. Hier taucht folgendes Moment wieder auf: Sie vermeidet den Konflikt mit der Familie. Gegen ihre Eltern und deren Entscheidungen protestiert sie nicht. In einer pakistanischen Familie entscheiden die Eltern, und das akzeptiert sie kritiklos.

M *aber meine Eltern waren der Meinung, lieber ... von unten nach oben als von oben nach unten hochkommen* (lacht),

Thematisiert werden zwei Modi des Aufstiegs. Der eine Modus setzt auf Sicherheit. *Lieber von unten nach oben,* das hätte auch ein Arbeiterkind in Deutschland in den fünfziger Jahren sagen können; lieber nur soviel, wie man mit Sicherheit schafft, um nicht als Gescheiterter der Häme der Herkunftsgruppe ausgesetzt zu sein. Das andere Aufstiegsmodell setzt auf Risikobereitschaft: Tendenzielle Überforderung riskiert vorübergehende Rückschläge. Maryams Eltern setzen auf Sicherheit, und die Tochter akzeptiert das widerspruchslos, auch nachträglich.

M *und ... dann bin ich halt hier auf die Realschule,*

Die Partikel *halt* bedeutet hier, dass sie ihren Wechsel zur Realschule auf Grund der Entscheidung ihrer Eltern für nicht näher erklärungsbedürftig hält. Es könnte aber auch ein Moment des Verzichts und der Resignation mitschwingen. Auffallend ist, dass sie ihren eigenen Wunsch nicht erwähnt. Sie hatte wahrscheinlich keine Möglichkeit, bei der Entscheidung mitzuwirken.

M auf die Goetheschule, eine sehr gute Schule,

Auffallend und aufschlussreich ist die Bewertung: *eine sehr gute Schule.* Eine derartige Zuschreibung ist bei unseren Schülern und Schülerinnen völlig unüblich. Sie verweist auf einen sozialen Zusammenhang außerhalb des deutschen sozialen Umfeldes. Wer könnte so etwas sagen? Es könnte die Äußerung eines aristokratischen Engländers sein, der eine Eliteschule besucht hat, wie z.B. Salem, oder eines Menschen, der aus elitärem Bewusstsein etwas Elitäres mit diesem Etikett versieht. Der Sprachduktus passt ins englische Oberschichtmilieu. Wenn Maryam die Realschule mit dem Etikett *sehr gute Schule* versieht, dann teilt sie damit implizit ihre Herkunft mit: Sie muss aus der pakistanischen Oberschicht, die seit der Kolonialzeit englisch orientiert ist, kommen. Sie gehört zu privilegierten Kreisen und hat einen Aristokratenhabitus entwickelt.

M und da hab ich meinen Realschulabschluss gemacht, und ... dann bin ich aufs Gymnasium gekommen.

Die Schulbiographie verläuft erfolgreich. Maryam ist außerordentlich tüchtig.

Hypothese zur individuellen Fallstruktur von Maryam

Maryams Lebenssphäre ist zweigeteilt. Zu ihrer pakistanischen Sphäre gehören ihre Familie und pakistanisches Milieu. Alles andere gehört zur deutschen Lebenswelt. Diese Zweiteilung ist in ihrer Person wiederzufinden. Zu ihrer pakistanischen Identität gehört, dass sie in ihrer Familie angepasst ist und sich als Teil eines Kollektivs versteht. Ein Eigenlogik beanspruchendes, personal individuiertes Subjekt darf sie in diesem Rahmen nicht sein. Das zeigt sich darin, dass sie ihr Geburtsdatum nicht spontan verfügbar hat. Zu ihrer deutschen Identität gehört, dass sie ein individuiertes Subjekt ist, sonst könnte sie in der Schule nicht so erfolgreich sein, denn dort muss sie eigenständig denken. Die Grenze zwischen ihrer pakistanischen und ihrer deutschen Identität ist so wenig durchlässig, dass sie den Individuierungsanspruch nicht in ihre pakistanische Lebenssphäre einfließen lässt. Wäre sie naiv deutsch, würde sie in der Familie eine deutsche Lebensweise einfordern. Das würde Konflikte und Missverständnisse auslösen. Diese aber will sie vermeiden. Darum führt sie bewusst eine zweigeteilte kulturelle Existenzform, die aber psychisch nicht zur Spaltung führt und nicht bewirkt, dass der Konflikt sie – wie oft behauptet – zerreißt.

Während des Interviews interferieren beide Lebenssphären. Der Fehler in der Sprache, *in Deutschland gekommen,* tritt auf, als es um den Übergang von einer Lebenssphäre in die andere geht. Das Geburtsdatum ist nicht präsent, als es um die Darstellung ihrer deutschen personalen Identität geht. Dennoch spricht die Gesamtdarstellung dafür, dass das Deutschsein dominiert. Die Zugehörigkeit zu Deutschland ist zentraler Bestandteil ihres Selbstverständnisses und das Pakistanische ist von marginaler Bedeutung eher. Es bleibt für die Familie vorbehalten, besonders für die Eltern, und wird strategisch eingesetzt: um Frieden zu stiften und zu erhalten.

Aus dem Sprachduktus kann man schließen, dass Maryam aus dem an England orientierten pakistanischen Oberschichtmilieu kommt und einen Aristokratenhabitus entwickelt hat.

M Ich bin hier in Deutschland als Flüchtling gekommen,

Maryam beginnt mit einem neuen Teil ihrer Erzählung. Zuerst hat sie wesentliche Elemente ihres Lebensweges in Deutschland erklärt. Dazu gehört die Schulbiographie als wichtiger Bestandteil ihrer sozialen Identität. Sie thematisiert nun das dahinter Liegende, die Gründe für ihre Anwesenheit in Deutschland.

Es fällt auf, dass sie wieder denselben Fehler macht. Das Kommen wird wieder tendenziell in Dasein umgewandelt: *in Deutschland sein.*

M und zwar ... wegen politisch, genauer gesagt, religiösen Gründen.

Sie ist also kein Wirtschaftsflüchtling.

M Und zwar bin ich ... ich gehöre der Ahmadiyya-Gemeinde an, ne?

Da sie mit sechs oder sieben Jahren gekommen ist, kann es nicht ihre Entscheidung gewesen sein, Gemeindemitglied zu werden. Es war die Entscheidung der Eltern oder der Großeltern. Maryam wurde durch Geburt Ahmadi. Möglicherweise liegt in der Mädchensozialisation der Gemeinschaft der Grund für die Störung im Individuierungsprozess.

M Und ... diese Gemeinde wird in Pakistan ... ist als Nicht-Muslime erklärt worden. Und das war halt der Grund. ...

Nicht muslimische Minderheiten werden i.d.R. in einem islamischen Staat nicht vom Staat verfolgt, zwar sind sie Bürger zweiter Klasse. Die Ahmadis erregen Anstoß, weil sie sich als die einzig richtigen Muslime betrachten, obwohl sie in ihrer Prophetenlehre, in ihrer Jesuslehre und in der Einrichtung eines eigenen Kalifats von Grundsätzen des Islam abweichen. Außerdem halten sie die Lebens- und Glaubenspraxis aller anderen Muslime für reformbedürftig. Ein schwerer Konflikt mit allen anderen Muslimen ist daher quasi vorprogrammiert. Die Rechtslage der Ahmadiyya in Pakistan habe ich in Teil III dargestellt.

M Damals hab ich nur einen Bruder gehabt,

Das heißt, in Deutschland sind noch Geschwister hinzugekommen. Die Eltern können nicht alt gewesen sein, als sie nach Deutschland kamen.

M und meine Eltern waren sehr besorgt ... um uns

Maryam thematisiert hier, dass die Eltern hauptsächlich wegen der Kinder weggegangen sind, um die Kinder vor Verfolgung zu schützen. Wären die Eltern kinderlos geblieben, hätten sie den Schritt möglicherweise gar nicht getan. Es geht Maryam hier darum, ihre Eltern als Menschen darzustellen, die ihren Kindern unbedingt Schutz gewähren wollen. Sie muss in einer verlässlichen und liebevollen Eltern-Kind-Beziehung aufgewachsen sein. Die Sorge der Eltern und ihre Entscheidung für die Emigration 1986 ist mit Blick auf die Rechtslage durchaus nachvollziehbar.

M und haben sich entschieden, dass wir halt nach Deutschland kommen und ......

Für Pakistaner der Oberschicht ist es leichter, nach England zu gehen, weil sie die Sprache sprechen und mit der englischen Lebensweise und Wertorientierung vertraut sind. Gehen sie nach Deutschland, so müssen sie eine ihnen fremde und nicht leichte Sprache lernen. Mit Deutschland haben sie keine gemeinsame Vergangenheit, und Land und Sitten sind ihnen nicht vertraut. Deutschland ist für sie kein »Mutterland«. Die Entscheidung der Eltern für Deutschland ist also erklärungsbedürftig. Hier nun wird die Zugehörigkeit zur Ahmadiyya-Gemeinde bedeutsam. Ahmadis haben das Ziel, ihren Islam weltweit zu verbreiten und ihm in 300 Jahren zum Sieg über alle anderen Religionen zu verhelfen. Sie verfügen bereits in allen Erdteilen über Gemeinden und »Missionsstationen«. In Deutschland haben sie seit den zwanziger Jahren, ausgehend von Berlin, ihre Netze geknüpft. Maryam kommt 1986 mit ihren Eltern nicht in die Fremde, sondern in eine Ahmadiyya-Gemeinde, zu der auch schon andere Familienmitglieder gehören, die teilweise bereits seit Jahrzehnten in Deutschland leben.

M und ... obwohl ... wir mussten alle, wir haben ein sehr gutes Leben in Pakistan gehabt und mussten alles aufgeben.

Wenn man alles aufgeben muss, so kann das als Indikator für Verfolgung verstanden werden. Es kann aber auch Indikator für den Anspruch sein, das sehr gute Leben weiter führen zu können, in dem Sinne: Wir sind schon immer privilegiert gewesen und haben ein Anrecht darauf, es zu bleiben. Das wäre die Kontinuität im Aristokratenhabitus. In der Konjunktion *obwohl,* die einen adversativen Satz einleitet, der aber nicht zu Ende geführt wird, schimmert die Ambivalenz durch.

M Ich war auf einer Privatschule gewesen, eine English Academy,

Kinder der Oberschicht werden z.B. in Lahor mit drei Jahren in eine English Academy eingeschult. Sie besuchen zwei Jahre den »nursery-prep-Kurs«, eine Vorschule, und anderthalb Jahre die Primary school, wo sie in Urdu und Englisch alphabetisiert werden. Maryam nahm also an einer Oberschichtensozialisation teil, bevor sie nach Deutschland kam. Auch andere Ahmadis nannten in Gesprächen mit mir ihre Schule in Pakistan *English Academy.*

M eine sehr gute Schule,

Hier wiederholt sie die Qualitätsformel, mit der sie schon die Realschule bewertete. So reden Leute, die aus elitärem Bewusstsein über etwas Elitäres urteilen. Am Sprachduktus erkennt man hier wieder das aristokratisch Oberschichtmäßige. Diese aristokratische Redeweise ist sehr auffällig. Es geht nicht um spezifisch Pakistanisches, was immer das sein mag, sondern um die universalistische Bildung, die diese English Academy vermittelt.

Die Hypothese, dass Maryams Sprachduktus die Zugehörigkeit zur englisch geprägten pakistanischen Oberschicht verrät, wird hier bestätigt.

M und ... die musste ich aufgeben und bin hierher gekommen. Und da ich damals Englisch sehr gut sprechen konnte, weil ich auf 'ner englischen Schule war, hab ich auch hier keine Probleme gehabt. ...

Diese Aussage ist erstaunlich und aufschlussreich. Sie gibt Auskunft über

a) Maryams Selbstverständnis bzgl. ihrer Zugehörigkeit,
b) ihre Habitusformation,
c) ihr Verhältnis zur Realität und
d) ihre Lernfähigkeit und Lerndynamik.

Ad a) Normalerweise haben Immigranten die Schwierigkeit, hier die deutsche Sprache zu erlernen, und sprechen darüber, besonders wenn sie über ihre Schulzeit berichten. Maryam macht das nicht. Sie thematisiert ihre Schulzeit in Deutschland aus der Sicht eines deutschen Kindes, das das Problem hat, Englisch zu lernen. Indirekt gibt sie uns mit diesem Perspektivwechsel eine Antwort auf die Frage, wem sie sich zurechnet: Sie versteht sich wie selbstverständlich als Deutsche.

Ad b) Maryam assimiliert ihre Situation in Deutschland an ihre pakistanische Situation. In Pakistan sprach sie ihre Muttersprache Urdu und musste die Oberschichtsprache Englisch lernen. Damit erwarb sie den Aristokratenhabitus, der an die englische Sprache gebunden ist. Jetzt spricht sie so, als habe sie, als sie in Deutschland in die Schule kam, Deutsch schon gekonnt und Englisch lernen müssen, obwohl sie es ja schon konnte. Englisch in Deutschland zu lernen ist für sie – wie schon in Pakistan – eine Art Statusattribut für Eliten. Mit dem Erwerb der deutschen Sprache findet bei ihr kein Habituswechsel statt, sondern sie behält den Habitus der englisch geprägten pakistanischen Oberschicht bei.

Ad c) Maryam interpretiert völlig an der Realität vorbei. In der Grundschule hier spielt Englisch kein Rolle, und auch sie stand vor der Aufgabe, hier die deutsche Sprache zu lernen. Diese Realität blendet sie einfach aus. Sie ist unrealistisch.

Ad d) Aus dieser spezifischen Realitätsferne kann man auf Maryams Lernfähigkeit und Lerndynamik schließen. Wäre das Deutschlernen für sie mit großen Schwierigkeiten verbunden gewesen, so hätte sie diese nicht so einfach übergangen. Es muss für sie leicht gewesen sein, die deutsche Sprache zu erlernen. Sie muss klug und sprachbegabt sein und leicht und schnell lernen.

Interessant ist darüber hinaus, dass mit dem Erlernen der deutschen Sprache kein Habituswechsel verbunden ist. Daran erkennt man, dass die deutsche Sprache heute keine Lebensform mehr repräsentiert wie das Englische, z.B. das Oxbridge, und das Französische. Anders gesagt: Das Deutschsprechen konstituiert keine eigene Kultur wie etwa das Englischsprechen für ein Mitglied der pakistanischen Oberschicht.

I1 Hm, hm ...
M Und ... und später ...

Man erwartet nun, dass Maryam Ereignisse aus ihrer Jugendzeit berichtet.

M und ... hm ... die Ahmadiyya-Gemeinde, die legt sehr viel Wert auf ihre Religion.

Maryam wendet sich zum zweiten Mal ihrer Religionsgemeinschaft zu. Sie hat zwei Geschichten: die ihrer deutschen Identität und die ihrer Zugehörigkeit zur Ahmadiyya. Mit der Aussage, *die legt sehr viel Wert auf,* verwendet sie eine Formulierung, die zur Charakterisierung einer Glaubensgemeinschaft ungewöhnlich ist. Man spricht so z.B. über Sekretärinnen: Sie legen sehr viel Wert auf ihr Äußeres. Die Formulierung provoziert die Frage, ob in dieser Gemeinde Äußerlichkeiten dominieren und nicht religiöse Hingabe. Anders gesagt, ob die Religion eine eher äußere Angelegenheit ist.

M Sie lebt gerne mit der Religion und sie ist ja auch deshalb hierher gekommen.

Maryam identifiziert sich damit.

M Es sind viele Ahmadiyya-Muslime, die in Deutschland leben, und ... wir bevorzugen, dass wir hier leben, uns hier anpassen, aber trotzdem unsere Religion beibehalten.

Die Ahmadiyya bildet in Maryams Denken eine Art Überbrückungsprinzip zwischen ihrer pakistanischen Herkunft und ihrer deutschen sozialen Identität. Als Ahmadi kann sie beides sein: Deutsche und Pakistanerin. Die Ahmadiyya ist für Maryam gewissermaßen die Syntheseformel, die es ihr erlaubt, mit der konfliktträchtigen Grenze, die sie in sich zwischen ihren deutschen und pakistanischen Anteilen errichtet hat, zu leben, ohne davon gespalten zu werden. Die Ahmadiyya macht es ihr möglich, beides zu integrieren und zu beidem zu gehören. Wahrscheinlich hat sie auch zu der oben analysierten Störung im Individuierungsprozess beigetragen.

M Und ... das war schon immer mein Ziel gewesen, das irgendwie zu kombinieren,

Das bestätigt die Analyse: Sie will beides leben und miteinander verbinden.

M *und … bis jetzt hab ich – Gott sei Dank – noch nie Probleme gehabt damit, und … ja … und … ich zeig immer, versuch immer zu zeigen, dass auch Kopftuchträgerinnen hier ohne Probleme leben können.*

Das ist wieder eine überraschende Aussage. Gewöhnlich heißt es, Kopftuchträgerinnen hätten Probleme und müssten gegen die Intoleranz der Deutschen ankämpfen. Und man erwartet deshalb von ihnen Klagen über Benachteiligung und Berichte über kämpferischen Einsatz. Maryam jedoch hat Intoleranz von Deutschen bisher nicht erfahren und hat es sich zur Aufgabe gemacht, muslimische Frauen darüber aufzuklären, dass sie in Deutschland problemlos mit Kopftuch leben können, wenn sie es wollen. Sie tritt auf als Deutsche, die für die Toleranz in diesem Lande wirbt und gängige Vorurteilsstrukturen aufzubrechen versucht.

M *Es wird ja immer gesagt,* …… (Kurze Störung von außen, Unterbrechung) ……

Hier kann man ziemlich sicher sein, dass sie sinngemäß gesagt hätte: *Es wird ja immer gesagt, hier hätten Kopftuchträgerinnen Probleme. Aber aus meiner Erfahrung kann ich das nicht bestätigen.*

M *Also ich gehöre der Ahmadiyya-Gemeinde an, und … wie ich schon gesagt hatte, ist mein Ziel immer, das zu zeigen, dass wir hier leben können oh … ohne Probleme.*

Sie will also zeigen, dass, anders als weithin behauptet, die deutsche Gesellschaft nach ihrer Erfahrung eine tolerante Gesellschaft ist.

M *und ich bin, ich gehöre hier …,*

Fast hätte Maryam hier zum vierten Mal ihre Zugehörigkeit zur Ahmadiyya erklärt. Die Gemeinde muss außerordentlich wichtig für sie sein. Sie scheint ihr zweites Zuhause zu sein.

M *ich bin hier seit meinem 16. Lebensjahr Tablighsekretärin.*

Maryam ist nicht nur Mitglied, sondern sie hat bereits eine Funktion in der Gemeinschaft übernommen. Als Tablighsekretärin hat sie die Aufgabe, über die Ahmadiyya zu informieren und für sie zu werben. Maryam hat diese Funktion auf lokaler Ebene neben einer Finanzsekretärin, einer Bildungssekretärin und weiteren Sekretären und Sekretärinnen für andere Aufgaben. Diese Funktionen sind Teil in einem ausdifferenzierten Organisationssystem auf lokaler, regionaler, nationaler und internationaler Ebene.

Zur individuellen Fallstruktur von Maryam (Ergänzung)

Maryam macht den Eindruck einer intelligenten, wachen, sehr sympathischen und liebenswerten, teilweise aber auch unrealistischen Person. In ihrem konkreten Verhalten ist sie aufgeschlossen und überhaupt nicht borniert. Die Ahmadiyya scheint für sie ein zweites Zuhause zu sein, auf das sie sich genauso verlässt wie auf ihre Eltern. Aus dieser Verlässlichkeit schöpft sie Kraft und Selbstbewusstsein. Sie hat keine Probleme mit ihrer Zugehörigkeit zur Ahmadiyya und macht sich keine Gedanken darüber, zu wem sie da gehört. Ähnlich wie in der Familie wird sie auch dort Teil eines Kollektivs sein. Vermutlich hängt die Störung in ihrem Indivierungsprozess auch mit der Mädchensozialisation und der Rolle der Frau in der Ahmadiyya zusammen.

Hypothese zur Fallstruktur der Ahmadiyya

Die Ahmadiyya muss es geschafft haben, eine funktionierende Vergemeinschaftung für die Mitglieder zu sein. Außer der Vergemeinschaftung wird es einen anderen Grund geben, der es erstrebenswert macht, zur Ahmadiyya zu gehören. Bei der Suche nach dem Grund ist Maryams elitärer Sprachduktus ein Schlüssel. Die Ahmadiyya bietet Teilhabe am Elitären. Es muss ihr gelungen sein, mit ihrem universalistischen Anspruch ein elitär aristokratisches Bewusstsein begründet zu haben und mit der Teilhabe daran erfolgreich zu werben. Dieses Elitäre muss ein Elitäres im Sinne von ständisch-aristokratisch sein, nicht blutsaristokratisch. Es lebt vom Habitus: Es ist erstrebenswert dazu zu gehören, und wir gehören dazu. Es orientiert sich am Vorbild der englischen Aristokratie.

Sequenzabschnitt: Ferien in Pakistan

Zum Kontext: Maryam hat berichtet, dass sie gern nach Pakistan fährt und zuletzt 1997 in Pakistan war. An dieser Stelle fragen die beiden Interviewerinnen nach:

I1 *Und wen hast du besucht?*

M *Meine Großeltern.*

I2 *Und wie war es?*

M *Es war schön* (lacht). *Ich habe sie beneidet* (lachend), *weil es ist einfach ein ganz anderes Leben in Pakistan als hier.*

I1 *Was findest du dort schöner?*

M *Luxus* (lacht quiekend).

I1 *Echt? Ist es da so?*

M *Ja, eigentlich ist es da normal, z.B. so in den Kreisen, so wie ich die Familien kenne. Die sitzen da einfach, stehen morgens auf und machen sich schön hübsch, und dann sitzen sie bequem.*

I2 *Also die Frauen.*

M *Die Frauen, ... ich meine die Frauen. Die Männer gehen natürlich arbeiten. Die werden dann von rechts und links bedient, und alles wird ihnen geputzt. In asiatischen Ländern gibt es ja immer Leute, die arbeiten, also Putzhilfe und alles, Köche und so.*

I1 *Und das könntest du dir für dich vorstellen, so da zu sitzen, und dein Mann ist arbeiten und du wirst bedient?*

M *Das ist doch schön* (lacht).

I1 *Und du gehst nicht arbeiten?*

M *Ne, ne. Ich möchte arbeiten. Deshalb bin ich hier. Aber ich könnte ja auch in Pakistan arbeiten, so ist das ja nicht. Ich finde es aber nur für die jetzt, die kurze Zeit, die ich da war, ich fand es schön, dass die es einfach so bequem, so einfach haben. Wenn sie einkaufen wollen, einfach ein Chauffeur, der sie hinfährt, ganz einfach* (lacht fröhlich).

I2 *Du sagst, dass die Frauen bedient werden, deine Familie kommt von der Elite in Pakistan. Kannst du uns ein bisschen über deine Familie in Pakistan erzählen, über deine Großeltern und so?*

M *Ich weiß es nicht, ob das jetzt ... Also mein Großvater mütterlicherseits, der hatte, der hat ein Textil-Unternehmen. Mein Großvater väterlicherseits, eigentlich ist er vom Beruf auch Diplom-Ingenieur* (lacht), *aber er ist auch, der besitzt da viel Land. Und wie es dann so üblich ist, dass man dann jedes Jahr dann sehr viel Summe dann von dem Land, das man da hat, bekommt, und damit kann man auch dann leben. (...)*

I1 *Leben deine Verwandten alle in Pakistan?*

M *Nein, nicht alle. Ich habe auch hier Tanten und Onkel, die schon lange hier leben.*

I2 *Welche Staatsangehörigkeit hast du?*

M *Wir haben die pakistanische und hier eine unbefristete Aufenthaltsgenehmigung.*

Maryam erzählt vollkommen unbefangen, ehrlich und authentisch. Quelle des Reichtums der Familie ist der Großgrundbesitz. Als Latifundienbesitzer lebt sie in grenzenlosem Luxus auf Kosten derer, die die Arbeit machen und dabei arm und abhängig bleiben. Dieses Verhalten hat eine Eigenlogik, man kann sie als *Latifundienlogik* bezeichnen. In Pakistan sind derartige Ausbeutungsverhältnisse üblich, besonders in der Landwirtschaft. Das Interview enthält kein Anzeichen für ein Empfinden von sozialer Ungerechtigkeit bei der Interviewten. Soziale Gerechtigkeit scheint in der Familie kein Thema zu sein, wenn es um den eigenen Reichtum zu Lasten anderer geht.

Hypothese zur Eigenlogik der Ahmadiyya

Maryams Familie gehört zur Elite der Ahmadiyya. Reichtum ist dort verbreitet, nicht nur in Deutschland, sondern auch in Pakistan und Indien. Die Ahmadiyya gibt vor, den einzig wahren Islam zu verkünden und die Welt verbessern zu können. Möglicherweise geht es aber vielmehr darum, in elitären Kreisen Reichtum und Macht zu erhalten und zu mehren. Einiges spricht dafür, dass die Führungselite die *Latifundienlogik* auf neue Weise weltweit, auch in Deutschland, wirksam einsetzt. (Siehe Teil III)

Die Ahmadiyya überwindet die kulturellen Begrenzungen. Sie ist eine Art Internationalismus der Elitentradition und der Elitenzuwendung.

Sequenzabschnitt zur Verheiratung

I2 *Du hast von deiner Zukunft gesprochen. Hast du Probleme, dass deine Eltern einen Ehemann für dich aussuchen? Musst du das akzeptieren?*

M *Ja, ich habe ja gesagt, solange ich nicht damit einverstanden bin, geht das ja eigentlich auch nicht. Und wenn ich erst einverstanden bin, geht das ja.*

Mit dem Wort *erst* deutet Maryam an, dass es bei der Wahl des Ehepartners um einen Prozess der Konsensbildung zwischen den Eltern und ihr geht. Sie sagt, dass sie am Herstellen des Einverständnisses beteiligt wird. Das bestätigt die Hypothese, dass sie nicht aus der pakistanischen Tradition aussteigt. Sie kämpft nicht gegen den Brauch an, nach dem Eltern ihre Kinder verheiraten. Sie ist pragmatisch. Sie beteiligt sich daran. Auch in der Traditionalität werden über informelle Kanäle oft Mittel und Wege für eine Mitsprachemöglichkeit der Tochter gefunden, und zwar faktisch, nicht formell. Formell muss sie sich fügen.

Das Heiraten ist auch für Eltern viel zu folgenreich, als dass sie es als Disziplinierungsinstrument einsetzen würden – zumindest in der Oberschicht.

Maryam steht wieder auf beiden Seiten. Sie ist
- ein moderner Mensch, der autonom ist und der nicht fremd bestimmt sein will,
- ein Mensch, der seiner Herkunftskultur angehört und der daran nichts kaputt macht,
- ein Mensch, der beides miteinander vereinbaren will.

M *Keine Eltern denken was Schlechtes für ihre Kinder.*

Im Grunde ist das eine vernünftige Sparsamkeitsregel. Es ist das Wahrscheinlichste, dass Eltern Gutes für ihre Kinder wollen. Würde man nach der Regel – Eltern wollen Schlechtes für ihre Kinder – mit den Eltern umgehen, würde alles zusammenbrechen.

Es geht hier tendenziell um die Widerlegung der Meinung, die durch Eltern arrangierte Heirat sei schrecklich. Im Sinne des Konzepts des modernen Lebens wird man da fremd bestimmt. Maryam will die Position stark machen, dass Eltern Gutes für ihre Kinder wollen und sich deren Position ohnehin nicht unversönlich weit von der ihrer Kinder entfernen werde.

M *Wissen Sie was, ich verlasse mich ja nicht nur ..., auch wenn ich mir selber jemanden suchen würde, und dann heiraten würde, oder ich werde verheiratet, da kommt das Gleiche heraus. Ich finde, das wird da oben irgendwie, also mit wem ich meine Zukunft verbringe, mit wem ich zusammen bin, das wird wieder da oben alles ...... gemacht, nicht hier unten, also das ist mein Schicksal, mit wem ich zusammenkomme, egal ob ich mir ihn selber finde, oder er kommt selber zu mir. Aber das steht so* (bestimmt) *... in meinem Schicksal, das ist einfach vorher schon so festgelegt, und so wird es auch sein.*

Maryam denkt im Geist der islamischen *Prädeterminationslehre*, nach der die irdischen Ereignisse vorherbestimmt sind, sie sind Schicksal, *Kismet.* Diese Lehre ist klar zu unterscheiden von der im reformierten Christentum verbreiteten *Prädestinationslehre*, in der es um die Vorherbestimmung der Erlösung geht. Ein Unterschied, auf den Max Weber mehrfach aufmerksam gemacht hat.

M *Also deshalb mache ich mir da keine Sorgen. Weil das kommt von dem Glauben, weil, wenn man so gläubig ist, dann verlässt man sich einfach auf seinen Gott und sagt dann, der wird das Beste für mich ... tun.*

So wie Maryam Vertrauen in die Fürsorge und Güte der Eltern hat, so auch in Gott, der in ihrem Glauben kein strafender sondern ein gütiger Gott ist. Sie hat ein stark positiviertes paternalistisches monotheistisches Gottesbild.

Eigentlich thematisch ist hier die Strukturgleichheit von Gottvertrauen und Selbstvertrauen. Inhaltlich ist das verschieden. Der Vorläufer von Selbstvertrauen ist eben Gottvertrauen.

Individuelle Fallstruktur von Maryam (Zusammenfassung)

Maryam verkörpert eine außergewöhnliche Mischung: Sie ist sowohl individuiertes Subjekt als auch Teil eines Kollektivs. Sie hat die soziale Identität einer Deutschen und den Aristokratenhabitus der englisch geprägten pakistanischen Oberschicht. Sie ist aufgeschlossen und intelligent, aber auch realitätsfern und unkritisch. Soziale Gerechtigkeit ist ihr kein Bedürfnis. Je nach dem, ob sie sich gerade in einer pakistanischen oder einer deutschen Umgebung bewegt, lässt sie mal die eine Seite und mal die andere Seite ihrer Identität zum Zuge kommen. Sie hat ein paternalistisches monotheistisches Weltbild und hat die islamische Prädeterminationslehre verinnerlicht. Ihr Vertrauen in sich selbst und in die Zukunft erwächst aus dem Vertrauen in die Eltern und in Gott. Schwere Erschütterungen und Krisen scheint sie in ihrem Leben noch keine erlebt zu haben, auch nicht durch Verfolgung in Pakistan.

Hindernisse

Eveline

Entstehungsgeschichte und Interaktionseinbettung des Interviews

Im Rahmen des Seminars *Bildungsprozesse bei Kulturwechsel* suchten wir für Interviews Frauen und Mädchen aus Pakistan. Da die Studentinnen Schwierigkeiten hatten, Interviewpartnerinnen zu finden, sprach ich Lehrerinnen aus verschiedenen Schulen an, so auch eine Lehrerin von Eveline. Sie ist 15 Jahre alt, besucht eine Realschule und gehört – wie Maryam – zur Gemeinde der Ahmadiyya. Die Frage der Lehrerin, ob sie bereit sei, einer Studentin des oben genannten Seminars ein Interview zu geben, bejahte sie. Für die Terminabsprache gab sie der Lehrerin ihre Telefonnummer und nannte Wochentage mit Uhrzeit, an denen die Studentin anrufen könnte. Zu dieser Zeit sei ihr Vater nicht zu Hause. Telefonisch verabredeten die Studentin und Eveline dann einen Termin. Als Treffpunkt schlug Eveline den Eingang der Schule vor. Beide trafen sich wie verabredet und gingen auf Vorschlag Evelines in ein Café neben der Schule. Dort fand das Interview am 30.9.1999 statt. Zu Beginn des Gesprächs erklärte Eveline, dass die Anonymisierung für sie Vorbedingung für das Interview sei. Die Studentin sicherte ihr die Anonymisierung der Daten zu. Den Namen *Eveline* schlug die Interviewte selbst vor. Während des Interviews trug sie einen langen, dunklen Mantel und ein Kopftuch, das nur das vordere Gesicht frei ließ. Obwohl es ihr im Café viel zu warm war, legte sie weder den Mantel noch das Kopftuch ab.

Erste Hypothese zur individuellen Fallstruktur von Eveline

Eveline ist eine aufgeschlossene Persönlichkeit, die selbständig klare Entscheidungen trifft. Ihre Terminplanung zeigt, dass sie auf der Ebene des Handelns durch den Vater eingeschränkt ist. Souverän entzieht sie sich jedoch durch taktisch geschickte Planung – wahrscheinlich nicht zum ersten Mal – der Kontrolle durch den Vater. Im Gegensatz zu dieser Autonomie steht ihr Bekleidungsverhalten. Sie richtet sich nicht nach ihren eigenen Bedürfnissen, sondern befolgt die Bekleidungsvorschriften der Ahmadiyya für Frauen im öffentlichen Raum. Dieser Gehorsam muss motiviert sein. Für das Motiv gibt es jedoch noch keinen Indikator. Das selbst gewählte Pseudonym verrät, dass Eveline gerne ein europäisches Mädchen wäre. Sie befindet sie sich in einem Konflikt zwischen Autonomie und Gehorsam.

Sequenzanalyse des Interviews

Die Interviewerin informierte Eveline über das Forschungsinteresse und schaltete dann das Tonband ein.

I *Ich würde sehr gerne deine Lebensgeschichte hören.*
E *Ja, ich komme aus Pakistan, ich gehe in die zehnte Klasse und will noch Abitur machen.*

Eveline zögert nicht und zeigt keine Unsicherheit. Souverän beginnt sie mit einer Generalkontextuierung, in der sie knapp und präzise aus ihrer Vergangenheit und Gegenwart und über ihre Zukunftsperspektive berichtet. Sie erzählt aus der Sicht der Gegenwart und nennt Elemente, die für sie heute von besonderer Bedeutung sind: die Herkunft aus Pakistan und, für ihr Leben in Deutschland, ihr Bildungsweg und ihr Ziel im öffentlichen Schulsystem.

Die Aussage *ich komme aus Pakistan* impliziert, dass sie dort geboren ist und ihre Eltern wahrscheinlich dort aufgewachsen sind und bis zur Migration – irgendwann nach Evelines Geburt – dort gelebt haben. Die soziale Identität der Eltern wird von pakistanisch-islamischen Traditionen geprägt sein. In welchem Ausmaß ist noch nicht zu erkennen. Mit dieser Aussage distanziert sich Eveline von den Pakistanern, die bereits in der zweiten und dritten Generation hier leben und untereinander geheiratet haben.

Aus der Aussage, *ich gehe in die zehnte Klasse*, kann man schließen, dass sie erfolgreich im deutschen Bildungssystem ist. Da ihre Eltern wahrscheinlich erst als Erwachsene nach Deutschland gekommen sind, wird sie ihnen im modernen deutschen Bildungswissen überlegen sein. Auf dieser Ebene wird wie in vielen Migrantenfamilien eine Statusumkehrung in der Familie stattfinden: Die Tochter ist den Eltern überlegen. Die traditionale hierarchische Familienordnung mit dem Vater als Oberhaupt ist gefährdet. Der Vater wird auf seine Weise versuchen, seine Autorität aufrecht zu erhalten. Ein Generationenkonflikt, der gleichzeitig ein Kulturkonflikt ist, läßt sich kaum vermeiden.

Die Aussage *und will noch Abitur machen* zeigt uns Eveline als Person mit eigenem Willen und hoher Bildungsmotivation. Aus ihrer Perspektive ist sie überwiegend deutsch und hat durch ihre Herkunft, ihre Muttersprache und die primäre Sozialisation im Elternhaus pakistanische Anteile.

Auffallend ist in der Aussage das Adverb *noch*. Zwei Lesarten sind möglich. Eveline könnte gemeint haben, dass sie nach dem Realschulabschluss auch *noch* das Abitur machen will. In diesem Fall würde *noch* auf eine Erweiterung hinweisen. In der anderen Lesart weist *noch* darauf hin, dass Evelines deutsche Bildungskarriere nach dem Abitur zu Ende sein wird. Danach muss sie dem traditionalen Weg einer Frau, die im Heiratsalter ist, folgen. Die zweite Lesart wird deutlich, wenn wir gedankenexperimentell Sätze mit *noch* bilden, z. B. *Ich will noch drei Tage hier bleiben.* Diese Aussage enthält durch *noch* die Implikation *länger nicht*. Der Aufenthalt ist dann zu Ende, analog dazu der moderne Bildungsweg von Eveline.

E hab 's halt vor,

Zum einen wiederholt Eveline, dass es ihr eigener Wille ist, das Abitur zu machen, zum anderen schwingt hier das Wissen um mögliche Hindernisse mit. Es könnten nicht ausreichende Leistungen sein, aber auch der Wille der Eltern, dem sie sich zu fügen hat, auch wenn er ihrem eigenen Interesse widerspricht.

E und ich hab noch sechs Geschwister.

Eveline kommt also aus einer Familie, die von den Normen und Werten der Traditionalität geleitet ist: Kinderreichtum, Familie als Lebensaufgabe und geschlechterspezifische Arbeitsteilung. Möglicherweise hat Eveline mehrere jüngere Geschwister und muss der Mutter helfen.

E Wir leben also seit vierzehn Jahren hier,

Sie ist mit einem Jahr nach Deutschland gekommen und hat hier ihre Kindheit und Jugendzeit verbracht. In Kindergarten und Schule ist sie deutsch sozialisiert worden und hat die deutsche Sprache gelernt. Sie ist in ihrer Zweitsprache alphabetisiert worden. Vierzehn Jahre sind eine lange Zeit, fast Evelines ganzes Leben. Es ist ihr wichtig, das mitzuteilen. Sie sagt damit indirekt, dass sie hierhin gehört.

E *und ich will meine Religion weiterführen,*

Zum zweiten Mal sagt sie *ich will.* Es ist ihr wichtig zu sagen, dass sie einen eigenen Willen hat. Was will sie? *Meine Religion weiterführen* ist ein außergewöhnlicher Ausdruck. Wir sagen zum Beispiel: *Ich will mein Konto weiterführen.* Oder: *Ich will mein Geschäft weiterführen.* Dabei geht es nicht um eine innere Haltung, sondern um konkretes Handeln, für das es Vorschriften und Regeln gibt. Analog dazu könnte es sein, dass für Eveline die Religion weniger eine innere Hinwendung zu Gott bedeutet, sondern aus der Befolgung vorgeschriebener Handlungen besteht. Wie die Aussage in Maryams Interview, *die Ahmadiyya-Gemeinde legt sehr viel Wert auf ihre Religion,* provoziert auch die Äußerung Evelines die Frage, ob in ihrer Glaubensgemeinschaft Äußerlichkeiten dominieren.[53]

Die Aussage erfolgt in der Sprache von Geschäftsleuten, Kaufleuten. Diesen Sprachduktus finden wir auch im Koran mehrmals, außerdem bei islamischen Missionsbewegungen. Elke Faust beschreibt das Phänomen bei der indo-pakistanischen Bewegung Tablighi Jama'at: »So wird z.B. anhand eines »Girokontos« erklärt, dass Gott am jüngsten Tag die guten Taten addiere, die ein Muslim im Leben vollbracht hat: Die guten Taten würden wie das Geld auf ein Konto gelegt.«[54]

Weiterführen kann auch bedeuten, *fortsetzen wie es war, nichts verändern.* Die Aussage könnte ein Hinweis auf eine Einstellung gegen Modernisierung sein, also eine traditionalistische Interpretation des Islam.

Außergewöhnlich ist auch das Possessivpronomen *meine* im Zusammenhang mit Religion. Man sagt nicht *mein Christentum, mein Buddhismus* oder *mein Islam.* Aber man sagt *mein Verein, mein Club.* Das sind Interessengemeinschaften, zu denen man durch Mitgliedschaft gehört. Hier stellt sich die Frage, ob die Zugehörigkeit zur Ahmadiyya mehr durch Mitgliedschaft in einer Interessengemeinschaft als durch gemeinsame Glaubensinhalte bestimmt ist. Die Ahmadiyya wäre dann eher ein Verein oder Club, der die Teilhabe lohnt, als eine Glaubensgemeinschaft. Auch bei Maryam stellte sich die Frage.

E *halt nicht so sein wie die anderen,*

Der Text enthält mehrere Implikationen:

- Der Aussage liegt ein dualistisches Menschenbild zu Grunde. Es gibt die Kategorie derer, zu denen die Interviewte nicht gehören will, und derer, denen sie sich zurechnet.
- Die Aussage enthält tendenziell eine Wertung: Die anderen sind schlechter, die eigene Gruppe ist die beste. Das Denken folgt der Logik der Überbietung.
- Die Aussage ist Ausdruck selbst gewählter Absonderung.

Im religiösen Bereich finden wir den Dualismus und die Logik der Überbietung in den monotheistischen Religionen. Beides ist neben der absichtlichen Absonderung typisch für Sekten.[55] Aber auch der Koran fordert die Abgrenzung: »Und ertrage in Geduld alles, was sie reden; und scheide dich von ihnen in geziemender Art.« (Sure 73, Vers 11).[56]

E *halt mit Hosen und so weiter, halt Kopftuch.*

Vervollständigt lautet die elliptische Aussage wahrscheinlich so: *Ich will nicht zu denen gehören, die Hosen tragen und so weiter, sondern zu denen mit Kopftuch. Hosen und so weiter* bedeutet wohl moderne Bekleidung. Es geht hier nicht nur um die Kopfbedeckung. *Die Religion weiterführen* bedeutet also für Eveline auch, eine den Frauen der Ahmadiyya vorgeschriebene Kleidung zu tragen. In Pakistan ist das die Burka, der dunkle Sack mit Sehschlitz, der über den Kopf angezogen wird. Publikationen der Ahmadiyya enthalten entsprechende Fotos und Texte.[57] Das Kopftuch und Evelines langer Mantel sind also schon eine Modernisierung.

E *Ja, das will ich*

Die Interviewte hat bisher kurz und präzise Fakten berichtet und Willenserklärungen abgegeben. Nun bekräftigt sie noch einmal ihre Äußerung zur Bekleidung. Der Satz unterscheidet sich von ihrem bisherigen Sprachduktus. Auf die Aussage *ich will noch Abitur machen* folgt kein *ja, das will ich.* Diese Aussage ist authentischer Ausdruck des eigenen Willens und bedarf keiner zusätzlichen Beteuerung. Anders ist es bei der Bekleidung. Möglicherweise hat Eveline selbst Zweifel daran, dass dies ihr eigener Wille ist. Vielleicht muss sie sich einreden, dass sie selbst es ist, die das will. Es könnte sich hier um eine Formel handeln, die als Antwort auf religiöse Fragen eingeübt wurde und sich automatisiert hat. Zum Beispiel:

Willst du die Gebote befolgen? Ja, das will ich.
Und dem Propheten gehorchen? Ja, das will ich.

Die Aussage wäre dann die Wiederholung eines Gelöbnisses – Gehorsam statt Autonomie.

E *und ich bin damit einverstanden*

Einverstanden ist man nicht mit seinem eigenen Willen, sondern mit dem eines anderen. In diesem Fall wäre der Andere eine religiöse Autorität, die sie anerkennt, gleichsam als Führer. Und diese Autorität erlässt Vorschriften für die Bekleidung der Frauen. Es ist auszuschließen, dass ein junges Mädchen von heute, das in Deutschland lebt und eigenständig denkt, dieselben Bekleidungsvorstellungen entwickelt wie Männer im zwanzigsten Jahrhundert in Pakistan und im siebten Jahrhundert auf der Arabischen Halbinsel. Also bedeutet *ich bin damit einverstanden* nicht eine geistige Übereinstimmung zwischen einem modernen Subjekt und einer religiösen Autorität, sondern die Übernahme eines fremden Willens.

E *und ich will es ja auch, ja.*

Die Wiederholung bestärkt die Hypothese, dass Eveline eine Formel anwendet, und berechtigt zu der Vermutung, dass es sich hier um einen Vorgang von Autosuggestion handelt und nicht um einen autonomen Willensakt. Es geht um Internalisierung von Anordnungen einer äußeren Instanz. Der Prozess, der stattfindet, führt von der außengeleiteten Moral zur innengeleiteten Moral, aber nicht zu einer autonomen Moral. Die innengeleitete Moral bleibt Fremdbestimmung, ohne dass das Subjekt es weiß, es erliegt einer Selbsttäuschung. Die Freiheit, die aufgegeben wird, wird nicht mehr erkannt. Im Grunde ist Evelines Wille Gehorsam. Aber es ist ein Gehorsam, gegen den es in ihr revoltiert, sonst würde sie die Beschwörungsformel, *ich will es, ja,* nicht brauchen. Der eigene Wille soll auf diese suggestive Weise unterdrückt werden. Und das ist eingeübt.

Hypothese zur individuellen Fallstruktur von Eveline

Aus der frühen Thematisierung der Bekleidung und der autosuggestiven Art des Umgangs damit kann man schließen, dass Eveline ein Problem hat, dass nicht nur die Kleidung betrifft. Diese, besonders das Kopftuch, steht symbolisch für das *Weiterführen der Religion*, die sie in Unmündigkeit halten will. Evelines Problem ist der Konflikt zwischen der Autonomiebildung eines modernen Subjekts und der Fremdbestimmung in ihrer Religionsgemeinschaft. Anders gesagt: der Konflikt zwischen der Mädchenerziehung zur Fügsamkeit im Sinne der Traditionalität und des Islam der Ahmadiyya einerseits und ihrer deutschen Erziehung zur Autonomie und damit auch zu einer autonomen Moral. Beides ist nicht miteinander zu versöhnen. Kurz gesagt: Sie befindet sich in einem Dauerkonflikt zwischen Autonomie und Fremdbestimmung und versucht sich mit Instrumenten der Autosuggestion an der Auseinandersetzung zu hindern.

E *Und das macht mir eigentlich nichts aus, wenn ich so was trage,*

Eigentlich bedeutet soviel wie *im Grunde* und enthält einen Vorbehalt. Es macht ihr also doch etwas aus. Wahrscheinlich möchte sie sein wie die anderen.

Die Aussage enthält tendenziell eine Abwertung ihrer Kleidung. Die Formulierung, *wenn ich so was trage,* ist an sich wertneutral. In Verbindung mit *das macht mir nichts aus* ist das Objekt negativ besetzt. Wir sagen nicht: *Es macht mir nichts aus, wenn ich passend / gut gekleidet bin.* Aber: *Es macht mir nichts aus, wenn ich unpassend / schlecht gekleidet bin.*

Im Grunde will Eveline ihren langen dunklen Mantel und das Kopftuch nicht tragen.

E *und die anderen halt aus meiner Klasse haben eigentlich nichts mehr dagegen. Als ich in die fünfte kam, haben sie sich schon gewundert, also warum und wieso und also, jetzt nicht mehr.*

Damals war Eveline zehn Jahre alt. Sie hat also schon früher als die meisten anderen muslimischen Mädchen das Kopftuch und obendrein die vorgeschriebene unmoderne Kleidung tragen müssen. Das wird ihr die Integration in die neue Schule und neue Klasse erschwert haben. Sie musste permanent ihr Anderssein demonstrieren, erleben und aushalten.

Es stellt sich die Frage, mit welchen Mitteln das Kind fügsam gemacht wurde. Im Fernsehprogramm der Ahmadiyya kann man fast täglich sehen, wie die kleinen Mädchen mit Hijab an der Kinderstunde mit dem Kalifen teilnehmen.[58]

E *Manchmal ist es mir auch egal, wenn sie solche Fragen stellen und ......*

Meistens ist es ihr also nicht egal. Zum ersten Mal bricht sie mitten im Satz ab, als hätte sie schon zu viel gesagt. Es folgt die erste Pause, eine lange Pause, in der sie nachdenkt und verschweigt, was sie denkt.

E *Was soll ich weiter sagen?*

Sie verschweigt, was sie sagen möchte, und will sagen, was sie sagen soll. Auf der Ebene des Interviews verhält sie sich jetzt so, wie sie es in der Religionsgemeinschaft eingeübt hat: unterwürfig und gehorsam.

I *Was meinst du mit andere, meinst du die Deutschen?*
E *Hm, ja, überhaupt die Türken, die nicht mehr ihre Religion weiterführen, halt, halt Mädchen, wenn sie halt andere Kleider anziehen.*

Sie meint also Deutsche, mehr noch Türken und ganz besonders muslimische Mädchen, die sich modern anziehen. Wichtigstes Kriterium für die Abgrenzung ist die Bekleidung. Die Hypothese, dass es in der Ahmadiyya überwiegend um Äußerlichkeiten geht, wird hier gestützt.

E *Es ist also für mich, ich denke halt so, dass mein Leben erst nach dem Tod halt anfängt, halt nicht jetzt, das ja, ja, das ist alles und das ist nichts, also wir sagen immer, das Leben fängt dann richtig an.*

Mit *wir* ist die Ahmadiyya gemeint. Wie in allen Religionen mit dieser heilsgeschichtlichen Deutung des Lebens wird auch in der Lehre der Ahmadiyya, wie allgemein im Islam, das irdische Leben als Vorbereitung für das Leben im Jenseits gedeutet. Im Unterschied zur Bibel werden im *Koran* und im *Totenbuch des Islam* Paradies und Hölle an sehr vielen Stellen ausgemalt.[59] Die Bilder zur Beschreibung der Höllenqualen sind dem konkreten Leben entnommen, so dass jeder sie verstehen kann, auch ein Kind. Jedes Kind, das diese Vorstellungen der Hölle vermittelt bekommt, wird mit großer Angst reagieren und alles tun wollen, was es vor diesem Zustand bewahrt. Es wird die Bereitschaft zum Verzicht auf diesseitige Lebensfreude und zum Leiden entwickeln. Die Mentalität des Leidens ist im schiitischen Islam stark ausgeprägt. Sie macht die Menschen instrumentalisierbar, was vor allem Khomeini ausgenutzt hat. Auch der Gründer der Ahmadiyya erkannte diesen Zusammenhang und nutzte ihn für seine Ziele.

Evelines Worte enthalten eine Begründung ihres Verhaltens. Die Motivation entspringt dem heilsgeschichtlichen Zusammenhang, in dem sie ihr Leben sieht. Sie will sich so verhalten, dass sie nach dem Tod das eigentliche Leben erhält, die im Koran versprochene Belohnung im Paradies, und nicht die Höllenstrafen. Dem Befolgen der Bekleidungsvorschriften liegt also die Angst und ein daraus erwachsendes strategisches Denken zu Grunde.

Auf die Frage, wie werden Kinder dazu gebracht, diesen Regeln zu folgen, kann man jetzt eine Antwort geben: Wichtiges Erziehungsinstrument ist die Angst vor der Hölle und damit vor Gott.

E *Ich weiß nicht, wie es bei euch halt ist ... ja und ... ich weiß nicht, ...*

Das ist kein auswendig gelernter Text. Die Aussage ist authentischer Ausdruck eines suchenden Menschen, des Zweifels an der eigenen Lehre und der Neugier auf andere Antworten auf die Frage nach dem Sinn des Lebens. Eveline möchte aus der Enge ihres Denkgebäudes ausbrechen. Wahrscheinlich hatte sie bisher keine Möglichkeit, andere Religionen kennenzulernen. Das verweist auf die Geschlossenheit der Gemeinde, in der sie aufwächst. Sie wird in ihrem Milieu relativ gefangen sein. Außenkontakte wird es für sie kaum geben. Freizeit wird religiös eingebunden und gestaltet. Die Schule wird der einzige soziale Raum sein, in dem sie das Leben außerhalb ihres Milieus kennenlernen kann. Aber in der Schule, die sie besucht, werden anscheinend Fragen nach dem Sinn des Lebens und dem Unbekannten nach dem Tod nicht mehr gestellt, und unterschiedliche Antworten werden nicht vorgestellt und diskutiert. Nach §8 des Hessischen Schulgesetzes müßte dies im Rahmen des Ethikunterrichts geschehen.[60] Man sieht hier, dass bei jungen Menschen ein Bedürfnis danach besteht. Eveline ist so sehr auf der Suche nach Wahrheit, dass sie sogar das Interview dazu spontan benutzt. Das ist ganz außergewöhnlich und bestätigt die Hypothese, dass Eveline ein aufgeschlossener, klar denkender Mensch ist.

I *Ist deine Familie zusammen aus Pakistan?*
E *Ja, zusammen, und jetzt haben wir eigentlich den deutschen Pass schon alle. Es ist kein Problem eigentlich. ... Ja, mein Vater ist Taxifahrer und meine Mutter ist Hausfrau.*

Von deutscher Seite aus haben sie keine Probleme.

E *Ich habe noch drei ältere Schwestern. Die älteste ist verheiratet. Zwei gehen noch zur Schule, machen Abitur. Die sind schon verlobt. Ja und die wohnen noch zu Hause. Ja, und das ist bei uns so, wenn eine Frau verheiratet wird, dann geht sie zu dem Mann und nicht, dass der Mann zu der Familie kommt, sie geht zu dem Mann, hm, ja. ...*
I *Haben deine Schwestern die Männer alleine ausgesucht oder?*
E *Meine Mutter und mein Vater haben die schon vorgeschlagen, aber die waren einverstanden. ... Aber die konnten noch selber sagen, den will ich, ja, ja. ......*

Eveline kommt also aus einem pakistanischen Milieu, in dem die frühe Verheiratung der Töchter üblich ist. Das Heiratsgeschäft folgt der Logik des Frauentauschs.[61] Danach werden Töchter zwischen Verwandtschaftsgruppen getauscht und das Heiratsgeschäft wird zwischen den Eltern ausgehandelt. Die Initiative ergreift die Familie des Bräutigams. Sache der Eltern der Tochter ist die Beantwortung des Angebots. An der Entscheidung können die Eltern ihre Tochter beteiligen, das muss aber nicht sein. Bei Zustimmung wird die Tochter in die Familie des Mannes gegeben.

Wenn Evelines Schwestern bereits in der Schulzeit verlobt wurden, ist ihre Verheiratung unmittelbar nach dem Abitur sicher. Studium und Berufsausbildung kommen als Alternative nicht mehr in Frage. Evelines Eltern haben zwar ein Interesse an der Bildung ihrer Töchter, aber nicht an deren beruflicher Ausbildung und Eigenständigkeit. Höhere Bildung steigert den Wert auf dem Heiratsmarkt und erhöht die Chance, für einen Mann mit höherem sozialem Status von Interesse zu sein. Damit steigen das Prestige der Familie der Tochter und der Brautpreis.

Die Möglichkeit, sich vorher kennenzulernen, haben die jungen Leute kaum, dies ist auch aus der Sicht traditionalistischer pakistanischer Eltern nicht nötig oder erwünscht. Im Kontext von Migration werden die Töchter oft mit Männern aus Pakistan verheiratet, die sie im Urlaub in Pakistan bei der Verlobung zum ersten Mal und bei der Hochzeit zum zweiten Mal sehen. Für die Männer ist der Heiratsvertrag zum langersehnten Immigrationsticket für Deutschland geworden, für die hier aufgewachsenen Mädchen ist die arrangierte Ehe meist ein Horror.

Wie steht Eveline dazu?

Das Adverb *schon* in *die sind schon verlobt* verrät, dass sie die Verlobung ihrer Schwestern für zu früh hält. Was *schon* geschieht, ereignet sich zu früh. Beispiel: *Da bist du ja schon wieder,* sagt die Mutter, wenn das Kind früher als geplant nach Hause kommt.

Aber und *noch* in dem Satz *Aber die konnten noch selber sagen, den will ich, ja, ja,* sagen uns, dass Eveline damit nicht mehr rechnen kann. Wahrscheinlich ist sie bereits einer Familie versprochen und einem Mann, den sie nicht will bzw. gar nicht kennt.

E *Ich bin halt die viertälteste ... halt. ...*

Sie weiß, dass sie die nächste ist. Die Partikel *halt* bedeutet: Es ist nicht weiter erklärungsbedürftig. Die Aussage ist Ausdruck von Verzweiflung und vielleicht sogar von Resignation.

E Es ist noch ein Problem,

Mit diesen Worten kündigt sie nicht nur das nächste Problem an, sondern bestätigt auch, dass die Bekleidung und die frühe Verlobung und Heirat für sie Probleme sind.

Es ist außergewöhnlich, dass am Anfang einer erzählten Lebensgeschichte eine Aufzählung von Problemen steht. Der Problemdruck wird bei Eveline gewaltig sein, sonst würde sie sich nicht so verhalten.

E in der Schule mit Sport halt, ich hab jetzt eben gesagt, dass ich meine Kleider und so weiter, ich mache kein' Sport mit.

Ein Abitur ohne Sport gibt es in Hessen nicht, es sei denn, sie hat ein ärztliches Attest. In der Regel nehmen muslimische Mädchen am Sportunterricht teil, besonders in der Oberstufe. Einige tragen dabei Jogginganzüge anstelle kurzer Hosen und enger Hemden.

E Was bringt es, wenn ich vier Tage halt mich gewickelt und mit Kopftuch überall rumlaufe und auf einmal bei Sport Kopftuch ab und Kleider weg, das nutzt dann nicht mehr, die anderen vier Tage nicht halt, ja. ... Und ich will es auch, ich will es auch machen, halt behalten, ja.

Dieser Sequenzabschitt bestätigt die bisher aufgestellten Hypothesen:

Eveline ist die Kleidung, die sie trägt, zuwider. Man erkennt das an dem Verb *gewickelt.* Sie fühlt sich nicht gekleidet sondern *gewickelt.* Was bedeutet das? Man wickelt zum Beispiel ein Baby oder ein verstauchtes Gelenk. In beiden Fällen bewirkt das Wickeln Einschränkung der Beweglichkeit. Eveline fühlt sich in ihrer Kleidung klein gemacht, krank, eingeschränkt und behindert.

Die Formulierung, *das nutzt dann nicht mehr,* bestätigt, dass Eveline aus strategischen Gründen so handelt. Sie fügt sich aus Angst vor den Höllenqualen.

Auch die Hypothese der Autosuggestion mit der Formel, *ich will es auch,* die hier stark betont und gleich zweimal eingesetzt wird, wird bestätigt.

Interessant ist die Formulierung *halt behalten, ja.* Sie kann bedeuten, dass Eveline die Vorstellung hat, sie könne alle bisher hart erkämpften Verdienste fürs Jenseits durch ein Fehlverhalten wieder verlieren. Das vergrößert den Zwang zum Gehorsam gewaltig. Die Angst ist zum Habitusprinzip geworden. Strukturelle Angst motiviert ihr Handeln. Dieselbe Vorstellung finden wir auch bei Fousia. Sie glaubt, dass der *Nut-*

zen für die Ewigkeit, den sie durch das Tragen des Kopftuchs bereits erworben hat, durch das Ablegen des Kopftuchs nachträglich wieder verloren gehen könnte.

Evelines Erziehung ist nicht nur traditionalistisch, sondern auch äußerst rigide, frauenfeindlich und religiös indoktriniert.

Daran anschließend zählt Eveline weitere *Probleme* auf:

- Sie darf keine Klassenfahrt mitmachen.
- Sie muss einen Pakistaner heiraten, der Ahmadi sein muss.
- Sie darf keinen deutschen Mann heiraten, es sei denn, er wird Ahmadi.
- Sie darf die Wohnung nur selten allein verlassen, nach 20 Uhr gar nicht mehr.
- Sie kann keine eigenen Entscheidungen treffen. Jetzt entscheiden die Eltern, später ihr Ehemann.

Würde Eveline einen Nicht-Ahmadi heiraten, so würde sie aus der Gemeinschaft ausgeschlossen. Männlichen Gemeindemitgliedern geht es genau so. Das sagten mir ehemalige Ahmadis, Männer und Frauen, die aus diesem Grund ausgeschlossen wurden.
Strukturell ändert sich im Interview nichts mehr. Zur Veranschaulichung folgt ein längerer Textauszug:

E Manche haben Probleme, wenn sie keine Freunde haben wegen anderer Kleider und anders aussehen. Also ich hab eigentlich ganz schön viele Freunde halt, kein Problem bei mir, mit den Freunden hab ich kein Problem, ... ja, ... bei Klassenfahrt oder so darf ich auch nicht mit. ... Ja, das stört mich eigentlich nicht, also, deshalb gehe ich halt irgendwo in eine Klasse oder so, ... stört mich eigentlich nicht okay, ich würde ...... Ja, okay, ich darf halt keinen deutschen Mann heiraten, das darf ich nicht, das ist mir ja von klein auf gesagt worden, dass ich keinen Mann, keinen deutschen Mann heiraten kann. Deshalb bin ich halt jetzt mit meiner Kultur auch ..., also ich gucke, wenn ein Pakistaner da stehen würde und ein Deutscher, dann würde ich eher den Pakistaner anschauen halt als den Deutschen. Es ist eigentlich kein Problem, okay, man könnte sagen, der sieht gut aus, aber ich könnte mir nicht vorstellen, dass ich einen Deutschen heirate, es sei denn, der hat meine Religion, der nimmt meine Religion an, oder er tretet in meine Religion ein oder, wenn es vorkommt, dass ich jemanden ja richtig liebe, ja, ich will dich, dann sollte er erst mal in meine Religion eintreten. Der sollte aber nicht für mich eintreten, der sollte mit Herz reinkommen, also nicht, dass er mich heiraten kann, sondern dass er richtig reinkommt, nicht nur für mich. ... Ja, hm, dann ist es noch so, dass wir nicht so lange aus dem Haus bleiben dürfen. Also nach acht Uhr dürfen wir nicht, alleine darf ich nicht, mit der Familie schon, es sei denn, mein, also, wenn ich verheiratet bin, wenn es mein Mann mir erlaubt, dann ist es gut.

Auch die Beschreibung der Reisen nach Pakistan enthält dieselbe Struktur:

E *Wir gehen, wir fliegen auch immer nach Pakistan, wir waren im April da gewesen und vor zwei Jahren. Ja, ... halt Koran lesen, ich bin halt einverstanden, ich bin halt in meiner Kultur, ich meine halt, ehm, ehm, dass die Kleidung, und das ist gut. Also manche Pakistaner machen es nicht, halt. Es gibt sehr viele, die es nicht machen, die sind Ahmadis, die geben Geld, die beten, die lesen Koran, aber tragen die Kleider nicht, hm.*

Anscheinend gibt es bei Ahmadis Unterschiede, die möglicherweise mit Geld zusammenhängen. Nach dem Motto: Wer Geld hat, hat mehr vom Leben; wer keines hat, wird geknechtet. Das würde zur *Latifundienlogik* im Interview mit Maryam passen.

Wie bei Maryam und in allen unseren Interviews mit Ahmadis ist auch hier von häufigen und ungefährlichen Heimreisen nach Pakistan die Rede.

Nachdem Eveline ihre Probleme dargestellt hat, erklärt sie ungefragt den ideologischen Zusammenhang zwischen Frauenbekleidung und Jenseitserwartung noch einmal ausführlich:

E *Also die Mehrheit in Deutschland und überhaupt denkt, dass es Muss ist, dabei es ist nicht Muss, also das ist freiwillig, es ist halt freiwillig, das kann machen derjenige, der es will. Derjenige, der gute Taten in der Welt gemacht hat, der kann, nach dem Tod heißt es bei uns Paradies und Hölle, also man kommt ins Paradies und der, der schlechte Taten gemacht hat, der kommt in die Hölle. Ja, und derjenige, der ins Paradies kommen will, der macht bestimmt gute Taten, denkt, dass er alles gut macht. Eh, bei uns ist eigentlich sehr streng, eh ist eine sehr strenge Religion. Wenn man das annimmt, dann ist es sehr streng, wenn man es lässt, dann lässt man es halt, und wenn man es annimmt, dann soll man mit ganzem Herz sagen, ja, ich will es, und nicht also von jemandem einreden lassen, ja. Und wenn man unter Frauen ist, da kann man anziehen, was man will. Das ist nur deshalb so, dass der Mann den Körper von der Frau nicht sehen darf, und man darf auch nicht so enge Sachen anziehen, damit man nicht die Figur sehen kann halt, und das darf nur der Mann, der Ehemann, das sehen halt, das ganze halt. Und ja, wenn ich jetzt sagen würde, ich will nicht mehr, mein Vater wäre nicht einverstanden, meine Mutter auch nicht. Das kommt nicht nur von meinem Vater aus, das kommt auch von meiner Mutter, die wären beide damit nicht einverstanden. Und wenn ich mich also da durchgesetzt hätte, ja ich will es so machen, dann hätten sie gesagt, mach was du willst. Und hätte ich es gemacht, nach dem Tod wäre es …… gekommen.*

Der Text bestätigt, dass Evelines Gehorsam eine Folge der Angst vor der Hölle und damit der Angst vor Gott ist. Sie ist tief in ihr verankert, ständig gegenwärtig und handlungsleitend. Sie ist zum Habitusprinzip geworden: strukturelle Angst.

Am Ende des Interviews stellt die Studentin zwei Fragen:

I *Könntest du dir vorstellen, in Pakistan zu wohnen?*
E *Jetzt nach so langer Zeit kann ich es mir nicht vorstellen, nämlich dort gibt es andere Sachen halt, zum Beispiel man darf nicht so lange …, man soll immer so Kopftuch tragen, okay, das ist bei mir auch so. Aber dort ist es auch so, man soll es auch so machen.* (Sie zeigt mit den Händen wie: das ganze Gesicht verhüllen.)

In Pakistan hätte sie noch weniger Bewegungsfreiheit und die Bekleidungsvorschriften wären für die Frauen der Ahmadiyya, wie bereits gesagt, noch strenger, ähnlich wie in Afghanistan und in Saudi-Arabien.[62]

I *Was möchtest du machen, wenn du mit der Schule fertig bist?*
E *Ja, ich wollte früher Pilotin werden. Aber wenn ich bei Lufthansa arbeite halt, muss ich halt die Kleider von denen anhaben, bei uns ist es auch so, das geht halt nicht. Du musst halt andere Kleider anziehen, … das ist halt so. Wenn ich zum Beispiel etwas studieren will, da muss ich mit meinen ganzen Kleidern, mit meinem Mantel, meinem Kopftuch. In unserer Fluggesellschaft ist das so, dass man nur die Unterkleider anzieht, was ich darunter anhabe und halt ein leichtes Kopftuch nur ganz hinten, das halt nur gelegt wird, und man muss sich halt mit Männern unterhalten, bei uns darf man sich nicht mit einem fremden Mann unterhalten, nicht lange halt. … Das ist aber nicht so streng, mit einem Lehrer kann ich mich zum Beispiel unterhalten. Aber wenn zum Beispiel, wenn ich eine Pilotin oder irgendwas werde, dann muss ich die ganze Zeit unterwegs sein*

und im Hotel übernachten, dann ist es wieder das gleiche Problem. Ja, und jetzt will ich Visagistin werden. Vielleicht ziehe ich nach Pakistan um, und da gibt es viele Boutiquen, also mit Make-up. Und da ist es so, dass da nur Frauen kommen, dass ich halt nur mit Frauen etwas zu tun habe, nicht dass die Männer kommen und so. Bei uns ist es auch so geschrieben, eine Frau muss Make-up machen, von der Religion her ist es geschrieben, dass man muss.

Auch Huma möchte gern Pilotin werden.[63] Dieser Berufswunsch wird von mehreren pakistanischen Mädchen in unseren Interviews geäußert, von anderen nicht. Er ist Ausdruck der Sehnsucht nach Freiheit, die für pakistanische Frauen und Mädchen eine Illusion ist – auch in Deutschland.

Der Text zeigt die ganze Ausweglosigkeit, in der Eveline steckt, weil die Hindernisse unüberwindlich sind. Sie wird gleichsam gefesselt in die traditionalistische, patriarchalische Geschlechterordnung, in der bei Mädchen nur Fügsamkeit Anerkennung findet und Ungehorsam brutal mit Entzug von Freiheit und Bildung sanktioniert wird. Sie sollen abhängig und klein bleiben und manipulierbar sein.

Die Ahmadiyya-Ideologie wird zum Instrument der Unterdrückung. Deutlich sichtbar wird hier, wie sich unter dem Deckmantel von Kultur und Religion bei uns neue Formen der Gewalt gegen Frauen und Mädchen entwickeln.

Hypothese zur Fallstruktur von Eveline (Zusammenfassung der Ergebnisse)

Eveline ist ein kluges, aufgeschlossenes und nachdenkliches Mädchen von 15 Jahren. Sie befindet sich auf Dauer im Konflikt zwischen Autonomie und Gehorsam. Ihr Problem ist die Verhinderung der von ihr gewollten Integration in die deutsche Gesellschaft durch ihre Eltern, die wahrscheinlich aus dem traditionalen, von Stammeskulturen beeinflussten pakistanischen Milieu stammen,[64] und durch die religiöse Indoktrination der Ahmadiyya. Ein autonomes individuiertes Subjekt darf sie nicht werden, obwohl sie es innerlich fast schon ist. Während ihr Bildungsprozess in diese Richtung nicht aufzuhalten ist, wächst gleichzeitig die Gewalt der äußeren Gegenkräfte und die Angst im Inneren, die konsequent – auch durch Suggestion – anerzogen und zum Habitusprinzip wurde. Bei der Auseinandersetzung mit jedem neuen Problem wird Eveline innerlich in Richtung Individuierung wachsen, gleichzeitig aber nach außen Gehorsam zeigen und aus Angst vor Höllenstrafen autosuggestiv versuchen, die Fremdbestimmung zum eigenen Willen zu erklären. Eveline sitzt in einer Falle, die – wenn sie sich daraus befreien wollte – zuschnappen und ihr die letzten Reste von Freiheit rauben würde.

Zur Eigenart der Ahmadiyya

Mein Erkenntnisinteresse richtet sich nicht nur auf die individuellen Fallstrukturen von *Mohammeds deutschen Töchtern,* sondern auch auf die Hintergründe der Bildungsprozesse und der Hindernisse auf dem Bildungsweg. Die Analyse des Interviews mit Eveline hat gezeigt, dass die Ahmadiyya in Evelines Entwicklung mehr Hindernis als Hilfe ist. Es stellt sich die Frage nach der Eigenart der Ahmadiyya. Auf zweifache Weise gibt das Interview Antwort: Zum einen lassen sich aus der Fallstruktur Evelines Hypothesen zur Struktur der Ahmadiyya ableiten. Zum anderen enthält das Interview Aussagen, in denen Eveline ungefragt die Ahmadiyya beschreibt:

E *Und vor der Hochzeit dürfen wir nicht mit jemandem Geschlechtsverkehr haben oder etwas Ähnliches, das ist nicht erlaubt, von der Religion ist es auch nicht erlaubt, aber wenn es Vergewaltigung ist oder so was, das ist dann kein Problem, kann das Mädchen halt nichts dafür. Und lügen, betrügen und ... das dürfen wir nicht. Aber wenn man lügen muss, sich zu schützen oder so, dann kann man es. Auch nicht stehlen und ... Das ist bei uns so, dass wir jeden Monat, ich und jede Person, es ist kein Muss, jeden Monat 20 DM für die Armen halt. Zum Beispiel: Wenn in Bosnien Krieg war, dann haben wir es dorthin geschickt. ... Und dann gibt es noch in unserer Religion Gebete, fünfmal am Tag, und ich höre sie halt auch an. ... Ja, und dann ist jedes Jahr ein Fest drei Tage, und da kommt unser Kalif und hält eine Rede. Und dann wird halt noch gesagt, wie man sich im Islam verhalten soll und die alten Geschichten, wie es anfing und so weiter. ... Ich bin, ja, es gibt halt Stämme, es gibt Muslime, und das bin ich, das bin ich, aber es gibt auch Stämme, zum Beispiel die Ahmadiyya, ja, ja, und die Ahmadi sind halt anders als die anderen, ja, kleine Unterschiede. ... Und jeden Freitag ist so ein ... kann man in die Moschee gehen. Das muss nicht sein. Freitags kann ich nicht, da hab ich halt Schule. Und bei Frauen ist es überhaupt nicht Muss, wenn die wollen, können die hingehen, aber bei Männern ist es eher Muss als bei Frauen ... ja.*

Nach dieser Beschreibung vertritt die Ahmadiyya Regeln, von denen einige zur universalen Ethik, andere zum Islam gehören und wieder andere als Besonderheit der Ahmadiyya bezeichnet werden können.

Zu den universalen moralischen Prinzipien, die man als Gebote in jeder Religion findet, gehören *nicht lügen, nicht stehlen, nicht Unzucht treiben,* und ergänzen müßte man noch *nicht töten.*[65] Islamisch sind die fünf rituellen Pflichtgebete täglich, die Abgaben für die Armen – in Form der *zakat*, der Pflichtabgabe, und der *sadaqat*, der freiwilligen Almosen. Empfohlen, aber freiwillig, ist das Freitagsgebet in der Moschee. Die Erlaubnis zur Lüge zum Selbstschutz, die *taqiya*, ist auch islamisch und besonders ausgeprägt im schiitischen Islam.[66] Zu den Grundlagen muslimischer Sozialethik gehört die Auffassung von Ehe und Familie als Lebensform für alle, die Reservierung der Sexualität für die Ehe, die Betonung der physischen Differenz von Frau und Mann, woraus unterschiedliche Rechte, Pflichten und Moralvorschriften abgeleitet werden – von der Polygamie für den Mann bis zum Kopftuch für die Frau und Unterschieden im Ehe-, Familien- und Scheidungsrecht mit je nach Kultur und Politik unterschiedlichen Ausgestaltungen. Es bleibt die Frage, was denn nun in Evelines Beschreibung Besonderheiten der Ahmadiyya sind. Zum Selbstverständnis der Ahmadis gehört, wie die Interviewte durch Wiederholung betont, dass sie Muslime sind. Von Muslimen sind sie jedoch zu Nicht-Muslimen erklärt worden. Zu den Besonderheiten, die wir Evelines Text entnehmen können, gehören

1) die Radikalität der Geschlechtertrennung außerhalb der Familie,
2) die Strenge der Bekleidungsvorschriften für Frauen,
3) die extreme Höhe der Abgaben,
4) der Führerkult um den Gründer und um seine Kalifen.

Zu 1) und 2) Geschlechtertrennung und Bekleidungsvorschriften für Frauen sind vielfach im Islam zu finden, gehören aber entweder der Vergangenheit an oder zu antimodernen Bewegungen im Islam, die die soziale Kontrolle der Frau und ihre Einbindung in die Familie festschreiben. Ohne dass das explizit gesagt wäre, werden Mädchen und Frauen durch die Vorschriften der Ahmadiyya zur Bekleidung und Geschlechtersegregation aus Beruf, Politik und öffentlichem Leben weitgehend ausgeschlossen. Hinter den Äußerlichkeiten steckt das Konzept einer antimodernen Sozialordnung. Die bei uns oft als liberal bezeichnete Ahmadiyya ist bezüglich der Geschlechterordnung islamisch fundamentalistisch und damit patriarchalisch.[67] Wenn die Interviewte Ahmadi Maryam studieren darf, so liegt das wohl daran, dass sie ein Oberschichtkind ist und eben nicht wie Eveline zur Massenbasis des Kalifen zählt.

Zu 3) In allen Interviews und Gesprächen, die ich mit nicht zur Elite gehörenden Frauen und Männern der Ahmadiyya geführt habe, auch mit Asylanten aus Bosnien und dem Kosovo, kommen ungefragt die hohen Abgaben zur Sprache. Eveline ist da kein Einzelfall. Bedenkt man, dass die neunköpfige Familie pro Kopf 20,- DM für die Armen bezahlt, also 180,– DM im Monat, und zwar zusätzlich zu den Mitgliedsbeiträgen, so ist das sehr viel. Da ich auf dieses Phänomen immer wieder gestoßen bin, habe ich die Vermutung, dass hier nicht nur Nächstenliebe im Spiel ist, sondern auch abkassiert wird. Als Gegenleistung bietet die Ahmadiyya Zugehörigkeit zu einer Gemeinschaft und Teilhabe am Elitären. Beides ist, wenn man fremd, einsam und auf Hilfe angewiesen ist, viel wert.

Zu 4) Eveline deutet den Kult um den Führer, den Kalifen (*halifa* arab. = nach), der sich als Nachfolger des Gründers der Ahmadiyya, des Propheten, Messias und Mahdi *Hazrat Mirza Ghulam Ahmad* (1835–1908), versteht, mit dem Hinweis auf das jährlich stattfindende drei tägige Fest an, zu dem der Kalif aus London und Ahmadis aus allen Kontinenten angereist kommen. *Die alten Geschichten*, von denen Eveline spricht, bilden den Abschluss des Festes. Der Kalif *Khalifatul Masih Hazrat Mirza Tahir Ahmad* liest etwa zwei Stunden lang Texte vor, in denen Worte und Taten des Gründers der Gemeinde und seiner Vertrauten beschrieben sind. Die Ahmadiyya hat ihre eigenen *Traditionen*, anders gesagt: ihre eigene Hadithsammlung.[68] Die Lesung beendete der Kalif auf der Jalsa Salana 2000 in Mannheim sinngemäß mit den Worten: Und ihr seid die großartigen Nachkommen dieser erleuchteten Menschen. Die Worte hatten stark suggestive Wirkung auf die gläubigen Männer, die sich teilweise wie berauscht in die Arme fielen. Auf der Jalsa Salana 2001 – ebenfalls in Mannheim – fand am letzten Tag eine *»Internationale Bait-Zeremonie (Treuegelöbnis)«* statt. Diese Jahresfeste sind die Wiederbelebung des archaischen Brauchs der Anerkennung und Verehrung des Herrschers und der Erneuerung des Gelöbnisses der Treue und des Gehorsams.[69] Auf der Jalsa Salana 2003 setzte der 5. Kalif *Mirza Masroor Ahmad* diese Ahmadiyya-Tradition fort.

Strukturhypothese zur Ahmadiyya Muslim Jamaat, e. V.

Die Ahmadiyya bietet Entwurzelten Zugehörigkeit zu ihrer Gemeinschaft und Teilhabe am Elitären. Sie tritt ein für ein streng moralisches Leben nach den Regeln des Islam. Dazu gehört, dass die Familie als einzig richtige Lebensform für alle zu gelten hat. Sie ist traditionalistisch, patriarchalisch und antimodern. Außerdem verweist das Datenmaterial auf Strukturen, die typisch sind für Sekten:

- die Logik der Überbietung,
- die Einschränkung des Außenkontaktes und die gewollte Segregation,
- der Gruppendruck,
- die Angst vor der Hölle und damit vor Gott als Instrument der Sozialisation und der religiösen Indoktrination,
- die Beeinflussung des Denkens mit suggestiven und davon abgeleiteten autosuggestiven Instrumenten, was man als Brain-washing bezeichnen kann,
- die Verinnerlichung des Willens einer religiösen Autorität,
- die scheinbar freiwillige Unterwerfung unter diese Autorität,
- der Führerkult,
- die finanzielle Ausbeutung der Gefolgsleute.

Für Frauen wie Eveline, die aufgeschlossen und nachdenklich sind, deren Bildungsprozess ein Individuierungsprozess ist, die also selbständig verantwortlich handeln und für ihr Eigenwohl und für das Gemeinwohl eintreten wollen, ist die Ahmadiyya ein Hindernis.

Nachtrag

Ein Nachinterview mit Eveline war nicht möglich. Sie war weder über die Schule noch über ihre private Telefonnummer zu erreichen. Die Schule teilte uns mit, dass Eveline und ihre Schwestern kurz nach dem Interview ohne Angabe einer neuen Schule abgemeldet wurden.

Sarah

Datenbasis sind das Interview mit Sarah vom 4.11.1997, ein Telefongespräch mit ihr vom 20.4.99 und objektive biographische Daten zur Familie über zwei Generationen.

Der Fall wurde ausgewählt, weil er exemplarisch aufzeigt, welche negativen Folgen es für Frauen haben kann, wenn die Kultur, die sie verlassen haben, ihnen folgt und sie in Deutschland wieder einholt. Das droht insbesondere immer dort, wo die ethnisch-religiösen Gemeinden erstarken.

Sarah kommt aus Pakistan. Zum Zeitpunkt des Interviews ist sie 20 Jahre alt. Sie hat ein gutes Abitur gemacht und die Zusage für einen Studienplatz in Medizin. Ihre drei Jahre ältere Schwester studiert bereits Medizin.

Entstehungsgeschichte und Interaktionseinbettung des Interviews

Das Interview wurde im Rahmen des Seminars *Frauen im Islam – Befreiung oder Unterdrückung?* durchgeführt. Die Interviewerin und Sarah kannten sich bereits vorher, da sie Arbeitskolleginnen in einem Versandhaus waren. Am gemeinsamen Arbeitsplatz erzählte die Studentin Sarah von dem Seminar und bat sie um ein Interview. Die Initiationsfrage lautete sinngemäß: Bist du bereit, uns deine Lebensgeschichte zu erzählen und aus deinen Erfahrungen mit dem Islam zu berichten? Sarah zeigte sich aufgeschlossen, interessiert und bereit, ein Interview zu geben. Auf ihren Wunsch hin fand es am 4.11.1997 in der Wohnung der Studentin statt. Sarah hatte zu Hause erklärt, sie gehe zu einer Freundin, und hatte den Eltern Adresse und Telefonnummer gegeben. Vom Interview hatte sie nichts gesagt. Sie legte großen Wert auf die Anonymisierung ihres Namens.

Erste Hypothese zur individuellen Fallstruktur von Sarah

Sarah ist eine aufgeschlossene junge Frau, die selbständig Entscheidungen trifft. Ihre Wahl des Ortes deutet darauf hin, dass sie wahrscheinlich beim Interview nicht gesehen werden wollte. In Verbindung mit der nachdrücklichen Forderung nach Anonymisierung ihres Namens scheint es sich bei Sarahs Planung um Vorsichtsmaßnahmen zu handeln, die durch die Angst vor Repressionen motiviert sein könnten. Sarahs Verhalten gegenüber den Eltern folgt den Spielregeln vieler muslimischer Töchter: Sie tun, was sie für richtig halten, und wahren den Schein der Konformität.

Interpretation der objektiven Daten und des Interviews

Sarah wurde 1976 in Pakistan geboren. Ihr Vater Mohammed hatte 1965 seine Heimat verlassen und war auf der Suche nach Arbeit in Deutschland fündig geworden. Als Automechaniker baute er hier allmählich die ökonomische Basis für ein Familienleben in Deutschland auf. Seine Kusine Fatima arbeitete in Pakistan als Krankenschwester. Auf der Grundlage des Konsens zwischen den Eltern wurden ihre Verlobung und ihre Hochzeit arrangiert. Während der ersten Heimreise von Mohammed 1973 heirateten sie. Danach kehrte Mohammed allein nach Deutschland zurück. Im selben Jahr wurde die erste Tochter geboren, 1976 folgte Sarah und nach einem Besuchsaufenthalt der Mutter in Deutschland 1978 das jüngste Kind, der Sohn Ahmed. Die Kinder wuchsen im Haushalt der Mutter und deren Schwiegereltern und in der Nähe der großen Verwandtschaft in einer Kleinstadt in Pakistan auf. Mohammed und Fatima waren sich einig im Hinblick auf die Zukunft für sich und die Kinder: Sie wollten das Leben in Deutschland. Ihre Entscheidung für eine Kleinfamilie spricht für ihr modernes Denken. In der Erinnerung Sarahs hatte diese Einstellung der Eltern Einfluss auf ihre Kindheit, obwohl sie diese in Pakistan verbracht hat.

S *Das Typische in Pakistan war halt, dass sich die Schüler früh morgens in der Schule versammelten und gemeinsam beteten.*
I *Gab es eine bestimmte Kleiderordnung?*
S *Ja, also es kam darauf an, auf welche Schule man ging. Ich besuchte eine staatliche Schule, und wir mussten eine Uniform tragen.*
I *Mussten die Mädchen auch ein Kopftuch tragen?*
S *Nee, das machten erst ältere Mädchen, also das war ja erst Grundschule. Einmal war es so gewesen, dass ich ein Teil anhatte, das durchsichtig war, das war ein Röckchen, so leicht durchsichtig, aber ich war damals wirklich noch ein kleines Mädchen, und die Lehrerin hat mich nach Hause geschickt, weil unser Haus war genau gegenüber der Schule. Sie sagte zu mir: »Okay, geh rüber und ziehst was anderes an.« Dann bin ich nach Hause gegangen und konnte nichts zum Anziehen finden. Meine Mutter hat dann zu mir gesagt:*

»Zieh halt die Shorts von deinem Bruder an.« Bin ich wieder hin und die hat mich wieder nach Hause geschickt.

I *Das heißt, deine Mutter ist in der Hinsicht, was Kleidung betrifft, gar nicht so streng.*

S *Nein. Meine Mutter an sich nicht, ... aber meine Tanten. Weil das war halt eine Kleinstadt. Mein Vater zum Beispiel hat mir aus Deutschland immer so hübsche Miniröckchen geschickt, und als ich mal damit in die Moschee gegangen bin, hat meine Tante zu mir gesagt: »Komm nie wieder in diesem Aufzug in die Moschee.«*

Schon in Pakistan hat es in der Familie unterschiedliche Einstellungen gegenüber Tradition und Moderne gegeben. Die westlich orientierte Mutter musste sich auf der Handlungsebene dem Druck der Familie und dem Kleinstadtmilieu fügen. Sie machte es jedoch in einer Weise, die den Kindern deutlich zeigte, dass sie sich im Grunde gerne anders verhalten würde, aber daran gehindert wurde. Auch der Vater signalisierte den Kindern seine positive Einstellung zum Westen.

Als Sarah acht Jahre alt ist, erhält der Vater die Genehmigung für den Familiennachzug. Zu diesem Zeitpunkt ist Sarah bereits in ihrer Muttersprache Urdu alphabetisiert.

S *Also wir sind nach Deutschland gekommen, ja, und dann kam ich in die Schule, in die zweite Klasse. Wir haben damals in einem kleinen Ort gelebt. In meiner Klasse waren türkische Mädchen, mit denen war ich die ganze Zeit zusammen, und dadurch kam ich auch nicht mit anderen Religionen in Konfrontation. In diesem Alter war Religion nicht so wichtig, also wir haben nie über Religion geredet. ...... Und da waren meine Eltern halt nicht so streng, ... vielleicht weil ich auch jünger war, ... aber die waren nicht so streng.*

Indirekt kontrastiert Sarah ihre ersten Schuljahre mit späteren. Während es in der Grundschule keine pakistanischen Kinder gab und Religion kein Thema war, gab es später beides und das führte zur *Konfrontation*. Das bedeutet, Religion wurde zum Unterscheidungskriterium, zum Instrument der sozialen Abgrenzung und Ausgrenzung, sogar der Frontenbildung und zum Anlass für Konflikte und Probleme. Unter diesen neuen Bedingungen in Deutschland haben sich die Eltern verändert. Sie wurden *streng*. Wahrscheinlich gaben sie ihre großzügige und liberale Haltung auf zugunsten einer traditionalen, die sie bereits in Pakistan innerlich abgelehnt hatten. Sie wurden wie Sarahs *Tanten*. Mit dieser Entwicklung hat Sarah Probleme.

S *Dann bin ich auf die Gesamtschule gekommen und da waren viele*

Ausländer. Und dadurch dass ich Hosen anhatte, bin ich auch nicht so aufgefallen, bzw. ich habe mich als Ausländerin, Muslima nicht so krass von den anderen unterschieden. Also ich habe normale, ich habe kein Kopftuch getragen, sondern normale Sachen. Jetzt nicht unbedingt Miniröcke oder so ..., was ich sowieso nicht darf. ... Das stört mich aber auch nicht, sondern halt Hose und Oberteil.

I *Und wieso darfst du keinen Minirock tragen?*

S *Ja, weil das die Beine zeigt und ähm, da sollen die Männer nicht unbedingt drauf gucken. Ich reize sozusagen die Männer.*

Mit der Entscheidung der Eltern für die Gesamtschule bleiben für Sarah alle Bildungswege offen. Auch in dieser Phase erlebt sich Sarah nicht anders als die anderen Mädchen – deutsche und ausländische, muslimische und nicht-muslimische. Im Unterschied zu Eveline wird sie nicht gezwungen, sich bereits in der 5. Klasse äußerlich durch Kopftuch und pakistanische Kleidung von den anderen Mädchen zu unterscheiden.

S *Dann bin ich letztlich hierhin gekommen. Und es sind viele Pakistaner hier.*

Damit deutet Sarah eine schwerwiegende Veränderung in ihrem Leben an, mit der die Zeit der *Konfrontation* begonnen haben wird, Konflikte und Probleme, ausgelöst nicht durch Deutsche und andere Ausländer, sondern durch die eigenen Landsleute.

S *Und dann ist es halt so, es geht halt nicht darum, dass man die Religion auslebt, sondern was die anderen davon sehen.*

Sarah unterscheidet zwischen zwei Arten der Religionsausübung: eine aus dem Innern kommende Hinwendung zu Gott und dementsprechende Gestaltung des Lebens und eine Religionsausübung, die in der Befolgung von kontrollierbaren Äußerlichkeiten besteht. Diese lehnt Sarah ab.

S *Sie haben nichts Besseres zu tun als zu lästern und setzen einen so unter Druck, dass meine Mutter jetzt Kopftuch trägt. ... Es ist halt der Schein. Der Schein zählt! Zum Beispiel: Es gibt so ein paar, von denen denkt man, sie wären brav, aber sobald kein anderer da ist, dann ist es auch scheißegal, dann machen sie auch alles. Und das ist, was mich stört ... und ärgert. Also die Religion an sich ist eine gute Religion. Aber ich würde sagen, was hier so ist, das ist die Kultur. Ich meine im Koran steht bestimmt nicht, du sollst in pakistanischer Kleidung durch die Gegend rennen. Aber das tun die meisten pakistanischen Frauen, sie müssen es tun, ... sie müssen!*

I *Sie müssen?*

S *Ja, sie müssen, weil die Brüder ja auch noch da sind und ...... sie zurechtbiegen, sozusagen.*

Sarah distanziert sich von den Pakistanern, die den »Schein« pflegen. Sie charakterisiert sie als Menschen, deren Umgang mit Normen der Traditionalität entspricht. Die Wahrung des Scheins finden wir dort, wo Menschen noch nicht zu einer autonomen Moral gefunden haben. Und die soziale Kontrolle ist ein Vorläufer der Selbstkontrolle des individuierten Subjekts. Nach Sarah bevorzugen pakistanische Männer anstelle der Selbstkontrolle die Kontrolle anderer, besonders der Frauen. Außerdem wird auf die Frauen Druck ausgeübt, sich so zu verhalten, wie es traditionsverhaftete Menschen in Pakistan tun. Die selbst ernannten Sittenwächter indoktrinieren die Gemeinde, und deren Druck auf die Familien ist so stark, dass die Frauen sich fügen müssen. Sogar Sarahs Mutter trägt jetzt ein Kopftuch.

S *Okay, sagen wir mal so: Wenn andere Pakistaner da sind, dann tragen sie halt pakistanische Kleider, aber sagen wir mal, sie gehen irgendwo anders hin, wo keiner da ist, dann tragen sie genauso Jeans. Aber das ist versteckt, alles wird versteckt gemacht.*

Sarah lehnt das Vortäuschen der Normenkonformität, die Wahrung des Scheins, ab. Daran erkennt man ihre Modernität auf der Ebene der Moral.

I *Gehst du zur Moschee zum Beten?*

S *Ja, nicht immer, ... aber ich gehe schon. Und da muss man halt schon so mit Kopftuch und so. ... Aber das Schlimmste ist halt daran nur, also die Männer stehen halt da und glubschen dich an. Du wirst von den Männern als Frau total angeglubscht. Und dann stehen sie so da und sind auch noch total unverschämt, ne! Gut, nicht alle Männer tun das, ... aber manche.*

I *Du meinst wirklich die pakistanischen Männer?*

S *Ja, nicht alle, aber manche, ... echt schlimm. Die glubschen dich so richtig an. ... Widerlich!*

I *In der Moschee?*

S *Ja, an der Tür. Also am Tor, wenn du rausgehst. Und das ist so unverschämt, und da sagt keiner was! Und das ist halt, was mich so aufregt und wütend macht!*

Sarahs Protest richtet sich nicht gegen den Islam, sondern gegen das Verhalten pakistanischer Männer. *Widerlich* bedeutet, es ekelt sie an.

Sie verabscheut die geil starrenden Blicke pakistanischer Männer.

I *Ist deine Mutter eigentlich die erste Frau von deinem Vater?*
S *Also normalerweise dürfen die Männer halt mehrere Frauen haben, aber das kann sich halt heutzutage keiner leisten. Ich schätze mal, wenn es vom Finanziellen her ginge, dann würden sie es halt machen. Gut, es wird halt gesagt, es war damals Krieg, und es waren halt zu wenig Männer da, weil sie im Krieg gefallen sind. Und deshalb konnte ein Mann bis zu vier Frauen haben, wenn nicht mehr, damit jede Frau irgendwie einen Mann haben konnte. Aber ich denk mir mal, wenn der Krieg doch vorbei war, warum hat Gott dann nichts anderes gesagt? Weißt du, die haben es beibehalten. ... Das ist ja eine Verarschung! Wenn der Krieg doch vorbei war, dann war es doch ... okay.*

Sarah beantwortet die Frage der Interviewerin nicht. Möglicherweise trennt sie konsequent zwischen Privatheit und Öffentlichkeit und der Schutz der Intimität der Familie hat vor dem Forschungsinteresse Vorrang. Sie distanziert sich von der Polygamie, die der Koran den Männern erlaubt. Sie schätzt und achtet zwar den Islam, hat aber doch eine kritische Einstellung zu seiner Geschlechterordnung.

I *Was halten deine Eltern davon, dass du jetzt Medizin studieren willst?*
S *Also in der Sache sind meine Eltern fortgeschritten sozusagen. Die wollen schon, dass ich studiere und etwas Vernünftiges aus meinem Leben mache.*

Die Eltern bestehen also nicht auf einer frühen Verheiratung.

I *Glauben deine Eltern den Worten der Leute mehr als deinen Worten?*
S *Sagen wir mal so: Sie glauben eher mir, aber meine Eltern haben Angst vor den anderen, d. h. sie haben Angst davor, was die anderen reden würden. Die Ehre der Familie ist halt schon sehr wichtig. ... Das Blöde ist, dass auch wenn man nichts macht, die Leute soviel reden, also egal was du machst, die reden. ...... Es ist halt so 'ne Gemeinde, und da kann man nicht so leicht raus.*

Das bedeutet, ein Mädchen ist immer gefährdet und mit ihr die Ehre der Familie. Diese Ethik erzeugt Angst und fesselt die Gemeindemitglieder. Bereits der Verdacht genügt, um die Mechanismen der Denunziation in Gang zu setzen. In Sarahs Bewertung dieser Verhältnisse in der pakistanischen Gemeinde als *das Blöde* zeigen sich ihre innere Distanzierung von der Gemeinde und ihre Wut auf diese Verhältnisse. Sie sollen Angst erzeugen. Und Angst macht fügsam, zumindest äußerlich.

I *Kennst du auch andere Pakistanerinnen in deinem Alter?*
S *Ja, ... aber ich habe nichts zu tun mit denen. Aber die sind genauso schlimm. Also ein paar, die ich so flüchtig kenne, die haben halt auch einen Freund, aber nach außen hin drehen sie es so, dass es keiner merkt, und sie wirken halt brav und anständig. Der Schein ist ihnen sehr wichtig.*
I *Und wie ist es mit den pakistanischen Jungs?*
S *Oh, das ist das Schlimmste!* (Lacht)
I *Warum?*
S *Ja, weil die eine Vorstellung haben: Pakistanische Mädchen müssen brav sein, müssen Jungfrau sein, und die achten sehr darauf. Und das, was sie selbst machen, ist scheißegal. Sie dürfen alles. Und wenn sie sehen, dass ein muslimisches Mädchen eine engere Jeans anhat, dann müssen die sie auch gleich fertig machen. Oder wenn ein muslimisches Mädchen mit einem nicht-muslimischen Jungen redet, dann ist das auch für sie irgendwie ... Stolzverletzung.*
I *Kennst du viele pakistanische Jungs?*
S *Ja, ich bin aber nicht mit denen irgendwie befreundet, und ich rede auch nicht mit denen. Ich unterhalte mich lieber mit Deutschen. Du redest mit ihnen, und es ist okay. Es hat nichts weiter zu bedeuten ... ohne Hintergedanken. Wenn du mit einem Pakistaner redest, dann heißt es schon: »Die will was von mir.«*
I *Besteht dein Freundeskreis überwiegend aus Pakistanern?*
S *Nein, eher Deutsche überwiegend.*
I *Dürfen deine Freunde auch mal zu dir nach Hause?*
S *Ja klar. Also ich darf natürlich keine Jungs zu mir einladen ... halt nur Mädchen – versteht sich.*
I *Und unternimmst du auch viel mit ihnen?*
S *Ja, wir sind halt befreundet, aber ich gehe mit denen nicht mit, wenn es ums Ausgehen geht. Blöd, aber es ist halt so.*

Die Auswahl der Freunde zeigt, wem Sarah sich zuordnet: den Deutschen.

I *Fährst du regelmäßig nach Pakistan in Urlaub?*
S *Ich war noch nie in Urlaub in Pakistan.*
I *Ach, seitdem du hier in Deutschland lebst, warst du noch nie in Pakistan?*
S *Ganz genau.*

I Und deine Eltern?

S Mein Vater war letztes Jahr, aber der fährt auch nicht so oft hin.

Die Eltern sind bei ihrer westlichen Grundorientierung geblieben. Sie werden nicht froh darüber sein, dass ihnen die Traditionalität aus der Heimat gefolgt ist.

I Was hältst du davon, als Jungfrau in die Ehe einzutreten.

S Ich selber bin schon dafür. Was ich allerdings nicht verstehe ist ...... Also bei den meisten strengen Pakistanern ist es so, dass die Eltern ihre Töchter verheiraten sozusagen. Und die Töchter haben die Typen, mit denen sie liiert werden sollen, zuvor noch nie gesehen, sie kennen sie nicht bis zur Hochzeit, und in der Hochzeitsnacht schlafen sie mit dem Mann. .... Du kannst doch niemals, wenn du den Mann zuvor nicht gekannt hast, mit ihm ins Bett gehen! Also ich weiß nicht, was sich die Mädchen dabei denken, wie sie das machen können. Ich persönlich würde erst mal ein halbes Jahr brauchen, bis ich mich an meinen Mann erst mal gewöhne oder so. ... Das ist für die anderen anscheinend kein Problem, und neun Monate nach der Hochzeit bringen sie schon das erste Kind zur Welt. Ich meine, da müssen sie sich doch irgendwelche Hefte reinziehen, damit sie sich vorbereiten. Ich glaube, das genießen die Frauen dann auch gar nicht. Und das ist, was mich auch wundert. Ich würde das ...... ich könnte das gar nicht bringen. Was soll das? Ich meine, du hast den Mann noch nie gesehen, noch nie mit ihm gesprochen, und auf einmal machst du <u>es</u>. Ich würde mich zu Tode schämen, wenn ich da vor ihm nackt läge. ...... Also wenn mir meine Eltern jemanden vorschlagen würden, würde ich ihn erst einmal kennen lernen wollen. Ich will nicht, dass ich dann später einen habe, der total blöd ist.

I Wie ist es denn, wenn du jetzt auf die Uni gehst?

S Ich schätze mal, wenn ich jetzt mit Medizin anfangen werde, da sind Pakistaner, dann muss ich mich zurücknehmen, ... weil ich bin halt einfach lustig, weil ich einfach lachen will, ... und mach halt viel hier und da. Das hat halt nichts zu heißen. Aber bei den Pakistanern dürfen Mädchen einfach so nicht sein.

Hypothese zur individuellen Fallstruktur von Sarah

Sarah ist ein eigenständig denkendes individuiertes Subjekt. Souverän beherrscht sie neben ihrer Muttersprache Urdu ihre Zweitsprache

Deutsch. Sie ist gut integriert in die deutsche Gesellschaft und sehr erfolgreich im Bildungssystem. Sie distanziert sich von ihrer Herkunftskultur, sowohl der in Pakistan als auch von der in der pakistanischen Gemeinde hier. Dem Druck der Gemeinde auf die Frauen, so zu bleiben, wie sie waren, widersteht sie. Das Interview vermittelt den Eindruck, dass sie einen eigenen Weg finden und dabei auch auf ihre Eltern und deren Position in der pakistanischen Gemeinde Rücksicht nehmen wird.

Telefongespräch vom 20. April 1999

Im Rahmen des Seminars *Bildungsprozesse bei Kulturwechsel* versuchte dieselbe Interviewerin anderthalb Jahre später mit Sarah ein Nachinterview zu führen, um den weiteren Entwicklungsprozess zu rekonstruieren. Seitdem Sarah Medizin studierte und deshalb den Job im Versandhaus aufgegeben hatte, gab es keinen Kontakt mehr zwischen ihr und der Interviewerin. An Sarahs ehemaligem Arbeitsplatz arbeitete jedoch inzwischen Sarahs Schwester. Sie war mit einem Pakistaner verlobt worden und hatte ihr Medizinstudium abbrechen müssen. Während der Arbeitszeit lenkte die Interviewerin das Gespräch vorsichtig auf Sarah und fragte, wie es ihr gehe, was sie inzwischen mache und bat um Sarahs Telefonnummer. Vom Interview sagte sie nichts.

Der Anruf bei Sarah ergab Folgendes: Nach einleitenden Worten der Begrüßung und des Wiedererkennens erinnerte die Interviewerin an das Interview und fragte, ob ein weiteres Interview möglich sei. Sarah reagierte sofort ablehnend. Sie sagte sinngemäß: Sie wolle damit nichts zu tun haben. Die Weitergabe der Telefonnummer könne schon zum Problem werden, das Interview damals sei ein Fehler gewesen und ein weiteres käme auf gar keinen Fall in Frage. Sie erkundigte sich nach der Tonkassette mit dem Interview. Es wurde ihr gesagt, der Text sei gelöscht und die Verschriftung anonymisiert. Sarah wiederholte mehrmals, das dürfe alles nicht sein und brach das Gespräch ab.

Hypothese zur individuellen Fallstruktur Sarahs und zur pakistanischen Gemeinde

Eine Studentin schreibt dazu:

Nicht nur die persönliche Freiheit, sondern auch die freie Meinungsäußerung ist durch die Überwachungs- und Druckmechanismen der pakistanischen Gemeinde eingeschränkt. Sarah ist dieser Grundrechte beraubt. Die Struktur der Gemeinde erinnert an Sekten. Erschreckend finde ich, dass auch Sarah aus Angst vor Repressalien sich nach außen hin verstellen muss, obwohl sie das innerlich zutiefst ablehnt. Noch erschreckender ist für mich allerdings, dass eine Person, die soweit war, ein Interview zu geben, dies zwei Jahre später als Fehler bezeichnet und nicht mehr zu einem Nachinterview bereit ist. Verstehen kann man das nur, wenn man eingesehen hat, dass es für Sarah keine Freiheitsräume mehr gibt. In ihrem Umfeld gibt es eine eindeutige Hierarchie: Über allem steht die pakistanische Gemeinde, ihr folgen die Eltern und dann erst der einzelne Mensch. Innerhalb dieser Hierarchie zählt Sarahs Meinung wenig. Dennoch war sie im November 1997 so gefestigt, dass sie nach außen hin den Schein wahrte, aber tat, was sie für richtig hielt. Sie befindet sich innerlich in einem ständigen Konflikt zwischen sich und den Forderungen der Gemeinde. Sie muss sich entscheiden: entweder für die Unterdrückung ihrer Wünsche oder für sich selbst. Die zweite Möglichkeit würde bedeuten, dass sie mit der Familie brechen müsste, weil ihr Verhalten sich auf die ganze Familie auswirkt, d.h. sie würde die Ehre der Familie beschmutzen, und ihre Eltern würden sicherlich von der pakistanischen Gemeinde als Versager verurteilt und sozial geächtet werden. Sarah erhofft sich durch das Medizinstudium eine Möglichkeit, später als Ärztin für sich selbst einen gewissen Freiraum schaffen zu können. Dieses Studium ist ihre einzige Hoffnung, und sie wird nichts tun, womit sie es gefährden könnte.

Huma

Datenbasis sind ein Interview mit Huma vom 14.1.1997 und ein Gespräch mit einer ihrer Lehrerinnen. Der Fall wurde ausgewählt, weil damit auf die Situation pakistanischer Mädchen aufmerksam gemacht werden soll.

Zum Zeitpunkt des Interviews ist Huma 14 Jahre alt und besucht die neunte Klasse eines Gymnasiums. Sie ist in Deutschland geboren und hat drei jüngere Geschwister. Ihre Eltern stammen aus Pakistan, aus der Umgebung von Islamabad. Eltern und Kinder haben die deutsche Staatsangehörigkeit. Huma spricht fließend Deutsch, Englisch und Urdu.

Die Familie gehört in Pakistan zu einer höheren Kaste[70] und ist wohlhabend. Humas Vater wurde 1963 geboren, besuchte neun Jahre eine staatliche Schule und kam als »Sohn« seines bereits hier lebenden Onkels nach Deutschland. Er wurde Maschinenschlosser und arbeitet als Maschinenführer. Humas Mutter wurde 1961 geboren, hat in Pakistan eine Ausbildung zur Krankenschwester gemacht und ist Hausfrau.

Huma ist die beste Schülerin in ihrer Klasse, besonders herausragend gut sind ihre Noten in Mathematik und Naturwissenschaften. Sie will Pilotin werden – wie Eveline aus Pakistan in diesem Alter auch. Nach Auskunft einer Lehrerin von Huma versuchen die Eltern ihr das auszureden und sagen: »Huma wird Ärztin.«

Die Familie fährt alle zwei bis drei Jahre nach Pakistan, um Verwandte zu besuchen. Bei ihrem letzten Aufenthalt, der vier Tage vor dem Interview beendet war, haben sie sich ein Haus in der Nähe von Islamabad gekauft.

Interpretation des Interviews

Humas Aussagen enthalten viele Strukturen, die bereits analysiert wurden und in Interviews mit muslimischen Frauen häufig vorkommen – von Marokko bis Pakistan und nun auch in Europa. Diese Strukturen werden daher hier nicht noch einmal sequenzanalytisch herausgearbeitet, sondern nur zusammenfassend dargestellt. Zu ihnen gehören:

1) die Frauentauschlogik,
2) die islamische Sexualmoral,
3) die Logik der Überbietung,
4) die Abgrenzung und Selbstausgrenzung und damit die Behinderung der Integration,
5) die Einschränkung der Grundrechte des Individuums bei Frauen und Mädchen,
6) die Zugehörigkeit zu einer höheren Kaste.

Zu 1) Nach der Frauentauschlogik tauschen Verwandtschaftsgruppen ihre Töchter aus. Grundlage der Heirat ist der Konsens der Eltern. Je nach Familie wird auch ein Konsens zwischen Eltern und Kindern hergestellt. Der Mann erwirbt das Recht auf Sexualität und Gebärfähigkeit der Frau. Funktioniert die Frau diesbezüglich nicht, so kann die Frau zurückgegeben werden. Im Grunde aber sind Ehe und Familie als lebenslange Gemeinschaft geplant. Mit Humas Worten:

H *Wenn man heiratet, dann suchen auch hm eben die Eltern aus, wen man jetzt heiratet, ... wen man jetzt heiraten soll, ja, ... und ... aber man darf schon ... man darf aber auch schon selbst mitreden, ja, ... und es ist nicht so, dass sie irgendwas aussuchen und es jetzt auch unbedingt machen, es ist eben nicht so. Wenn man also heiratet, dann muss die Frau in der Familie ... also dort leben, wo der Mann lebt, ... ehm ... man wird dann eben getrennt von den Eltern, ... man darf sich schon manchmal besuchen. ... Aber meistens ist es auch so, dass der Mann und ... die Frau ..., dass die eben ein Haus bauen ... und so, dass die eben getrennt leben, eigentlich ... und besuchen gehen ... und das war 's schon. Ja. ... Also wenn man jetzt geheiratet hat, dann darf man sich eben auch nicht scheiden lassen. Doch der Mann darf sich schon ... also scheiden lassen unter einer Bedingung, wenn die Frau nicht okay ist .... oder wenn man dann keine Kinder kriegen kann.* (Kichert leise.)

Zu 2) Für den Umgang der Geschlechter miteinander gelten die Normen der islamischen Sexualmoral. Danach darf Sexualität nur in der Ehe ausgelebt werden, und je nach Kultur und Interpretation der Korantexte wird mehr oder weniger konsequent in der Öffentlichkeit auf der Geschlechtersegregation und auf Bekleidungsvorschriften für Frauen bestanden. Diese Sexualmoral wird als Kontrast zur behaupteten sexuellen Freizügigkeit und Zerstörung der Familie in der westlichen Moderne gesehen und für die sittlich überlegene gehalten. Huma beschreibt das so:

H *Hier ist es doch so, zum Beispiel ... wenn man mal einen Freund hat, dann hat man den nächsten, dann hat man, dann macht man wieder Schluss und hat wieder einen neuen und wieder einen neuen, und dann macht man andauernd mit dem Schluss. Und dort ist es eben anders, dort hat man jetzt einen und den heiratet man dann auch, und mit dem bleibt man auch das ganze Leben eben zusammen. Das finde ich irgendwie besser, hier ist es einfach so, einmal den, einmal den nächsten. ...*

Zu 3) Der Logik der Überbietung folgen monotheistische Religionen und Sekten, wenn sie sich als die einzig wahre Lehre betrachten. Besonders Fundamentalisten argumentieren auf diese Weise. Humas Beschreibung folgt der Argumentationslinie islamischer Fundamentalisten, auch der aus Pakistan kommenden Gemeinde der Ahmadiyya, bezüglich der von ihnen behaupteten sittlichen Verkommenheit des Westens, besonders der Frauen. Behauptet wird die eigene moralische Überlegenheit.

Zu 4) Aus der Logik der Überbietung – dem Selbstbewusstsein, besser zu sein als die anderen – folgt konsequent die Abgrenzung und Selbstausgrenzung. Auf die Töchter bezogen bedeutet das die Verhinderung der Integration in diese vermeintlich unmoralische Gesellschaft. Töchter dürfen im Unterschied zu ihren Brüdern zum Beispiel oft nicht an Klassenfahrten und privaten Unternehmungen ihrer deutschen und ausländischen Freundinnen teilnehmen. Huma ist in extremer Weise eingesperrt:

H *Hier gehe ich zur Schule, hier gehe ich nur zur Schule und danach komme ich zurück, mache ich Hausaufgaben und dann gehe ich schlafen, und das war 's schon, das war der ganze Tag, ... sich den ganzen Tag langweilen, den ganzen Tag.*

Zu 5) Töchter wie Huma sind in Deutschland nicht gleichberechtigt, sondern werden der ihnen zustehenden Freiheitsrechte beraubt. Unter dem Deckmantel von Religion und Moral und der Toleranz gegenüber Kulturen und Religionen breiten sich bei uns neue Formen der Unterdrückung und Gewalt gegen Mädchen und Frauen aus.
Zu 6) Humas Familie gehört wie die Familie von Maryam zu einer höheren Kaste. Zusätzlich zur religiös und moralisch begründeten Selbstausgrenzung trägt auch diese kulturelle Besonderheit zur Behinderung der Integration bei. Zum Beispiel werden Ehen nur innerhalb der höheren Kaste geschlossen. Ähnlich wie bei Maryam vermitteln Humas Beschreibungen ihrer Aufenthalte in Pakistan den Eindruck eines Lebens in Wohlstand und Sorglosigkeit im Kreise der Verwandtschaft:

H *Da ist es eben anders. Da geht man auch zur Schule, da geht man irgendwie weg, mit den Eltern und mit den Kusinen oder mit den Bekannten, das Leben macht eben auch Spaß dort, und da gibt es auch einmal drei Monate Ferien. Und manchmal sind wir spazieren gegangen in Parks oder so, und manchmal haben wir einfach die ganze Zeit gelabert.*

Huma lebt in Deutschland fast wie eine Gefangene. Ihre letzten Worte im Interview sind Ausdruck tiefer Verzweiflung:

H *Nee, ich will nur eins sagen, ich will hier nicht bleiben, sondern ich will lieber dort hin, weil es ist besser als hier, dort macht es eben mehr Bock zu leben, hier ist es langweilig, hier ist man irgendwie so wie im Gefängnis, man kann jetzt nirgendwo raus, man bleibt zu Hause, und es gibt nur noch Schule und Hausaufgaben und das war 's schon. Und dort ist es eben nicht so, dort kann man machen, was man will, dort kann man immer wegfahren. Ich will hier nie weiterleben, ich will hier überhaupt nicht mehr leben, ich will zurück.*

Frauen und Mädchen aus Pakistan sind hier häufig besonders streng bewacht und in besonderem Maße ihrer Rechte und Freiheiten beraubt. Oft leiden sie – von uns meist unbemerkt – allein hinter verschlossenen Türen unter der Gewalt der pakistanischen Traditionen.

Fousia

Datenbasis sind ein Interview mit Fousia vom 15.5.1998 und objektive biographische Daten zur Familie.

Interpretation der objektiven biographischen Daten

Fousia ist 14 Jahre alt. Sie ist in Deutschland geboren und aufgewachsen und gehört zu einer kinderreichen arabisch-berberisch-französischen Großfamilie. Ihre Mutter hat zehn Geschwister. Die männlichen Vorfahren sind Araber und Berber aus Marokko, die weiblichen sind Französinnen. Fousias Vater Mohammed kam 1967 mit Arbeitsvertrag bei einer Autofabrik nach Deutschland. 1978 heiratete er seine französische Kusine Aischa, zog nach Frankreich und erwarb die französische Staatsangehörigkeit. Als er in Frankreich zum Militär einberufen wurde, ergriff er nach kurzem Dienst die Flucht und ging mit seiner Frau nach Deutschland. Seitdem arbeitet er wieder als Arbeiter in der Autoindustrie. Seine Frau ist Hausfrau. Alle Kinder des Ehepaares sind in Deutschland geboren und aufgewachsen:

1882 Fatima,
1984 die interviewte Fousia,
1987 Asma,
1992 Samira,
1993 Ahmed,
1995 Mahmud.

Sowohl die französische Mutter als auch die Kinder haben arabisch-islamische Vornamen. Daran kann man erkennen, dass die Kinder, wie im Islam üblich, die Religion des Vaters »geerbt« haben. Der Name *Fousia* ist ein von der Interviewten vorgeschlagenes Pseudonym.

In der Familie wird je nach sozialem Umfeld arabisch, berberisch, französisch oder deutsch gesprochen. Fousia hat als Erstsprache von ihrer Mutter deren Zweitsprache Arabisch gelernt, dann Französisch, als Drittsprache Deutsch im Kindergarten und bei der Verwandtschaft in Marokko Berberisch. Im Sommer ist der Familienclan immer sechs Wochen zusammen, überwiegend in Frankreich und Marokko. Geheiratet wurde bisher innerhalb der Verwandtschaft.

Fousia besucht die achte Klasse einer Hauptschule mit überwiegend ausländischen Kindern. Dort war sie bis zur siebten Klasse eine sehr gute Schülerin und hatte ein klares Bildungs- und Berufsziel: Sie wollte den Hauptschulabschluss machen, danach den Realschulabschluss und Krankenschwester werden. Seit einem Jahr hat sich das geändert: Sie lernt nicht mehr, ihre Leistungen sind mangelhaft, ihr Berufsziel ist ein Beruf mit Kopftuch.

Die Familie ist, wie bereits erwähnt, moslemisch. Seit fünf Jahren findet eine Hinwendung zur Moschee der marokkanischen Gemeinde statt, ein Phänomen, das auch in anderen marokkanischen Familien zu beobachten ist. Angestrebt wird, zwei- bis dreimal in der Woche in die Moschee zu gehen. »Das ist gut für uns,« sagt Fousia dazu im Interview mehrmals. Die »Aufklärung« in der Moschee, auch mit Hilfe von Videos, führte dazu, dass die Mutter seit vier Jahren das Kopftuch trägt – zuvor hat sie es weder in Frankreich noch in Marokko oder Deutschland je getragen. Auch das ist kein Einzelfall, sondern liegt in einem bei den niederen sozialen Schichten aus Marokko zu beobachtenden Trend, den wir zum Beispiel auch bei Frau Hadscha beobachtet haben. Dem Verhalten der Mutter folgte Fousia ein Jahr vor dem Interview, also mit 13 Jahren, danach Fatima im Alter von 15 Jahren, und die dritte Tochter, Asma, mit elf Jahren.

Die »islamische Bekleidung« ist bei marokkanischen, französischen und deutschen Muslimen oft ein neues Phänomen und hat mit Tradition nichts zu tun. Fousias mehrfacher Hinweis auf die Medien lässt vermuten, dass in diesen sozialen Milieus die Medien äußerst wirksam sind. Außer den Videos aus der Moschee werden zu Hause Programme arabischer Sender gesehen, die man bei uns über Intelsat empfangen kann. Dort tragen die Ansagerinnen, Moderatorinnen u. a. Kleidung wie im Westen und kein Kopftuch. Aber in den Werbespots, die ja anscheinend sehr wirksam sind, werden die Produkte von Frauen mit Kopftuch in schwarz, weiß und hellblau präsentiert. Zu den Produkten gehören z.B. Ariel, Omo, Fairy, Persil, Pampers, Cornflakes, Nescafé, diverse Zahnpasten und Süßigkeiten. Das Kopftuch ist auch ein modernes Produkt, an dessen Herstellung der Westen beteiligt ist. Es ist besonders attraktiv für die Unterschichten als Identifikationsobjekt, Markierungszeichen und Kompensation.

Bei der Analyse des Interviews drängt sich die Frage auf, woher Fousias Versagen in der Schule kommt. Möglich ist, dass ihre Krise dem in siebten und achten Klassen oft zu beobachtenden Leistungsabfall – ausgelöst durch die Pubertät – zuzuschreiben ist, wozu es jedoch nicht zwangsläufig kommen muss, wie die Interviews mit Huma und Nina zeigen. Könnte es sein, dass zwischen Fousias Lernblockade im säkularen Schulsystem und der Hinwendung zur Moschee ein Zusammenhang besteht? Dieser Frage wird bei der Analyse des Interviews nachgegangen.

Entstehungsgeschichte und Interaktionseinbettung des Interviews

Die Interviewerin lernte Fousia im Rahmen der *Hausaufgabenhilfe* kennen. Diese Maßnahme wurde für ausländische Schülerinnen eingerichtet, deren schulische Leistungen nicht ausreichend sind. Die Interviewerin hatte dort einen Lehrauftrag. Sie unterrichtete Fousia wöchentlich zwei Stunden nachmittags in der Schule. Fousia kam regelmäßig und versuchte im Gespräch ihre Lernblockade und den Leistungsabfall zu verstehen. Am Rande einer solchen Stunde informierte die Studentin über ihr Forschungsvorhaben und bat Fousia um ein Interview. Sie sicherte ihr Anonymisierung zu. Das Mädchen erklärte sich zum Interview bereit. Als Termin wurde der 15.5.98 ausgemacht und als Ort auf Vorschlag Fousias die Wohnung der Studentin. Fousia kam pünktlich und freute sich darüber, ihre Lehrerin besuchen zu dürfen.

Hypothese zur individuellen Fallstruktur

Fousia befindet sich in einer Krise, ist aber daran interessiert, sie zu überwinden. Den Kontakt zu der Studentin betrachtet sie als Chance.

Analyse des Interviews

I *Wir erforschen in einem Seminar die Folgen von Migration. Wir wollen wissen, in welcher Weise sich Menschen bei Kulturwechsel verändern. Bist du bereit, uns deine Lebensgeschichte zu erzählen?*

F *Ja. ... Okay, mein Name ist Fousia Kerim.*

Fousia bestätigt die Bereitschaft zum Interview und gibt sich ihr Pseudonym selbst, was als Bedürfnis nach Selbstbestimmung angesehen werden kann. Der Name *Kerim*, der zu den 99 schönsten Namen Allahs gehört und also eine Eigenschaft Gottes bezeichnet, bedeutet der *Großzügige*. Diese Namensgebung kann in zweifacher Weise als Indikator angesehen werden: Zum einen spricht sie für eine Identifikation der Interviewten mit dem Islam, zum anderen verweist sie auf eine Einstellung zu den Menschen, die zu Fousias Berufswunsch passt: Sie wollte vor der Krise und will vielleicht immer noch Krankenschwester werden. Fousia unterscheidet sich bereits durch die Wahl des Namens von der interviewten Eveline. Während diese mit ihrem selbstgewählten Pseudonym ihren Wunsch nach Zugehörigkeit zum Westen verrät, verweist Fousias Wahl auf ihre Zugehörigkeit zum Islam. Sie muss für sie von herausragender Bedeutung sein.

I Ehem.
F Ich, ich bin hier geboren, ich lebe hier seit 14 Jahren.

Diese Aussage zeigt, dass Fousia Wert auf ihre Zugehörigkeit zu Deutschland legt. Sie distanziert sich von den Ausländern, die erst im Laufe ihres Lebens eingewandert sind. Für sie ist beides wichtig: Sie ist Muslima und Deutsche.

F Also ich bin hier schon daran gewöhnt, wie die Leute reden, wie die laufen,

Der Aussage liegt eine sensible Wahrnehmung zu Grunde. Fousia hat beobachtet, dass Menschen in Marokko und Deutschland eine je eigene Art der verbalen Interaktion und der Fortbewegung haben.[71] Das spricht für Sensibilität.

F also ich bin schon daran gewöhnt, wie die Kultur hier abgeht.

Wie sehr sie dazu gehört, erkennt man an ihrem Sprachduktus: Sie spricht im deutschen Jugendjargon.

I Aha.

Die Interviewerin zeigt, dass sie zuhört, und überlässt Fousia die Strukturierung des Interviews.

F Ehm, ich bin Muslemin, ...

Die Religionszugehörigkeit muss für Fousia von besonderer Bedeutung sein, sonst würde sie nicht so früh im Interview davon sprechen.

F *ich bin stolz, dass ich das bin. ...*

Wer in Demut vor Gott nach seinem Glauben lebt, sagt das nicht. Der Satz entspringt einem starken und kämpferischen Selbstbewusstsein, das sich von anderen abgrenzt. Zweifelhaft ist, ob diese Aussage dem Denken einer Vierzehnjährigen entspringt. Wahrscheinlich ist, dass ihr dieser Stolz eingeredet wurde.

F *Meine Eltern ... sind ganz nett. ...*

Auch dieser Sprachduktus ist wohl dem Jugendjargon zuzurechnen. Er kann dann als *cool* bezeichnet und inhaltlich als positive Aussage über die Eltern bewertet werden. Dabei fällt auf, dass Eveline fast nichts über ihre Eltern erzählt. Zum einen kann das bedeuten, dass ihr das jetzt nicht wichtig ist, zum anderen könnte es aber auch mit marokkanischen Erziehungseinflüssen zusammenhängen: Über Privates spricht man nicht, der Schutz der Intimität der Familie hat Priorität.

I *Wo kommen deine Eltern her?*

Im Fall der multinationalen Familie Fousias könnte diese Frage ein Anstoß sein, für die Erzählung einer außergewöhnlichen Familiengeschichte.

F *Ehm, meine Eltern ... meine Mutter kommt aus Frankreich, meine Mut ... mein Vater ist Araber ehm verst... wir verstehen uns alle gut, und ich glaube an meine Religion.*
I *Hm.*

Fousia beantwortet die Frage so knapp wie möglich. Sofort ist sie wieder bei der Religion. Das Thema Religion verdrängt in diesem Interview alle die Themen, die normalerweise am Anfang eines Migranteninterviews stehen: Eltern, Geschwister, Herkunft, Lebenslauf. Die Aussage *ich glaube an meine Religion* ist außergewöhnlich. In der Form des Glaubensbekenntnisses *Ich glaube an Gott* wird hier die Religion zum Glaubensinhalt erhoben. Unwahrscheinlich ist, dass ein junges Mädchen in dieser Weise von sich aus glaubt.

I *Hm.*
F *Ich glaube an meinen Gott, ich glaube an den Propheten ... hm ...*

Jetzt ist eindeutig, dass Fousia nicht spontan spricht, sondern ein gelerntes Glaubensbekenntnis vorträgt. Es ist ein fertiger Text, der lautet:

Ich bin Muslemin.
Ich bin stolz darauf.
Ich glaube an meine Religion.
Ich glaube an meinen Gott.
Ich glaube an den Propheten.

Dieses Glaubensbekenntnis beherrscht Fousias Denken so sehr, dass ihr die Erzählung ihrer Lebensgeschichte nicht möglich ist. Sie ist der Freiheit des Denkens beraubt, das spricht für Indoktrination. Der Ort der Enteignung des eigenständigen Denkens wird wohl eine Moschee sein.

I Und deine Eltern äh sind die schon

Wieder versucht die Interviewerin Fousias Denken auf ihre Lebensgeschichte zu lenken. Wahrscheinlich wollte sie fragen, ob die Eltern schon lange hier sind. Doch bevor sie ihren Satz zu Ende gesprochen hat, sagt Fousia:

F Meine Eltern sind sehr gläubig.

Fousia hört gar nicht mehr zu. Ihr Denken ist fixiert auf Religion. Wenn sie sich so in der Schule verhält, ist ihr Leistungsabfall verständlich.

I Hm.
F Ich hab, ich trag Kopftuch,

Die Eltern sind bereits kein Thema mehr. Sie werden immer nur kurz erwähnt, wenn nach ihnen gefragt wird. In Fousias Gehirn hat nur noch der Islam Platz, als sei sie einer Gehirnwäsche unterzogen worden, alles andere ist wie weggespült. Nach dem Glaubensbekenntnis folgt nun die Religionsausübung. Und da steht an erster Stelle das Kopftuchtragen. Auch das wird in der Moschee vermittelt und gelernt worden sein.

F nicht weil meine Eltern 's mir gesagt haben,

Dahinter steht eine höhere Autorität, die die Eltern sowohl beeinflusst als auch entlastet.

F weil ich Angst hab vor meinem Gott,

Diese Begründung kommt einerseits überraschend, andererseits ist sie in dieser Studie nicht neu. Auch Eveline trägt ihr Kopftuch und dazu noch die Bekleidung, in der sie sich wie *gewickelt* fühlt, aus Angst vor Gott, und zwar aus Angst vor dem strafenden Gott, der für die Ungehorsamen ewige Höllenstrafen bereithält. Diese Strafen sind im *Koran* und im *Islamischen Totenbuch* beschrieben und von einzigartiger Grausamkeit. Mir ist keine andere Schrift bekannt, die Höllenstrafen auch nur annähernd so sadistisch und brutal darstellt. Fousia und Eveline müssen das gleiche Gottesbild vermittelt bekommen haben. Wer an diesen Gott glaubt, der muss ihn fürchten. Besonders einem jungen Menschen muss er panische Angst einjagen.

Angst lähmt das Denken und Handeln, Angst macht gefügig, Angst führt zur Unterwerfung unter den Gewaltherrscher. Bei einem so sensiblen Menschen wie Fousia kann man sich vorstellen, wie sich die Angst in ihr ausbreitet und alles andere verdrängt. Diesen drohenden Gott kann Fousia aber auch nicht ablehnen, da er gleichzeitig die Eigenschaft hat, die sie am meisten liebt: Er ist der *Kerim*, der Großzügige, der Wohltäter. Er ist der, den sie so sehr liebt, dass sie sich seinen Namen gegeben hat. Mit ihren 14 Jahren wird sie gleichzeitig durchdrungen und gepeinigt werden von widersprüchlichen Gefühlen, von Liebe und Angst.

F *und ich hab auch schon Angst vor den Männern.*

Die Angst ist bei der Erziehung von Mädchen in Marokko ein wichtiges Erziehungsinstrument: die Angst vor der Verletzung des Hymens und die Angst vor den Männern. Mädchen und Frauen braucht man das Weggehen nicht zu verbieten, aus Angst bleiben sie im Schutz der Familie bzw. ihrer männlichen Beschützer.[72] Hinzu kommt in Marokko, dass die Angst vor männlicher Gewalt berechtigt ist. Gewaltandrohung und Gewalt sind in Räumen ohne soziale Kontrolle, etwa in der Dunkelheit oder außerhalb der Siedlungen, an der Tagesordnung. Fousia ist in Deutschland aufgewachsen. Sie würde aber diese Aussage nicht machen, wenn sie nicht auch hier Erfahrung mit männlicher Gewalt und Gewaltandrohung gemacht hätte. Diese Gewalt ist mit eingewandert und ebenso das Erziehungsinstrument *Angst vor den Männern*. Auch diese Angst kann lähmend wirken.

F *Ich bin nicht so eine, die zu Hause die liebliche Tochter ist, die ihr Kopftuch anzieht, wenn nach Hause geht, und danach äh das Kopftuch auszieht und Freiheit hat. Nein, so bin ich net.*

I *Hm.*

F *Höchstens ...... Bin ich eigentlich nich'. Ich versteck mich nich' vor meiner Familie.*

I *Hm.*
F *Also ich will kein Geheimnis vor der Familie haben. Vor meinen Eltern, weil ich hab Respekt vor denen und weil ich Angst vor denen habe und weil ich sie sehr liebe ...... Ähm. ...*

Auch die Angst vor der Familie und vor den Eltern ist ein mitgebrachtes Erziehungsinstrument für Mädchen. Das Mädchen weiß, dass bei Fehlverhalten, manchmal auch schon bei vermutetem Fehlverhalten das Gerede im sozialen Umfeld losgeht und die Ehre der Familie verletzt werden kann. Sie kann in schwerwiegenden Fällen nur durch den Verstoß der Tochter aus der Familiengemeinschaft, durch ihren sozialen Tod, wiederhergestellt werden.

Fousia hat also drei Ängste:
- die Angst vor Gott,
- die Angst vor den Männern und
- die Angst vor den Eltern.

Bei meinen Forschungen in der Berberkultur Marokkos bin ich immer wieder auf die beiden zuletzt genannten Ängste bzw. Erziehungsinstrumente gestoßen, nie aber auf die Angst vor Gott. Gott wird von Mädchen und Frauen imaginiert als Schutzgott, der sie vor der Gesellschaft, der obersten Kontroll- und Strafinstanz, beschützt. Bei heimlichen Gebotsüberschreitungen bitten sie ihren Gott, sie vor den Augen der Sittenwächter zu bewahren.

Fousias Gott ist nicht mehr der Schutzgott der Berberfrauen, sondern der allwissende, drohende und strafende Gott des Islam. Dieses Gottesbild ist nicht das mitgebrachte, sondern ein hier verbreitetes und erworbenes. Die Angst vor Gott wird ein Ergebnis der religiösen Indoktrination in der Moschee sein.

Hypothese zur individuellen Fallstruktur Fousias

Fousia wird von drei Ängsten erdrückt: der Angst vor Gott, der Angst vor den Männern und der Angst vor der Familie, besonders vor den Eltern. Dieses Angstgemisch beherrscht und blockiert ihr Denken. Die Freiheitsrechte, die sie hier hat, kann sie nicht ausleben, weil die Angst ihr Handeln einschränkt. Fousia kann ihr normales Leben als Schülerin nicht mehr meistern, weil die Angst ihr Denken fast erstickt hat. Das Interview ist ein Versuch, aus dem *Gefängnis der Angst* einen Ausweg zu finden.

Im gesamten Interview finden sich keine Abschnitte, mit denen sich diese Hypothese falsifizieren ließe, aber mehrere, die sie bestätigen. Davon werde ich einige zitieren.

F *Also meine Mutter fing 1994 an, das Kopftuch anzuziehen. … Da hat sie gehört was, was Kopftuch bedeutet und so wer Allah ist und was du alles machen solltest und so und ist regelmäßig in die Moschee gegangen. Sie hat viele Filme gesehen, sie hat, sie hat gesehen, wie die Muslime äh mit hm mit Christen und Juden gekämpft haben wegen der Mekka und so, und dann hat sie gemeint, ja ich möchte auch gerne das Kopftuch anziehen, ich möchte auch gerne die Religion haben, die die Leute in Deutschland auch nehmen. … Und dann kamen meine anderen Geschwister zur Welt, … und danach kam neunzehnhundert ja, ja, letztes Jahr, dann hab ich gemeint, dass ich möchte gerne das Kopftuch auch anziehen.*

I *Ehem.*

F *Ausprobieren!*

I *Also seit letztem Jahr trägst du auch.*

F *Ja hm, ja hm, ja, ja.*

I *Ehem.*

F *Möchte ich gerne ausprobieren, ich trag 's jetzt seit ein' Jahr. Ja, meine Schwester Fatima hat 's danach angezogen, danach meine Schwester Asma, ja, wir sind jetzt drei mit Kopftüchern, meine anderen Geschwister haben keine Lust. Die sind auch sehr zu klein.*

I *Und du bist mit dem Kopftuch zufrieden?*

F *Ich bin damit zufrieden, ach, ich hab gar nicht zu meckern. Am Anfang hatt' ich schon noch zu meckern, im Sommer, weil es so heiß war und so … aber danach, ich bin dran gewöhnt, dann hab ich gemeint, ja, warum sollte ich das jetzt ausziehen?*

I *Hm.*

F *Warum? Auf einmal? Die ganzen Mühungen, dann waren die ganzen Mühungen umsonst.*

Hier argumentiert Fousia genauso wie Eveline, die sich in Kopftuch und langem Mantel wie *gewickelt* fühlt und nicht am Sportunterricht teilnimmt, weil sie dann die vorgeschriebene Frauenbekleidung ablegen müßte, was zur Folge hätte, dass die vorherige Mühe umsonst gewesen wäre. Beide Mädchen müssen eingetrichtert bekommen haben, dass ein Ablegen des Kopftuchs und der *Wickeln* alle bisher erworbenen Rechte auf himmlische Belohnung wieder verloren gehen läßt. Ein kluger Trick! Niemand gibt gerne auf, was er mühsam erworben hat.

Erstaunlich ist, wie in der *Bekleidungsfrage* Muslime unterschiedlichster Herkunft übereinstimmen. Fousias männliche Vorfahren kommen aus Marokko, sind Berber und Araber. Evelines Familie kommt aus Pakistan und gehört zu den Ahmadis, die von Muslimen zu Nicht-Muslimen erklärt worden sind. In ihrem Denken bzgl. der Vorschriften für Frauen sind die fundamentalistischen Männer gleich. Sie bilden in Deutschland eine Minderheit, allerdings eine wachsende.

Die Entstehung der *Angst vor den Männern* beschreibt Fousia in mehreren Sequenzabschitten, zum Beispiel im folgenden:

F *Meine Mutter macht sich Sorgen um mich, weil so 'ne Bekannte wurde vergewaltigt. Und jetzt will sie, dass ich nur mit paar, mit 'ne erwachsene Frau rumlaufe. Und so.*
I *Wie ist das passiert?*
F *Ja, meine, meine, so 'ne Bekannte von uns, sie ist nach Frankfurt gegangen. ... Sie wurde im Bahnhof oder so was vergewaltigt.*
I *Hm.*
F *Seitdem hat meine Mutter Angst.*
I *Ehem ...... und hast du schon mal so was erfahren? Oder was, was ganz Schlimmes?*
F *Jaaaa! Viel!*
I *Ja?*
F *Also, ...*
I *Erzähl mal!*
F *Trotz allem ich trag das Kopftuch und ich bin hier in Deutschland, ... und ich weiß nich', diese scheiß Marokks und Türks, ja, die pfeifen einem hinterher, du, du kannst gar nix machen.*
I *Hm ... egal ob du ein Kopftuch anhast oder nicht?*
F *Ob du oder nicht, ja.*
I Aha.
F *Welche, die sagen ... und ... zum Beispiel, äh, das ist so, wenn die krass was sagen, zeig ich den Mittelfinger oder irgend so Sprüche und so 'n Sprichwort.*
I *Hm.*
F *Sonst geben die net auf.*
I *Hm, ist dir schon mal so was?*
F *Ja, das war so, ich war in der Nacht, so um zehn Uhr. Ich habe meinen Eltern gesagt, ich komme gleich. Und die haben gesagt, ja, okay. Ich geh' so auf die Straße, ich hatte Kapuze an. Ich wollte nicht, dass man mich erkennt wie 'ne Frau, so richtig wie 'n Mann* (lacht), *ich bin so rumgelaufen. Und ich war irgendwie so baff, dass ich als Frau erkannt bin. Die ham mich voll angemacht, also die sind dann mit mir gelaufen und ham hinter mir geredet, ich werd' dich ficken und so, so 'n Kram, du ......*

I *Ja und dann?*

F *Ja, dann bin ich ab und hab dann mein' Cousin gesehen, mein Cousin hat die dann verjagt. Dann hat er mich angeschrien: »Ja, was machst du noch in der Nacht noch draußen! Äh, du bist so schwach, und so. Wenn du 'n Mann wärst, ja, okay, ich würd 's verstehen, aber du bist 'ne Frau!« Ja. ......*

I *Und dann hat die Geschichte noch gut geendet.*

F *Ja,* (sehr leise) *es war'n Türken und zwei Marokkaner.*

I *Hm, ... und in deiner Muttersprache haben sie mit dir gesprochen?*

F *Ja!*

I *Ja?*

F *Ja.*

I *Dann wussten sie also, dass du sie verstehst oder was?*

F *Also es war so, ein Typ kommt auf mich zu und redet mit mir arabisch, wegen der Uhrzeit. Ich will die Uhrzeit sagen, dann sagt er Süße und so 'n Kram und so. Ich guck ihn da so an und hau ab. Und von hinten schreien die und verfolgen mich und so.*

I *Ehem.*

F *So 'n Schiss gehabt, ich sag dir, ich geh nie wieder in der Nacht ......*

I *Ehem.*

F *Ich lauf <u>nie wieder</u> in der Nacht herum!*

Diese Beschreibung ist kein Einzelfall. Ich habe mehrere Interviews, in denen junge Mädchen derartige Erfahrungen beschreiben und sich besonders über *die Marokks und die Türks* beschweren. Wörtlich heißt es da zum Beispiel: *Wenn du das Kopftuch nicht anziehst, ficken wir dich.* Ausländische Studentinnen in meinen Seminaren haben nach dem Lesen dieser Interviews bestätigt, dass es das gibt und sie selbst derartiges erfahren haben. Zum Schutz vor ihren männlichen Landsleuten würden sie in der Öffentlichkeit ihre Muttersprache nicht mehr sprechen. Das sagten mir iranische, marokkanische und türkische Studentinnen.

Die Erziehung mit der Angst hat System. Sie hat zum Ziel, die Freiheit der Frauen einzuschränken. In Stellungnahmen fundamentalistischer Muslime in Deutschland heißt es durchaus, Männer und Frauen seien gleichberechtigt. Die Töchter dürfen dann explizit das gleiche wie die Söhne. Aber durch die anerzogene Angst berauben sich die Töchter dann selbst der Freiheiten, die ihnen hier zustehen. Fousia beschreibt das so:

F *Also es ist so, muslimische Religion ist eigentlich so, du hast schon <u>Freiheit</u>. Also du darfst schon draußen gehen, wann du willst, du darfst <u>schon</u>. Du darfst ....* (sie hustet), *also du darfst raus gehen und* *so. ... Nur dass es dann besser ist, wenn der Bruder dabei ist, auch bei Christen ist ganz gut, wenn der Bruder dabei ist, damit du nicht öö ... Gefahr ... damit nichts passiert.*

I *Aber bei euch ist das kein Zwang?*

F *Nein.* (Leise) *Meine Mutter mag es sehr gern mit eine andere, damit mir, damit wir zu zweit sind. Damit mir nicht ......*

Auch Eveline argumentiert so: *Sie sagen, mach was du willst. Und hätte ich es gemacht, nach dem Tod wäre es ...... gekommen.* Die Androhung von Gewalt, sei es die göttliche oder die männliche, ist ein Erziehungsinstrument.

Fousia möchte auf jeden Fall in Deutschland bleiben. Dazu ist sie ihrer Meinung nach auch aus folgendem Grund berechtigt:

F *Is' doch so, ohne uns würd, ohne uns, o mein ..., würd dieses Deutschland überhaupt nicht existieren oder so. Hitler hat doch alles zerstört, die brauchten uns doch. Sie haben jeden Ausländer geholt, der hier ihr Land wieder aufbauen sollte. Und das haben wir natürlich gemacht. Warum sollten wir denn nicht hier bleiben?*

Das Märchen vom Wiederaufbau Deutschlands durch die Arbeitsmigranten taucht in unseren Interviews mit türkischen und marokkanischen Frauen mehrfach auf, zum Beispiel auch bei Nilgün. Diese Gemeinsamkeit kann nicht in den Köpfen der jungen Frauen entstanden sein, auch nicht in der Schule. Nilgün besuchte eine Realschule, Fousia ist auf einer Hauptschule, andere gehen auf ein Gymnasium und sie alle leben an unterschiedlichen Orten. Dieses Märchen wird in Moscheen und islamischen Vereinen verbreitet.

Nilgün

Nilgün ist die Tochter türkischer Arbeitsmigranten. Der Rekonstruktion ihrer Lebensgeschichte liegen folgende Daten zu Grunde:

- ein Interview mit Nilgün vom 3.5.1998,
- ein Telefongespräch mit der Mutter im Juni 1998,
- ein Gespräch mit dem Vater vom 6.4.1999,
- ein Gespräch mit dem Vater vom 17.5.2000,
- objektive biographische Daten zur Familie.

Nilgüns Vater Mohammed ist Fensterputzer und arbeitet manchmal bei der Interviewerin. Dadurch entstand der Kontakt zwischen der Interviewerin und der Familie.

Der folgende Text ist eine Rekonstruktion der Lebensgeschichte Nilgüns, deren Bildungsprozess in besonderer Weise erschwert wurde. Ursache der Hindernisse auf dem Bildungsweg waren Fehlentscheidungen der Eltern auf Grund ihrer Rückkehrillusion.

Mohammeds und Salihas Tochter Nilgün wurde 1978 in Deutschland geboren. Sie besuchte eine Kinderkrippe, den Kindergarten und die Realschule. Im Frühjahr 2000 schloss sie ihre Lehre als Steuerfachgehilfin erfolgreich ab. Seitdem arbeitet sie im Büro eines Steuerberaters. Ihre Urlaube will sie in Zukunft in fremden Ländern verbringen, nur nicht in dem Land, in das sie zweimal zurück musste, weil nicht sie, sondern ihre Eltern es wollten – nur nicht in der Türkei.

Im Interview mit Nilgün überwiegt die Darstellung schmerzlicher Erfahrungen, die aus der Rückkehrillusion der Eltern für die ganze Familie und in besonderem Maße für die Tochter entstanden sind: die Schwierigkeiten, die Probleme, die sinnlosen Anstrengungen, das Scheitern, aber auch die Problemlösungen. Wäre Nilgün nicht eine außergewöhnlich starke Kämpferin, so wäre ihr Bildungsweg einer Illusion zum Opfer gefallen.

Nilgüns Lebensgeschichte hat also auch einen türkischen Teil. Ihre Großeltern sind arme Leute aus einer Kleinstadt in der Nähe Ankaras. Die beiden Großmütter und Salihas Vater leben dort immer noch. Die Großmütter sind und waren Hausfrauen, Salihas Vater ist Schuster. Mohammeds Vater starb, als sein Sohn 1973 beim Militär war. Einen Beruf hat Mohammed nicht gelernt. Er hat drei Brüder, sie leben im Heimatort und arbeiten handwerklich. Die Söhne mussten die früh verwitwete Mutter versorgen, bezahlte Arbeit war jedoch in der Türkei Mangelware. Mohammed entschloss sich deshalb, nach dem Militärdienst als Arbeitsmigrant nach Deutschland zu gehen. Durch den Anwerbestopp von 1973 wurde dieser Plan zunächst hinfällig. Der Weg nach Deutschland führte nun nur noch über die Heirat mit einer Frau mit Arbeitsvertrag. Eine solche Frau war Saliha, Nilgüns Mutter.

Saliha hat nur eine Schwester und keine Brüder. Die Versorgung der alten Eltern würde also von den Töchtern zu erbringen sein. 1971 machte Saliha den Schulabschluss auf der türkischen Mittelstufe *Orta okul* (*orta* = die Mitte). Anfang 1973 schloss sie zusammen mit ihrer Schwester im Alter von 18 Jahren einen Arbeitsvertrag mit der Firma

Grundig ab und ging nach Stuttgart. Im selben Jahr arrangierten Nilgüns Großeltern die Heirat von Mohammed und Saliha.

Saliha gehört zu den selteneren türkischen Fällen, in denen zuerst die Frau nach Deutschland ging und der Mann gefolgt ist. Frauen konnten diesen Schritt i.d.R. nicht ohne Einwilligung des Vaters bzw. des Ehemannes oder Verlobten tun. In Salihas Fall müssen beide Parteien die Zustimmung gegeben haben. Ehemänner willigten ein, wenn sie selber keinen Vertrag bekamen und entschlossen waren nachzureisen, und Väter, wenn sie wußten, der Ehemann würde nachreisen und auf die Tochter aufpassen. Wenn es nicht der Ehemann war, dann war es der Bruder oder ein Verwandter, der bei solchen Entscheidungen mitwirkte und die Frau beschützte. Saliha und ihre Schwester gingen ohne Männer und deren Kontrolle. Quasi als Kompensation wurden sie für vier Jahre in einem Wohnheim für türkische Arbeiterinnen untergebracht, wodurch die Ehre der Familie gewahrt blieb. Kontakte zu Deutschen und ihrer Kultur hat Saliha in den vier Jahren im Wohnheim keine aufgenommen, auch nicht am Fließband in der Fabrik. Sie lernte die deutsche Sprache nicht.

Nilgün beschreibt das so:

N *Dann war das halt so'ne Sache gewesen. Wer zwischen, äh, 18 und 25 oder irgendwie war, den haben die von Deutschland halt gerufen. Sie wurden halt gerufen, die sollten sich halt melden, wer halt alles nach Deutschland gehen wollte, um dort zu arbeiten, um das, um ganz Deutschland wieder aufzubauen. Meine Mutter ist dann halt hergekommen mit ihrer Schwester.*
I *Was haben die, was hat die da gemacht?*
N *Sie war da, sie war in einem Fabrik gewesen, in einem Metallfabrik.*

Eigentliches Motiv war die wirtschaftliche Not. Aber wie bei Fousia aus Marokko wird das wahre Motiv verschleiert, die Arbeitsmigranten, die in einer Phase der ökonomischen Blüte und der Vollbeschäftigung nach Deutschland kamen, stehen als Helden des deutschen Wiederaufbaus da. Das passt wahrscheinlich besser zur stolzen Seele von manchen Marokkanern und Türken.

Man kann sich gut vorstellen, wie Mohammed – während seine Frau Saliha am Fließband arbeitete – mit Besuchsvisum durch Deutschland reiste, Land, Leute und Sprache kennenlernte und nach Arbeit und Wohnung suchte für die Zeit nach der Genehmigung seines Nachzugs. 1977 war es soweit. Er zog mit seiner Frau nach Sulzbach in der Nähe von Frankfurt, wo er für sie Arbeit in einem Metall verarbeitenden

Betrieb, für sich eine Tätigkeit als Fensterputzer und für sie beide eine Wohnung gefunden hatte. Sie hatten das Ziel des klassischen Arbeitsmigranten vor Augen: in der Fremde möglichst schnell viel verdienen, sparsam leben, in der Heimat investieren und bald dorthin zurückkehren. Dass mit dem Familiennachzug und den Familiengründungen im Gastland dieses Ziel für die meisten zur Illusion wird, erfassten beide nicht.

1978 wurde Nilgün geboren. Die Mutter ging weiter zur Arbeit, und Nilgün kam in eine Kinderkrippe, danach in den Kindergarten. Auf diese Weise wuchs sie zweisprachig auf und wurde gut auf die Grundschule vorbereitet. Im Interview fallen mehrere Grammatikfehler auf, die Nilgün mit Sicherheit damals nicht gemacht hätte, z.B. *in einem Metallfabrik*. Angeblich motiviert durch die Angst der Mutter, Nilgün könne auf dem Schulweg durch deutsche Männer Gewalt angetan werden, schickten die Eltern ihre Tochter zu den Großeltern in die Türkei und versprachen ihr, nach zwei Jahren nachzukommen. Nilgün wurde in die fünfjährige Grundschule *Ilk-Okul* (*ilk* = erste, erster) eingeschult. Im Interview beschreibt Nilgün gleich zu Beginn diese Erfahrung:

N *Achtundsiebzig bin ich geboren und dann war ich hier im Kindergarten. Und dann war ich halt in der Türkei , ... ganz allein erst mal, ohne Eltern.*
I *Bei der Oma?*
N *Bei der Oma.*
I *Ach so, ... hm, ... und die Eltern waren hier?*
N *Und meine Eltern waren hier. Die hatten ja auch das Plan gehabt, äh, bis ich die zweite Klasse dort beendet habe, wollten sie auch halt rüber kommen. Aber das haben sie halt nicht geschafft und ...... Mein' Oma und Opa lieb ich ja auch, aber sind halt nicht so, äh, wie meine eigenen Eltern.*
I *Sie würden ihre Kinder nicht in die Türkei geben und alleine hier*
N *Nein! Nein! Um Gottes Willen! Nein! Das würde ich niemals machen, niemals! Ich will sie schon bei mir haben.*

Die Trennung, das vergebliche Warten, der Abschiedsschmerz, die Enttäuschung in jedem Jahr, wenn die Eltern am Ende ihres Urlaubs wieder nach Deutschland reisten, und die zerstörte Hoffnung bewegen Nilgün bis heute. Aber sie haben sie nicht verstummen lassen. Indem sie darüber spricht, verarbeitet sie die schmerzlichen Erfahrungen aus ihrer Kindheit. Sie werden in ihrem Erwachsenenleben Folgen haben und besonders auf den Umgang mit eigenen Kindern nachwirken. Kinder werden ihr sehr wahrscheinlich immer mehr bedeuten als alles andere, und sie wird erst Kinder haben wollen, wenn sie Zeit für sie hat.

Nilgün beendet 1988 die türkische Grundschule. Fünf Jahre lang hat sie die deutsche Sprache weder gehört noch gesprochen. Sie hat ihre Zweitsprache vergessen. In der Türkei folgt nach der *Ilk-Okul* die dreijährige Mittelschule, die *Orta-Okul.* Oft sind für diese Schule Schulgeld, Lehrbücher, Schreibmaterial und eine Schuluniform von den Eltern zu zahlen. Vielleicht hat das die Entscheidung von Nilgüns Eltern beeinflusst. Vielleicht wollten sie aber auch die Tochter, die bald in die Pubertät kommen würde, selbst unter Kontrolle haben. Jedenfalls holen sie Nilgün nach Deutschland und schicken sie auf eine Realschule. Nilgün versteht kein Deutsch und ihr fehlt von der Schriftsprache Deutsch alles, was die anderen Kinder hier in der Grundschule gelernt haben. Aber sie will es schaffen. Auf keinen Fall will sie wieder von den Eltern getrennt werden. Sie lernt unentwegt, bekommt deutsche Freundinnen, wird im zweiten Jahr bereits eine gute Schülerin und fühlt sich in der deutschen Umgebung wohl.

Nilgün hat inzwischen einen kleinen Bruder, Omar, der 1985 geboren wurde. Als für Omar die Zeit der Einschulung naht, verwirklichen die Eltern ihren alten Traum: die Rückkehr in die Heimat. Ihre Arbeitsplätze und ihre Wohnung in Deutschland geben sie auf, schaffen alle Wertsachen in die Türkei und melden Nilgün von der Schule ab. Die Eltern glauben sich am Ziel. Für Nilgün muss das eine neue Katastrophe gewesen sein. Wieder einmal muss sie sich trennen, diesmal von freundschaftlichen Beziehungen, die sie selbst eingegangen ist, und von allem, was sie durch harte Arbeit in der Schule erreicht hat.

N *Also, als wir wieder in der Türkei waren, da war ich halt erst in der sechsten Klasse gewesen, und da war ich halt grad dabei die deutsche Sprache zu lernen. Das war 1990, da sind wir alle zurück.*

I *Hm. Da haben Sie hier alles aufgegeben?*

N *Ja, ja, mein Vater hat sein' Arbeitsplatz weggegeben. Meine Mutter genauso. Und ich bin halt auch von der Schule getrennt. Obwohl ich dann schon mir schon die ganze Mühe gegeben hab, um die deutsche Sprache zu lernen. Ich hatt' mich auch halt hier ...... angepasst gehabt und fühlte mich halt hier wohl. Und dann, äh, sind wir halt wieder zurück, ... dann äh, ... konnte das halt einfach nicht mehr weitergehen, die ganze Sache. (...)*

Meine Eltern haben halt immer gedacht, sie würden halt zurückgehen. Ich nehm' an, was halt jeder so gedacht hat. Auf jeden Fall. Und, äh, ihre ganze, was sie halt hier alles verdient haben, haben sie dort halt alles ausgegeben. Sie haben halt Wohnungen gekauft, drei bis vier. Und statt hier einzukaufen, haben sie dann immer gedacht, wir gehen halt eh wieder zurück, was wollen wir hier, und ... nun ja, ja gut, das hat dann natürlich nicht geklappt. Und das war ja auch wieder 'ne Idee von meiner Mutter gewesen. Die hat gedacht, wir wollen immer nach Türkei. Also die wollten immer nach Türkei gehen, und das haben sie dann auch gemacht.

I *Da waren Sie zwölf Jahre alt?*

N *Zwölf Jahre, ungefähr, ja.*

I *Und dann sind Sie dort wieder in die Schule?*

N *Hm. Hm. Dann war ich halt dort wieder in der Schule gewesen. So fast sechs Monate, fast sechs Monate. Weil, es gibt ja auch bei, in Deutschland 'ne Grenze. Wenn man halt schon über sechs Monate dort unten halt bleibt, dann darf, durfte man halt nicht wieder hierher kommen.*

I *Wie sind Sie denn aufgenommen worden?*

N *Ja, ja, gut erst mal. Ich war ja von, aus 'm Ausland und ähm, ... na ja, erst mal voll okay. Aber danach, mit der Zeit, wenn man mal was türkisch, mal was nicht kann, ... Hier haben wir es halt äh viel bequemer, weil die Lehrer schimpfen ja nicht mit uns. Wenn wir sie sehr ärgern, dann nehmen sie halt von der Note was ab. Aber in der Türkei muss Diszipliniertheit herrschen, weil die Kinder total anders sind dort, äh, das muss halt alles unter Diszipliniertheit geordnet werden.*

I *Wie sind die anders? Können Sie das beschreiben? Die türkischen Kinder.*

N *Total unruhiger!*

I *Unruhiger?*

N *Unruhig, ja, alle, alle! Die Lehrer können, müssen halt einfach mit Gewalt dagegen was tun.*

I *Sind die Lehrer strenger als hier?*

N *Ja, auf jeden Fall. Und ... die Lehrer sind schlimm. ...... Die Schule hat mir auch überhaupt nicht gefallen. Die ganze ... Sache hat mir überhaupt nicht gepasst.*

I *Haben Sie sich dort als Fremde gefühlt?*

N *Hm, ja, auch das, das gehört dazu.*

Die Rückkehr scheitert. Der Vater, der ein Fotogeschäft aufmachen wollte, war nicht ausreichend vorbereitet, blieb erfolglos und das ersparte Geld war schnell »verspielt«. Man kann sich gut die Spannung, die Aufregung und die Enttäuschung in der Familie vorstellen. Sie stürzen in eine schwere Krise. Aber sie resignieren nicht, sondern nutzen die

Krise als Chance zur Veränderung im Denken. Die Eltern trennen sich von ihrer Illusion und ziehen die richtige Konsequenz: Rückkehr nach Deutschland. Für die Eltern muss das ein schwerer und aufwühlender Schritt gewesen sein; denn sie wissen nun, dass sie ihre alte Heimat endgültig verlassen. Und in der neuen Heimat müssen sie zum zweiten Mal von vorn anfangen. Nilgün beschreibt das so:

N *Wenn wir hier in Deutschland sind, heißt es immer »die Türken«, und wenn wir in unserem Land sind, dann heißt es »die Deutschen«. Die Deutschen aus Deutschland kommen die ja schon wieder, oder so, heißt es dann halt wieder.*

I *Sie sind Fremde.*

N *Auf jeden Fall, und, äh, gut, meine Eltern konnten das auch nicht mehr aushalten, und dann haben wir uns halt alle entschieden, dass wir halt wieder nach Deutschland zurück kommen wollten. ... Und dann war als erstes mein Vater hier gewesen und hat 'ne Wohnung gesucht.*

I *Hm.*

N *Und er konnte halt erst eine in Limburg eine finden. In Diez an der Lahn. ... Und dann sind wir halt wieder komplett wieder zurück gekommen. Meine Tante hat uns dann halt am Flughafen abgeholt, mit mein' Vater. ...... Und als wir dann in die Wohnung rein gekommen sind, in Limburg* (seufzt), *da hab ich einen Tisch, vier Stuhl, vier Gabel, vier Messer und vier Löffel gesehen. Mehr hatten wir nicht gehabt. Keine Möbel, kein gar nichts, kein Fernseher, kein Radio.*

I *Haben Sie alles in der Türkei gelassen?*

N *Ja, wir haben das alles in der Türkei gelassen. Wir haben halt nur unsere Klamotten halt mitgenommen gehabt. Und ... davon her ...... hat mein Vater wieder, das halt alles aufgebaut. Meine Mutter, ich hab da halt noch mitgearbeitet, um halt was zu finanzieren. Und irgendwie, ... es war komisch, aber ich konnte mich halt, ähm, danach, als wir halt wieder in Deutschland waren, konnte ich mich halt wieder überhaupt nicht hier einpassen. Das war halt wieder so 'ne komische Zeit gewesen für uns. Das war wieder 'ne Grenze, wo ich mich halt wieder unruhiger gefühlt habe, ... in der Schule. Und es hat mir halt überhaupt nicht alles gepasst, ich wollte nicht wieder in die Schule gehen, und die Leute waren auch total ärgerlich. Und ich weiß nicht, es ist ja auch halt komisch, dass es halt nicht in Deutschland überall gleich ist. Aber, ich weiß nicht, in Limburg ist es halt, ähm, nicht die Sache. Ich war halt die einzigste Türkin in der ganzen Schule gewesen.*

I *In welcher Schule waren Sie da?*

N *Das war die Realschule Diez. So heißt die Schule. Ich wollt halt unbedingt hier nach Frankfurt. Weil hier, ausgerechnet hier in Sulzbach, Bad Soden, Umgebung, in Höchst, hab ich mich einfach wohler gefühlt. Auf jeden Fall. Wir hatten auch viele Bekannte gehabt. Alle meine Freunde waren auch hier gewesen. Dann haben wir uns halt extra meinetwegen wieder 'ne Wohnung in Höchst gesucht, das war 'ne Drei-Zimmer-Wohnung. Und monatlich haben wir 1.800 DM gezahlt, kalt. Und äh das hat mein Vater dann halt alles getan. ... Und dann hat er halt nur für die Miete eigentlich verdient. ... Nur für die Miete hatten wir was.*

I *Und hat Ihre Mutter dann wieder Arbeit gehabt?*

N *Nee, nee. Keine Arbeit. War halt arbeits-, nicht arbeitslos, konnte halt einfach keine Arbeit finden.*

Durch Umzüge, mehrere Schulwechsel und Fehlzeiten verliert Nilgün ein Jahr in der Schule. Die sechs Monate in der Türkei haben für Nilgün auch noch andere Folgen. Als türkisches Mädchen mit Aufenthaltsrecht in Deutschland ist sie dort für Männer besonders interessant. Kaum ist sie wieder in Deutschland, da flattern auch schon die Briefe eines jungen Mannes ins Haus. Sie wird mit ihm verlobt und mit 17 Jahren – noch Realschülerin – verheiratet.

N *Wir haben uns dort halt in der Schule kennengelernt. ... Das war nämlich ein ganz schöner Zufall gewesen. Und wir beide waren nur Brieffreunde. Und ähm ..., ja gut, es war eigentlich auch 'n bißchen blöd von mir gewesen. Meine Mutter hat erst mal die ganzen Briefe gelesen, hat gemeint, es wird jetzt geheiratet* (lacht). *Ja, ja, obwohl die Briefe waren eigentlich ganz schön nett geschrieben. Da stand halt nur, ja, was machst du dort in der Schule? Wie sind die Noten? Das waren halt nur solche Sätze gewesen* (lächelt), *und meiner Mutter hat das halt gut gefallen. Und dann hat sie gemeint, ja, ich würde ihn gerne kennenlernen. Und als wir im Sommer in der Türkei waren, haben wir ihn halt eingeladen. Haben wir gegessen, Kaffee getrunken, und auf einmal hat es halt geheißen, ähm, ja, wo sind, wo bleiben denn deine Eltern?* (Lacht) *Und dann haben wir halt verlobt. Dann bin ich wieder hierher gekommen. Dann haben wir jeden Tag telefoniert. Bei uns ist es halt immer so, dass wir uns halt erst mal verloben, und die Verlobungszeit ist halt bei uns die Zeit, sich halt erst mal richtig kennenzulernen. Und vorher heißt es halt: Nein! Es, äh, wir dürfen eigentlich nicht einfach miteinander szusammen kommen oder so, das ist, ...*

I *Auch nicht miteinander reden?*

N *Ja, gut, reden, klar, auf jeden Fall. Aber nicht allein, es muss jemand dabei sein.* (Lacht) *Und als wir verlobt waren, konnten wir halt schon ausgehen, Kaffee trinken, Tee trinken. Ich durfte nicht zu denen, aber er durfte dann zu mir.* (Lacht)

Vor zwei Jahre war dann die Hochzeit in der Türkei. Dann war die große Familie zusammen, mein Mann hat zehn Geschwister. Dann sind die alle erst mal von Ankara mit den Autos zu uns gekommen, also in den großen Saal. Und ich war halt am frühen Morgen beim Friseur. Das Kleid angezogen gehabt. Ich hab noch bisschen gezittert, wegen der ganzen Aufregung. ... Und dann haben wir geheiratet. Und zwar bin ich erstmal traurig, weil das nur ca. drei Stunden gedauert hat. Es war nämlich Hochsommer gewesen und äh, ... ich weiß nicht, es war halt voll blöd, und ich bereue es halt immer noch, dass ich mein Hochzeitskleid nur drei bis vier Stunden angezogen hab. ... Und der ganze Film ist auch futsch. Die haben, das hat nicht richtig aufgenommen gehabt, das war, ... deshalb bin ich noch sehr traurig. Aber ansonsten war alles okay gewesen. Also es war ... schön. Auf jeden Fall. Dann sind wir halt nach der Hochzeit ...... zum nach K. gefahren. Es ist dann halt auch so zwei Stunden entfernt, und dann, äh, hatten wir halt so unsere Hochzeitsnacht gehabt. ...... Da waren wir in einem Hotel gewesen, einem sehr schönen Hotel. Und am nächsten Tag, ähm, da waren wir halt zwei Tage lang. Und danach sind wir halt wieder zu meinen Eltern gefahren. Und bei uns ist es ja halt immer so, da muss man halt Jungfrau sein, und äh, wir hatten ja unsere ganzen Spannbetttücher usw. halt alles gepackt gehabt, um halt den Großeltern zu zeigen. Und meiner Familie halt auch mal zu zeigen. Um den Beweis, ja, dass sie halt auch mal stolz sein können, ja, unsere Tochter ist Jungfrau, obwohl sie in Deutschland war, hat sie ja mit keinem rumgemacht oder so. Also sie blieb, wie sie war. Ja, so heißt es dann. Also, wir legen ganz schön großes Wert auf dieses ......

I *Ist es heute immer noch so?*

N *Immer noch, klar. Und, äh, die haben sich halt alle sehr gefreut, als ich noch Jungfrau war, als sie 's halt gehört haben, und klar, das musste auch so sein. Weil ich hätte auch große, wahnsinnige Angst gehabt, wenn ich halt jetzt nicht Jungfrau gewesen wäre oder so. Und, keine Ahnung, ... nee, hmmm, ... Also ich bin halt, wie gesagt, doch sehr froh, dass ich halt noch Jungfrau war. Auf jeden Fall.*

I *Und dann sind Sie beide hier nach Deutschland gekommen?*

N *Nee, leider nicht. Er hat Probleme gehabt mit seinem Visum. Nach einem Jahr erst ungefähr durfte er dann halt herkommen.*

I *Er war zu der Zeit noch in der Schule?*

N *Der hat 'ne Lehre als Hotelfachmann gemacht. Nach der Hochzeit hat er mit seinem Beruf erst mal aufgehört. Hier durfte er die ersten drei Monate überhaupt nicht arbeiten gehen. Und da hab ich erst mal gearbeitet. Und mein Vater hat erst mal die Miete bezahlt. ...... Und, ähm, ... ja. Das war auch 'ne Zeit gewesen.*

Die Strukturen der herrschenden Moral wiederholen sich, von Marokko bis in die Türkei

- die Ethik der Ehre,
- der Kult ums Hymen,
- die Frau als Medium der Moral,
- die Angst als Erziehungsinstrument in der Mädchensozialisation,
- die Angst als Motiv des Handelns bei Frauen,
- die Gesellschaft als Kontroll- und Strafinstanz,
- der soziale Abstieg oder gar Ausschluss aus der Gemeinschaft als Strafmaßnahme,
- die relativ lange Resistenz dieses Moralkonzepts bei Migration.

Noch hinterfragt Nilgün ihre Erziehung und die Ethik der Ehre nicht. Spätestens wenn ihre Tochter heranwächst und sich wie Louiza und Selima, wie Maria und Frau Berg von der Moral der Eltern distanziert und eine autonome Moral entwickelt, wird sie über ihre Erziehung und ihre Hochzeit neu nachdenken und ihr Handeln, ihre Gefühle und ihre Bewertung von damals in Frage stellen und wahrscheinlich die Ereignisse neu interpretieren.

Nilgüns Familie gehört zu den wenigen Fällen ohne Generationenkonflikt auf der Ebene der Moral.

Je höher das Bildungsniveau der Frauen ist, um so schneller wird die Angst überwunden und eine autonome Moral entwickelt. Dazu trägt das veränderte soziale Umfeld bei. Die in den Herkunftsländern allgegenwärtige Bedrohung der Frauen durch Männer ist hier nicht gegeben. Es sei denn, sie wandert mit ein.

Nilgün ist vermutlich das einzige Mädchen, das während seiner Realschulzeit geheiratet hat. Dies führt letztlich dazu, dass sie erst mit 18 Jahren den Realschulabschluss macht. Danach beginnt sie eine Lehre als Steuerfachgehilfin im Büro eines Steuerberaters. Im zweiten Lehrjahr erhält sie die Kündigung wegen zu vieler Fehler in der deutschen Rechtschreibung. Nilgün gibt nicht auf. Sie klagt beim Arbeitsgericht erfolgreich gegen die Kündigung und setzt die Lehre fort. Zur gleichen Zeit beantragt sie beim Arbeitsamt die Finanzierung einer Nachhilfe in Deutsch. Der Antrag wird wegen zu guter Noten in den Zeugnissen der Berufsschule abgelehnt. Nilgün kämpft ohne Hilfe weiter und versorgt ihren erfolglos in der Hotelbranche nach Arbeit suchenden Ehemann, der schließlich mit Hilfe des Schwiegervaters auch Fensterputzer wird. Ein Jahr später als üblich, also erst nach dem vierten Lehrjahr, besteht Nilgün die Prüfung als Steuerfachgehilfin und arbeitet weiter im Büro des Steuerberaters.

Vergleicht man Nilgüns Bildungsweg mit dem ihres Bruders Omar, so fallen große Unterschiede auf. Omar wurde weder eine Trennung von den Eltern zugemutet, noch so häufiger Schulwechsel, noch eine Verlobung mit 15 und schon gar nicht die Verheiratung mit 17 Jahren. Vielmehr lebte er immer bei den Eltern, kam nicht auf eine Realschule, sondern aufs Gymnasium. Er muss auch nicht alleine zurecht kommen. Sein Vater »*opfert*« – so nennt es der Vater im Gespräch mit der Interviewerin – er *opfert* monatlich 250,– DM für Nachhilfeunterricht. Das Verb *opfert* verrät, dass der einzige Sohn eine Art Hausgott des Vaters ist. Im Unterschied zu seiner Schwester versagt Omar, bleibt sitzen, wird auf eine Realschule umgeschult und versagt wieder.

Nilgün und Omar sind keine Einzelfälle. Mädchen aus islamischen Kulturen sind im deutschen Schulsystem häufig erfolgreicher als ihre Brüder. Unser Bildungssystem ist für sie der Weg in die Freiheit, für ihre Brüder der in kontinuierliche Arbeit und Disziplin, an die ihre Schwestern sowieso gewöhnt sind.

Betrachtet man den Transformationsprozess der Familie, so lässt sich zusammenfassen: Er verläuft bei den Eltern relativ langsam, aber gründlich und ist nicht umkehrbar. Der Vater erklärt in einem Gespräch am 6.4.1999, er wolle auf gar keinen Fall mehr in die Türkei zurück, auch nicht als Rentner. Die Mutter spricht in dem Gespräch im Juni 1998 von Schuldgefühlen gegenüber der Tochter. Die frühe Verheiratung sei zwar in ihrer Generation noch üblich gewesen, aber heute ein Fehler. Bei allen in der Familie verläuft der Transformationsprozess auf der Ebene der Moral – wie fast immer – am langsamsten. Nilgün ist eine eigenständig denkende und handelnde Person und eine Kämpferin geworden. Zugehörig fühlt sie sich zu Deutschland.

N *Das seh ich überhaupt nicht ein, dass ich eben von hier weggehe. Das kann ich nun mal nicht. Ich möchte natürlich auch, dass meine – wenn ich mal später Kinder habe – dass die auch hier aufwachsen. Also, bald hab ich auch vor, die deutsche Staatsbürgerschaft anzu-*

nehmen. Ich möchte auf gar keinen Fall wieder nach Türkei gehen. Wenn meine Omis nicht da wären oder Bekannte von meinem Mann, dann würde ich da nicht mehr hingehen. Dann würde ich Urlaub auch schon mal in anderen Ländern ausprobieren. Weil die ganze Zeit waren wir schon in der Türkei. Ich hab auch deshalb das Gefühl, dass ich halt mal was anderes sehen möchte. Aber das ist halt auch so 'ne Angst von meiner Mutter, die sagt: »Nein, geh um Gottes Willen nirgendwo hin, immer nach Türkei.«

Die deutsche Staatsangehörigkeit hat Nilgün inzwischen angenommen. Sie ist die erste Deutsche in der Familie.

Aber kann man sagen, dass sie zu Mohammeds deutschen Töchtern gehört? Spielt der Islam noch eine Rolle in ihrem Leben? Ist sie eine Muslima?

I *Und wie ist das mit den Traditionen und dem Islam? Mit den Festen? Machen Sie das hier auch noch, ja?*

N *Ja also, wir haben halt einmal ein Schlachtfest und einmal Fastenzeit und ein Fest danach. Und ich hab auch erst letztes Jahr erst angefangen zu fasten.*

Die Rede ist hier vom Fastenmonat Ramadan und den beiden größten islamischen Festen: dem Fest des Fastenbrechens am Ende des Ramadan, in der Türkei auch Zuckerfest (*şeker bayrami*) genannt, und dem Opferfest (*kurban bayrami*) am Zehnten des letzten Mondmonats, dem Monat, in dem die Pilgerfahrt (*hadsch*) nach Mekka stattfindet.

Das Fasten (*saum*) zwischen Morgengrauen und Sonnenuntergang im Monat Ramadan, dem neunten Monat des islamischen Mondjahres mit 354 Tagen, gehört zu den fünf Pflichten der Muslime. Wenn Nilgün erst mit 19 Jahren durch den Einfluss des nachgezogenen Ehemannes damit angefangen hat, so hat sie – und wahrscheinlich auch die Familie – sich im Umgang mit den Ritualen nicht islam-konform, also nicht gehorsam, verhalten.

Nilgüns Bezeichnung *Schlachtfest* für das *Opferfest* deutet an, dass ihr die religiöse Bedeutung des Festes nicht bekannt ist oder ihr zumindest nicht spontan in den Sinn kommt. Ein Schlachtfest ist bei uns ein großes Fleischessen nach dem Schlachten ohne religiöse Bedeutung.

N *Schlachtfest bedeutet ja, dass die armen Leute, wenn sie halt nicht Geld haben, um sich Fleisch zu kaufen, das geschenkt bekommen. Weil Fleisch ist bei uns halt deshalb schon wichtig, weil jeder muss schon mal Fleisch essen. Das müsste auch im Koran stehen, aber da bin ich nicht so sicher. Ähm, bei uns heißt es ja, wenn man 30 Tage kein Fleisch isst, dass man halt, äh, einfach den Tag verliert. So isses halt. Ich versteh' das auch nicht so ganz genau, aber so hab ich mal gehört gehabt. Jeder, der sich halt ein Schaf leisten kann, darf ein Schaf schlachten. ... Oder eine Kuh oder ein Huhn, vielleicht geht das ja auch, wahrscheinlich, keine Ahnung, und das wird dann geschlachtet. Und das teilt man dann in sieben Teile und jeder Teil geht in eine Familie, arme Familie. Und leider haben wir hier keine armen Familien oder so. Da geben wir es halt dann uns gegenseitig, obwohl die Leute auch halt schon was geschlachtet haben. Das wird dann halt einfach mal getauscht, weil hier gibt 's ja keine armen Leute. Oder manche schicken Geld nach Türkei, an den Großeltern oder an den Bekannten und die schlachten dort. Das wird dann dort geteilt. Das soll ja auch heißen, und wir wollen das noch erweitern, die ganze Generation, die das dann macht.*

Beim islamischen *Opferfest*, auch *Großes Fest* genannt, schlachten Pilger am Ende des Hadsch nach altem Ritus einen Hammel zur Erinnerung an Abraham, der nach islamischer Auffassung in Mekka statt seines Sohnes Ismael auf Gottes Weisung hin ein Tier zum Opfer brachte. Wer nicht schlachtet, beteiligt sich mit einer Geldspende am Ritual. Auf diese Weise unterwirft sich der gläubige Muslim gehorsam Allah, so wie es einst Abraham getan hat. Doch nicht nur die Muslime in Mekka opfern und feiern am Ende der Pilgerfahrt, sondern auch die Muslime in aller Welt. Sie zeigen damit ihre Verbundenheit mit den Pilgern, bringen ihr Zusammengehörigkeitsgefühl zum Ausdruck und festigen mit dieser rituellen Praktik die Umma.

In Nilgüns Deutung fehlt der religiöse Zusammenhang mit Abraham und den Pilgern. Der Sinn für die Gemeinschaft und die soziale Verpflichtung für die Armen ist in ihrem Denken lebendig.

Das gemeinsame Essen, das Schenken und der Tausch sind elementare und universale Formen der Vergemeinschaftung. Sie sind sowohl in der türkischen Tradition lebendig als auch Bestandteile der Rituale des Islam. Ebenso ist es mit Nilgüns Sexualmoral: Sie ist gleichzeitig türkische Tradition und islamisches Gebot.

Die Frage, ob Mohammeds deutsche Tochter Nilgün eine Muslima ist, lässt sich im Hinblick auf ihre Moral, ihren Sinn für Gemeinschaft und ihre Bereitschaft, den Armen ein Almosen zu geben, eindeutig bejahen. Nimmt man jedoch das *Praktizieren* und die Kenntnis von Glaubensinhalten als Maßstab für die Zugehörigkeit zum Islam, so ist Nilgün ein Nicht-Muslim, ein *kafir*. Aus der Sicht der Religionssoziologie betrachtet, ist auch sie auf dem Weg in die Säkularisierung, der aber möglicherweise durch den Einfluss ihres Ehemannes verzögert wird.[73]

Şengül

Interviewerin: *Sie haben sich bereit erklärt, uns aus Ihrem Leben und Ihren Erfahrungen mit dem Islam zu erzählen.*

Ich heiße Şengül. Ich bin 30 Jahre alt. Ich bin in der Türkei geboren, ich bin Kurdin und Alevitin. Wir waren mittelständische Familie. Wir sind fünf Geschwister, das älteste ist ein Junge. Ich habe noch eine ältere und zwei jüngere Schwestern. Wir haben mit Oma zusammengelebt, weil mein Vater schon im Ausland war. Ich wollte immer ein Junge werden, weil mein Bruder die Stellung von meinem Vater übernommen hatte, und er hatte das zu sagen. Ich hab auch mitgekriegt, dass bei den Nachbarschaft die Frauen nie irgendeine Recht hatten in der Familie. Wenn die Meinungsverschiedenheiten hatten, hatte immer der Mann recht. Weil er mit dem Männlichkeit die Frau so unterdrückt hatte, hatte die Frau kein Mut mehr, ihre Meinung weiter zu sagen.

Wie ich sieben Jahre alt war, konnte ich noch Kurdisch verstehen, aber wenig reden. Danach wurde in unsere Familie kein Kurdisch mehr gesprochen, weil die in der Meinung waren, in der Schule werde ich meine Schwierigkeiten erst mal sprachlich haben, aber auch weil ich Kurdin bin, werde ich von meinen Mitschülern unterdrückt werden. Langsam, mit zehn Jahren konnte ich überhaupt kein Kurdisch mehr.

Ich hab immer mit Jungs gespielt. Ich war die Mädchen in Jungsgestalt. Ich hab mich mit jedem gehauen, aber ich hab nie von Eltern Ärger bekommen, weil die mich auch als ein Jung gesehen haben und nie dagegen waren, dass ihre Töchter mal von einem Jung geschlagen worden war. Auch von meiner Familie wurde ich so akzeptiert. Im Dorf hat mich jeder Gendarm genannt. Ich nehme an, das kam daher, weil die Kurden wurden ja von Gendarmen verfolgt. Ich hab z.B. immer mit Jungs Murmeln gespielt und ... Ball durften wir allerdings von meine Großeltern oder von den älteren Leuten nicht, weil bei dem alevitischen Prophet, der Hüseyin hieß (Hussein, Sohn Alis, Sch.), *ihm wurde der*

Kopf abgemacht, und die Sunniten haben damit Ball gespielt. Und deswegen war das für uns tabu, mit Ball zu spielen.

1977 war in der Türkei, in Sivas, zwischen Aleviten und Sunniten so eine Auseinandersetzung. Wir haben in unserem Dorf mitgekriegt, dass in Großstadt so was stattgefunden hat. Ich kann mich ganz gut erinnern, dass die ganze Verwandtschaft bei uns sich versammelt hatte, und wir haben die Lichter ausgemacht. Wir hatten eine Schrotflinte und das wollte jeder in der Hand haben, um sich zu schützen. In unserem ganzen Dorf waren über 10.000 Leute und kein einzige Wohnung hatte Licht an, weil jeder vor anderen Angst hatte. Aber bis dahin wir hatten Nachbarn gehabt, die Sunniten waren, die sich täglich mit uns, mit Aleviten, hingesetzt hatten, die Tee getrunken haben und getratscht haben über alles Mögliche, was im Dorf stattgefunden hat. Aber nach dieser Auseinandersetzung 1977 zwischen Aleviten und Sunniten wir haben nur noch »hallo« und »hallo« gesagt, und das war 's auch. Also keiner hat dem anderen mehr den Rücken gekehrt, weil keiner wusste, auch von denen, ob jetzt irgendwas kommt oder nicht. Und da habe ich erst mitgekriegt, dass die Aleviten und die Sunniten anders sind. Die Aleviten haben ja auch nie ihre Herkunft oder ihre Identität gesagt, nie frei gesagt, dass sie Aleviten waren. Ich hab danach auch geforscht, warum die Sunniten zur Moschee gehen, warum wir nicht gehen, warum wir überhaupt unseren Kopf nicht bedecken. Und da hat meine Oma – nicht so richtig, aber wie ein Kind das verstehen kann –, sie hat damals erzählt, dass die Sunniten immer die Aleviten unterdrückt haben. Auch das hätte damals schon bei den Propheten angefangen, dass eine alevitische Prophet in Moschee in den Rücken irgendwie mit Messer gestochen wurde, und er ist dann gestorben. Also ich war dann auch froh, dass ich kein Kopftuch tragen musste, dass ich nicht jeden Tag zur Moschee gehen musste. Ja. ... Wir haben allerdings auch nicht Hosen angezogen, sondern Kleid, aber darunter eine Hose.

Ich kann mich ganz gut erinnern: Ich war acht Jahre alt. Ich hatte von meinem Bruder die Hose geklaut. Ich musste was einkaufen. Ich bin auch bis zur Stadt gekommen. Vor dem Laden, da hat mich mein Bruder entdeckt. Statt diese Einkäufe zu erledigen, musste ich mit ihm nach Hause. Ich hab Tracht Prügel von ihm bekommen. Was mir einfallen würde, wie ein Junge rumzulaufen mit engen Hosen, da würde jeder mein Po sehen. Erst nachdem er mich gehauen hatte, durfte ich wieder zurücklaufen zur Stadt und diesen Einkauf erledigen.

Ich hab mich, wie gesagt, mit jedem gehauen. Aber in der Schule war ein Junge in der fünften Klasse, der Ismael hieß, ich wollte so sein wie er, so stark. Den konnte ich nie hauen. Ich hab ihn irgendwann aber beim Rauchen erwischt. Und da hab ich zu ihm gesagt: »Entweder du gibst mir auch eine Kippe oder ich petz dich!«

Wir haben die Kippen auf der Straße gesammelt. Gegenüber der Grundschule waren Cafés. Da waren so viele Kippen. Ich war zuständig die Kippen zu sammeln, er war zuständig die noch mal zu drehen, und dann haben wir geraucht. Und da habe ich auch meine erste, in der dritten Klasse habe ich meine erste Zigarette geraucht. In unserem Dorf waren ja wenige Menschen, die sich Zigarette leisten konnten, die haben sonst Tabak geraucht. Wir haben eine Zigarettenmarke, die Brinci hieß. Das kostete 1,50 Lira. Und da hat jeder mal 50 Kuruş, Pfennig, mitgebracht, um die Zigaretten zu kaufen.

Also wie gesagt, Rauchen war nur für Männer, Hose war nur für Männer, Schlagen war nur für Männer, Schreien war nur für Männer, Männer hatten ja die Macht. Und die Frauen, die mussten schuften, die mussten Schläge einstecken, die wurden erniedrigt bis geht nicht mehr. Das habe ich nicht direkt bei meiner Familie erlebt, weil sie ja, wie gesagt, getrennt war. Mein Vater war ja in Deutschland. Aber ich hab das tagtäglich bei meinen Nachbarn alles mitgekriegt. Deswegen wollte ich auch immer ein Mann sein, Hose tragen, rauchen, hauen ... Ich hab mit Männern im Café rumgesessen. Wo Männer waren, da war auch ich. Wo Jungs gespielt haben, ich war da. Wenn ein Mädchen zu mir nah kam, hat eins auf die Fresse gekriegt. Ich wollte nie so sein wie ein Mädchen. Ich wollte auch nie so sein wie meine Schwester, weil meine Schwester war das gleiche wie meine Mutter. Deswegen, obwohl sie vier Jahre älter ist als ich, hat sie täglich paar Mal Schläge von mir bekommen, weil das gehörte ja dazu. Mein Bruder hatte das ja auch gemacht. Er hatte uns ja auch ohne Grund hauen können. Wenn ihm was nicht gepasst hat, zum Beispiel in der Schule Ärger bekommen hat, dann hat er uns geschlagen. Deswegen wollte ich nur mit Jungs zu tun haben.

Irgendwann mal, ich kann mich erinnern, kam mein Vater zu Urlaub, und da habe ich irgendein Nachbarsjungen gehauen. Dann kam der heulend. Mein Vater hat gesagt: »Warum heulst du denn?« »Ja, deine Tochter hat mich gehauen.« Dann hat mein Vater gesagt: »Er ist sowieso mein Sohn. Er darf das. Es ist jetzt möglich«, hat er gesagt, »irgendwann mal werden wir nach England gehen, sie wird irgendwann mal ein Junge werden.«

Das hat mich verfolgt bis zu meinem 16. Lebensjahr.

Inzwischen war ja mein Bruder schon im Gymnasium. Weil bei uns kein Gymnasium gab, war er in Istanbul. Das hatte mich so stolz gemacht. Ich konnte fast, sag ich mal, fast seine Stellung einnehmen in der ganzen Familie, bei der Verwandtschaft, bei den Bekannten. Er kam aber halbes Jahr später ins Dorf, wie er Ferien hatte. Beim ersten Tag, wo mein Bruder bei uns war, da hat meine Schwester beim Wasserbringen bisschen verschüttet. Da hat mein Oma gleich gesagt: »Hau ihr doch eine rein! Die hat sich nicht so verhalten wie ein Mädchen.« Da hat er bei allen Leuten ... konnte er sich trauen zu sagen: »Wieso? Sie ist doch auch ein Mensch.« Und da war vielleicht meine Oma erstaunt. Ich kann nie ihre Blicke vergessen.

Ein paar Tage später hat er ja auch erzählt, was er so in Istanbul gemacht hat und so. Da war diese revolutionäre Studentenbewegung. Und da hat er irgendwie mitgekriegt durch Seminare, die es in der Schule damals gegeben hat – er war froh darüber – , dass er Frauen auch als ein Mensch gesehen hat. Ich war stolz darauf, dass ich seine Stellung angenommen hatte.

Es wurde 1978. Mein Vater kam wieder zu Urlaub. Da hat er gesagt: »Das geht doch nicht so. Die Mädchen werden doch älter, und kein Mann ist in der Familie. Entweder muss ich zurückkehren oder euch nach Deutschland mitnehmen.« Da wollte ich, na klar, kein Tag warten, um nach Deutschland zu kommen. Aber er hat gesagt: »So schnell geht das nicht, erst nächstes Jahr.«

Da wurde es 1979. Es war Mai. Wir wollten schon am 1. Mai nach Istanbul fahren, um von da nach Deutschland zu kommen. Aber am 1. Mai gab es große Aktionen. Wir durften nicht, keiner durfte raus. Erst am 2. Mai durften wir verreisen. Unterwegs von Sivas nach Istanbul haben wir überall mitgekriegt, was 1. Mai überhaupt war. Wir wussten ja nicht, was erster Mai ist. Wir haben die Parolen gelesen, nachgeforscht, nachgefragt ... das waren ja die Guten. Gute Menschen für Frauen. Aber ich wollte ja nie so sein wie die. Ich wollte ja kräftig sein, ich wollte ja zu sagen haben. Einerseits war es ja gut für Frauen, aber ich fühlte mich ja nicht als Frau.

Dann sind wir nach Deutschland gekommen. Große Enttäuschung! Von wegen ein Tag anziehen und alles wegwerfen. Ich hab in der Türkei geträumt, wir werden Diener haben, wir werden Mercedes haben, Swimmingpools, alles mögliche. Wir hatten Fünf-Zimmer-Wohnung. Die Tapeten waren ja schief schon, schon schief gemacht, weil mein Vater und ein Freund innerhalb ein Tag überall tapeziert hatten. So eine

Enttäuschung! Wir durften nicht toben, weil unten Nachbarn waren. Wir durften nicht raus, weil Autos waren. Wir kannten uns ja mit dem Verkehr nicht aus. Aber dann war 's so, wir hatten großen Hof. Und in den großen Hof kamen die ganzen Nachbarsjungs, mit denen ich mich auch mit Händen und mit Füßen und mit Faust – klar – gemessen habe. Hier ging es auch mit rauchen und Hose anziehen. Oh, ich war so froh, endlich wieder Hose anziehen zu können, nicht nur geheim sondern auch von meinen Eltern aus. Ich hab Kleider gehasst. Mein Vater hatte mal Kleider gekauft, das gleiche für meine Schwester und für mich. Meine Schwester war ja so stolz. Immer wenn wir ausgingen, wollte sie, dass wir beide die gleichen Kleider anziehen. Aber ich hab, glaubst, einmal nur angezogen? Ich hab nur Hose angezogen.

Mein Bruder kam nachher auch nach Deutschland. Meine Mutter war im Krankenhaus. Mein Bruder und ich waren zu Hause. Ich wollte meine Kräfte messen. Mein Vater war ja enttäuscht von ihm, weil er nie irgendwas zu uns sagte. Ich war ja stolz, dass ich bei meinem Vaters Auge seine Stellung eingenommen habe. Seine Erwartung von seinem Sohn war ja nicht erfüllt, dafür war ich ja da. Ohne einen Grund habe ich ihm eine Ohrfeige gegeben, aber ich musste vier Ohrfeigen einstecken.

1982 sind wir in Urlaub nach Türkei. Ich hab mich gefreut, nach Türkei zu gehen, die Verwandten, war wirklich alles toll. Als ich im Dorf war, hab ich am ersten Tag mitgekriegt, ich sollte mich mit meinem Cousin verloben, mit dem ich wirklich wie ein Zwillingsbruder die ganzen zwölf Jahre in der Türkei verbracht hatte. Plötzlich sollte er mein Verlobter sein. Ich wollte nicht. Aber jeder hat mir erzählt, mein Vater werde mein Pass zerreißen, er wird mich gleich verheiraten. Ich hab mir gesagt, »okay, diesen Ring kann ich mir an den Finger ranstecken, bis ich in Deutschland bin, dann kann ich ihn ja ausziehen.« Aber da kam mein Bruder. Er war erst mal drei Tage woanders gewesen. Er kam an dem Tag, wo diese Verlobung stattfinden sollte. Er hat gefragt: »Was für eine Feier wird da stattfinden?« Ich hab geheult und gesagt: »Das soll meine Verlobung sein.« Er meinte: »Willst du überhaupt? Du bist doch noch ein Kind.« Ich habe gesagt: »Nein.« Er hat gesagt: »Das müssen wir den Erwachsenen jetzt beibringen.«

Aber als mein Onkel, meine Tante, meine Eltern gekommen waren, das war katastrophal. Als ob die ganzen Verwandten von uns gestorben wären. Mir blieb trotzdem an dem Tag nichts anderes übrig, als ›ja‹ zu sagen. Ich wurde verlobt, ohne dass ich wirklich irgendein gutes Gefühl dabei hatte.

Dann sind wir wieder nach Deutschland gekommen. Er hat mir jede Woche zwei bis drei Briefe geschrieben. Ich hab nichts beantwortet. Wir waren drei Jahre verlobt, aber ich hatte ihm vier Briefe geschrieben, alle Jahre einmal. Aber wie ich mich entlobt hatte, da musste ich auch einen Brief schreiben. Da war ja für meine Familie der Weltuntergang. Mein Vater hat mit mir sechs Monate kein einziges Wort geredet. Meine Mutter war eigentlich für mich, also sie hat mich akzeptiert, wie ich das gemeint habe, warum ich mich entlobt habe. Aber diese Unterdrückung von meinem Vater, ... sie musste mitspielen. Ich hab nur zu hören bekommen: »Die war doch nicht Jungfrau. Deswegen hat sie sich nicht zugetraut. Die war vielleicht schwanger, von Deutschen sogar.« Als ob das so schlimm gewesen wäre, wenn ich schon ein Freund hätte.

Mein Vater hat mich monatelang verfolgt, um entdecken zu können, ob ich ein Freund habe. Vergebens! Ich hatte ja kein Freund. Ich hätte gern vielleicht, aber ich hatte keinen.

Jeder türkische Bekannte hat mich zur Seite geholt, jeder wollte wissen, warum ich so was antue meiner Familie, mit der Ehre von meiner Familie zu spielen. Was würde mir einfallen, einen Junge wie eine heiße Kartoffel fallen zu lassen. Ich würde doch sowieso in der Familie bleiben, ich bin doch keine Fremde, ich würde nicht mit einem Fremden verheiratet, in eine fremde Ort einziehen. Jeder hat diese gleiche Frage gestellt. Und irgendwann kam mein Vater und hat gesagt, ob ich mir das doch nicht anders überlege. Und das hat mich sehr enttäuscht damals. Er hat mich nicht mehr als eine Junge gesehen, sondern wie eine typische Frau, die in dem Alter war zu heiraten oder sich zu verloben. Ich kann manchmal ... also ihn überhaupt nicht mehr verstehen. Er war wie ein Kumpel für mich manchmal, aber danach war er auch typisch Mann, der mich unterdrückt hatte, als ob ich ein Sklave wäre. Wenn er auch wirklich ganz lieb zu mir sagte »Şengül«, es hörte sich an, als ob er mich angebrüllt hätte. Ich hab dann so eine Abneigung gegen ihn gehabt bis zum geht nicht mehr.

Nachdem ich mich entlobt hab, wollte ich unbedingt wieder mal einen typischen männlichen Beruf erlernen, zum Beispiel Automechaniker oder Maler. Ach so, apropo, ich hatte keine Hauptschulabschluss. Ich sollte ja noch so 'n Hauptschulabschluss-Kurs mitmachen. Habe ich auch mitgemacht. Da waren auch viele typisch türkische Jungs, hab mich auch da wohl gefühlt. Nachdem ich aber diese Kurs ohne Abschluss beendet hatte, habe ich mir gesagt: »Du kannst trotzdem als Maler bewerben.« Wozu türkische Familien halt immer sagen, das sei ein Jungs-Beruf. Ich habe damals 125 Bewerbung geschickt überall. Aber keiner wollte 's ja haben.

In der Zeit habe ich mich so entwickelt, ich wollte mit den türkischen Leuten nichts mehr zu tun haben. Ich hatte den Mut nicht, denen das direkt zu sagen. Deswegen hatte ich mein Anziehen so verändert, dass keiner mehr mit mir zu tun haben wollte. Die haben sich auf der Straße geschämt, mir »hallo« zu sagen. Ich hab Hosen monatelang angezogen dreckig, Haare nie gekämmt. Ich hatte Draht oder Ketten um die Haare gehabt und um die Ohren, um die Nase rum. Ich fühlte mich dabei wohl. Keiner hat irgendwas mit mir haben wollen. Auch ich hatte Abneigung gegen die Männer gehabt, weil ich immer an Heiraten gedacht habe nach meine schlechte Erfahrung mit dem Verlobung. Deswegen ich wollte nie auffallend sein im Sinne von schicki-micki. Ich wollte Gegenteil. Ich war weiterhin wie ein Mann angezogen. Ich war dreckig und ungekämmt. Das hat mein Vater so gestört. Er kam einmal von der Arbeit nach Hause und hat mit mir so doll geschimpft. Er meinte, seine Arbeitskollegen hätten getratscht und gesagt: »Die ist unmöglich, keine Jungs wird mit ihr Verbindung eingehen wollen, weil die nie ein Rock anzieht, sich nie schminkt, nie saubere Sachen oder schicki-micki anzieht.«

Ich kann mich ganz genau erinnern, da waren paar Hochzeiten, wo ich auch wirklich mit den Fetzen dahin gegangen bin. Ich war Außenseiter, aber ich hab mich so wohl gefühlt bei den Türken, weil keiner mit mir irgendwas – ob Jungs oder Mädchen, ob Frauen oder Männer – keiner wollte mit mir irgendwas zu tun haben. Ich wollte ja am liebsten mit denen überhaupt nichts mehr zu tun haben, aber ich musste ja in der Wohnung wohnen.

Bei unseren Bekannten war ein junger Mann, ihm gegenüber fühlte ich mich ja gut. Er war auch so wie ich. Er wurde ja auch bei dem türkischen Gesellschaft nie akzeptiert. Er war immer Außenseiter. Ich hab ihm innerlich gemocht, aber weil er ständig mit deutschen Frauen zusammen war, hatte ich mir nie getraut, ihm irgendwas zu sagen. Wir haben ja wie 'n Kumpel ab und zu mal geredet, aber weiter war es ja nicht. (Lächelnd:) *Ja, mit ihm hab ich mich dann verlobt.*

Mit dem Verlobung hat ja auch die Vorbereitung zu dem Hochzeit angefangen. Und da war ja dann der Konflikt, ob traditionelle Hochzeit stattfinden sollte – wò meine Eltern und Schwiegereltern dafür waren – oder … ich und mein Mann wir wollten keine Hochzeit feiern mit Brautkleid und ganz große Halle mieten und so. Aber Endeffekt mussten wir uns geschlagen geben. Wir haben traditionell geheiratet.

Nach dem Hochzeit hat es auch angefangen mit Ehekrise. Ich wollte ja nie so sein wie meine Mutter. Ich wollte immer, dass mein Mann mir alles von meinen Augen abliest. Aber das war ja nicht so, ich brauchte doch meine Wörter. Und manchmal war es so, dass ich auch Beleidigungen sagte oder dass ich stillschweigend da saß. Und irgendwann mal hatte ich mich mit meinem Mann zerstritten und schlimme Wörter gesagt. Und da hat mein Mann zum ersten Mal mir gesagt: »Kann meine Mutter oder deine Mutter oder überhaupt eine türkische Frau gegenüber ihrem Mann solche Wörter benutzen?« Und das war eigentlich ein Schock für mich. Die Krise hatten wir dann auch hinter uns.

Dann hatte ich eine Tochter zur Welt gebracht. Ich und mein Mann, wir waren ja so glücklich darüber, dass wir ein gesundes Kind hatten. Geschlecht spielt ja für uns keine Rolle. Von da an wollten ich und mein Mann unser Kind nie so erziehen, wie wir erzogen worden waren. Ich muss ganz ehrlich zugeben, dass mein Mann immer für das Kind da war. Er hat sie halt immer gewickelt, gebadet, halt rausgebracht an die frische Luft. Ich war dafür da, sie zu stillen. Das wurde ja auch von unseren Bekannten überhaupt nicht akzeptiert, dass er so um den Kind kümmert, wo andere Väter eigentlich die Kinder immer nur dann auf dem Arm haben, wenn sie Lust haben, ein bisschen mit den Kindern zu spielen. Das war nicht einfach für meinen Mann, weil jeder erzählt hat, dass er unter dem Pantoffel steht. Aber das war uns ja egal. Mein Kind fühlte sich gut, ich fühlte mich dabei wohl und mein Mann genauso. Wie meine Tochter sechs Monate alt war, ich konnte nicht mehr zu Hause bleiben. Wir hatten so gemacht, wenn mein Mann nach Hause kam, ich hatte zweistündige Arbeit, wo ich dann hin ging.

Wie gesagt, wir wollten unser Kind anders erziehen. Darum hatten wir von vornherein so gemacht, wer seine Schuld eingesehen hat, sollte sich entschuldigen. Und weil wir unserem Kind beispielhafte Eltern sein wollten, haben wir uns bei jeder Gelegenheit bei ihr entschuldigt, wenn wir sie angeschrieen hatten oder mit ihr geschimpft hatten oder auch was verboten hatten. Aber das ging ja dann so, dass sie immer von uns die Entschuldigung erwartet hatte, sie als selbstverständlich angesehen hatte. Ihr fiel es sehr schwer, sich zu entschuldigen. Aber das haben wir ihr auch beigebracht. Sie kann ihre Meinung uns immer sagen. Also wenn ihr irgendwas an uns nicht gefällt, sagt sie ganz direkt. Das haben wir ihr beigebracht. Und wenn sie ihre Ruhe haben will, sagt sie ganz direkt. Sie geht mittlerweile aufs Gymnasium. Sie ist die Klassenbeste. Ich fühl mich dabei wirklich wohl.

Ich wünsch nur, dass mein Kind nicht in spätere Zeiten uns mal Vorwürfe macht und sagt: »Ich bin so geworden, weil ihr mich so erzogen habt, aber ich wäre lieber ganz anders.«

Durch Islam habe ich gegen mein Geschlecht gekämpft. Ich hab nur Frauenunterdrückung damit erlebt. Ich hab die Männer als Gegner angenommen. Kindererziehung war auch nicht das Wahre. Wie ich gefragt worden war, ob ich diese Interview mache, da hab ich erst gedacht, was für ein Islam, was über Islam? Ich hab doch mit Islam überhaupt nichts zu tun. Aber nach und nach kommt ja alles hoch, das was ich so erlebt hab, wie Sie auch sehen können, was mir durch Islam passiert ist. Und deswegen wünsche ich niemand, dass ihm das gleiche oder gleiche Lebensweise passiert, wie es mir passiert ist. Ich verabscheue Islam. Ich habe vieles, meine Jugend und meine Kindheit, so beeinträchtigt durch Islam, dass ich wirklich kein Mensch das gleiche zumute.

Ich hab wohl viele Fehler gemacht. Ich entschuldige mich dafür. Das ist auch erste Interview gewesen und wo ich Kassette da hab und mit Kassettenrecorder reden sollte. Das war auch nicht einfach für mich.

Interview vom 16.11.1998 (geringfügig gekürzt)

Hintergründe

1. Islamische Bekleidungsvorschriften für Frauen
Korananalyse und Folgerungen für die Kopftuch- und Schleierdebatte

Zum Phänomen

Die Mehrheit der muslimischen Frauen und Mädchen bei uns trägt weder Kopftuch noch Schleier. Gebildete Frauen aus Afghanistan und dem Iran lehnen i.d.R. allein schon aus Protest gegen die islamisch-fundamentalistischen Machthaber in diesen Ländern, die den Frauen Bekleidungsvorschriften machen und bei Nicht-Beachtung mit harten Strafen drohen, islamische Bekleidungsvorschriften ab. Im Iran ist das Bedecken des Kopfes – das Gesicht bleibt frei – für Mädchen und Frauen in der Öffentlichkeit Pflicht. Nicht-Befolgung gehört zu den sogenannten *Ta'zīr*-Delikten und wird nach Art. 102 des Gesetzes über die islamischen Strafen (*ta'zīrāt*) vom 18. Mordād 1362 / 9. Aug. 1983 mit bis zu 74 Peitschenhieben bestraft.[74] Strafrechtlich verantwortlich sind im Iran auch Kinder, sobald sie geschlechtsreif sind. »Dabei wird nach Art. 1210 Zivilgesetzbuch angenommen, dass diese Reife bei Mädchen (spätestens) mit neun Jahren, bei Jungen mit 15 Jahren erreicht ist, was zu einer sehr frühen und noch dazu nach Geschlechtszugehörigkeit differenzierten Strafmündigkeit führt.«[75] Zur Schulkleidung der Mädchen gehört von Anfang an die *Maghnae*.

Eine wachsende Minderheit trägt bei uns ein Kopftuch, dazu gehören auch Frauen, die in ihren Herkunftsländern keins getragen und erst in Deutschland in den letzten sechs Jahren damit angefangen haben. Ganz wenige Frauen tragen einen Gesichtsschleier mit Sehschlitzen, vereinzelt auch Mädchen in der Schule.

In den Interviews mit muslimischen Frauen im Rahmen meiner Biographieforschung wurde in den Jahren 1989 bis 1995 das Kopftuch von den Interviewten selbst nicht spontan thematisiert. Ab Mitte der 90er Jahre änderte sich das. Obwohl nur sehr wenige der Interviewten ein Kopftuch trugen, thematisierten sie es fast alle spontan.

Die das Kopftuch tragenden Interviewten sind alle in muslimische Gemeinden bzw. Vereine eingebunden, z.B. in sunnitische oder schiitische Moscheegemeinden, in Organisationen der ägyptischen oder syrischen Moslimbrüder, in aus Pakistan kommende Missionsbewegungen wie die Tablīghi Jamā'at und die Ahmadiyya oder in die Islamische Religionsgemeinschaft Hessen (IRH), die im Mai 1998 beim Hessischen Kultusministerium die Lizenz für den Religionsunterricht beantragt hat. Zum Beispiel verbreitet die IRH in ihrer Zeitschrift »Freitagsblatt« in jeder Ausgabe mehrere Plädoyers für das Kopftuch, in der Ausgabe vom Oktober 1999 z.B. sieben Beiträge und in der Ausgabe vom April 2000 sechs Beiträge, vom islamischen Gutachten bis zum Leserbrief. Zu dieser Zeit war der Vorsitzende der IRH und »Verantwortliche Redakteur« des »Freitagsblatts« Amir Zaidan, dessen Koranübersetzung im folgenden Text mitberücksichtigt wird. Die Frage stellt sich, ob die Auffassung des Vorsitzenden und Redakteurs seine Übersetzung des Korans beeinflusst hat.

Insgesamt gilt: Je radikaler fundamentalistisch eine islamische Organisation ist, um so konsequenter propagiert sie bei uns das Kopftuch. Zum Beispiel schreibt der Türke und selbsternannte »Emir der Gläubigen und Kalif der Muslime« Cemaleddin Hocaoğlu (Kaplan) in einer der kostenlos verbreiteten Veröffentlichungen des »Kalifatstaats«: »Nach islamischer Vorschrift darf eine Frau ohne Kopf- und Haarbedeckung niemals herumspazieren, sich von denjenigen sehen lassen, die zu heiraten erlaubt ist.«[76]

Die Art der Bekleidungsvorschriften für Frauen ist ein Gradmesser für den Fundamentalismus einer islamischen Organisation.

In Verbindung mit dem Kopftuch tritt bei uns eine neue Form von Gewalt gegen Frauen auf. Ich zitiere aus einem Interview von 1998 mit einer Hauptschülerin: »Das sind Marokks und Türks, die hinter uns herlaufen und drohen: ›Du gehörst doch zu uns. Wenn du das Kopftuch nicht anziehst, dann ficken wir dich!‹« Als Schutzmaßnahme sprechen Mädchen in der Öffentlichkeit ihre Muttersprache nicht mehr, um nicht erkannt zu werden. Marokkanische und iranische Studentinnen in meinen Seminaren bestätigten diese in Interviews gemachten Aussagen aus eigener Erfahrung.

Kopftuch und Schleier sind ein Fall für Kultusministerien und Gerichte geworden.

Zur Frage, ob die Schulverwaltung einer Schülerin das Tragen eines Gesichtsschleiers in der Schule verbieten darf, erstellte der ehemalige Richter beim Bundesverfassungsgericht Ernst Gottfried Mahrenholz im März 1998 im Auftrag des Niedersächsischen Kultusministeriums ein Rechtsgutachten. Anlass für die Überprüfung der Rechtslage war ein Fall in Niedersachsen: Eine pakistanische Schülerin der elften Klasse eines Gymnasiums besuchte seit Februar 1997 die Schule mit einem Schleier, der vom Gesicht nur die Augen frei ließ.[77]

Ein viel diskutierter Fall ist die Entscheidung der Kultusministerin von Baden-Württemberg, Annette Schavan, geworden, die einer in Afghanistan geborenen deutschen Grund- und Hauptschullehrerin nach Abschluss des Referendariats die Übernahme in den staatlichen Schuldienst wegen des Kopftuchs verweigerte. Die betroffene Muslima legte Rechtsmittel ein. Am 28.6.2001 folgte der Verwaltungsgerichtshof in Mannheim einem Urteil des Stuttgarter Verwaltungsgerichts, wonach eine Lehrerin mit Kopftuch in Baden-Württemberg nicht unterrichten darf. Die Richter des 4. Senats bewerteten die Kopfbedeckung nicht nur als Kleidungsstück, sondern als »religiöses Symbol«. Derart demonstrative Bekenntnisse verstießen gegen das Gebot der religiös-weltanschaulichen Neutralitätspflicht einer Lehrerin, das Vorrang habe gegenüber dem Grundrecht auf freie Religionsausübung, befand das Gericht. Wegen der grundsätzlichen Bedeutung wurde Revision beim Bundesverwaltungsgericht zugelassen.[78] Auch dort blieb die Klage erfolglos. Am 24.09.2003 entschied der 2. Senat des Bundesverfassungsgerichts in Karlsruhe, für ein Verbot des Kopftuchtragens einer Lehrerin an staatlichen Schulen fehle die gesetzliche Grundlage. Entsprechende Gesetze zu schaffen sei Sache der Bundesländer. Ein gesetzliches Verbot sei verfassungsgemäß. Mehrere Länder kündigten daraufhin Gesetzesinitiativen an.

Das Kopftuch ist nicht nur ein religiöses, sondern auch ein kulturelles und politisches Symbol, dessen Bedeutung mit unseren Werten und unserem Grundgesetz nicht vereinbar ist.

Erkenntnisinteresse

Der folgende Text enthält weder eine Auseinandersetzung mit den vielen Beiträgen zur Kopftuch- und Schleierdebatte noch eine Analyse irgendeines dieser Beiträge. Das Erkenntnisinteresse richtet sich auf die dem Phänomen zugrunde liegenden Koranverse 24:31 und 33:59, auf die Bedeutung des arabischen Originaltextes und auf seine Übersetzungen. Eine Übersetzung überträgt immer die Bedeutung in eine andere sprachliche Ausdrucksgestalt. Das kann ganz oder teilweise gelingen oder auch misslingen. Im letzten Fall kann ein falsches Verständnis des Originals oder auch eine beabsichtigte Umdeutung vorliegen. Vergleicht man mehrere Übersetzungen der Bekleidungsverse, so stellt man fest, dass sie teilweise nicht übereinstimmen, was gewisse Fragen aufwirft: Welche Bedeutung enthält der Originaltext? Lässt er unterschiedliche Übersetzungen zu? Wird der Sinn absichtlich oder unwillentlich verändert?

Datenbasis

Von den beiden genannten Versen mit Bekleidungsvorschrift für Frauen enthält nur einer eine Begründung für die Anordnung, und zwar Vers 33:59. Er ist daher viel aufschlussreicher als Vers 24:31. Interessanterweise kommt diese Begründung in der Debatte nicht vor. Dieser Vers wird hier zum einen wegen seiner größeren Bedeutung, zum andern wegen seiner mangelhaften Rezeption sorgfältig analysiert. Der andere wird zum Vergleich am Ende der Analyse in zwei kontrastierenden Übersetzungen zitiert.

Bezüglich der Entstehungsgeschichte der Verse in Sure 33 stimmen muslimische Tradition und Islamwissenschaft überein. Die Sure 33 gehört zu den sogenannten medinensischen Suren. Die Zeit der Verkündigungen der Verse wird in vier Phasen eingeteilt: drei mekkanische und eine medinensische. In seinen letzten zehn Lebensjahren, also nach dem Auszug aus Mekka und der Ansiedelung in Medina, war Mohammed bestrebt, der jungen muslimischen Gemeinde eine eigene Sozialordnung in Abgrenzung zu den jüdischen und christlichen Gemeinden und den heidnischen Gruppen zu geben. In dieser Zeit entstanden die Verse der Sure 33.

Für die Analyse und den Vergleich der Übersetzungen wird Vers 33:59 aus zehn Koranausgaben entnommen:

- Aus den deutschen Übersetzungen von Rudi Paret, Max Henning, Friedrich Rückert, Adel Theodor Khoury und Amir M. A. Zaidan;
- aus den arabisch-deutschen Ausgaben der Ahmadiyya und des Verlags SKD Bavaria;
- aus den arabisch-englischen Ausgaben aus Madinah, Saudi-Arabien, und aus Qom, Iran;
- aus einer arabisch-persischen Ausgabe aus Teheran.[79]

Die älteste der hier verwendeten Übersetzungen ist die von Friedrich Rückert. Sie unterscheidet sich von allen anderen dadurch, dass es dem Dichter Rückert gelang, das Poetische des arabischen Korans in eine poetische deutsche Sprachgestalt zu übertragen. Diese Nachdichtung ist aber – mit Absicht – nicht vollständig und außerdem wurden die Verse teilweise in eine für Rückert sinnvollere Ordnung gebracht. Um die Schönheit der Sprache zu erhalten, wurden Abweichungen auf der Bedeutungsebene hingenommen.

Die Übersetzung mit Kommentar und Konkordanz von Rudi Paret ist für wissenschaftliche Zwecke am besten geeignet, weil hier auf der Bedeutungsebene am sorgfältigsten gearbeitet wurde. Aus diesem Grund wird der Text in der folgenden Analyse privilegiert behandelt: Es wird immer zuerst die Übersetzung von Paret analysiert und das Ergebnis dann mit den anderen Übersetzungen verglichen.

Die Übersetzung von Max Henning wird im Original verwendet und nicht in der im Jahre 2000 erschienenen Überarbeitung von Winfried Hofmann, der seine Änderungen am Text nicht einmal kenntlich gemacht hat.

Die Übersetzung von Adel Theodor Khoury ist eine der jüngeren Übersetzungen und zeichnet sich wie die von Henning durch gute Lesbarkeit des Textes aus.

Die Übersetzung von Zaidan wird vom Autor als *At-tafsir* verkauft. Das ist irreführend, da *tafsīr* (wörtl. »Erklärung«) das allgemein übliche Fachwort für einen Korankommentar ist.[80] Zaidans *At-tafsir* ist eine Übersetzung, teilweise in schlechtem Deutsch, wie man bei Vers 33:59 sehen kann. Erklärungen und Erläuterungen sind äußerst spärlich vorhanden, viel weniger als in der Ausgabe von Paret.

Die arabisch-deutsche Koranausgabe der Ahmadiyya enthält eine 140 Seiten lange Einleitung und Anmerkungen, die aufschlussreich sind für die Ideologie dieser Sekte.

Die arabisch-deutsche Koranausgabe des Verlags SKD Bavaria ist ein fünfbändiges Werk mit vielen Erläuterungen, dass man m.E. als Tafsīr bezeichnen könnte.

Die arabisch-englische Koranausgabe aus Saudi-Arabien stammt aus Madinah (Medina). Sie zeichnet sich durch besonders gute Qualität des Materials und herausragende ästhetische Schönheit aus und wird verschenkt. Ich erhielt sie auf der Frankfurter Buchmesse 1999 am Stand von Saudi-Arabien. Auf der Titelseite findet man den folgenden Hinweis: »This Noble Qur'an with the English translation of its meanings and commentary is a gift from the Custodian of the Two Holy Mosques, King Fahd ibn 'Abd al-'Aziz Âl Sa'ud for the dissemination of Allâh's Word.« Als »the Custodian of the Two Holy Mosques«, der Hüter der beiden Heiligen Moscheen in Mekka und Medina, bezeichnet sich der saudische König Fahd.

Die Ausgabe aus der schiitischen Hochburg Qom fand ich auf meiner Iranreise in fast allen Hotelzimmern vor und machte mir daraus Abschriften. Die arabisch-persische Ausgabe zeigten mir iranische Studentinnen in meinem Seminar. Sie ist aus dem Jahre 1975. Im folgenden Text wird sie nur einmal zum Vergleich herangezogen.

Analysemethode

Zur Rekonstruktion der Bedeutung des Textes wird das strukturhermeneutische Verfahren der Methode der objektiven Hermeneutik von Ulrich Oevermann eingesetzt. Es wird sequenzanalytisch vorgegangen. Wie bereits gesagt, wird zunächst die Übersetzung von Paret interpretiert, dann folgt ein Vergleich mit den anderen Übersetzungen und bei fehlender Übereinstimmung der Bedeutung ein Vergleich mit dem arabischen Originaltext.[81]

Sequenzanalyse von Vers 59 in Sure 33

Paret	*Prophet!*
Henning	*O Prophet,*
Rückert	*Du, o Profete,*
Khoury	*O Prophet,*
Zaidan	*Prophet!*
SKD Bavaria	*Oh Prophet,*
Ahmadiyya	*O Prophet!*
Iran, Qom	*O Prophet!*
Saudi-Arabien	*O Prophet!*
Arabisch	*Ja'ajuha al-nabi*

Der Sprecher Mohammed zitiert Allahs Anrede an ihn, den Propheten. Mohammed spricht also die, zu denen er spricht, nicht mit eigenen Worten an, beispielsweise so: »Ihr Gläubigen, hört, ich berichte euch, was Er mir gesagt hat!« Mohammed als Ich, als Person, als autonom Handelnder, verschwindet völlig. Er äußert nichts Eigenes sondern zitiert. Das bedeutet, er vollzieht keine Praxis, da zu einer Praxis Autonomie gehört. Darin unterscheidet er sich von den Propheten des Alten Testaments. Sie rahmen das, was Jahwe ihnen gesagt hat, mit einer eigenen Ausdrucksgestalt: »Kinder Israels, hört, was Er mir auf dem Berge gesagt hat! ...« Da Mohammed keine Praxis vollzieht, kann man auch sagen, dass er keine prophetische Rede hält und der Koran kein prophetischer Text ist. Für Muslime ist er das Wort Allahs.

Die Anrede hat bei Paret und Zaidan eindeutig Befehlscharakter. Die Befehlsform finden wir zwar auch in drei weiteren Übersetzungen, durch das emphatische »O« wird sie jedoch gemildert. Rückerts Übersetzung »Du, o Prophete« ist wohlklingender, aber von anderer Bedeutung. Sie ist mehr Ausdruck der Bewunderung denn Befehl.

Das arabische Wort »Ja'ajuha« ist eine Eröffnungsformel für eine Anrede mit Befehlscharakter. Sie kann nur von einem Statushöheren gegenüber einem Statusniedrigeren verwendet werden. Im Deutschen gibt es kein Wort mit derselben Bedeutung. Paret lässt jedes Ersatzwort weg, fügt aber der Anrede *Prophet (al-nabi)* ein Ausrufezeichen hinzu. Damit ist diese Übersetzung zwar vom Wohlklang des arabischen Wortgebildes am weitesten entfernt, seiner Bedeutung aber am nächsten.

An der Befehlsform der Anrede kann man erkennen, dass der Islam eine Religion der Unterwerfung und des Gehorsams ist.

Paret	*Sag deinen Gattinnen und Töchtern und den Frauen der Gläubigen,*
Henning	*sprich zu deinen Gattinnen und deinen Töchtern und den Frauen der Gläubigen,*
Rückert	*sprich zu deinen Frauen* *Zu deinen Töchtern und den Weibern* *Der Gläubigen,*
Khoury	*sag deinen Gattinnen und den Töchtern und den Frauen der Gläubigen,*
Zaidan	*Sag zu deinen Ehefrauen, zu deinen Töchtern und zu den Frauen der Mumin,*
SKD Bavaria	*Sage deinen Frauen und deinen Töchtern und den Frauen der Gläubigen*,* **Allah gebietet dem Propheten, den Frauen – insbesondere seinen Frauen und Töchtern aufgrund ihres hohen Ranges – zu befehlen, ihre Gewänder über sich*

	zu ziehen, um sich mit diesem Kennzeichen von den Frauen der vorislamischen Zeit klar zu unterscheiden. (Ibn Katīr)
Ahmadiyya	*sprich zu deinen Frauen und deinen Töchtern und den Frauen der Gläubigen,*
Iran	*say to your wives and your daughters and the women of the believers*
Saudi-Arabien	*Tell to your wives and your daughters and the women of the believers*

Mohammed fährt mit der wörtlichen Wiedergabe des erhaltenen Befehls fort. Eine Praxis würde daraus, wenn Mohammed seine Rede autonom gestalten würde, z.B. so: *Hört, meine Gattinnen und Töchter, was ich euch von Ihm sagen soll: ...* In diesem Sequenzabschnitt wird die bereits analysierte Struktur des Gehorsams und der Unterwerfung reproduziert.

Der Befehl beginnt mit dem an Mohammed gerichteten Imperativ: »*Sag!*« (*qul*), der 332 mal im Koran vorkommt.[82] Ihm folgen die Adressaten der Rede. Als erste werden Mohammeds Gattinnen und Töchter genannt. Gattinnen bedeutet Polygynie. Die Möglichkeit für den Mann, bis zu vier Ehefrauen gleichzeitig zu haben, ist im Koran durch Vers 4:3 legalisiert. Wir wissen, dass Mohammed zu diesem Zeitpunkt 10 bis 13 Ehefrauen hatte, die ihm auch erlaubt waren. Danach folgen in der Rede die Frauen der Gläubigen. Damit sind alle Frauen, die zum Haus eines muslimischen Mannes gehören, gemeint. Da Mohammed die Frauen persönlich ansprechen soll, kann die Gemeinschaft noch nicht allzu groß sein.

In dieser Aufzählung sind alle Frauen der Gemeinde enthalten. Auffallend ist, dass alle Männer ausgeschlossen sind. Das kommt im Koran nur zweimal vor, außer in diesem Vers noch in dem Bekleidungsvers 24:31. Somit wird zwischen Allah, Mohammed und den Frauen eine exklusive Verbindung hergestellt. Was kann das bedeuten? Als nächstes könnte eine Botschaft folgen, die zu wissen für alle Frauen wichtig ist, den Männern aber besser vorenthalten wird.

Frauen außerhalb der Gefolgschaft, also christliche, jüdische und heidnische, werden nicht erwähnt. Dadurch werden die muslimischen Frauen aus der Gesamtheit der Frauen herausgehoben. Nur sie sind es, die durch Allahs Wort den rechten Weg gewiesen bekommen. Die Anweisungen, die sie erhalten, werden Bestandteil ihrer internen Gemeindeethik sein. An dieser Abgrenzung von anderen und Ausgrenzung der anderen zeigt sich das Selbstverständnis der islamischen Gemeinschaft:

Sie versteht sich als eine Gemeinschaft der Herausgehobenen. Das Selbstverständnis der Herausgehobenheit basiert auf dem Glauben an die Rechtleitung der Muslime durch Allah.

Anders als im antiken Judentum fassen Muslime ihre Gemeindeethik nicht gleichzeitig als eine universalistische auf. Das Judentum verstand sich als vom einzigen Gott dazu auserwählt, die universalistische Ethik in die Welt zu bringen. Das Selbstverständnis der islamischen Gemeinschaft ist ein anderes: Sie erhebt keinen Erwähltheitsanspruch, sondern den Anspruch auf Herausgehobenheit. Im Islam gibt es keine Erwähltheitslehre. Die Struktur der Herausgehobenheit wird in diesem kleinen Sequenzabschnitt sichtbar.

Alle neun Übersetzungen stimmen auf der Bedeutungsebene überein. Die Übersetzung *»Gattinnen«*, *»Ehefrauen«* Mohammeds ist präziser als *Frauen*.

Die Anmerkung in der Übersetzung des SKD Bavaria ist mit dem Text nicht kompatibel. Eine Anmerkung steht normalerweise im Anschluss an den Text, auf den sie sich bezieht. Das ist hier nicht der Fall. Die Interpretation der Bekleidungsvorschrift und eine Begründung werden vor den Basistext gestellt. Das muss motiviert sein. Auf diese Weise kann man auf die Leser und Leserinnen einwirken, dass sie den folgenden Korantext in einer bestimmten Weise lesen und verstehen. Diese ungewöhnliche Vorgehensweise berechtigt zu der Vermutung, dass dem SKD Bavaria an einer ganz bestimmten Interpretation des Textes viel liegt und ihm die im Vers enthaltene Begründung nicht passt. Die selbst konstruierte Begründung aber wird im Vers gar nicht enthalten sein. Sonst hätten die Übersetzer zuerst den Korantext zu Wort kommen lassen können. Als Begründung wird ein Zusammenhang zwischen Verhüllung, sozialem Status und Religion konstruiert: Zum höheren Status und zum Islam gehöre die Verhüllung als »Kennzeichen« der Zugehörigkeit und der Unterscheidung von anderen Frauen. Indirekt enthält der Text der Anmerkung das Versprechen der Teilhabe an sozialer Herausgehobenheit und an der besten Religionsgemeinschaft unter der Bedingung der Verschleierung. Dadurch soll den Frauen die Bekleidungsvorschrift schmackhaft gemacht werden. Eingesetzt wird ein verbreitetes Schema der Suggestion. Der Koranvers legt weder diese Begründung noch dieses Versprechen nahe.

Paret	*sie sollen (wenn sie austreten) sich etwas von ihrem Gewand (über den Kopf) herunterziehen.*
Henning	*dass sie sich in ihren Überwurf verhüllen,*

Rückert	*sie sollen senken auf sich ein Theil von ihren Überwurfen.*
Khoury	*sie sollen etwas von ihrem Überwurf über sich herunter ziehen.*
Zaidan	*daß sie von ihren Dschilbab* über sich ziehen.* **Dschilbab ist ein Kleidungsstück, das größer als eine Kopfbedeckung und kürzer als ein Gewand ist. Die Frau zieht es über den Kopf und mit dem Rest bedeckt sie ihre Brust.*
SKD Bavaria	*dass sie ihre Übergewänder über sich ziehen sollen.** **»Ǧilbāb«, Plural »Ǧilābīb«: ein Übergewand, ein langes Gewand, das den ganzen Körper bedeckt, ein Mantel, der Hals und Brust bedeckt. (Yusuf ʿAli).*
Ahmadiyya	*sie sollen ihre Tücher tief über sich ziehen.*
Iran, Qom	*that they let down upon them their over-garements;*
Iran, Teheran	*sie sollen von ihrem ›Tschador‹ auf sich ziehen* (Übers. aus dem Persischen)
Saudi-Arabien	*to draw their cloaks (veils) all over their bodies (i.e. screen themselves completely except the eyes or one eye to see the way).*
Arabisch	*judnīn aleihinna min dschelābībīhinna*

Der von Paret im Text ergänzte Nebensatz *wenn sie austreten* bedeutet hier, wenn sie das Haus verlassen. Dem liegt eine soziale Ordnung mit klarer Trennung von Innen und Außen zu Grunde. Zwischen Öffentlichkeit und Privatheit wird eindeutig unterschieden. Auch ohne die Ergänzung ist klar, dass es sich nur um den Außenbereich handeln kann. Im Koran werden für *Innen* die Vorschriften für *Außen* explizit aufgehoben (24,31 und 33,55)[83].

Die Botschaft enthält eine Verhaltensanweisung für Frauen im öffentlichen Raum. Implizit ist damit ihr Verhalten gegenüber Männern thematisiert, das – in allen Kulturen – im privaten Bereich ein anderes ist als in der Öffentlichkeit. Diese universale Regel zeigt sich in kulturspezifischen Varianten. Der Koranvers begründet eine ebensolche Variante, eine Konvention, für das Verhalten von Frauen in der Öffentlichkeit. Angeordnet wird, dass alle Frauen der muslimischen Gemeinschaft den Kopf verhüllen. Dies soll in einer bestimmten Weise geschehen: *Herunterziehen* impliziert *von oben. Von ihrem Gewand herunterziehen* impliziert, dass an dem Gewand hinten etwas ist, das sich zunächst nach oben und dann nach unten, also über den Kopf, ziehen lässt.

Was kann diese Verhaltensnorm für einen Sinn haben?

Als Markierungszeichen für Gruppenzugehörigkeit ist ein Schleier ungeeignet. Er bietet keine Sicherheit gegen Täuschung. Im Gegenteil, er lädt eher dazu ein. Markierungszeichen für Gruppenzugehörigkeit oder für Ausgrenzung sind von anderer Art, so z.B. Tätowierungen.

Verschleierung verweist auf das Phänomen von Sehen und Sichtbarkeit, hier auf das Sehen des Mannes und die Sichtbarkeit der Frau. Durch den Schleier wird der Blick des Mannes am Erfassen des Objekts seiner Begierde gehindert, genauer gesagt, des Gesichts der Frau und ihrer Haare. Eine Norm, die dies verbietet, impliziert eine gewisse Deutung des Verhältnisses von Frau und Mann. Danach wirken Frauen durch ein schönes Gesicht und schöne Haare auf Männer attraktiv. Die Schönheit des Gesichts – seine Ebenmäßigkeit, die Lebendigkeit der Augen und die Einmaligkeit des Ausdrucks – und schöne Haare, ziehen den Blick des Mannes auf sich, regen seine Sinnlichkeit und sein Begehren an.

Indem nun der Frau draußen die Verschleierung angeordnet wird, wird ihre Schönheit reserviert für die polygame Gattenbeziehung. In dieser Beziehung muss sie den Mann mit anderen Frauen teilen. Das bedeutet, dass eine vollständig individuierte Beziehung zwischen ganzen Personen nicht möglich ist. Die Reziprozitätslogik ist nicht einzuhalten. Obwohl die Frau weiß, heute, morgen und übermorgen ist er bei anderen, die auch über Schönheit und Sinnlichkeit verfügen, muss sie ihre Schönheit und Sinnlichkeit für diesen Mann reservieren. In der Verschleierung kommt zum Ausdruck, dass die Frau Besitz ist, anvertrautes Gut, gekaufte Braut, nicht autonomes Gegenüber. Das passt zur Frauentauschlogik, die im Islam reproduziert wird.[84]

Vergleicht man nun die Übersetzungen, so sind Gemeinsamkeiten und Differenzen feststellbar.

Übereinstimmend wird die Verhüllung der Frau angeordnet. In der Art und Weise, wie dies zu geschehen hat, unterscheiden sich die Übersetzungen. Bei Henning ist vom Kopf gar nicht die Rede. Dieser Text kann als Bekleidungsanordnung auch ohne Kopfbedeckung interpretiert werden. Rückerts Formulierung *auf sich* kann auch nur *auf die Haare* bedeuten und nicht *über den ganzen Kopf* und damit auch nicht über das Gesicht.

Die beiden Ausgaben aus dem Iran fordern die Bedeckung des Kopfes ohne Verhüllung des Gesichtes. Auffallend ist jedoch, dass im persischen Text – im Unterschied zur arabisch-englischen »Hotelausgabe« –

vom *Tschador* die Rede ist. Der Tschador ist im Iran das meist schwarze »Bettuch«, das über Oberbekleidung und Kopfbedeckung getragen wird – eine erstaunliche Übersetzung, zumal die Koranausgabe von 1975 ist. Der Tschador wurde im Iran 1936 von Reza Schah Pahlavi verboten. Die Übersetzung verweist auf den Konflikt zwischen der islamisch-schiitischen Geistlichkeit und dem weltlichen Herrscher.[85] 1948 verfassten 15 führende Mudschtahids eine Fatwa, wonach das Tragen des Tschadors obligatorisch sei.[85]

In der Übersetzung der Ahmadiyya wird die Dschelaba mit *Tüchern* übersetzt. Dieser Plural lässt mehrere Schichten übereinander zu. Da die Frau diese Tücher dann auch noch *tief über sich* ziehen soll, kann der Text zur Legitimation der totalen mehrschichtigen Verschleierung eingesetzt werden. Die Frau erscheint dann als wandelnde Stoffsäule. Mit anderen Worten: Sie ist tief verschleiert. Die Ahmadiyya plädiert in vielen ihrer Informationsschriften, auch mit Bildern, für die Burka. Um das zu rechtfertigen, wird der Koranvers in der Übersetzung dazu passend gemacht. Viele Ahmadi-Frauen tragen in Pakistan die Burka. Der 4. Kalif forderte den »Jihad« gegen die Schleierlosigkeit.

Die diffusen Erläuterungen von Zaidan und dem SKD Bavaria zu dem Sequenzabschnitt verraten, dass auch diese Herren ein großes Interesse an der Verhüllung der Frauen haben. Zaidans »Freitagsblatt« passt zu Zaidans Koranübersetzung.

Am radikalsten ist die Bekleidungsvorschrift im Saudi-Koran. Auch dort wird mit einer Ergänzung, die mit Klammer in die Übersetzung eingeschoben ist, gearbeitet: Die Frau solle sich so total verhüllen, dass sie nur noch ein oder zwei Augen frei hat, um den Weg erkennen zu können. Diese Ergänzung verrät die geistige Verwandtschaft der Saudis mit den Taliban, in deren islamistischem Terrorregime Frauen nur so in die Öffentlichkeit durften, wie es der Koran der Saudis vorschreibt. Ausgerechnet dieser Koran wird verschenkt, wahrscheinlich weltweit und auch in Afghanistan, und ist Bestandteil der Unterstützung der Taliban durch Saudi-Arabien. »The Noble Qur'an« wird in dieser zweisprachigen Ausgabe, arabisch-englisch, zum Instrument der Herrschaft der Männer über die Frauen. Mit Religiosität hat das nichts zu tun, aber mit Macht und Gewalt. An diesem Koran-Geschenk von König Fahd zeigt sich das fatale Zusammenspiel von Fundamentalismus und Kapital.

Was aber steht nun im arabischen Text? Er lässt m.E. in der Tat verschiedene Deutungen zu. Die Präposition *ala* in der Wortverbindung *aleihinna* kann sowohl mit *auf* als auch mit *über* übersetzt werden. Beide Bedeutungen sind in *aleihinna* enthalten:

- von oben auf sich,
- von oben über sich.

Die Frauen der muslimischen Gemeinde sollen also etwas von ihrem Gewand auf sich oder über sich ziehen. Mehr steht da nicht. Eindeutig ist der Vers nicht. Er lässt verschiedene Deutungen zu: Interpretationen und Übersetzungen, die das Kopftuch legitimieren, und andere, die die Burka rechtfertigen, und dazwischen liegende Bekleidungsvarianten. Verständlicherweise führen also sowohl muslimische Frauen, die hier in Deutschland leben und freiwillig das Kopftuch tragen, bei uns diesen Vers als Begründung für ihr Verhalten an als auch Machthaber im Iran, in Afghanistan und Saudi-Arabien, die ihre frauenfeindliche Gesetzgebung legitimieren wollen.

Paret	*So ist am ehesten gewährleistet, dass sie (die ehrbaren Frauen) erkannt und daraufhin nicht belästigt werden.*
Henning	*So werden sie eher erkannt (FN 33: Als anständige Frauen) und werden nicht verletzt.*
Rückert	*So ists geschickter, daß man sie erkenne, doch nicht kränke;*
Khoury	*Das bewirkt eher, dass sie erkannt werden und dass sie nicht belästigt werden.*
Zaidan	*Dies ist eher daran, dass sie erkannt und dann nicht belästigt werden.*
SKD Bavaria	*Das ist eher dazu geeignet, dass sie erkannt und nicht belästigt werden.*
Ahmadiyya	*Das ist besser, damit sie erkannt und nicht belästigt werden.*
Iran, Qom	*this will be more proper, that they may be known, and thus they will not be given trouble;*
Saudi-Arabien	*That will be better, that they should be known (as free respectable women) so as not to be annoyed.*
Arabisch	*...... ju'seina ...... (»belästigen«, »verletzen«, »kränken«, »to be given trouble«, »to be annoyed«).*

Das ist die hoch interessante Begründung, die bisher nicht in die Debatte eingegangen ist. Sie muss sorgfältig analysiert werden. Die im Text gegebene Begründung ist eine Folge des wirklichen Grundes. Der eigentliche Grund ist als Implikation enthalten und die wurde bereits expliziert: die sinnliche Attraktivität der Frau und das Begehren des Mannes.

- Warum wird der eigentliche Grund verschwiegen?
- Was bedeutet hier *erkennen*?
- Als was wird die Frau erkannt?

Ein Erkennen als Individuum kann nicht gemeint sein, denn das wird ja gerade durch den Schleier verhindert. Also kann es sich bei dem Erkennen nur um das Erkennen der Zugehörigkeit zu einer Kategorie handeln. Welche Kategorie kann das sein? Nach der Ergänzung von Paret *(die ehrbaren Frauen)* handelt es sich um die Kategorie der ehrbaren Frauen.

Auch ohne die Ergänzung von Paret gibt der Text eine Antwort auf die Frage, als was wird die Frau erkannt. Schlüsselwort ist das Verb *belästigen*. Es bedeutet: Das, was zugefügt wird, wird als *Last* empfunden, als Störung erlitten, keinesfalls als Wohltat. Abwehr ist die natürliche Reaktion.

Das Verb *belästigen* im Koranvers enthält als Implikation eine Interpretation der Frau: Sie wird als diejenige interpretiert, für die wie selbstverständlich jede begehrliche Verhaltensweise eines fremden Mannes eine Belästigung sein muss. Um derartiges nicht erleiden zu müssen, soll sie sich in ihrem eigenen Interesse verschleiern. Die Verschleierung wird nicht interpretiert als etwas, das sie über sich ergehen lassen muss wegen der Gefahr der Inbesitznahme durch einen Mann bzw. wegen einer Vorschrift, der sie sich unterwerfen muss, sondern sie wird als etwas deklariert, was sie selbst will, woran sie selbst ein Interesse hat. Es wird ihr empfohlen, sich im Sinne dieses eigenen Interesses zu verschleiern, damit sie das von ihr selbst nicht Gewollte auch wirksam vermeiden kann. Das heißt auch, sie wird als diejenige gesehen, die wie selbstverständlich ihre sinnliche Attraktivität nur für ihren eigenen Mann reservieren will und ihre Sinnlichkeit nur in dieser Beziehung leben will, und nicht als Frau, die durch den Wunsch geprägt ist, doch heimlich für andere Männer begehrenswert zu sein.

Das erklärt, auf welche Kategorie sich das *Erkennen* bezieht: auf die Kategorie derer, die Belästigung vermeiden wollen. Paret hat das – sehr zutreffend – als *ehrbar* bezeichnet. Auch in unserer Ethik wäre es eine Form von Ehrbarkeit, eine unpassende Verführung – und sei es ungewollt – zu provozieren. Es geht beim Verschleiern nicht darum, die Ehrbarkeit der Frau herzustellen, sondern die Frau als das zu erkennen, was sie schon immer ist: ehrbar.

Und wie werden die Männer interpretiert?

Ihnen wird unterstellt, dass sie sehr triebhafte und undisziplinierte Wesen sind. Vor lauter Begierde ist ihre Fähigkeit zum Erkennen eingeschränkt. Der Trieb macht sie nahezu blind, und es besteht immer die Tendenz, durch Triebhaftigkeit und Undiszipliniertheit in bloße Natur zurückzufallen und damit die Ehre zu verlieren. Dem Koran zufolge zerfallen die Männer in zwei Komponenten: Sie sind einerseits *mächtig*, d.h. für Erwerb und Besitz zuständig, und andererseits sind sie *undiszipliniert triebhaft*.[86] Das Bild des Mannes ist ein sehr negatives.

Die Frau wird als die Instanz der größeren Weisheit, als grundsätzlich ehrbar und als Hüterin der Ehre des Mannes interpretiert. Die Frau im Koran ist das Medium der Ehre des Mannes, das den Mann vor Ehrverlust bewahrt. Sie ist das Medium der Moral.

Die Interpretation der Frau im Koran ist eine interessante Variante der Eva in der jüdischen Genesis: Die Eva in der Bibel ist das Medium der Erkenntnis und der Autonomisierung. Sie erhört die Schlange, die das vollkommen Richtige sagt: ›Iß nur von dem Baum der Erkenntnis! Wenn ihr davon nicht esst, werdet ihr nicht autonom.‹ Und Adam folgt. Das wird fälschlicherweise immer so interpretiert, als ob Eva die vorsoziale triebhafte Verführerin wäre. Die jüdisch-christliche Tradition besteht in Autonomisierung und auf ihr beruht die Bewährungsdynamik. In Koranvers 33:59 ist die Frau auch nicht die nur erduldende und erleidende. Sie ist gerade nicht nur das Sexualobjekt. Sie ist die im Hintergrund Gestaltende. Sie übernimmt den Erhalt der Sittlichkeit. In der Verbindung von Sinnlichkeit und Sittlichkeit verkörpert sie eine andere Art von Autonomie. Das hat Delacroix »als fast die interne Logik dieser Kultur erkannt.«[87]

Vergleicht man die Übersetzung von Paret mit den anderen und mit dem arabischen Text, so fällt auf, dass das Verb *ju'seina* unterschiedlich übersetzt worden ist. Die Verben *belästigen, verletzen, kränken, ärgern* haben verschiedene Bedeutungen. Das arabische Verb enthält diese alle, schließt allerdings grundsätzlich die Bedeutung von Gewalteinwirkung mit ein. *Belästigen* allein ist eine verharmlosende Übersetzung. Alle Übersetzungen zusammen drücken aus, um was es hier geht, nämlich um körperliche bzw. psychische Gewalt. Es geht in diesem Koranvers also nicht nur um die Verhinderung sexueller Belästigung, sondern auch um die Verhinderung sexueller Gewalt von Männern gegen Frauen und Mädchen.[88]

Die an der Übersetzung von Paret nachgewiesene, implizit enthaltene Interpretation der Männer als triebhafte und undisziplinierte Wesen ist auch in den anderen Übersetzungen und im arabischen Text enthalten. Diesem Männerbild hinzuzufügen ist noch die in dem Verb *ju'seina* enthaltene Bedeutung von Gewalttätigkeit. Nur Henning hat sie mit dem Verb *verletzen* ausgedrückt. Ausgerechnet dieses Verb wurde in der Überarbeitung der Übersetzung von Henning durch Murad Hofmann herausgenommen und durch *belästigen* ersetzt. Das ist Schönfärberei zugunsten der Männer.

Die Antwort auf die Frage, warum in der koranischen Rede an die Frauen der eigentliche Grund für die Bekleidungsempfehlung verschwiegen wird, kann nun gegeben werden: Wenn Männer auf der Arabischen Halbinsel zur Zeit Mohammeds so waren, wie gerade analysiert worden ist, dann sind das Wissen darüber und die Angst vor der Gewalt in den Frauen so lebendig vorhanden, dass es keiner Worte darüber bedarf.

Mit der Ergänzung des Wortes *free* in der Übersetzung der Saudis sollte wohl suggeriert werden, der Schleier oder das Kopftuch mache frei. Dieses Versprechen steht im Gegensatz zur Realität der mit Schleierzwang lebenden Frauen. Ihre »Freiheit« besteht darin, dass sie nur mit diesem Tuch das Haus ungestraft verlassen können. Aber dies »Freiheit« zu nennen ist Zynismus und Gewalt. Es bleibt den Frauen gar nichts anderes übrig, als sich zu fügen. Wo sie nur die Wahl haben zwischen der von Männern angeordneten Bekleidung oder harten Körperstrafen, dort werden sie sich natürlich für Burka, Maghnae, Tschador, Hijab oder Kopftuch entscheiden.

Verständlich ist nun, warum die im Vers 33:59 enthaltene Begründung nicht in die Debatte eingeht. Das in ihr enthaltene Männerbild ist ein sehr negatives, und muslimische Männer werden immer versuchen, es zu verschleiern, zu schönen und umzudeuten. Es ist Sache der Frauen, die Begründung für die Bekleidungsvorschrift in die Debatte einzubringen – schon aus Solidarität mit den Frauen in Afghanistan, im Iran und in der arabischen Welt.

Vers 33:59 endet mit folgenden Worten:

Paret	*Gott aber ist barmherzig und bereit zu vergeben.*
Henning	*Und Allah ist verzeihend und barmherzig.*
Rückert	*Und Gott ist gnädig und barmherzig.*
Khoury	*Und Gott ist voller Vergebung und barmherzig.*
Zaidan	*Und ALLAH ist immer allvergebend, allgnädig.*

SKD Bavaria	*Und Allah ist Allvergebend, Allbarmherzig.*
Ahmadiyya	*Und Allah ist allverzeihend, barmherzig.*
Iran	*and Allah is Forgiving, Merciful.*
Saudi-Arabien	*And Allâh is Ever Oft-Forgiving, Most Merciful.*

Das gilt für beide, für die begehrenden und unverbesserlichen Männer und für die Frauen, falls sie doch ein bisschen mehr von sich zeigen und verführen wollen. Damit wird auch anerkannt, welch eine starke Kraft die Sinnlichkeit ist.

Im Koran gibt es einen zweiten Bekleidungsvers, der aber keine Begründung enthält, und zwar Vers 24:31. In der ersten Hälfte enthält er Empfehlungen für das Verhalten von Frauen in der Öffentlichkeit, in der zweiten Hälfte werden diese Anweisungen für den privaten Bereich aufgehoben. Der Vers enthält im Grunde nichts Besonderes, daher ist eine Analyse hier überflüssig. Interessant ist es jedoch zu sehen, wie unterschiedlich die Übersetzer den Text auslegen. Ich zeige das anhand der Übersetzung von Paret und der aus Saudi-Arabien.

Vers 24:31, 1. Hälfte:

Paret	*Und sag den gläubigen Frauen, sie sollen (statt jemanden anzustarren, lieber) ihre Augen niederschlagen, und sie sollen darauf achten, dass ihre Scham bedeckt ist (w. sie sollen ihre Scham bewahren), den Schmuck, den sie (am Körper) tragen, nicht offen zeigen, soweit er nicht (normalerweise) sichtbar ist, ihren Schal sich über den (vom Halsausschnitt nach vorn heruntergehenden) Schlitz (des Kleides) ziehen und den Schmuck, den sie (am Körper) tragen, niemand (w. nicht) offen zeigen, (...).* (w. = wörtlich, Sch.)

Von einer Kopfbedeckung ist hier gar nicht die Rede.

Saudi-Arabien	*And tell the believing women to lower their gaze (from looking at forbidden things), and to protect their private parts (from illegal sexual acts) and not to show off their adornment except only that which is apparent (like both eyes for necessity to see the way, or outer palms of hands or one eye or dress like veil, gloves, head-cover, apron, etc.), and to draw their veils all over Juyûbihinna (i.e. their bodies, faces,*

necks and bosoms) and not to reveal their adornment (...).

Hier finden wir dieselbe Ergänzung wie zu Vers 33:59: Vom Kopf unverhüllt bleiben dürfen nur beide Augen, um den Weg zu erkennen (nicht um die Schönheit der Welt zu betrachten), oder nur ein Auge. Außerdem geht es hier nicht um einen Schal, der den Ausschnitt bedecken soll, sondern um veils, Schleier im Plural, die über Körper, Gesicht, Hals und Busen zu ziehen sind. Ergänzt wird diese Vorschrift mit in einer Fußnote zitierten Erzählungen von Mohammeds Kindfrau Aischa, seiner Lieblingsfrau, die er mit neun Jahren heiratete und die 18 Jahre alt war, als er mit 62 Jahren starb und zehn Witwen hinterließ. In diesen Erzählungen wird immer wieder die totale Verhüllung der Frauen empfohlen.

Die Koranübersetzungen der Ahmadiyya und der Saudis zeigen besonders deutlich, wie das Interesse von Männern an der Herrschaft über die Frauen die Übersetzung beeinflusst. Die Vorgehensweise der Saudis, durch Anmerkungen den Basistext im eigenen Interesse zu deuten oder gar umzudeuten, ist im politischen Islam verbreitet. Da wird der Koran zum Machtinstrument der Herrschenden und der nach Herrschaft Strebenden. Mit Koran und Sunna kann der politische Islam seine Gewalt gegen Frauen legitimieren und idealisieren.

Zusammenfassung des Analyseergebnisses und Folgerungen für die Kopftuch- und Schleierdebatte

Die Bekleidungsvorschrift für Frauen im Koran gehört nicht zu den fünf Pflichten der Muslime. Sie wurde als eine zur Zeit Mohammeds in der Öffentlichkeit notwendige Schutzmaßnahme sowohl für Frauen als auch für Männer eingeführt: zum Schutz der Frauen vor sexueller Gewalt und zum Schutz der Männer vor Ehrverlust. Die Verschleierung ist eine archaische Konvention zur Wahrung der Sittlichkeit. Sie wäre nicht eingerichtet worden, wenn es dafür keine Notwendigkeit gegeben hätte. Sexuelle Belästigung und Gewalt müssen eine ständige Bedrohung für Frauen gewesen sein, wann immer sie draußen ins Blickfeld fremder Männer kamen. (Das ist teilweise in muslimischen Ländern auch heute noch so.) Um diesen Zusammenhang deutlich zu machen, sollte die in Vers 33:59 enthaltene Begründung in die Debatte aufgenommen werden.

Die gesellschaftlichen Verhältnisse sind hierzulande heute anders. Sexuelle Belästigung und Gewalt werden anders bekämpft und verhindert: durch Gesetze, Bestrafung der Täter und eine entsprechende Jungensozialisation.

Die Artikel 1 und 2 des Grundgesetzes schützen die Würde des einzelnen Menschen, sein Recht auf freie Entfaltung der Persönlichkeit und auf körperliche Unversehrtheit. Dazu gehört das Recht auf sexuelle Selbstbestimmung. Es ist Aufgabe des Staates, diese Rechtsgüter zu schützen. Das grundrechtlich geschützte Recht wird durch zahlreiche Gesetze im Strafrecht, im Bürgerlichen Recht und im Arbeitsrecht weiter ausgeführt.

1. Strafrecht
Die Regelungen im Strafgesetzbuch über die sexuelle Selbstbestimmung bilden die bekanntesten und wichtigsten Instrumente gegen sexuelle Gewalt. Der seit Mai 1997 geltende § 177 StGB stellt sowohl die sexuelle Nötigung als auch die Vergewaltigung als Verbrechen unter Freiheitsstrafe von mindestens einem Jahr bzw. von mindestens zwei Jahren. Vergewaltigung ist nunmehr auch in der Ehe strafbar. Die §§ 176, 176a, 176b StGB stellen den sexuellen Missbrauch von Kindern (d.h. Personen unter 14 Jahren) unter Strafe von bis zu 15 Jahren Freiheitsentzug. Weitere Taten sexuellen Mißbrauchs sind in den §§ 174, 174a, 174c und 179 StGB aufgeführt und unter Strafe gestellt.

2. Bürgerliches Recht
In den §§ 823, 847, 1004 BGB – Bürgerliches Gesetzbuch – werden das grundrechtlich geschützte Recht auf körperliche Unversehrtheit und der Schutz des Persönlichkeitsrechts konkretisiert.

3. Arbeitsrecht und Dienstrecht
Im Gesetz zum Schutz der Beschäftigten vor sexueller Belästigung am Arbeitsplatz (BeschSG) werden sexuelle Belästigung und Gewalt am Arbeitsplatz erfasst in § 2 Abs. 2 und Abs. 3, in § 3 Abs. 1 und 2 und in § 4 Abs. 2 und 3 BeschSG.[89]

Außerdem ist die Polygamie verboten, und das gesetzlich festgelegte Mindestheiratsalter für Frauen ist 18 Jahre.

Verschleierung und Gesetze – beides sind Instrumente zur Eindämmung der sexuellen Gewalt und zum Schutz. An diesem Beispiel zeigt sich die Dialektik von Allgemeinem und Besonderem. Universal sind die sexuelle Gewalt und das Bestreben, sie zu unterdrücken und Frauen und

Mädchen zu schützen. Die dazu erdachten und eingerichteten Instrumente sind kulturspezifisch und daher verschieden. Sie sind den jeweiligen sozialen Verhältnissen angemessen. Ändern sich die Bedingungen, so ändern sich auch die sozialen Verhältnisse und die Instrumente zur Beherrschung der Gewalt.

Der Schleier ist ein kulturspezifisches Instrument der muslimischen Gemeinde im siebten Jahrhundert auf der arabischen Halbinsel. Die Einschränkung der bedrohten Frauen und Mädchen wurde der Bestrafung der Täter vorgezogen.

Anstelle des Schleiers haben wir Gesetze gegen sexuelle Gewalt. Sie beschränken nicht die Frau in ihrer Freiheit, sondern zwingen den Mann bei Strafandrohung zur Selbstdisziplin. Kurz: In der einen Kultur wurden und werden die Opfer auch noch ihrer Freiheit beraubt, in der anderen droht den Tätern Freiheitsentzug.

Wenn heute bei uns Mädchen und Frauen zum Kopftuchtragen oder Verschleiern indoktriniert werden mit der Begründung, Allah habe dies den Frauen geboten für alle Zeiten, dann ist das falsch. Allah gebot es, weil Männer undiszipliniert triebhaft waren und Frauen darunter zu leiden hatten. Instrumente in Form von Gesetzen, wie wir sie heute haben, gab es nicht. Aus der deshalb eingerichteten Konvention eine allgemein gültige und zeitlose Pflicht zum Verschleiern oder Kopftuchtragen für muslimische Frauen und Mädchen abzuleiten, ist mit dem Koran nicht zu begründen. Im Koran gibt es eindeutige und mehrdeutige Aussagen. Das sagen nicht nur Koranexegeten sondern auch der Koran selbst lehrt dies. So heißt es in Sure 3, Vers 7:

»Er ist es, der die Schrift auf dich herabgesandt hat. Darin gibt es (eindeutig) bestimmte Verse (w. Zeichen) – sie sind die Urschrift – und andere mehrdeutige.« (Paret).

Außerdem enthält der Koran Bestimmungen, die für alle Zeiten gelten, und solche, die nur unter bestimmten Umständen Gültigkeit haben. Es stellt sich die Frage, wie die mehrdeutigen und zeitgebundenen Stellen zu interpretieren sind. Adel Theodor Khoury schreibt dazu:

»Bei der Interpretation der dunklen, mehrdeutigen Stellen muss man sich an die Tradition des Propheten Muhammad selbst wenden. Einige Hilfen gibt auch die Berücksichtigung der Umstände und Gründe, die die Herabsendung und Verkündung dieser Stellen veranlasst haben (asbab al-nuzul). Die besondere Beachtung dieser Umstände der Offenbarung kann in vielen Fällen dazu führen, dass man die betreffenden Vor-

schriften für so zeitbedingt und auf die damalige Situation gemünzt hält, dass man sie stark relativiert, sie zwar weiterhin als Beispiel heranzieht, aber nicht mehr als absolut verbindlich betrachtet. Somit wäre der Weg für Anpassung und Ergänzungen der gesetzlichen Bestimmungen frei.«[90]

Die meisten Muslime verhalten sich dem entsprechend. Obwohl beispielsweise der Frauenraub, -tausch und -kauf, die Blutrache und der Umgang mit Sklavinnen im Koran geregelt und legitimiert sind, machen sie daraus kein für alle Zeiten gültiges Recht. Bei der Bekleidungsanordnung in Vers 33:59 handelt es sich um einen mehrdeutigen und zeitbedingten Text. Wo die Umstände und Gründe heute noch so sind wie zu Mohammeds Zeiten auf der arabischen Halbinsel, mag auch seine Befolgung immer noch sinnvoll sein. Aber bei uns heute ist ein Gebot zum Kopftuchtragen und zur Verschleierung kein Mittel zur Wahrung von Sittlichkeit, sondern ein Disziplinierungs- und Herrschaftsinstrument, das sich des Korans für seine Zwecke zu bedienen weiß. Daraus entstehen auch bei uns neue Formen der Gewalt gegen Frauen. Unter dem Deckmantel von religiöser und kultureller Besonderheit gedeihen sie – oft mit unserer Unterstützung.

Frauen können heute lesen und überprüfen, worauf Männer ihre Macht stützen. Das gilt auch für den Koran. Diese Macht durch Bildung sollten sie nutzen, ebenso wie die Möglichkeiten unserer Gesetze.

Die algerische Schriftstellerin Assia Djebar, Preisträgerin des Friedenspreises des deutschen Buchhandels im Jahre 2000, drückt das in ihrem Roman *Fantasia* so aus:

»Sie verschleiert sich also noch nicht, deine Tochter?« fragt die eine oder andere Matrone mit kholgeschminkten Augen und misstrauischem Blick meine Mutter auf irgendeiner der Hochzeiten im Sommer. Ich bin dreizehn, vielleicht schon vierzehn.
»Sie liest!« antwortet meine Mutter schroff.[91]

2. »Ahmadiyya-Bewegung des Islam«

Mein Forschungsinteresse an der Ahmadiyya wurde durch Widersprüche zwischen bisher veröffentlichen Arbeiten über diese Gemeinde und den Daten und Analyseergebnissen meiner Biographieforschung über muslimische Immigrantinnen geweckt. So war beispielsweise in den Interviews und Gesprächen mit Ahmadis nirgendwo von Verfolgung in Pakistan und Flucht, wie etwa bei den iranischen Frauen, die Rede. Im Gegenteil: Die anerkannten Flüchtlinge beschrieben alle ihre regelmäßigen, unproblematischen Reisen nach Pakistan und ihr Leben dort in Reichtum und Sorglosigkeit (Maryam) oder ein einfaches Leben nach den Regeln der Ahmadiyya (Eveline).

Das machte mich neugierig. Im Laufe von sechs Jahren (1996–2001) erhob ich Daten zur Ahmadiyya in Form von

- biographischen Interviews mit Ahmadis,
- Gesprächen mit Asylbewerbern,
- Schriften der Ahmadiyya in deutscher und englischer Sprache,
- Aufzeichnungen von Veranstaltungen der Ahmadiyya.

Eine Auswahl meiner Forschungsergebnisse – Daten und Materialanalysen – ist in meiner Monographie *Ahmadiyya-Bewegung des Islam* enthalten.[92]

Der hier vorgelegte Text enthält eine Zusammenfassung dieser Studie. Mehr ist im Rahmen dieser Arbeit über »Mohammeds deutsche Töchter« nicht angemessen.

Gründung, Entwicklung und Ausbreitung

Die Ahmadiyya ist eine 1889 in Qadian im indischen Punjab von Mirza Ghulam Ahmad gegründete millenarische Bewegung. Ihr Gründer beansprucht Messias, Mahdi, Prophet, die geistige Wiedergeburt Jesu, Mohammeds, Vishnus, Krishnas, Buddhas und der Reformer am Anfang der 1000-jährigen Endzeit zu sein, den wahren Islam zu vertreten und ihn durch seine Bewegung innerhalb von 300 Jahren zum Sieg über alle anderen Religionen zu führen. Für die ihm nachfolgenden Führer richtete er das Kalifat ein und eine Oberhaupt-Dynastie.

1914 spaltete sich ein kleiner Teil der Gemeinde, der das Prophetentum Mirza Ghulam Ahmads und das Kalifat nicht anerkannte, ab und gründete seine eigene Zentrale in Lahore. Diese Gruppe nennt sich

Ahmadiyya Anjuman-i Isha'at-i Islami, Ahmadiyya Vereinigung für die Verbreitung des Islam. Seitdem werden die Gruppen auch *Qadianis* und *Lahoris* genannt. Die deutsche Zentrale der Qadianis befindet sich in Frankfurt am Main, die der Lahoris in Berlin.

Im folgenden Text beziehe ich mich nur auf die Qadianis, weil die interviewten Ahmadis alle zu dieser Gruppe gehören.

1947 emigrierte die Mehrzahl der Gemeindemitglieder von Indien in den neu gegründeten islamischen Staat Pakistan. Als neues *Weltzentrum* wurde die Stadt Rabwah, 80km süd-westlich von Lahore, erbaut.

Die Ahmadiyya breitet sich weltweit aus. Die Zahl der Mitglieder betrug nach eigenen Angaben im Jahr 2000 rund 50 Millionen, nach Angabe des Kalifen am 26.08.2001 auf der Jalsa Salana in Mannheim über 80 Millionen, nach Angabe des deutschen Sprechers der Gemeinde Hübsch in seiner Rede in der Frankfurter Nuur-Moschee am 3.10.2001, dem Tag der offenen Tür, und in einem Brief vom 24.10.2001 weltweit über 200 Millionen in mehr als 170 Ländern, in einer Presseerklärung vom 6.2.2002 über 100 Millionen. In Deutschland hat die Ahmadiyya nach eigenen Angaben 50.000 Mitglieder, davon 10.000 Bosnier und 10.000 Albaner. 1923 kam der erste Missionar nach Deutschland.

Mitglied wird man durch Geburt oder Bai'at. Die Bai'at ist ein archaischer Akt der Anerkennung eines Führers und des Gelöbnisses lebenslangen Gehorsams. Die Ahmadiyya selbst erklärt die Bedeutung des Wortes Bai'at folgendermaßen: *»Ein Gelübde der Treue und des Gehorsams eines Jüngers an seinen geistlichen Lehrer. Wörtlich: Akt der Selbstverpfändung.«*[93] Wer in die Ahmadiyya eintritt, gelobt mündlich und schriftlich lebenslangen Gehorsam gegenüber dem Gründer der Bewegung, dem Kalifen und dem Kalifat. Außerdem verpflichtet man sich schriftlich zur Zahlung eines monatlichen Mitgliedsbeitrags, der mindestens 1/16 des Nettoeinkommens beträgt. Von mir befragte Asylbewerber berichteten, dass sie von 450 DM Sozialhilfe 45 DM monatlich an die Ahmadiyya zahlen in der Hoffnung auf Hilfe im Asylverfahren. Spendenverpflichtungen für den Bau von Moscheen, die Durchführung der dreitägigen Jahresversammlungen mit dem Kalifen, zu denen Ahmadis aus aller Welt nach Mannheim kommen (35.000 im Jahre 2000 und 47.000 in 2001), und für »Soziales« kommen dazu. Kinder werden bereits durch monatliche Beiträge von 2 oder 3 DM an das regelmäßige »Spenden«, das ein wichtiger Bestandteil der Ideologie und Erziehung der Ahmadiyya ist, gewöhnt.

Anti-Ahmadi-Gesetzgebung in Pakistan

Seit 1974 ist die Ahmadiyya, vor allem weil sie Mohammed nicht als letzten Propheten anerkennt, aus der islamischen Weltliga ausgeschlossen. Außerdem erließ Pakistan ebenfalls seit 1974 folgende Gesetze gegen die Ahmadiyya:

Am 7.9.1974 wurde unter Ministerpräsident Zulfiqar Ali Bhutto die Verfassung der Islamischen Republik Pakistan um den Zusatzartikel 260 ergänzt. Darin werden Personen, die behaupten ein Prophet zu sein, oder nicht daran glauben, dass Mohammed der letzte Prophet ist, zu Nicht-Muslimen erklärt. In Art. 106 der Verfassung wurden die Ahmadis (»persons of the Qadiani group or the Lahori group«) in die Aufzählung der nicht-muslimischen Minderheiten (»to the Christian, Hindu, Sikh, Bhuddhist and Parsi communities and scheduled castes«) aufgenommen.[94]

Am 26.04.1984 wurden die §§ 298b und 298c durch Ordonance Nr. XX der Militärregierung Zia-ul-Hacs in das Strafgesetzbuch aufgenommen. Danach dürfen sich Ahmadis in der Öffentlichkeit nicht mehr wie Muslime verhalten. Andernfalls droht Freiheitsentzug bis zu drei Jahren oder Geldstrafe.

Am 5.10.1986 wurde der § 295c (der sogenannte Blasphemieparagraph) in den PPC (Pakistan Penal Code) eingefügt, wonach jeder – nicht nur Ahmadis – mit dem Tod, mit Geldstrafe oder lebenslangem Freiheitsentzug zu bestrafen ist, der den Namen des Propheten Mohammed verunglimpft.[95]

Außerdem wurde die *Declaration of Muslim* eingeführt, die festlegt, dass bei Beantragung eines Personalausweises oder Reisepasses die Religionszugehörigkeit anzugeben ist. Muslime müssen die folgende Erklärung unterschreiben: *I am a Muslim and believe in the absolute and unqualified finality of the prophethood of Hazrat MOHAMMAD (peace be upon him) the last of the prophets. I do not recognise any person who claims to be a prophet or a religious reformer, as a Muslim. I consider Mirza Ghulam Ahmed of Qadian to be an imposter nabi and also consider his followers, whether belonging to the Lahori or Qadiani group to be non-muslims.*[96]

Schärfste Gegner der Ahmadiyya in Pakistan sind die radikal-islamistische Gruppe der *Therik-e Khatm-e Nubawat* (Bewegung der letzten Prophetenmission) und die orthodoxe Jama'āt-i Islāmī. Mitglieder dieser »Missionsbewegungen« sind auch bereits in Deutschland.

Viele Ahmadis emigrierten seit 1974 in nicht-muslimische Länder und erhielten dort Asyl. So auch der vierte Kalif *Hazrat Mirza Tahir Ahmad*, ein Enkel des Gründers, der am 26.4.1984 nach England emigrierte. Seitdem residieren die Kalifen in London.

Lehre und Zielsetzung

Inhaltlich handelt es sich bei der Lehre der Ahmadiyya um ein eklektizistisch und synkrctistisch zusammengebasteltes Gedankengebäude mit Elementen aus dem sunnitischen und schiitischen Islam, aber auch aus christlichen, jüdischen und buddhistischen Quellen, aus hinduistischen Vorstellungen sowie aus Legenden, Reiseberichten und Phantasiegeschichten. Vom Islam weicht sie vor allem in ihrer Jesus-Lehre und in ihrer Prophetenlehre mit Kalifatanspruch ab. Daher kann man sie als häretische Abspaltung vom Islam oder als islamische Sekte bezeichnen.

Ihr Ziel ist die Errichtung einer islamischen Ordnung auf der ganzen Welt, somit auch in Deutschland. Das bedeutet: Abschaffung der freiheitlich demokratischen Grundordnung und Etablierung eines Führertums gemäß dem Koran. Sie setzt eine Doppelstrategie ein aus Anpassung und Integration einerseits und Machterweiterung der Führung andererseits. Wie andere islamistische Gruppierungen verbindet sie uralte mythische eschatologische Ideen mit islamischen Dschihad-Vorstellungen, erteilt allerdings jeder Anwendung physischer Gewalt eine klare Absage. Dabei ist sie pragmatisch genug, das eigentliche Ziel zunächst zurückzustellen, bis sie eines Tages über mehr Macht verfügt. Dennoch bleibt ihr Ziel erkennbar, zum Beispiel in dieser im Original schwarz-rot-gold farbigen Kalligraphie, die ich einem weit verbreiteten Prospekt der Ahmadiyya vom April 2001 entnahm.

Kalligraphie der Ahmadiyya

Der arabische Text in der Kalligraphie lautet: *La ilaha ilallah Mohammadur rasulullah*. Übersetzt bedeutet das: »Es gibt keinen Gott außer Allah und Mohammed ist sein Gesandter.« Das sind die Worte der *Kalima*, des islamischen Glaubensbekenntnisses.

Die Farben *schwarz-rot-gold* sind nach Art. 22 GG die Farben der Flagge der Bundesrepublik Deutschland. Sie symbolisieren in Verbindung mit der Geschichte der deutschen Fahne die freiheitlich demokratische Grundordnung Deutschlands.

Ein islamischer Staat auf der Grundordnung des Korans ist ein Gegenentwurf. Der Ahmadi Muhammad Zafrullah Khan, erster Außenminister Pakistans und ehemaliger Präsident des Internationalen Gerichtshofs in Den Haag, beschreibt ihn mit folgenden Worten: »*Wie bereits erwähnt, sind die Bürger eines muslimischen Staates der Verpflichtung unterlegen, vollkommenen Gehorsam gegenüber den Behörden des Staates auszuüben; so wie es im Quran gesagt wird: »O, die ihr glaubt, gehorchet Allah und gehorchet Seinem Gesandten und denen, die unter euch Befehlsgewalt haben.«* (4:60).«[97]

Der islamische Staat ist ein totalitäres Herrschafts- und Gehorsamssystem.

Der in der Ahmadiyya hoch geschätzte Zafrullah Khan bezeichnet den islamischen Staat als »*das Ideal*«. Er schreibt: »*Wiederum ist das Ideal ein Staat, in dem das Oberhaupt des Staates Autorität sowohl in weltlichem als auch in geistigem Bereich ausübt.*«[98] Dieser Aussage folgt eine Beschreibung des Kalifats. Der Kalif (Nachfolger) ist gleichzeitig der Imam aller Muslime, d.h. er führt die Umma an, ist religiöses Vorbild und politischer Führer in einem.

Mit der Verwendung der deutschen Farben für eine Kalligraphie mit dem islamischen Glaubensbekenntnis bringen die Hersteller und Verbreiter dieses Gebildes zum Ausdruck, dass sie eine Umwandlung der demokratischen Grundordnung Deutschlands in einen islamischen Staat anstreben.

Der Text unter der Kaligraphie – *Ein Gott, ein Buch, ein Prophet, eine Menschheit* – lässt ein weiteres Ziel der Ahmadiyya erkennen. Angestrebt wird eine neue, islamische Weltordnung: »Es wird nur eine Religion in der Welt geben und nur einen Führer. (...) Dann geschieht es, dass die göttliche Vorsehung entscheidet, dass sie (die Reformer, Sch.) bereit sind, weltliche Macht zu übernehmen.« Das sind Worte des vierten Kalifen zur Jahreswende 2000/2001.[99]

In ihrer politischen Zielsetzung stimmt die Ahmadiyya mit den Vorstellungen militanter islamischer Fundamentalisten überein, nicht jedoch in ihren Mitteln, insofern sie physische Gewalt ablehnt. Sie arbeitet mit der weltweiten Verbreitung von antichristlicher, antiwestlicher, antijüdischer und antiamerikanischer Propaganda in ihren Publikationen und trägt auf diese Weise zur Erzeugung und Verbreitung von Hass bei. Ihr Werbeslogan, »Liebe für alle, Hass für keinen«, steht dazu im Widerspruch, was seinerseits auf eine Doppelstrategie verweist.

In dieser Zusammenfassung gehe ich – im Unterschied zu meiner Monographie über die Ahmadiyya – nur kurz auf ihre antichristliche und antijüdische Strategie ein. Zur Zielsetzung der Ahmadiyya gehört die Vernichtung des Christentums. Wichtigstes Kampfinstrument ist dabei ihre Jesuslehre. Danach ist Jesus nicht am Kreuz gestorben, sondern nur ohnmächtig geworden, von Anhängern heruntergenommen, gesund gepflegt worden und später eines natürlichen Todes gestorben. In dieser Behauptung stimmt die Jesuslehre der Ahmadiyya mit der von Mathilde Ludendorff, die sie in ihrer polemischen nationalsozialistischen, antichristlichen Kampfschrift *Erlösung von Jesu Christo* ausbreitet, überein.[100] Aber während nach Ludendorff Jesus in Galiläa eines natürlichen Todes gestorben ist, wanderte er nach Auffassung der Ahmadiyya zu den »zehn verloren Stämmen« der Juden nach Afghanistan, Indien und Kaschmir, wo er im Alter von 120 Jahren eines natürlichen Todes gestorben sei. Sein Grab soll sich in der Khan-Yar-Straße in Srinagar befinden und bis heute erhalten sein.[101]

Zur antijüdischen Propaganda der Ahmadiyya gehört, dass sie in ihren Publikationen den Juden dieselben negativen Eigenschaften zuschreibt, wie man sie auch in Hitlers »Mein Kampf« und anderen antisemitischen Schriften findet. Auch das habe ich in meiner Monographie anhand von Ahmadiyya-Material aufgezeigt und analysiert.

Struktur

Strukturell ist die Ahmadiyya eine totalitäre Brain-washing-Sekte, die mit modernen Medien und Marketingmethoden, vor allem mit dem Mittel der Suggestion, professionell und zielstrebig vorgeht. Religion wird zu einem auf dem Markt zu positionierenden Produkt und auf Kulturindustrie reduziert. Sie folgt der allgemeinen Gesetzmäßigkeit von Erneuerungssekten: Beerbt wird eine ehrwürdige Religionstradition, sie wird als verdorben dargestellt und der Reinigung für bedürftig erklärt. Damit einhergehen die Fundamentalisierung (ad fontes) und die Logik der Überbietung des Monotheismus. Sie ist eine gesteigerte Form der islamischen Herrschafts- und Gehorsamsreligiosität. Wie moderne Sekten, etwa Scientology, behauptet sie, in ihrer Lehre auf dem Stand moderner Wissenschaftlichkeit und Rationalität zu sein – das Gegenteil ist der Fall. Wissenschaftliche Arbeiten, z.B. die des Indologen Günter Grönbold und des Religionswissenschaftlers Norbert Klatt über die Jesus-Lehre der Ahmadiyya und über ihre Legende von den Kaschmir-Juden, werden von der Ahmadiyya nicht zur Kenntnis genommen bzw. es wird nicht auf sie eingegangen.[102]

Ihre »Missionierung« dient der Selbstagitation, dem Personenkult, der Eroberung und Ausdehnung von Macht und Reichtum ihrer Führer und der Oberhaupt-Dynastie. Die Gefolgschaft wird abkassiert und trägt zur außergewöhnlichen Finanzkraft der Führungselite bei. Als Gegenleistung erhalten die Mitglieder eine erkaufte religiöse Pseudoidentität als »letztes Gottesvolk«, erkaufte Teilhabe am Elitären und Anerkennung der Zugehörigkeit zu einer Gemeinschaft.

Einiges spricht dafür, dass in elitären Kreisen der Führungselite die *Latifundienlogik* (siehe Interview mit Maryam) auf neue Weise wirksam wird. Das Abkassieren von Asylanten wäre eine Reproduktion dieser Logik unter neuen Bedingungen: Ohne dass Latifundien existieren, auf denen die Untertanen arbeiten, würden sie abkassiert. Auf diese Weise kämen die »Latifundienbesitzer« an Staatsgelder. Die Instrumentalisierung der Religion für finanzielle und dynastische Zwecke und die Aneignung von Staatsgeldern bei Ausnutzung der Hilfsbedürftigkeit von Asylanten, die die Strategie nicht durchschauen, ist nicht nur raffiniert und zynisch, man kann m.E. diese Vorgehensweise auch als *mafios* bezeichnen.

Geschlechterordnung

Die Geschlechterordnung folgt islamisch fundamentalistischen Prinzipien: Geschlechtertrennung in der Öffentlichkeit, keine außereheliche Sexualität, Monogamie für die Frau und – falls erwünscht – Polygamie für den Mann. Ehen werden arrangiert und dürfen nur innerhalb der Ahmadiyya-Gemeinde geschlossen werden. Das Heiratsgeschäft folgt der Logik des Frauentauschs und dem Prinzip der Patrilokalität. Oberhaupt der Familie ist der Mann.

Die Erziehung der Mädchen – gewisse Ausnahmen gibt es immer bei Töchtern der gebildeten Elite – erfolgt hier in Deutschland sozusagen zweigleisig. Im Rahmen der Ahmadiyya werden sie von klein auf zu Gehorsam und Fügsamkeit erzogen. Die naturwüchsig vorhandenen Individuierungstendenzen werden abgeschliffen. Eingeübt wird das Teilsein in einem Kollektiv mit Unmündigkeit des einzelnen Subjekts. Als Erziehungsinstrumente werden die Religion und die Suggestion eingesetzt. Eingeübt werden Mechanismen der Autosuggestion. Die Mädchen leben in einer Art Pseudofreiheit: Scheinbar erlaubt ist ihnen alles, gleichzeitig bekommen sie Höllenstrafen bei Ungehorsam angedroht. Die so erzeugte Angst kann zum Habitusprinzip werden. Im deutschen Bildungssystem dagegen wird die Entwicklung der Individuierungstendenzen gefördert. Ziel der Bildungsprozesse ist das individuierte Subjekt, das eigenverantwortlich für das Gemeinwohl und das Eigenwohl sorgt. Beide Arten der Sozialisation konfligieren in den Mädchen miteinander und führen häufig zu Konflikten (Eveline) und Störungen im Individuierungsprozess (Maryam). Mit in der Kindheit eingeübten Mechanismen der Autosuggestion hindern sich die Mädchen selbst an der Auseinandersetzung mit dem Konflikt. Ihre Widerstandsfähigkeit wird außerdem durch die islamische Prädeterminationslehre, nach der das irdische Leben von Gott vorherbestimmt ist, geschwächt zugunsten einer Ergebenheit in das Schicksal. Die religiöse Indoktrinierung durch die Erziehung variiert von Familie zu Familie.

Auch bzgl. der Frauen setzt die Ahmadiyya eine Doppelstrategie ein. In ihren Propagandaschriften preist sie die Würde, die Gleichwertigkeit und den hohen sozialen Status der Frau im Islam. Das verleitet zu dem Fehlschluss, Frauen seien auch gleichberechtigt und hätten die Rechte entsprechend den deutschen Gesetzen. Die Realität sieht jedoch anders aus, wie der Fall Eveline exemplarisch zeigt. Bekleidungsvorschriften verhindern die Teilnahme am Sport, die Einschränkung der räumlichen und zeitlichen Bewegungsfreiheit und die Geschlechtertrennung stehen der Ausübung vieler Berufe und der Teilnahme an Freizeitaktivitäten im Wege, das Gebot der endogamen Ehe kollidiert mit der sexuellen Selbstbestimmung und fördert die Abgrenzung von allen Nicht-Ahmadis, die traditionale Arbeitsteilung in der Familie macht eine aktive Teilnahme der Frauen am öffentlichen Leben unmöglich. Die Gleichberechtigung in der Ehe wird den Frauen verweigert, im Konfliktfall hat der Mann das letzte Wort.

Aus diesen Gründen kann man sagen: Unter dem Deckmantel der

Religion breiten sich durch die Ahmadiyya-Ideologie neue Formen der Unterdrückung von Frauen bei uns aus.

Frauen und Mädchen der Ahmadiyya haben nach eigenen Aussagen keine Probleme mit Deutschen, auch nicht in den Bildungsinstitutionen. Sie sind integriert und erfolgreich, obwohl sie durch die Befolgung der Bekleidungsvorschriften und die räumlichen und zeitlichen Einschränkungen in ihrer Bewegungsfreiheit und in ihren Kontakten zu einer gewissen Selbstausgrenzung gezwungen sind. Sie wünschen sich in der Schule einen nicht konfessionell gebundenen Religionsunterricht als Pflichtfach, in dem ihnen Kenntnisse über andere Religionen vermittelt werden, um ihre religiöse Isolation zumindest geistig überwinden zu können.

Fragen an die Juristen

In meiner Studie »*Ahmadiyya-Bewegung des Islam*« habe ich zum Schluss Fragen an die Juristen formuliert. Ich wiederhole sie an dieser Stelle:

1. Ist auf Grund der Zielsetzung der Ahmadiyya und ihrer Doppelstrategie die Beobachtung durch den Verfassungsschutz angemessen, notwendig und berechtigt?
   In der Öffentlichkeit und in ihrer Propaganda und bei der Erreichung von Nahzielen (Integration in die Institutionen, unauffälliges und vorbildliches Verhalten der Gefolgschaft im Alltag) verhält sich die Ahmadiyya gesetzeskonform. In ihren Schriften wird ihr Fernziel sichtbar: die Umwandlung Deutschlands in einen Kalifatstaat und die Errichtung einer islamischen Weltordnung mit Führerprinzip.
2. Handelt es sich bei der Verschaffung von Vermögensvorteilen unter Ausnutzung der Notlage von Asylbewerbern um einen Verstoß gegen die guten Sitten nach § 138 BGB?
   Zum Eintritt in die Ahmadiyya gehört u.a. ein zivilrechtlicher Vertrag, in dem sich der Kandidat auf die Zahlung eines monatlichen Geldbetrags verpflichtet.
3. Handelt es sich bei der oben vorgestellten Kalligraphie um Verunglimpfung der deutschen Farben im Sinne des § 90a,2 StGB und um einen Verstoß gegen den § 86, Satz 4 StGB wegen Verbreitung einer Abbildung, die gegen die demokratische Grundordnung gerichtet ist?
4. Handelt sich bei den antijüdischen Texten in mehreren Publikatio-

nen der Ahmadiyya um Volksverhetzung eines Teils der Bevölkerung im Sinne des § 130 StGB? Wie kann juristisch gegen die Verbreitung derartiger Texte vorgegangen werden?

5. Ist die Mitgliedschaft in der Ahmadiyya mit dem Beamtenstatus, mit dem Lehramt in der Schule und mit einer Funktionsstelle in der Schulleitung vereinbar? Sind Beamteneid und Bai'at (das feierliche Gelöbnis des Gehorsams gegenüber dem Gründer der Ahmadiyya, dem Kalifen und dem Kalifat) miteinander vereinbar?
6. Verstößt die Ahmadiyya mit ihren Vorschriften für Mädchen und Frauen (Bekleidungsvorschriften, die die Teilnahme am Sport unmöglich machen, Einschränkung der räumlichen und zeitlichen Bewegungsfreiheit, die die Ausübung vieler Berufe und die Teilnahme an Freizeitaktivitäten verhindern, Verweigerung der sexuellen Selbstbestimmung und der Gleichberechtigung in der Ehe) gegen die im Grundgesetz in Art. 3 Absatz 2 garantierte Gleichberechtigung von Frauen und ihr Recht auf Selbstbestimmung? Gegen Art. 1 der UN-Charta? Er lautet »Alle Menschen sind frei und gleich an Würde und Rechten geboren.« Gegen das Urteil des Bundesverfassungsgerichtes (BverfGE 10/59) vom 10.7.1959, das den Stichentscheid des Vaters für verfassungswidrig erklärte? Gegen die im deutschen Familienrecht garantierte Gleichberechtigung von Frau und Mann? Siehe z.B. die Faltblätter
   - H. Hübsch: Rechte und Pflichten der Frau im Islam. Verlag Der Islam, 1. Aufl. Mai 1999.
   - H. Hübsch: Die islamische Ehe. Verlag Der Islam, 1. Aufl. Mai 1999.
7. Ist die Ahmadiyya eine Vereinigung, die nach GG Art. 9 Abs. 2 verboten werden müsste, weil sie sich – wenn auch getarnt – gegen die verfassungsmäßige Ordnung (siehe Frage 3) und gegen den Gedanken der Völkerverständigung (siehe Frage 4) richtet?
8. Oder fallen alle diese Tatbestände unter die im Grundgesetz in Art. 4 garantierte Religionsfreiheit?
9. Müsste nicht bei einer Organisation, die sich die Abschaffung unserer demokratischen Ordnung zur Aufgabe gemacht hat, der Status der Gemeinnützigkeit überprüft werden?
10. Sind Organe eines demokratischen Staates dazu berechtigt, seine Bürger und Gemeinden zu zwingen, Vereine mit antidemokratischer und antichristlicher Zielsetzung und islamisch-fundamentalistischen Machtinteressen zu unterstützen, z.B. durch die Genehmigung zur Errichtung eines neuen Stützpunktes, genannt Moschee?

Schluss

Zusammenfassung der Forschungsergebnisse

Verlauf von Bildungsprozessen

Die vorgestellten Lebensgeschichten von Mohammeds deutschen Töchtern zeigen zum einen je einmalige Lebenswege von Frauen, ihre Wünsche, Ziele, Motive, Probleme, Problemlösungen, Erfolge und manchmal auch ihr Scheitern. Sie geben somit Einblick in die Lebenspraxis, die immer Krisenbewältigung ist, und im Falle von Migration die Betroffenen vor ganz besondere Anforderungen stellt.

Außer der je individuellen Lebenspraxis machen die Texte allgemeine Strukturen von Bildungsverläufen und Transformationsprozessen sichtbar. Sie lassen eine zusammenfassende Betrachtung auf unterschiedlichen Ebenen zu: auf den Ebenen des Handelns, des Denkens, der Moral und der Religion.

Auf der Ebene des Handelns vollzieht sich der Veränderungsprozess bei Immigrantinnen und Immigranten zwangsläufig am schnellsten. Die neue Umgebung – zu ihr gehören Wohnort, Wohnung, Nachbarn, Geschäfte, Verkehrsmittel, Bildungsanstalten, Behörden, die Sprache – erfordert ganz von selbst ein anderes ihr angemessenes Verhalten. Eine besondere Art des Handelns ist das *Sprechhandeln*, das sich ebenfalls verändert. Die Muttersprache verliert an Bedeutung und wird zur Familiensprache, dient bald nur noch der Verständigung zwischen Eltern und Kindern. Sie wird mehr und mehr mit der neuen Sprache vermischt und allmählich verschwindet sie auch in den Familien. Gleichzeitig gewinnt die Zweitsprache an Bedeutung und wird in vielen Fällen bereits zur Muttersprache der hier geborenen Kinder der Immigranten, teilweise auch erst in der folgenden Generation. Ein entscheidender Motor in diesem Prozess sind die Bildungsinstitutionen Kindergarten und Schule.

An der Schulpflicht kommen Eltern nicht vorbei. Auch Töchter, die im Herkunftsland nur in der Familie gearbeitet haben und auf Familienarbeit vorbereitet wurden, müssen in die Schule geschickt werden – ein Glück für die Mädchen, die sich in der Regel nach Schulbildung gesehnt haben. Auffallend ist deren durchgehend hohe Bildungsmotivation sowie ihr Erfolg im deutschen Bildungssystem, beides ist größer als bei ihren Brüdern. Das allmähliche Verschwinden der Muttersprache führt offensichtlich nicht zu Verminderung der Denkfähigkeit oder sonstigen Defiziten. Mit dem Erlernen der Erstsprache, welche auch immer das sein mag, erwirbt das Kind eine Regelkompetenz, die die Grundlage für das Erlernen jeder weiteren Sprache und des logischen Denkens ist. Diese Regelkompetenz geht mit dem Bedeutungsverlust und dem allmählichen Verblassen der Muttersprache nicht verloren.

Anders ist es bei Töchtern der Elite aus Afghanistan und Pakistan. Sie wachsen von Anfang an mehrsprachig auf. Neben der oder den Landessprachen, z.B. Dari und Pashto oder Urdu und Punjabi, lernen sie früh die Sprache der Elite, nämlich Englisch. Mit dem Erlernen von Deutsch als dritter oder vierter Sprache haben sie in der Regel kein Problem.

Verändertes Handeln verändert die Inhalte des Denkens.

Auf der Ebene des Denkens bewirken besonders die Zunahme an Wissen, Rationalität und Kritikfähigkeit die innere Entfernung von Traditionen, die eher dem Bewahren des alten Gewohnten, des Bewährten aber auch von Unzeitgemäßem und Irrationalem dienen. Aufgegeben werden in der Regel die Rückkehrillusionen. Zur Veränderung im Denken gehört auch eine kritische Auseinandersetzung mit tradierten Geschlechtsrollenzuweisungen. Die Vernunft überwindet die Tradition der arrangierten Ehe, die Logik des Frauentauschs und die rechtliche Benachteiligung der Frau. Unsere Rechtsordnung, die die Gleichberechtigung der Geschlechter garantiert und Freiheit und Verantwortung des Individuums stützt, bedeutet für Mohammeds Töchter die Befreiung aus kulturtraditionaler Unterdrückung, die in islamischen Ländern verbreitet ist. Ein freiwilliges Zurück gibt es für sie nicht mehr. Insofern richten sich auch der kulturelle Relativismus und der Kulturismus, der bedingungslos das Kulturspezifische bewahren will, letztlich gegen die Interessen von Frauen.

Im Zuge zunehmender Rationalisierung der Lebenspraxis in Verbindung mit der Gleichberechtigung der Frauen, und folglich ihrem Recht auf sexuelle Selbstbestimmung, verändert sich auch die Moral.

Auf der Ebene der Moral verlaufen die Transformationsprozesse am langsamsten. Kulturspezifische moralische Vorstellungen prägen sich von früher Kindheit an tief ein und beeinflussen den ganzen Menschen. Die ihnen zu Grunde liegende Sittlichkeit hingegen ist ein universales Phänomen, das nicht nur die jeweiligen kulturellen Ausformungen möglich macht, sondern auch deren Veränderung. Mit zunehmender Selbstdisziplinierung des Mannes, die unsere Kultur mehr fordert als islamische Kulturen und der Koran, mit zunehmender Rationalisierung und veränderten Wohnverhältnissen lassen sich zum Beispiel auch heute noch weit verbreitete Formen des archaischen Hymenkultes, der als Schutz der Mädchen vor dem Inzest einmal sinnvoll war, nicht mehr vernünftig begründen. Der Hymenkult ist heute nur noch ein Herrschaftsinstrument der Männer und wird allmählich im zähen Kampf der Frauen untergehen. Dass es geschäftstüchtige Ärzte gibt, die sich das zunutze machen, wird an dieser langfristigen Tendenz nichts ändern. Mit wachsender Eigenverantwortung des Subjekts wird auch die Abhängigkeit der Ehre des Mannes von der Reinheit der ihm unterstellten Frauen absurd. Soziale Anerkennung erhält das moderne individuierte Subjekt für seinen Beitrag für das Eigenwohl und das Gemeinwohl.

Der Umgang mit Normen ändert sich grundsätzlich. Da es in der Traditionalität, unabhängig von der Kultur, oberstes Gebot ist, nach außen den Schein der Normenkonformität zu wahren, sind Täuschungsmanöver an der Tagesordnung, und zwar in allen sozialen Schichten. Dazu gehören auch die Hymenreparaturen von Ärzten vor der Hochzeit. Alle wissen es, aber niemand spricht darüber. Gerade diese Verlogenheit traditioneller Moral wird dem sich individuierenden Subjekt unerträglich. Am besten stellt Alev Berg im Interview diesen Transformationsprozess dar. Knapp und präzise benennt sie das Ergebnis mit den Worten: »Meine Ehre ist meine Ehrlichkeit.« Da sich der Prozess der Veränderung auf der Ebene der Moral nur langsam vollzieht, kommt es gerade dabei zu verschärften und schmerzlichen Generationenkonflikten, die dann zugleich Kulturkonflikt sind. Hüter der alten Moral sind vor allem islamische »Religionswächter«. Sie verfügen inzwischen auch in Deutschland islamspezifische Einschränkungen für Frauen und verbreiten die Männermacht aufrechterhaltende Vorstellungen, auch in Form von Fatwas. So dramatisch und schmerzlich dieser Bildungsprozess auch meist verläuft, gerade er ist nicht umkehrbar. Für das individuierte Subjekt gibt es auf der Ebene der Moral kein Zurück in die Traditionalität. Es kann allerdings aus persönlicher Rücksichtnahme im Handeln den Wünschen der Eltern nachgeben, aber das ist kein Schritt zurück. Im Gegenteil, gerade individuelle Rücksichtnahme ist ein Zeichen für Individuierung und damit für einen Bildungsprozess im Sinne der Moderne.

Auf der Ebene der Religion zeigen die meisten Interviews, dass der Prozess der Säkularisierung im Sinne einer Abwendung von religiösen Autoritäten und Institutionen, von vorgeschriebenen Ritualen und Glaubensinhalten hin zu einer selbstgestalteten Religiosität im Islam in Deutschland genau so stattfindet wie bei Christen und Juden. Der Islam gerät unter dem Einfluss der Rationalisierungsdynamik in den Sog der Säkularisierung, den er selbst nicht ausgelöst hat, besonders weil er eine Gehorsamsreligion ist. Gegen diese Entwicklung wehren sich die »Religionswächter« vehement. Der Säkularisierungsprozess zeigt sich bei Mohammeds deutschen Töchtern zum Beispiel in der Toleranz gegenüber anderen Religionen, mehr noch in der Ablehnung der Pflichtrituale, besonders des fünfmal am Tag auszuführenden rituellen Gebets, und im souveränen Umgang mit Anteilen verschiedener Religionen, die quasi als Bausteine in der eigenen Lebensgestaltung verwendet werden. Islamische Bekleidungsvorschriften werden von den meisten nicht befolgt, da sie in einer Zivilisation, in der Männer lernen, ihr Triebleben zu beherrschen, keinen Sinn mehr haben und höchstens die Markierung und Beherrschung der muslimischen Frau dokumentieren. Ein Indikator für einen vollzogenen Säkularisierungsprozess ist das Überschreiten der den Frauen vom Koran vorgeschriebenen Heiratsgrenzen, das zum Beispiel von Alev Berg, von Rosis Mutter, Nayere und Maria vollzogen wurde. Da hinter den Heiratsgrenzen Besitzansprüche der Männer stehen, sind diese Schritte der Frauen nicht nur ein Verstoß gegen die Religionsgesetze, sondern gleichzeitig ein erfolgreicher Angriff auf die Macht der Männer und ihre durch den Koran legitimierten Besitzansprüche gegenüber den Frauen. Viele Mädchen werden von ihren sich mitverändernden Familien in ihrem Bildungsprozess unterstützt, und zwar insbesondere von den Müttern. Die Interviews zeigen, dass stabile Familien die beste Grundlage für Veränderung sind. Darin zeigt sich die Dialektik von Stabilität und Transformation.

Eine Minderheit von Frauen geht einen anderen Weg. Sie orientieren sich mehr oder weniger freiwillig an den Vorschriften von islamischen Moscheegemeinden und Vereinen, nehmen dort an Frauentreffen teil, tragen das Kopftuch und machen die Pilgerfahrt nach Mekka (Hadsch). Diese Minderheit wird in Politik, Gesellschaft und vor allem in den

Medien oft fälschlicherweise für die Mehrheit der muslimischen Frauen gehalten.

Gegen die Transformationsprozesse der Frauen werden aber auch Hindernisse errichtet.

Hindernisse im Bildungsprozess

Hindernisse auf dem Weg der Frauen gehen in der Regel nicht von der deutschen Gesellschaft aus, sondern von einem Teil der muslimischen Männer. Die wachsenden islamischen Gemeinden und Religionsgemeinschaften, in denen etwa zwei bis fünf Prozent der Muslime organisiert sein sollen, haben in den letzten Jahren den Druck auf ihre Mitglieder massiv erhöht. Er wird von den Vätern und Brüdern auf die Mütter und von diesen auf ihre Töchter weitergegeben. Traditionalistisch und fundamentalistisch orientierte islamische Gruppierungen, die oft über enorme Finanzkraft verfügen, verbreiten vormoderne Vorstellungen von Mädchenerziehung und von Aufgaben, Pflichten und Verhalten von Frauen. Bekleidungsvorschriften, räumliche und zeitliche Einschränkungen, arrangierte Ehen und frühe Verheiratung behindern muslimische Frauen und Mädchen in der Wahrnehmung ihrer individuellen Rechte. Selbsternannte Kontrolleure beobachten Mädchen und verbreiten Gerüchte, die den Familien schaden können. Dieses Phänomen ist besonders in pakistanischen Gemeinden zu beobachten. In keiner anderen Gruppierung fanden wir Frauen so massiv unterdrückt wie in pakistanischen Familien und Gemeinden. Oft leiden diese Frauen allein hinter verschlossener Wohnungstür. Mädchen werden zur Schule und zum Arbeitsplatz gebracht, wieder abgeholt und nach Hause gebracht. Oft droht – noch vor dem Schulabschluss – die Zwangsverheiratung.

Ein weiteres Phänomen ist die Androhung von Gewalt durch Männer der eigenen Herkunftsgesellschaft. Mädchen berichten besonders über Gewaltandrohung (Zum Beispiel: »Wenn du das Kopftuch nicht anziehst, dann ficken wir dich!«) durch Marokkaner, Iraner und Türken, wenn sie den traditionellen Normen und Gewohnheiten nicht entsprechen. Um sich zu schützen und von den Männern möglichst nicht als zugehörig erkannt zu werden, vermeiden es die Mädchen, in der Öffentlichkeit ihre Muttersprache zu benutzen.

Als massiv einschränkend werden die Vorschriften der *Ahmadiyya-*

Bewegung des Islam von Mädchen empfunden und dargestellt. Auf Grund der konsequenten und suggestiven Erziehung mit der Angst vor der Hölle können sie sich jedoch nicht aus der Sekte befreien. Töchter der Elite wollen es auch deshalb nicht, weil sie durch die Ahmadiyya Vorteile haben und hier im Geiste der *Latifundienlogik* weiter ein privilegiertes Leben führen.

Der Fall Frau Hadscha zeigt exemplarisch die Ausbeutung weiblicher Arbeitskraft nicht nur im Haushalt. In Marokko ist es immer noch üblich, Mädchen bei der Passbeantragung einige Jahre älter zu machen, um sie als Fabrikarbeiterin in Deutschland unterzubringen bzw. verheiraten zu können.

Ein immer seltener werdendes Hindernis im Bildungsprozess ist die Rückkehrillusion der Eltern, die in der Vergangenheit Mädchen verunsichert und in ihrer schulischen Entwicklung belastet hat, weil sie immer wieder hin- und hergeschoben wurden.

Störungen im Individuierungsprozess gehen bei keiner der von uns interviewten Frauen von der deutschen Gesellschaft aus, sondern sind entweder durch religiöse Indoktrination bedingt, besonders mit dem Erziehungsinstrument Angst vor Gott, durch Sektenzugehörigkeit (Ahmadiyya), durch die Angst vor Männern und vor der Familie, besonders wegen der Androhung früher arrangierter Verlobung und Verheiratung, oder es sind die Folgen von Gewalterfahrung im Herkunftsland.

Scheitern auf dem Weg in die Moderne und Mangel an Kontakt zu Deutschen kann – wie wir bei Frau Hadscha und Nayeres Mutter Fatima gesehen haben – ganz unterschiedliche Gründe haben. Solche Mütter finden Aufnahme und Anerkennung in den Moscheegemeinden. Als äußeres Zeichen ihrer Zugehörigkeit zu einer Gemeinschaft tragen beide seit Mitte der neunziger Jahre das Kopftuch, obwohl weder sie selbst noch ihre Mütter es im Herkunftsland getragen haben. Sie stehen aber der Modernisierung nicht feindlich gegenüber, sonst wären sie nicht so stolz auf ihre Töchter, die studieren und ein Gymnasium besuchen. Die Bildungsträume der Mütter werden in den Töchtern Realität.

Bildungsprozesse in der Traditionalität sind Prozesse der Einübung von Fügsamkeit und der Anpassung zur Fortsetzung von Traditionen. Im Unterschied dazu sind die Bildungsprozesse der meisten interviewten Frauen Prozesse der Individuierung, das heißt des sich Bildens eines eigenständig für das Eigenwohl und das Gemeinwohl verantwortlich sorgenden Subjekts. Mohammeds deutsche Töchter führen, wenn sie nicht von außen daran gehindert werden, eine autonome und ethisch verantwortliche Lebenspraxis.

Was Mohammeds deutsche Töchter wollen

Kein Hindernis im Bildungsprozess, aber dennoch ein Problem stellt für einige Interviewte die Nichtanerkennung der Zugehörigkeit durch Deutsche dar. Sie leiden darunter, fremd gemacht zu werden. Sie selbst empfinden sich nicht mehr als Fremde bei uns, wenn sie hier aufgewachsen sind. Sie fühlen sich in Frankfurt, Hamburg oder Köln zu Hause. Fremd ist ihnen hingegen die Heimat der Eltern und Großeltern.

Hinter dem Fremdmachen können wohlgemeinte Ideologien vom gleichberechtigten Nebeneinander der Kulturen in einer multikulturellen Gesellschaft stehen. Sie stärken Tendenzen der Festschreibung von Gruppenidentitäten und übersehen, dass sich unter dem Deckmantel von Kultur und Religion auch bei uns neue Formen der Gewalt gegen Frauen und Mädchen ausbreiten. Das ältere Konzept einer pluralistischen Gesellschaft mit einem gleichberechtigten Miteinander der Individuen unabhängig von Herkunft, Religion und Aussehen entspricht den Wünschen von Mohammeds deutschen Töchtern in der Regel viel mehr. Frauen aus muslimischen Ländern wissen die Freiheit und Gleichberechtigung in den demokratischen Staaten des Westens zu schätzen und wollen nicht zurück in vormoderne Ungleichbehandlung auf Grund des Geschlechts, auch nicht in kulturellen Inseln inmitten unserer Gesellschaft. Sie wollen keinen Herkunftsstempel aufgedrückt bekommen, keine Fremdethnisierung und keine Biologisierung von Kultur und Religion. Tendenzen des Abstammungs- und Kulturfundamentalismus laufen ihren Interessen zuwider. Sie wollen keine »Exotisierung des Migranten«. Denn: »Kultur markiert nun einmal keine Sektoren auf einer ethnischen Landkarte, sie besitzt nicht primär Abgrenzungsfunktionen. Ihr konstitutiver Sinn besteht vielmehr darin, Horizonte zu öffnen und Verständigung zu ermöglichen.«[103] Mohammeds deutsche Töchter wollen die Freiheit des modernen Subjekts, das sich seiner Verantwortung für die Bewältigung der Gegenwart und die Planung der Zukunft bewusst ist. Dazu gehört auch das Recht des einzelnen, anders sein zu dürfen, der Kultur, Religion, Tradition, in die man hineinsozialisiert wurde, eine Absage erteilen zu dürfen, dass man sie verlassen oder – wenn möglich – modifizieren kann. Mohammeds deutsche Töchter wünschen sich die Anerkennung der Zugehörigkeit zu unserer pluralistischen und demokratischen Gesellschaft.

Das Schlusswort gebe ich Nadeeka aus Afghanistan:

Also meine beste Freundin kommt aus der Türkei, sie ist Kurdin. Sie hat auch eine große Familie und hat so ähnliche Probleme wie ich. Natürlich hab ich auch deutsche Freunde. Ich hab auch kein Problem, mich mit Deutschen zu verstehen. Ich akzeptiere einfach Menschen. Ob es ein Mädchen oder Junge, Mann oder Frau ist, ich akzeptiere einfach Menschen. Und sonst spielt es für mich keine Rolle, ob jemand jetzt Grieche ist, oder Japaner oder Deutscher. Ich würde niemals in der Lage sein, eine Religion als falsch zu bezeichnen oder jemand anderen nicht zu akzeptieren, weil er eben Christ oder Buddhist ist. Ich akzeptiere, wenn, jemand als Menschen. Es gibt solche und solche Menschen. Ich habe gute und schlechte Erfahrung gemacht.

Anmerkungen

1 Schröter, Hiltrud: »Ahmadiyya-Bewegung des Islam«. Hänsel-Hohenhausen, Deutsche Hochschulschriften 1206, Frankfurt/M. 2002.

2 Khoury, Adel Theodor: Texte aus der Tradition (Hadith) zu Themen des Korans. In: Anhang zur Koranübersetzung von Khoury. Siehe Literaturverzeichnis. Nach dem Koran (5:32) ist das Töten eines Menschen auch erlaubt, wenn »er auf der Erde Unheil stiftet«. (Khoury).

3 Peirce, Charles Sanders: Lectures on Pragmatism. Vorlesungen über Pragmatismus. (Hg. v. E. Walther.) Phil. Bibl. Meiner 281, Hamburg 1973.

4 Literatur zur Methode der objektiven Hermeneutik siehe Literaturverzeichnis: Oevermann, Allert, Loer (S.16-28), Sutter.

5 Der Stichentscheid des Vaters wurde bei uns durch ein Urteil des Bundesverfassungsgerichts (BVerfGE 10, 59) am 10.7.1959 für verfassungswidrig erklärt – ein für die Gleichberechtigung im Familienrecht entscheidendes Urteil.

6 Vgl. Interview mit Maryam im Kapitel *Bildungsprozesse, Schülerinnen.*

7 Sure 19, Vers 16-33. Besonders poetisch ist dieser Text in der Koran-Übersetzung von Friedrich Rückert.

8 Siehe Schröter, Hiltrud: Arabesken. Studien zum interkulturellen Verstehen. Peter Lang, Frankfurt/M. (1)1997, (2)1999. Kap.: *Schatz, Pforte und Puppenspiel.*

9 Siehe in Teil III *Hindernisse*: Interview mit Eveline.

10 Dersch, Dorothee: Transformation und Autonomie im Leben tunesische Bäuerinnen – eine struktural-hermeneutische Analyse eines Beratungsprojektes. Margraf, Weikersheim 1997.

11 Schröter, Hiltrud: Arabesken – Studien zum interkulturellen Verstehen im deutsch-marokkanischen Kontext.

12 Jugend 2000. Deutsche Shell (Hg.). Leske und Budrich, Opladen 2000. Vgl.: Yasemin und Ayse. S. 63-92.
Siehe auch Teil I: *Bildungsprozesse.* Kap. *Schülerinnen*: Selima, Louiza, Kerima.

13 Siehe z.B. Mernissi, Fatema: Der Harem in uns. Die Furcht vor dem Anderen und die Sehnsucht der Frauen. Herder, Freiburg 1994. Mernissi beschreibt u.a. ihre Kindheit im Harem in Fes.
Messaoudi, Khalida: Worte sind meine einzige Waffe. Eine Algerierin im Fadenkreuz der Fundamentalisten. Antje Kunstmann, München 1995.
Djebar, Assia: Dankesrede zur Verleihung des Friedenspreises des deutschen Buchhandels am 22.10.2000 in der Frankfurter Paulskirche. Frankfurter Rundschau vom 23.10.2000.

14 Siehe Teil III: *Hintergründe.* Kap.: *Islamische Bekleidungsvorschriften für Frauen.*

15 Eine präzise Beschreibung aller Rituale und der Gebetstexte findet man in: Ka'idi, Hamza: Mekka und Medina in Farbe. Unter der Schirmherrschaft der

islamischen Konferenz. Les éditions j.a., Reihe: Reisen heute. Band 49. Vertrieb: Geo-Center, Stuttgart u.a., o. J. Zitat: S. 56.

16 Freud, Sigmund: Massenpsychologie und Ich-Analyse. Fischer, Frankfurt u.a. 1969, S. 68.

17 Rilke, Rainer Maria: Werke I, Insel-Taschenbuch, Frankfurt 1987, S. 145.

18 Bzgl. der Bedürfnisse habe ich mich orientiert an Maslow, Abraham H.: Motivation und Persönlichkeit. Rowohlt-Taschenbuch-Verlag, Reinbek bei Hamburg 1981. Besonders Kapitel 7: Höhere und niedere Bedürfnisse.

19 a.a.O., S. 72.

20 Kapellen, Gertrude: »Grundlage der Typenbestimmung ist das individuelle Vermögen, jene Haltung des *strukturellen Optimismus'* in der persönlichen Lebensgestaltung zur Verfügung zu haben. Es lassen sich drei unterschiedliche Zugangsformen zu diesem natürlichen Potential aufzeigen, die sich primär im Grad der lebbaren Positivität unterscheiden. Der *Ja-Typ* hat den unmittelbarsten Zugang zu den Bewältigungspotentialen seines Ichs und kann Krisen ohne große emotionale Einbrüche meistern. Der *Nein-Typ* hat nur noch rudimentäre Verbindungen zu diesen Potentialen und gerät durch kleinste Anlässe in tiefste Krisen. Der *Ja-Aber-Typ* hat zwar Verbindung zu seinen Bewältigungspotentialen, hat aber gleichzeitig auch starke Zweifel an ihrem Funktionieren, weswegen er die Kräfte oft nicht für Bewältigungsprozesse einsetzen kann.« Hypnotherapeutische Wirkungsstrukturen. 2004.

21 Ebert, Hans-Georg / Fürtig, Henner / Müller, Hans-Georg: Die islamische Republik Iran. Hrsg. von Bartel, Günter. Pahl-Rugenstein, Köln 1987, S. 391.

22 Riesebrodt, Martin: Fundamentalismus als patriarchalische Protestbewegung. J.C.B. Mohr, Tübingen 1990, S. 142. Siehe Kapitel 3: Der schiitische Fundamentalismus im Iran, 1961–79.

23 *Maghnae* bezeichnet man die geschlossene, über den Kopf zu ziehende Bedeckung von Kopf und Schultern der Schülerinnen, die vom ersten Schuljahr an zur Schuluniform der Mädchen gehört. Sie läßt nur das vordere Gesicht frei. Da sie nicht so leicht verrutscht wie ein Kopftuch, wird sie auch von vielen Frauen, besonders beim Arbeiten, bevorzugt getragen.

24 Einen Einblick bietet zum Beispiel *Das politische und religiöse Testament Khomeinis*, das ich mir im Herbst 1999 in der schiitischen Moschee, dem Islamischen Zentrum Hamburg e.V., Schöne Aussicht 36, gekauft habe. Darin heißt es z.B.: »Diese Feinde des Islam werden angeführt von den Vereinigten Staaten von Amerika, diesem ungehemmten terroristischen Staat, der alles in Brand steckt. Und sein Verbündeter, der internationale Zionismus, schreckt vor keinem Verbrechen zurück, um seine niedrigen und gierigen Ziele zu erreichen.« (S. 10)

25 Im Mai 2000 und im April 2002 war ich im Iran und musste feststellen, dass sich trotz der angeblichen Liberalisierung daran nichts geändert hat.

26 Zum Beispiel die Ahmadiyya. Siehe Teil III: *Hintergründe.* Kap.: *Ahmadiyya-Bewegung des Islam.*

27 Vgl. Interview mit *Rosi* im selben Kapitel.

28 Siehe Teil III: *Hindernisse.*

29 Artikel 1 der UN-Charta lautet: »Alle Menschen sind frei und gleich an Würde und Rechten geboren.«

30 Vgl. im Kapitel *Schülerinnen*: Maryam

31 Oevermann, Ulrich: Partikularistische und universalistische Momente religiöser Systeme. Am Beispiel des Vergleichs polytheistischer und monotheistischer Religionen und der gegensätzlichen Folgen des puritanischen und islamischen Fundamentalismus. Manuskript, Mai 1995.

32 Siehe zum Beispiel: Sprache und Sprachstörungen. Neurologie, Sprachheilpädagogik, Linguistik. Mit Beiträgen von Peter Jehle, Helen Leuninger und Wolfgang Schlote. Schriftenreihe *denken und lernen.* 2. Hrsg. Werner Radigk. Verlag Modernes Lernen, Dortmund (7)1988.

33 Ähnliches meint wohl auch Bassam Tibi, der im letzten Abschnitt seines Buches »Fundamentalismus im Islam« schreibt: »Religiöser Fundamentalismus ist ein Kennzeichen für ein Zeitalter des globalen Konflikts, während Säkularität und Rationalität Bindeglieder zwischen den Zivilisationen sein können.« S. 176. Wissenschaftliche Buchgesellschaft, Darmstadt 2000.

34 Siehe *Bildungsprozesse,* Kapitel: *Mütter.*

35 Siehe *Hindernisse,* Fall *Nilgün.*

36 Khoury, Adel Theodor / Heine, Peter / Oebbecke, Janbernd: Handbuch Recht und Kultur des Islams in der deutschen Gesellschaft. Probleme im Alltag – Hintergründe – Antworten. Gütersloher Verlagshaus, Gütersloh 2000. S. 53.

37 Oevermann, Ulrich: Bewährungsdynamik des modernen Subjekts als Triebfeder des Spannungsverhältnisses von Gemeinwohlbindung und Eigeninteresse. Uni Frankfurt/Main, Manuskript vom 16.6.2000. Zur Bedeutung der kleinen Umwelten siehe S. 54.

38 Oevermann, Ulrich: Ein Modell der Struktur von Religiosität. In: Wohlrab-Sahr: Monika (Hg.): Biographie und Religion – Zwischen Ritual und Selbstsuche. Campus-Verlag, Frankfurt/Main, New York 1995. S. 27-102.
Ders.: Ausprägungen der strukturellen Religiosität unter Bedingungen der vollständigen Säkularisierung des Bewusstseins. Manuskript, Uni Frankfurt/M., Mai 2001.

39 Al-Khayyat, Sana: Ehre und Schande. Frauen im Irak. Aus dem Englischen von Elfi Hartenstein. Kunstmann, München 1991. Originalausgabe: Honour and Shame. Saqi Books, London 1990.
Gref, Marion: Frauen in Algerien. Pahl-Rugenstein-Hochschulschriften 267, Frauenstudien 12, Köln 1989.
Höll, Rosemarie: Die Stellung der Frau im zeitgenössischen Islam. Dargestellt am Beispiel Marokkos. Peter Lang, Frankfurt/M. 1979.
Mernissi, Fatima: Der Harem ist nicht die Welt. Elf Berichte aus dem Leben marokkanischer Frauen. Sammlung Luchterhand 789, Darmstadt 1988.
Messaoudi, Khalida: Worte sind meine einzige Waffe. Eine Algerierin im Fadenkreuz der Fundamentalisten. Aus dem Französischen von Uli Aumüller und Tobias Scheffel. Kunstmann, München 1995.
Saadawi, Nawal el: Tschador. Frauen im Islam. Ed. CON, Bremen 1980.
Dies.: Der Sturz des Imam. Aus dem Englischen von Edgar Peinelt. Ed. CON, Bremen 1991. Originaltitel: The fall of the Imam. Methuen, London 1988.

40 Richter-Dridi, Irmhild: Frauenbefreiung in einem islamischen Land – ein Widerspruch? Fischer-Taschenbuch-Verlag, Frankfurt/M. 1984.

41 Über die Lage der Frauen berichten UNICEF und Amnesty international, z.B.: Ruth Finney Hayward: Breaking the Eathernware Jar. Lessons from South Asia to End Violence against Women and Girls. UNICEF, 2000. Amnesty international:

Frauen in Pakistan: Benachteiligt und ihrer Rechte beraubt. Ai-Index: ASA 33/23/95. Und: Pakistan. Menschenrechte – Für Frauen nur auf dem Papier. Ai-Index: ASA 33/07/97; März 1997.

42 Freitagsblatt. Zeitung der Islamischen Religionsgemeinschaft Hessen. Mai/Juni 2000, Nr. 5/2.

43 Nach Angaben der Vereinten Nationen fallen jährlich schätzungsweise bis zu 5000 junge Frauen im islamischen Kulturkreis so genannten »Ehrenmorden« zum Opfer. Zweiwochendienst, Frauen und Politik, Nr. 177, 21.11.2001, 16. Jahrgang, S. 12.

44 Vorsteher einer alevitischen Gemeinde.

45 Tan, Dursun: Aleviten in Deutschland. Zwischen Selbstethnisierung und Emanzipation. In: Jonker, Gerdien (Hg.): Kern und Rand. Religiöse Minderheiten aus der Türkei in Deutschland. Das Arabische Buch, Berlin 1999, S. 65-88.

46 Im zweiten Teil der 13. Shell Jugendstudie »Jugend 2000« wird in biographischen Erzählungen von türkischen Mädchen dieselbe Auffassung vertreten. Siehe: Yasemin und Ayse. S. 63-70. Die größten Bildungschancen hatten sie auf einer Schule ohne Türken. Nach dem Umzug in den Stadtteil Birkach von Stuttgart mit überwiegend ausländischer Bevölkerung brach der Bildungsprozess zusammen. Leske und Budrich, Opladen 2000.

47 Schipper, Mineke: »Eine gute Frau hat keinen Kopf« – Europäische Sprichwörter über Frauen. Aus dem Niederländischen von Jörg Schilling und Rainer Täubrich. Deutscher Taschenbuch-Verlag, München 1996. Titel der niederländischen Originalausgabe: Een goede vrouw is zonder hoofd. Uitgeverij Ambo, Barn 1993.

48 Oevermann, Ulrich: Ein Modell der Struktur von Religiosität. Zugleich ein Strukturmodell von Lebenspraxis und sozialer Zeit. In: Monika Wohlrab-Sahr (Hg.): Biographie und Religion: Zwischen Ritual und Selbstsuche. Campus-Verlag, Frankfurt/M., New York 1995.
Ders.: Ausprägungen der strukturellen Religiosität unter Bedingungen der vollständigen Säkularisierung des Bewusstseins. Manuskript, Uni Frankfurt, Mai 2001.

49 Grevemeyer, Jan-Heeren: Afghanistan. Sozialer Wandel und Staat im 20. Jahrhundert. VWB, Berlin (2)1989 (1)1987.
Pohly, Michael: Krieg und Widerstand in Afghanistan. Berlin 1992.
Werner, Adam: Das Scheitern am Hindukusch. Stuttgart 1989.
Auswärtiges Amt: Lagebericht Afghanistan vom 25.11.1993.
Auswärtiges Amt: Lagebericht Afghanistan vom 21.2.1995.
Bundesamt für die Anerkennung ausländischer Flüchtlinge, BAFI: Afghanistan, Information. Nürnberg, Okt. 1995.
Zweiwochendienst Frauen und Politik: Frauenrechte in Trümmern. Gender Apartheid in Afghanistan. Nr. 171/2001.
Latifa: Das verbotene Gesicht. Marion von Schröder-Verlag, München 2001.

50 Baraki, Matin: Kontinuität in der deutschen Afghanistanpolitik vom Kaiserreich bis zur Berliner Republik. In: Interkulturell. Forum für interkulturelle Kommunikation, Erziehung und Beratung. Forschungsstelle Migration und Integration, Pädagogische Hochschule Freiburg im Breisgau, Heft 1 / 2, 2000.
UNHCR: Brennpunkt Afghanistan. Genf, 2 / 10. 1997.

51 Der Text der Hypothese wurde einer Hausarbeit von Juliane Hogrefe entnommen.
52 Analyse in Teil III: *Hintergründe.*
53 Vgl. *Maryam* in Teil I: *Bildungsprozesse, Schülerinnen.*
54 Faust, Elke: Islam on Tour: Die indo-pakistanische Bewegung Tablīghī Jamā'at. In: ORIENT 39 (1998) 2, S. 231.
55 Eimuth, Kurt-Helmuth: Die Sektenkinder. Herder, Freiburg 1996.
56 Koran-Übersetzung der Ahmadiyya.
57 Zum Beispiel schreibt Hadayatulla Hübsch vom Basar in der *Mohalla Ahmadiyya* in Qadian, dem Geburtsort der Ahmadiyya im indischen Punjab, schwärmerisch: »Auf dem Basar eine wogende Menschenmenge, Frauen in ihren, den Körper sanft umhüllenden Burqas, die ihnen Würde und Scheu, Ansehen und Zierlichkeit verleihen. Eine geruhsame, zärtliche Schamhaftigkeit umgibt sie, sie lassen keinen rohen, unziemlichen, unkeuschen Ausdruck aufkommen.« Hübsch: Ein Ort des Friedens. Verlag Der Islam, Frankfurt/Main, 1992, S. 30. Der Verlag gehört der Ahmadiyya. Hübsch ist der deutsche Sprecher der Gemeinde und Imam der Nuur-Moschee in Frankfurt/Main.
58 Die Ahmadiyya hat eigene Fernsehsendestationen und strahlt ihr Programm weltweit und rund um die Uhr über Eutelsat aus.
59 Eine Zusammenstellung der meisten Koranstellen zu Paradies und Hölle findet man in: Twardella, Johannes: Autonomie, Gehorsam und Bewährung im Koran. S. 274–277. Olms, Hildsheim 1999.
Imam 'Abd ar-Rahim ibn Ahmad al-Qadi: Das Totenbuch des Islam. Gondrom, Bindlach 1991.
60 In §8 Abs. 4 des Hessischen Schulgesetzes heißt es: »Die Schülerinnen und Schüler, die am Religionsunterricht nicht teilnehmen, sind verpflichtet, an einem Ethikunterricht teilzunehmen, in dem ihnen das Verständnis für Wertvorstellungen und ethische Grundsätze und der Zugang zu ethischen, philosophischen und religionskundlichen Fragen vermittelt wird.«
61 Siehe Schröter, Hiltrud: Arabesken – Studien zum interkulturellen Verstehen. S. 168–181.
62 Vgl. in der *Korananalyse* in Teil III die Übersetzung von Vers 33:59 der Saudis und der Ahmadiyya.
63 Auch in Teil II: *Hindernisse.*
64 Der Zusammenhang mit Stammeskulturen wird im folgenden Sequenzabschnitt erkennbar.
65 Vgl. z.B. Küng, Hans und Karl-Josef Kuschel (Hrsg.): Erklärung zum Weltethos. Die Deklaration des Parlamentes der Weltreligionen. R. Piper, München 1993.
66 Spuler-Stegemann, Ursula: Muslime in Deutschland. Herder, Freiburg 1998, S. 65–68.
67 Riesenbrodt, Martin: Fundamentalismus als patriarchalische Protestbewegung. Amerikanische Protestanten und iranische Schiiten im Vergleich. Mohr, Tübingen 1990.
68 Eine Auswahl findet man in: Mirza Mubarak Ahmad: Der verheißene Messias. Übers. aus dem Englischen von H. Hübsch. Verlag Der Islam, Frankfurt/M. o. J.
69 Siehe in Teil III: »*Ahmadiyya-Bewegung des Islam*«.

70 Obwohl der Islam das Kastenwesen ablehnt und Pakistan sich 1947 davon losgesagt hat, gibt es dort immer noch Mitglieder höherer Kasten, die daran festhalten. Zum Beispiel gehören von uns Interviewte Großgrundbesitzer zur Kaste der Jats, die sie als die zweithöchste Kaste bezeichneten.

71 Vgl. Schröter, Hiltrud: Arabesken. Teil II: Raum, Blick und Körper.

72 Schröter, a.a.O., Teil IV: Schatz, Pforte und Puppenspiel.

73 Boos-Nünning, Ursula: Einwanderung ohne Einwanderungsentscheidung: Ausländische Familien in der Bundesrepublik Deutschland. In: Aus Politik und Zeitgeschichte. Beilage zur Wochenzeitschrift Das Parlament. Hg.: Bundeszentrale für politische Bildung. Bonn 1.6.1990.

74 Dieser Art. 102 lautet: »Wer vor den Augen der Öffentlichkeit an allgemein zugänglichen Orten eine verbotene Handlung begeht, wird außer mit der Strafe für diese Handlung zu höchstens 74 Peitschenhieben verurteilt. Begeht er eine Tat, die an sich nicht strafbar ist, aber gegen das allgemeine Schamgefühl verstößt, wird er nur zu höchstens vierundsiebzig Peitschenhieben verurteilt. Erläuterung: Frauen, die sich ohne die religionsgesetzlich vorgeschriebene Kleidung auf öffentlichen Straßen und Plätzen zeigen, werden zu einer ta'zīr-Strafe von höchstens 74 Peitschenhieben verurteilt.« Zit. n. Tellenbach, Silvia: Strafgesetze der Islamischen Republik Iran. Übers. u. eingeleitet von S. Tellenbach. De Gruyter, Berlin, New York 1996. Sammlung außerdeutscher Strafgesetzbücher in deutscher Übersetzung; S. 106.

75 Tellenbach, a.a.O., S. 10.

76 Cemaleddin Hocaoğlu (Kaplan): Die Begründung der Vereinigung der islamischen Vereine und Gemeinden und ... . Rede des 1. Kalifen des »Kalifatstaates« von 1986, veröffentlicht von seinem Sohn M. Metin Müftüoğlu (Kaplan), dem zweiten Kalifen, Köln 2000, S. 50. Metin Kaplan wurde am 15.11.2000 vom Oberlandesgericht Düsseldorf wegen Mordaufruf zu vier Jahren Haft verurteilt. In der Urteilsbegründung wurde er als Chef eines extremistisch-militanten Geheimbundes bezeichnet. Der Spiegel, 47/2000.

77 Ernst Gottfried Mahrenholz: Darf die Schulverwaltung einer Schülerin das Tragen eines Schleiers in der Schule verbieten? In: Recht der Jugend und des Bildungswesens. Zeitschrift für Schule, Berufsbildung und Jugenderziehung. 46. Jg., 3/1998.

78 FR 27.6.2001.

79 Siehe Literaturverzeichnis.

80 Hartmut Bobzin: Der Koran. Eine Einführung. Beck, München 1999, S. 110.

81 Die Sequenzanalyse der Übersetzung von Paret wurde im Forschungspraktikum bei Professor Oevermann am 13.11.1998 durchgeführt.

82 Bobzin: Der Koran. S. 26.

83 24,31: Und sag den gläubigen Frauen, sie sollen (...) niemand (w. nicht) offen zeigen, außer ihrem Mann, ihrem Vater, ihrem Schwiegervater, ihren Söhnen, ihren Stiefsöhnen, ihren Brüdern, den Söhnen ihrer Brüder und ihren Schwestern, ihren Frauen (...), ihren Sklavinnen (...), den männlichen Bediensteten (...), die keinen (Geschlechts)trieb (mehr) haben, und den Kindern, die noch nichts von weiblichen Geschlechtsteilen wissen. (Paret)
33,55: Es ist keine Sünde für sie (...), wenn es sich um ihren Vater, ihre Söhne, ihre Brüder, die Söhne ihrer Brüder und ihrer Schwestern, ihre Frauen (...) und ihre Sklavinnen handelt. (Paret)

84 Schröter, Hiltrud: Arabesken – Studien zum interkulturellen Verstehen im deutsch-marokkanischen Kontext. S. 147–187.
85 Halm, Heinz: Der schiitische Islam. S. 141f.
86 In der Sprache des Propheten der Ahmadiyya lautet die Botschaft so: »Wenn wir frisches Brot vor einen hungrigen Hund legen, wäre es falsch zu erwarten, dass der Hund dem Brot keine Achtung schenken würde. Daher wünschte der allmächtige Gott, dass menschliche Fähigkeiten auch im Geheimen keine Gelegenheit erhalten sollten, außer Rand und Band zu geraten, und dass sie nicht mit etwas konfrontiert werden sollten, was gefährliche Neigungen hervorrufen könnte. Diese Philosophie liegt der Lehre des Islams über die Verschleierung, *Pardah,* zugrunde.« Hazrat Mirza Ghulam Ahmad: Die Philosophie der Lehren des Islams. Verlag Der Islam, Frankfurt/M. 1996, S. 50.
87 Oevermann mündlich im Forschungspraktikum am 13.11.1998. Hier nimmt Oevermann Bezug auf die Marokkoreise von Delacroix im Jahre 1832. Zu dieser anderen Art von Autonomie bei gleichzeitiger kulturtraditionaler Unterdrückung siehe Schröter: Arabesken ... S. 157.
88 Hier passt die Definition von Gewalt, die bei der Vorbereitung der 4. Weltfrauenkonferenz 1995 in Peking formuliert wurde: »Unter Gewalt im Geschlechterverhältnis verstehen wir jede Art von Verletzung der körperlichen und / oder seelischen Unversehrtheit, die mit der Geschlechtlichkeit des Opfers und des Täters zusammenhängt und die unter Ausnutzung des strukturell vorgegebenen Machtverhältnisses zwischen Männern und Frauen zugefügt wird.« Evangelische Kirche von Westfalen: Handreichung zum Umgang mit sexueller Gewalt. Bielefeld 1998, S. 5. Kostenlos bei EKvW , Postfach 10 10 51, 33510 Bielefeld.
89 Eine gute Übersicht über die Rechtslage bietet die Broschüre der Evangelischen Kirche von Westfalen: Handreichung zum Umgang mit sexueller Gewalt. Bielefeld 1998.
90 Khoury, Adel Theodor u. a.: Handbuch Recht und Kultur des Islams ..., S. 38.
91 Djebar, Assia: Fantasia. Aus dem Franz. von Inge M. Artl. Unionsverlag, Zürich 1990, S. 264.
92 Hiltrud Schröter: Ahmadiyya-Bewegung des Islam. Hänsel-Hohenhausen. Deutsche Hochschulschriften 1206, Frankfurt/M. (1)2002, (3)2003
93 Hazrat Mirza Ghulam Ahmad: Unsere Lehre. Verlag der Islam, Frankfurt/M. 1994, S. 20.
94 Die Gesetzestexte sind in englischer Sprache abgedruckt in: Backhausen, Manfred J. und Inauyat K. Gill: Die Opfer sind schuld! Machtmissbrauch in Pakistan. Akropolis, München (2)1994, S.133. Immigration and Refugee Board Documentation Centre (Hrsg.): Culture Profile. The Ahmadiyya. Ottawa, Canada, June 1991, S. 17.
95 Marx, Reinhard: Umfang und Grenzen der Religionsfreiheit im Asylrecht unter besonderer Berücksichtigung der pakistanischen Strafpraxis gegenüber Ahmadis. Bonn 1993, S. 37.
96 Backhausen: Die Opfer ..., S. 139.
97 Khan, Sir Muhammad Zafrullah: Der islamische Staat. Verlag Der Islam. Frankfurt/M., o. J., S. 8. Übersetzung von H. Hübsch. Neuaufl. Juni 2001, 20.000, kostenlos.
98 Khan, a.a.O., S. 2.
99 *Weisses Minarett.* 17. Jg., Jahreswende 2000/2001, S. 17.

100 Mathilde Ludendorff/Dr. von Kemnitz: Erlösung von Jesu Christo. Ludendorffs Volkswarte-Verlag, München 1931, S.128-129. Frank Schnoor: Mathilde Ludendorff und das Christentum. (Diss., Christian-Albrecht-Universität zu Kiel 1998). Dr. Hänsel Hohenhausen A.G., Verlag der Deutschen Hochschulschriften, Egelsbach bei Frankfurt/M. 2001.

101 Hazrat Mirza Ghulam Ahmad: Jesus starb in Indien. Eine Darstellung von Jesus Entrinnen vom Tode am Kreuz und seiner Reise nach Indien. Verlag Der Islam, Frankfurt/M. 1988. Titel der Originalausgabe in Urdu: »Masih Hindustan Mein«. Titel der englischen Ausgabe: Jesus in India.

Ders.: Taskirah. Träume, Visionen und wörtliche Offenbarungen, die Hazrat Mirza Ghulam Ahmad von Qadian, dem Verheißenen Messias und Mahdi gewährt wurden. Ins Englische übertragen von Sir Muhammad Zafrullah Khan. London / U.K. 1976. Übersetzt aus dem Englischen ins Deutsche von Farid Sarwat, Islamabad, Pak. Mit Hilfe von Khadidja Nazir, Verlag Der Islam, Frankfurt/M. 1997, S. 189, 223, 226, 279 u.a.

Hazrat Mirza Nasir Ahmad (3. Kalif): Die Wahrheit über die Kreuzigung Jesu. Rede von 1978. Verlag Der Islam, Frankfurt/M. o. J., kostenlos.

Masud Ahmad (Hg.): Jesus starb nicht am Kreuz. Verlag Der Islam. Frankfurt/M. 1992.

Im Internet verbreitet die Ahmadiyya Farbfotos des vermeintlichen Grabgebäudes und des Sarkophags von Jesus.

102 Grönbold, Günter: Jesus in Indien. Das Ende einer Legende. Kösel, München 1985.

Klatt, Norbert: Lebte Jesus in Indien? Eine religionsgeschichtliche Klärung. Wallstein-Verlag, Göttingen 1988.

Ders.: Wer war Yuz Asaf? Materialdienst der Evangelischen Zentralstelle für Weltanschauungsfragen. 47. Okt. 1984, S. 315f.

103 Walter Kaschuba: Die Exotisierung des Migranten. FR vom 6.2.2001.

Literatur

Abadan-Unat, Nermin (Hg.): Die Frau in der türkischen Gesellschaft. Dağyeli, Frankfurt/M. 1985.
Ahmad, Masud (Hg.): Jesus starb nicht am Kreuz. Verlag Der Islam. Frankfurt/M. 1992.
Ahmed, Munir D.: Die Ahmadiyya. In: Flucht und Asyl. Berichte über Flüchtlingsgruppen. Hrsg. für das Komitee für Grundrechte und Demokratie und Medico International von Andreas Gemmershausen und Wolf-Dieter Narr. Edition Parabolis, Verlagsabteilung des Berliner Instituts für Vergleichende Sozialforschung e.V., Berlin 1988.
Ders.: Ahmadiyya. Geschichte und Lehre. In: Annemarie Schimmel u.a. (Hg.): Der Islam III (Die Religionen der Menschheit; 25,3), Kohlhammer, Stuttgart, Berlin, Köln 1990, S. 415–422.
Ahmad, Mirza Mubarak: Der verheißene Messias. Aus dem Engl. übers. v. H. Hübsch. Verlag Der Islam, Frankfurt/Main o. J.
Allert, Tilman: Die Familie. Fallstudien zur Unverwüstlichkeit einer Lebensform. Walter de Gruyter, Berlin, Yew York 1998.
Al-Khayyat, Sana: Ehre und Schande. Frauen im Irak. Verlag Antje Kunstmann, München 1991. Aus dem Englischen von Elfi Hartenstein. Titel der Originalausgabe: Honour and Shame. Saqi Books, London 1990.
Amnesty international: Frauen in Pakistan. Benachteiligt und ihrer Rechte beraubt. Ai-Index: ASA 33/23/95.
Dies.: Pakistan. Menschenrechte – Für Frauen nur auf dem Papier. Ai-Index: ASA 33/07/97; März 1997.
Amnesty International Jahresbericht 2001. Fischer-Taschenbuch-Verlag, Frankfurt/M.
Apitzsch, Ursula (Hg.): Migration und Traditionsbildung. Westdeutscher Verlag, Opladen, Wiesbaden 1999.
Ariès, Philippe: Vom Recht auf Verstoßung zur unauflöslichen Ehe. In: Rainer Beck (Hg.): Das Mittelalter. Ein Lesebuch zur deutschen Geschichte 800–1500. Verlag C.H. Beck, München 1997, S. 55–60.
Auswärtiges Amt: Lagebericht Afghanistan vom 25.11.1993.
Auswärtiges Amt: Lagebericht Afghanistan vom 21.2.1995.
Backhausen, Manfred J. und Inayat K. Gill: Die Opfer sind schuld! Machtmissbrauch in Pakistan. Akropolis-Verlag, München (2)1994.
Baraki, Matin: Kontinuität in der deutschen Afghanistanpolitik vom Kaiserreich bis zur Berliner Republik. In: Interkulturell. Forum für interkulturelle Kommunikation, Erziehung und Beratung. Forschungsstelle Migration und Integration, Pädagogische Hochschule Freiburg im Breisgau, Heft 1 / 2, 2000.
Bobzin, Hartmut: Der Koran. Eine Einführung. Beck, München 1999.
Boos-Nünning, Ursula: Einwanderung ohne Einwanderungsentscheidung: Ausländische Familien in der Bundesrepublik Deutschland. In: Aus Politik und Zeitgeschichte. Beilage zur Wochenzeitung Das Parlament. Hg.: Bundeszentrale für politische Bildung. Bonn, B 23–24/90, 1.6.1990.

Bundesamt für die Anerkennung ausländischer Flüchtlinge, BAFI: Afghanistan, Information. Nürnberg, Okt. 1995.
Busse, Heribert: Die theologischen Beziehungen des Islams zu Judentum und Christentum. Grundlagen des Dialogs im Koran und die gegenwärtige Situation. Wissenschaftliche Buchgesellschaft, Darmstadt, (2)1991.
Dersch, Dorothee: Transformation und Autonomie im Leben tunesischer Bäuerinnen – eine struktural-hermeneutische Analyse eines Beratungsprojektes. Margraf, Weikersheim 1997.
Diehm, Isabell: Erziehung und Toleranz. Handlungstheoretische Implikationen Interkultureller Pädagogik. In: Zeitschrift für Pädagogik. Jg. 46, Heft 2, März / April 2000.
Djebar, Assia: Fantasia. Aus dem Französischen von Inge M. Artl. Unionsverlag, Zürich 1990.
Dies.: Dankesrede zur Verleihung des Friedenspreises des deutschen Buchhandels am 22.10.2000 in der Frankfurter Paulskirche. Frankfurter Rundschau vom 23.10.2000.
Ebert, Hans-Georg / Fürtig, Henner / Müller, Hans-Georg: Die islamische Republik Iran. Hrsg.: von Bartel, Günter. Pahl-Rugenstein, Köln 1987.
Eimuth, Kurt-Helmuth: Die Sektenkinder. Herder, Freiburg 1996.
Ende, Werner und Steinbach, Udo (Hg.): Der Islam in der Gegenwart. 4. neu bearb. und erw. Auflage. Beck, München 1996.
Evangelische Kirche von Westfalen: Handreichung zum Umgang mit sexueller Gewalt. Bielefeld 1998.
Faust, Elke: Islam on Tour: Die indo-pakistanische Bewegung Tablīghī Jamā‘at. Orient 39, 1998, 2.
Dies.: Close Ties and New Boundaries: Tablīghī Jamā‘at in Britain and Germany. In: Masud, Muhammad Khalid: Travellers in faith. Studies of the Tablīghī Jamā‘at as a Transnational Islamic Movement for Faith Renewal. Brill, Leiden, Boston, Köln 2000.
Finkielkraut, Alain: Die Niederlage des Denkens. Aus dem Französischen von Nicola Volland. Rowohlt Taschenbuch Verlag, Reinbek bei Hamburg 1989.
Flasche, R.: Das Jesusbild in der Lehre der Ahmadiyya. In: Zeitschrift für Missionswissenschaft und Religionswissenschaft. 59. Jg. (1975), S. 291–299.
Freud, Sigmund: Massenpsychologie und Ich-Analyse. Fischer, Frankfurt u. a. 1969.
Friedeburg, Ludwig von / Habermas, Jürgen (Hg.): Adorno-Konferenz 1983. Suhrkamp, Frankfurt/M. 1983.
Gref, Marion: Frauen in Algerien. Pahl-Rugenstein-Hochschulschriften 267, Frauenstudien 12, Köln 1989.
Grevemeyer, Jan-Heeren: Afghanistan. Sozialer Wandel und Staat im 20. Jahrhundert. VWB, Berlin (1)1987, (2)1989.
Grönbold, Günter: Jesus in Indien. Das Ende einer Legende. Kösel, München 1985.
Gültekin, Nevâl (Hg.): Wir haben viel voneinander gelernt. Ausschnitte aus dem Arbeitsalltag von *infrau*. Frankfurt/M. 1994.
Halm, Heinz: Der schiitische Islam. Von der Religion zur Revolution. Beck, München 1994.
Ders.: Der Islam. Geschichte und Gegenwart. Beck, München 2000.
Hamburger, Franz: Kulturelle Produktivität durch komparative Kompetenz. Hg.: Institut für Sozialpädagogische Forschung Mainz, 1997.
Handbuch religiöse Gemeinschaften und Weltanschauungen. Im Auftrag der

Kirchenleitung der velkd herausgegeben von Horst Reller, Hans Krech, Matthias Kleiminger. Gütersloher Verlagshaus, Gütersloh (5)2000.
Hayward, Ruth Finney: Breaking the Earthenware Jar. Lessons from South Asia to End Violance against Women and Girls. UNICEF Regional Office for South Asia, Kathmandu, Nepal, 2000. ISBN No. 92–806-3574-3.
Hazrat Mirza Ghulam Ahmad (Gründer der Ahmadiyya): Jesus starb in Indien. Eine Darstellung von Jesus Entrinnen vom Tode am Kreuz und seiner Reise nach Indien. Verlag Der Islam, Frankfurt/M. 1988. Titel der Originalausgabe in Urdu: »Masih Hindustan Mein«. Oriental & Religious Publications Ltd., Rabwah, Pakistan. Titel der englischen Ausgabe: Jesus in India. The London Mosque 1978, u.a.
Ders.: Unsere Lehre. Verlag Der Islam, Frankfurt/M. 1994.
Ders.: Die Philosophie der Lehren des Islams. Verlag Der Islam, Frankfurt/M. 1996. Engl.: The Philosophy of the Teachings of Islam.
Ders.: Taskirah. Träume, Visionen und wörtliche Offenbarungen, die Hazrat Mirza Ghulam Ahmad von Qadian, dem Verheißenen Messias und Mahdi gewährt wurden. Ins Engl. übersetzt von Sir Muhammad Zafrullah Khan. London / U.K. 1976. Ins Deutsche übers. von Farid Sarwat, Islamabad / Pakistan. Verlag Der Islam, Frankfurt/M. 1997.
Hazrat Mirza Nasir Ahmad (Dritter Kalif der Ahmadiyya): Die Wahrheit über die Kreuzigung Jesu. Rede von 1978. Verlag Der Islam, Frankfurt/M. o. J.
Heckmann, Friedrich: Ethnische Minderheiten, Volk und Nation. Soziologie interethnischer Beziehungen. Ferdinand Enke Verlag, Stuttgart 1992.
Hoffmann, Johannes (Hg.): Universale Menschenrechte im Widerspruch der Kulturen. Bd. 2 der Symposien: Das eine Menschenrecht für alle und die vielen Lebensformen / Theologie Interkulturell, Frankfurt/M., Verlag für Interkulturelle Kommunikation, Frankfurt/M. 1994.
Hofmann, Murad: Islam in Pakistan. In: Freitagsblatt. Zeitung der Islamischen Religionsgemeinschaft Hessen. Mai/Juni 2000, Nr. 5/2.
Höll, Rosemarie: Die Stellung der Frau im zeitgenössischen Islam. Dargestellt am Beispiel Marokkos. Peter Lang, Frankfurt/M.1979.
Hübsch, Hadayatullah: Ein Ort des Friedens. Verlag Der Islam, Frankfurt/M. 1992.
Imam 'Abd ar-Rahim ibn Ahmad al Qadi: Das Totenbuch des Islam. Das Feuer und der Garten. Die Lehren des Propheten Mohammed über das Leben nach dem Tode. Gondrom, Bindlach 1991.
Jelloun, Tahar Ben: Sohn ihres Vaters. Aus dem Französischen von Christiane Kayser. Rotbuch-Verlag, Berlin 1988.
Ders.: Die Nacht der Unschuld. Aus dem Französischen von Eva Moldenhauer. Rotbuch-Verlag, Berlin 1988.
Jugend 2000. 13. Shell Jugendstudie. Gesamtkonzeption: Arthur Fischer, Yvonne Fritzsche, Werner Fuchs-Heinritz, Richard Münchmeier. Deutsche Shell (Hg.), Leske und Budrich, Opladen 2000.
Jung, Thomas / Müller-Doohm, Stefan (Hg.): »Wirklichkeit« im Deutungsprozess. Verstehen und Methoden in den Kultur- und Sozialwissenschaften. Suhrkamp Taschenbuch Wissenschaft 1048, Frankfurt/M. 1993.
Ka'idi, Hamza: Mekka und Medina in Farbe. Unter der Schirmherrschaft der Islamischen Konferenz. Les éditions j.a., Reihe : Reisen heute. Band 49. Vertrieb: Geo-Center, Stuttgart u.a., o. J.
Kapellen, Gertrude: Hypnotherapeutische Wirkungsstrukturen. Erscheint 2004.
Karakasoglu-Aydin, Yasemin: Muslimische Religiosität und Erziehungsvorstellun-

gen. Eine empirische Untersuchung an türkischen Lehramts- und Pädagogikstudentinnen im Ruhrgebiet. Frankfurt/M. 2000
Kaschuba, Wolfgang: Die Exotisierung des Migranten. Wallende Gewänder und fernöstliche Speisen: Zur fragwürdigen Ethnisierung des Fremden. FR vom 6.2.2001.
Khan, Sir Muhammad Zafrullah: Der islamische Staat. Verlag Der Islam. Frankfurt/M. o. J., Neuauflage 2001.
Ders.: Grundsätze der islamischen Kultur. Verlag Der Islam, Frankfurt/M. 1995.
Khomeini, Imam Ayatollah Ruhollah: Das politische und religiöse Testament. Hg.: Islamisches Zentrum Hamburg e. V., 1989.
Khoury, Adel Theodor: Texte aus der Tradition (Hadith) zu Themen des Korans. In: Anhang zur Koranübersetzung von Khoury, s. Koranausgaben.
Ders.: Christen unterm Halbmond. Religiöse Minderheiten unter der Herrschaft des Islams. Herder, Freiburg u. a. 1994.
Khoury, Adel Theodor / Heine, Peter / Oebbecke, Janbernd: Handbuch Recht und Kultur des Islams in der deutschen Gesellschaft. Probleme im Alltag – Hintergründe – Antworten. Gütersloher Verlagshaus, Gütersloh 2000.
Klatt, Norbert: Das Buch »Die Lücke im Leben Jesu«. Die Fälschung einer Quelle durch Nikolaus Notovich. In: Materialdienst der Evangelischen Zentralstelle für Weltanschauungsfragen, 47, 1984, S. 346-348.
Ders.: Wer war Yuz Asaf? Materialdienst der Evangelischen Zentralstelle für Weltanschauungsfragen. 47, 1984, S. 315f.
Ders.: Zum »Jesus-Grab« in Srinagar. In: Materialdienst der Evangelischen Zentralstelle für Weltanschauungsfragen, 48, 1985, S. 83–84.
Ders.: Das Jesusgrab von Srinagar im Meinungsstreit. In: Materialdienst der Evangelischen Zentralstelle für Weltanschauungsfragen, 49, 1986, S. 204–209.
Ders.: Lebte Jesus in Indien? Eine religionsgeschichtliche Klärung. Wallstein-Verlag, Göttingen 1988.

Koranausgaben

Der Koran. Übersetzung von Max Henning. Einleitung von Ernst Werner und Kurt Rudolph. VMA-Verlag, Wiesbaden, o. J.
Der Koran. Übersetzung von Adel Theodor Khoury, Mitwirkung von Muhammad Salim Abdullah. Gütersloher Verlagshaus Gerd Mohn, Gütersloh 1987.
Der Koran. Übersetzung von Rudi Paret. Verlag W. Kohlhammer, Stuttgart, Berlin Köln (5)1989. Kommentar und Konkordanz. (4)1989.
Der Koran. Übersetzung von Friedrich Rückert. Herausgegeben von Hartmut Bobzin mit erklärenden Anmerkungen von Wolfdietrich Fischer. Ergon-Verlag, Würzburg 1995.
Der Koran. Arabisch- persisch. Verlag Salehi, Teheran 1975
Koran. Der heilige Qur-ân. Arabisch und Deutsch. Hg. unter der Leitung von Hazrat Mirza Tahir Ahmad, Imam und Oberhaupt der Ahamadiyya Muslim Jamaat. (1)1954, (6)1996.
Die Bedeutung des Korans. Bd. 1–5. SKD Bavaria-Verlag, München 1995.
Holy Qur'an. Translated by M. H. Shakir. Ansariyan Publikations. P.O.B. 37185/187 Qum, Islamic RePublic of Iran, o. J., Arabisch und Englisch.
At-Tafsir. Eine philologisch, islamologisch fundierte Erläuterung des Quran-Textes von Amir Zaidan. ADIB-Verlag, Offenbach 2000.

The Noble Qur'an. English Translation of the meanings and commentary. King Fahd Complex for the printing of The Holy Qur'an, Madinah, K.S.A. o. J., Arabisch und Englisch.

Küng, Hans und Kuschel, Karl-Josef (Hrsg.): Erklärung zum Weltethos. Die Deklaration des Parlamentes der Weltreligionen. R. Piper, München 1993.
Latifa: Das verbotene Gesicht. Mein Leben unter den Taliban. Marion von Schröder-Verlag, München 2001.
Loer, Thomas: Halbbildung und Autonomie. Über Struktureigenschaften der Rezeption von Kunst. Vorwort: Ulrich Oevermann. Kap. I.4: Methodologische, methodische und forschungspraktische Erwägungen. Westdeutscher Verlag, Opladen 1996.
Ludendorff, Margarete / Dr. von Kemnitz: Die Erlösung von Jesu Christo. Ludendorffs Volkwarte-Verlag, München 1931.
Mahrenholz, Ernst Gottfried: Darf die Schulverwaltung einer Schülerin das Tragen des Schleiers in der Schule verbieten? In: Recht der Jugend und des Bildungswesens. Zeitschrift für Schule, Berufsbildung und Jugenderziehung. 46. Jg., 3/1998.
Maslow, Abraham H.: Motivation und Persönlichkeit. Rowohlt-Taschenbuch-Verlag, Reinbek bei Hamburg 1981, 1999.
Masud, Muhammad Khalid (Hg.): Travellers in faith. Studies of the Tablīghī Jamā'at as a Transnational Islamic Movement for Faith Renewal. Brill, Leiden 2000.
Mernissi, Fatema: Die Sultanin. Luchterhand Literaturverlag, Frankfurt 1991.
Dies.: Der Harem ist nicht die Welt. Elf Berichte aus dem Leben marokkanischer Frauen. Sammlung Luchterhand 789, Darmstadt 1988.
Dies.: Der politische Harem. Mohammed und die Frauen. Aus dem Französischen von Veronika Kabis-Alamba. Dağyeli, Frankfurt/M. 1989.
Dies.: Der Harem in uns. Die Furcht vor dem Anderen und die Sehnsucht der Frauen. Herder, Freiburg 1994.
Dies.: Der wahre Schleier ist das Schweigen. In: Jutta Szostak, Suleman Taufiq (Hg.): Der wahre Schleier ist das Schweigen. Arabische Autorinnen melden sich zu Wort. Fischer-Taschenbuch-Verlag, Reihe: Die Frau in der Gesellschaft. Frankfurt/M. 1995.
Messaoudi, Khalida: Worte sind meine einzige Waffe. Eine Algerierin im Fadenkreuz der Fundamentalisten. Aus dem Französischen von Uli Aumüller und Tobias Scheffel. Kunstmann, München 1995. Titel der französischen Originalausgabe: Une Algérienne debout. Flammarion, Paris 1995.
Meyer, Thomas: Identitäts-Wahn. Die Politisierung des kulturellen Unterschiedes. Aufbau Taschenbuch Verlag, Berlin 1997.
Oevermann, Ulrich: Zur Sache. Die Bedeutung von Adornos methodologischem Selbstverständnis für die Begründung einer materialen soziologischen Strukturanalyse. In: Friedeburg / Habermas: Adorno-Konferenz 1983, S. 234–289, s. o.
Ders.: Die objektive Hermeneutik als unverzichtbare methodologische Grundlage für die Analyse von Subjektivität. Zugleich eine Kritik der Tiefenhermeneutik. In: Jung / Müller-Doohm, 1993, s.o.
Ders.: Ausprägungen der strukturellen Religiosität unter Bedingungen der vollständigen Säkularisierung des Bewusstseins. Manuskript, Uni Frankfurt/M., Mai 2001.

Ders.: Ein Modell der Struktur von Religiosität. Zugleich ein Strukturmodell von Lebenspraxis und sozialer Zeit. In: Monika Wohlrab-Sahr (Hg.): Biographie und Religion: Zwischen Ritual und Selbstsuche. Campus-Verlag, Frankfurt/M., New York 1995.

Ders.: Bewährungsdynamik des modernen Subjekts als Triebfeder des Spannungsverhältnisses von Gemeinwohlbindung und Eigeninteresse. Uni Frankfurt/Main, Manuskript vom 16.6.2000.

Ders.: Partikularistische und universalistische Momente religiöser Systeme. Am Beispiel des Vergleichs polytheistischer und monotheistischer Religionen und der gegensätzlichen Folgen des puritanischen und islamischen Fundamentalismus. Manuskript, Uni Frankfurt/M., Mai 1995.

Ders.: Strukturprobleme supervisorischer Praxis. Eine objektiv hermeneutische Sequenzanalyse zur Überprüfung der Professionalisierungstheorie. Humanities Online, Frankfurt/M. 2001, http://www.humanities-online.de

Peirce, Charles Sanders: Lectures on Pragmatism. Vorlesungen über Pragmatismus. (Hg. v. E. Walther.) Phil. Bibl. Meiner 181, Hamburg 1973.

Plücken-Opolka, Renate: Zur sozialen Lage marokkanischer Familien in der Bundesrepublik Deutschland. Hg.: Arbeiterwohlfahrt Kreisverband Düsseldorf e.V., Express Edition, Berlin 1985.

Pohly, Michael: Krieg und Widerstand in Afghanistan. Berlin 1992.

Radigk, Werner (Hg.): Sprache und Sprachstörungen. Neurologie, Sprachheilpädagogik, Linguistik. Mit Beiträgen von Peter Jehle, Helen Leuninger und Wolfgang Schlote. Schriftenreihe *denken und lernen*. 2. Verlag Modernes Lernen, Dortmund (7)1988.

Reichhelm-Sepehri: Lesen und Schreiben ist wie ein Freund. Lernbedürfnisse und Bildungsbereitschaft türkischer Frauen in der BRD. VWB, Verlag für Wissenschaft und Bildung, Berlin 1989.

Richter-Dridi, Irmhild: Frauenbefreiung in einem islamischen Land – ein Widerspruch? Fischer-Taschenbuch-Verlag, Frankfurt/M. 1984.

Riesebrodt, Martin: Fundamentalismus als patriarchalische Protestbewegung. J.C.B. Mohr, Tübingen 1990.

Rilke, Rainer Maria: Werke I, Insel-Taschenbuch, Frankfurt 1987.

Rosen, Rita: Leben in zwei Welten. Migrantinnen und Studium. Verlag für interkulturelle Kommunikation, Frankfurt 1998.

Saadawi, Nawal el: Tschador. Frauen im Islam. Ed. CON, Bremen 1980.

Dies. Der Sturz des Imam. Aus dem Englischen von Edgar Peinelt. Ed. CON, Bremen 1991. Original: The fall of the Imam. Methuen, London 1988.

Sahīh al-Buchārī: Nachrichten von Taten und Aussprüchen des Propheten Muhammad. Ausgewählt, übersetzt und herausgegeben von Dieter Ferchl. Reclam, Stuttgart 1991.

Schetter, Conrad: Die gefährliche Ethnisierung eines Konflikts. FR 30.10.2001.

Schipper, Mineke: »Eine gute Frau hat keinen Kopf« – Europäische Sprichwörter über Frauen. Aus dem Niederländischen von Jörg Schilling und Rainer Täubrich. Deutscher Taschenbuch-Verlag, München 1996. Titel der niederländischen Originalausgabe: Een goede vrouw is zonder hoofd. Uitgeverij Ambo, Barn 1993.

Schirrmacher, Christine: Der Islam 2, Geschichte, Lehre, Unterschiede zum Christentum. Hänssler, Neuhausen/Stuttgart 1994.

Schmucker, Werner: Ahmadis. In: Ende, Werner und Steinbach, Udo: Der Islam in der Gegenwart. Siehe Ende.

Schmucker, Werner: Sekten und Sondergruppen. In: Ende, Werner und Steinbach, Udo: Der Islam in der Gegenwart. Siehe Ende.

Schnoor, Frank: Mathilde Ludendorff und das Christentum. (Diss. Christian-Albrechts-Universität zu Kiel 1998). Hänsel-Hohenhausen, Deutsche Hochschulschriften 1192, Frankfurt/M. 2001.

Schröter, Hiltrud: Arabesken. Studien zum interkulturellen Verstehen im deutsch-marokkanischen Kontext. Peter Lang, Frankfurt/M. u.a. (1)1997, (2)1999.

Dies.: Ahmadiyya-Bewegung des Islam. Hänsel-Hohenhausen, Deutsche Hochschulschriften 1206, Frankfurt (1)2002, (3)2003.

Shakib, Siba: Nach Afghanistan kommt Gott nur noch zum Weinen. Die Geschichte der Shirin Gol. C. Bertelsmann Verlag, München 2001.

Siegele-Wenschkewitz, Leonore / Weber, Friedrich / Weintz, Karin (Hg.): Religionspolitik in der Bundesrepublik Deutschland. Arnoldshainer Texte, Bd. 111, Haag und Herchen Verlag, Frankfurt/M. 2000.

Smith, Wilfried Cantwell: Ahmadiyya. In: The Encyclopaedie of Islam. New Edition, Bd. I. Leiden, London 1960, S. 301-303.

Spuler-Stegemann, Ursula: Muslime in Deutschland. Nebeneinander oder Miteinander? Herder, Freiburg, Basel, Wien (1)1998, (3)2002.

Szostak, Jutta und Taufiq, Suleman: Der wahre Schleier ist das Schweigen. Arabische Autorinnen melden sich zu Wort. Fischer-Taschenbuch-Verlag, Die Frau in der Gesellschaft, Frankfurt/M. 1995.

Sutter, Hansjörg: Bildungsprozesse des Subjekts. Eine Rekonstruktion von Ulrich Oevermanns Theorie- und Forschungsprogramm. Westdeutscher Verlag, Opladen 1997.

Tan, Dursun: Aleviten in Deutschland. Zwischen Selbstethnisierung und Emanzipation. In: Jonker, Gerdien (Hg.): Kern und Rand. Religiöse Minderheiten aus der Türkei in Deutschland. Das Arabische Buch, Berlin 1999.

Tellenbach, Silvia: Strafgesetze der Islamischen Republik Iran. Übersetzt u. eingeleitet v. S. Tellenbach. De Gruyter, Berlin, New York, 1996. Sammlung außerdeutscher Strafgesetzbücher in deutscher Übersetzung; 106.

Tibi, Bassam: Fundamentalismus im Islam. Wissenschaftliche Buchgesellschaft. Darmstadt 2000.

Twardella, Johannes: Autonomie, Gehorsam und Bewährung im Koran. Olms, Hildesheim 1999.

UNHCR: Brennpunkt Afghanistan. Genf, 2 / 10. 1997.

Weische-Alexa, Pia: Sozial-kulturelle Probleme junger Türkinnen in der Bundesrepublik Deutschland. Mit einer Studie zum Freizeitverhalten türkischer Mädchen in Köln. (1)1977, (4)1982.

Werner, Adam: Das Scheitern am Hindukusch. Stuttgart 1989.

Wunder, Heide: Die »Familialisierung« von Arbeit und Leben. In: Beck, Rainer (Hg.): Das Mittelalter. Ein Lesebuch zur deutschen Geschichte. 800–1500. Verlag C.H. Beck, München 1997, S. 235–243.

Zweiwochendienst Frauen und Politik: Frauenrechte in Trümmern. Gender Apartheid in Afghanistan. Nr. 171/2001. 16. Jg.

Ders.: Frauenrechte in Afghanistan. Nr. 177 / 21. Dez. 2001. 16. Jg.

HILTRUD SCHRÖTER, Sozialwissenschaftlerin, arbeitete seit 1964 als Lehrerin und seit 1988 an der Universität Frankfurt am Main in Lehre und Forschung. Für ihre Dissertation über interkulturelles Verstehen im deutsch-marokkanischen Kontext erhielt sie 1998 den Elisabeth-Selbert-Preis des Landes Hessen.